Produzentenverantwortung im Europäischen Umweltrecht

Schriften zum Europa- und Völkerrecht und zur Rechtsvergleichung

Herausgegeben von Manfred Zuleeg

Band 13

PETER LANG

Frankfurt am Main · Berlin · Bern · Bruxelles · New York · Oxford · Wien

Magnus Noll-Ehlers

Produzentenverantwortung
im Europäischen Umweltrecht

PETER LANG
Europäischer Verlag der Wissenschaften

Bibliografische Information Der Deutschen Bibliothek
Die Deutsche Bibliothek verzeichnet diese Publikation in der
Deutschen Nationalbibliografie; detaillierte bibliografische
Daten sind im Internet über <http://dnb.ddb.de> abrufbar.

Zugl.: Frankfurt (Main), Univ., Diss., 2004

Gedruckt auf alterungsbeständigem,
säurefreiem Papier.

D 30
ISSN 1436-2007
ISBN 3-631-53272-5

© Peter Lang GmbH
Europäischer Verlag der Wissenschaften
Frankfurt am Main 2004
Alle Rechte vorbehalten.

Printed in Germany 1 2 3 4 5 7

www.peterlang.de

Vorwort

Freies Wirtschaften und Umweltschutz soweit wie möglich in Einklang zu bringen, ist das Ziel der Produzentenverantwortung. Wirtschaftsbeteiligte werden zur Entsorgung der von ihnen in den Verkehr gebrachten Produkte verpflichtet. Dadurch entsteht für die Wirtschaftsbeteiligten ein Anzeiz, neue Produkte so zu gestalten, dass sie möglichst einfach zu entsorgen sind. Im Gegenzug kann weitgehend darauf verzichtet werden, die Produktion neuer Güter durch abfallrechtliche Vorschriften einzuschränken. Mit der vorliegenden Arbeit möchte ich dazu beitragen, die Verwendung des Begriffes im europäischen Umweltrecht zu klären. Gleichzeitig habe ich untersucht, welche Rechtsregeln zur konkreten Umsetzung der Produzentenverantwortung im Gemeinschaftsrecht zweckmäßig und rechtmäßig sind.

Die Arbeit wurde im Sommersemester 2004 von der Johann Wolfgang Goethe-Universität Frankfurt am Main zur Dissertation angenommen. Meinem Doktorvater, Herrn Professor Dr. Dr. h.c. Manfred Zuleeg, ehemaliger Richter am EuGH, danke ich für die umfassende Betreuung und die stets konstruktive Kritik. Herrn Prof. Dr. Eckard Rehbinder danke ich für die Erstellung des Zweitgutachtens. Der Studienstiftung des deutschen Volkes gilt mein Dank für die Förderung meiner Promotion. Das Buch ist meinen Eltern und meiner Frau gewidmet, die mich während der Promotion in jeder Hinsicht tatkräftig unterstützt haben.

Frankfurt, im September 2004   *Magnus Noll-Ehlers*

Inhaltsverzeichnis

A. **Einleitung** 15
B. **Hauptteil**..19
  I. **Rücknahme von Altprodukten**...19
    1. **Gegenstand der Rücknahme**..19
      a. Altprodukte...19
        (1) Die Richtlinien zur Produzentenverantwortung 19
        (2) Der Abfallbegriff im Gemeinschaftsrecht...................19
          (a) Die Grundlagen...19
          (b) Wiederverwendbare Stoffe.................................21
        (3) Folgerungen für den Umfang der Rücknahmepflichten.....24
      b. Einzelne Bestandteile der Altprodukte............................26
        (1) Verpack-RL..26
        (2) Altfahrzeug-RL...26
        (3) Elektroschrott-RL 26
      c. Möglichkeit der Eingrenzung auf bestimmte Abfälle.............27
        (1) Unterscheidung nach örtlicher Herkunft der Abfälle.........27
          (a) Verpack-RL..27
          (b) Altfahrzeug-RL 28
            (i) Importprodukte 28
            (ii) Anknüpfung an Meldeort des Fahrzeugs...............29
            (iii) Anknüpfung an Wohnsitz des Letzthalters 30
              (a) Vereinbarkeit mit Art. 49 EG 30
                (i) Erheblichkeit des Finanzierungsmodus 31
                (ii) Erheblichkeit des mangelnden Erwerbszwecks.......32
              (b) Vereinbarkeit mit Art. 12 EG 34
                (i) Tatbestand 34
                (ii) Rechtfertigung 35
             (iv) Zwischenergebnis 39
          (c) Elektroschrott-RL..40
        (2) Unterscheidung nach Art des Abfallbesitzers 41
          (a) Verpack-RL..42
          (b) Altfahrzeug-RL 42
          (c) Elektroschrott-RL..42
    2. **Adressaten der Rücknahmepflicht**............................43
      a. Verpack-RL 43
        (1) Begriff des Rücknahmesystems 43
        (2) Pflicht zur Einrichtung von Systemen ?....................44
        (3) Träger der Systeme..45

(4) Zwischenergebnis 46
b. Altfahrzeug-RL...47
(1) Begriff des Rücknahmesystems 47
(a) Auslegung nach Wortlaut und Systematik der Richtlinie........47
(b) Auslegung im Lichte der Warenverkehrsfreiheit..................47
(i) Prüfungsumfang...47
(ii) Ware..49
(iii) Maßnahme gleicher Wirkung.......................................49
(iv) Einschlägigkeit der *Keck*-Rechtsprechung ? 50
(a) Verkaufsmodalitäten..51
(b) Gleiche Geltung..55
(c) Gleichberührung 55
(i) Bedeutung des Tatbestandsmerkmals...................55
(ii) Anwendung auf die Altfahrzeug-RL 60
(2) Konkretisierungsbefugnis der Mitgliedstaaten ?...................62
(3) Zwischenergebnis 66
c. Elektroschrott-RL..66
(1) Gegenüber Privaten 66
(a) Art. 5 Abs. 2 lit. a Elektroschrott-RL...............................66
(i) Betrieb durch Mitgliedstaaten oder Wirtschaftsbeteiligte.......66
(ii) Systembegriff...68
(b) Art. 5 Abs. 2 lit. b Elektroschrott-RL 68
(c) Art. 5 Abs. 2 lit. c Elektroschrott-RL................................68
(2) Gegenüber Nichtprivaten..68
(3) Zwischenergebnis 69

3. **Art und Weise der Rücknahme** 69
a. Separate Rücknahme 69
b. Rücknahmequoten 69
(1) Höhe der Quoten..70
(a) Verpack-RL...70
(b) Altfahrzeug-RL 70
(c) Elektroschrott-RL...70
(2) Rechtsfolge der Quoten 71
(a) Verbindlichkeit...71
(b) Art der Verpflichtung..73

4. **Vergleich der Rücknahmepflichten in den Richtlinien**....................79
a. Gegenstand der Rücknahme 79
b. Adressaten der Rücknahmepflicht..80
c. Art und Weise der Rücknahme 83

II. **Verwertung von Altprodukten** 84

1. **Adressaten der Verwertungspflicht** 84

a. Verpack-RL 84
b. Altfahrzeug-RL..84
c. Elektroschrott-RL 85
2. **Art und Weise der Verwertung** 85
   a. Behandlungspflichten 85
      (1) Altfahrzeug-RL...85
      (2) Elektroschrott-RL 85
   b. Hierarchie der Verwertungsmethoden.............................86
      (1) Vorrang von Wiederverwendung und Recycling......................86
         (a) Verpack-RL...86
         (b) Altfahrzeug-RL 86
         (c) Elektroschrott-RL..86
      (2) Vorrang der Wiederverwendung vor dem Recycling.................87
   c. Zielvorgaben...87
      (1) Verpack-RL 87
      (2) Altfahrzeug-RL...88
      (3) Elektroschrott-RL 88
3. **Vergleich der Verwertungspflichten in den Richtlinien** 88
   a. Adressaten der Verwertungspflicht....................................88
   b. Art und Weise der Verwertung 89
III. **Finanzierung von Rücknahme und Verwertung** 91
   1. **Die Verpack-RL** 91
      a. Indizien aus dem Verursacherprinzip.............................91
         (1) Inhalt des Verursacherprinzips..............................91
         (2) Verpflichteter Personenkreis 95
         (3) Verbindlichkeit des Verursacherprinzips 96
            (a) Keine Verbindlichkeit aufgrund der Verpack-RL 96
            (b) Verbindlichkeit aufgrund von höherrangigem Recht 96
               (i) Art. 174 Abs. 2 Satz 2 EG 97
               (a) Geltungsbereich des Verursacherprinzips 97
               (b) Art der Geltung......................................98
               (ii) Art. 15 AbfallR-RL.................................100
      b. Indizien aus der Altöl-RL...103
      c. Zwischenergebnis..104
   2. **Die Altfahrzeug-RL** 104
      a. Kosten des Letzthalters..105
         (1) Kosten aufgrund des nicht vorhandenen oder negativen
             Marktwertes 105
         (2) Begriff der Ablieferung 107
         (3) Ausnahmsweise höhere Kostenbelastung der Letzthalter........108

    b.   Kostentragungspflicht der Hersteller..................................108
    (1)   Völlige Freistellung der Hersteller ?.....................109
    (2)   Begriff des wesentlichen Teils der Kosten................112
    c.   Zwischenergebnis.....................................114

3.   Die Elektroschrott-RL....................................115
    a.   Kostenbelastung der Letztverwender.......................115
    (1)   Bei Privaten...115
    (2)   Bei Nichtprivaten....................................116
    b.   Kostentragungspflicht der Hersteller.....................116
    (1)   Finanzierung bei Altprodukten von Privaten............116
    (a)   „Neue" Altprodukte nach Art. 8 Abs. 2.................118
    (b)   „Historische" Altprodukte nach Art. 8 Abs. 3.........119
    (2)   Finanzierung bei Altprodukten von Nichtprivaten......121
    (a)   Novellierung der Vorschrift...........................121
    (b)   „Neue" Altprodukte nach Art. 9 Abs. 1 UAbs. 1.........122
    (c)   „Historische" Altprodukte nach Art. 9 Abs. 1 UAbs. 3,4......123
    (d)   Möglichkeit privater Vereinbarungen..................124
    c.   Zwischenergebnis.....................................126

4.   Vergleich der Kostentragung in den Richtlinien...........127
    a.   Kostenbelastung der Hersteller...........................127
    b.   Direkte Kostenbelastung der Nutzer.......................127
    c.   Entsorgungsfinanzierung „historischer" Altprodukte......128
    d.   Entsorgungsfinanzierung im Falle einer Insolvenz........129

IV.   Vorgelagerte Pflichten.......................................130

1.   Bei der Produktion..130
    a.   Reduktion bestimmter Schadstoffe........................130
    (1)   Verpack-RL...130
    (2)   Altfahrzeug-RL.......................................131
    (3)   Elektroschrott-RL....................................131
    (4)   Vergleich der Schadstoffreduktion in den Richtlinien....131
    b.   Kennzeichnungspflichten.................................132
    (1)   Verpack-RL...132
    (2)   Altfahrzeug-RL.......................................132
    (3)   Elektroschrott-RL....................................132
    (4)   Vergleich der Kennzeichnungspflichten in den Richtlinien.....133

2.   Nach der Produktion..133
    a.   Veröffentlichung von Verbraucherinformationen...........133
    (1)   Verpack-RL...133
    (2)   Altfahrzeug-RL.......................................133
    (3)   Elektroschrott-RL....................................134

(4) Vergleich der Verbraucherinformation in den Richtlinien 134
b. Veröffentlichung von Demontageinformationen 135
(1) Altfahrzeug-RL...135
(2) Elektroschrott-RL 135
(3) Vergleich der Demontageinformationen in den Richtlinien 135
3. Bedeutung der vorgelagerten Pflichten 135
a. Beachtung der Gestaltungsfreiheit der Hersteller ?.........................136
b. Produzentenverantwortung nur nach Ablauf der Benutzungszeit ?.139
c. Zwischenergebnis 140
**V. Vereinbarkeit der Einbeziehung von „historischen" Altprodukten
mit dem Rückwirkungsverbot** 140
1. Rückwirkung der Richtlinien zur Produzentenverantwortung....141
a. Anknüpfungspunkt 141
(1) Schrifttum 141
(2) Rechtsprechung des Gerichtshofs...143
(a) Rechtssache Continentale..144
(b) Rechtssache Zuckerfabrik Süderdithmarschen 145
(c) Rechtssache Crispoltoni 146
(d) Rechtssache Niemann 147
(3) Würdigung 148
b. Zeitliche Ausweitung des Rückwirkungsschutzes bei Richtlinien ..149
(1) Bisherige Ausrichtung des Rückwirkungsverbotes an
Verordnungen...149
(2) Schrifttum 150
(3) Rechtsprechung des Gerichtshofs...150
(4) Eigener Ansatz...152
c. Anwendung auf die Richtlinien zur Produzentenverantwortung.....154
(1) Verpack-RL 155
(2) Altfahrzeug-RL...156
(3) Elektroschrott-RL 157
(4) Vergleich der Richtlinien..158
2. Rückwirkung zur Umsetzung der Richtlinienziele ?....................159
a. Geeignetheit...159
(1) Anreiz zu müllvermeidender Konstruktion 159
(2) Erhöhung der Verwertungsquoten..160
(3) Verwirklichung des Verursacherprinzips 161
(4) Zwischenergebnis 162
b. Erforderlichkeit..162
(1) Vollständiger Verzicht auf die Rückwirkung ?........................162
(2) Zeitliche Begrenzung der Entsorgungspflichten ? 163
(3) Entsorgung durch die Mitgliedstaaten ?..................................164

(4)   Zwischenergebnis 164
c.   Angemessenheit 164
d.   Zwischenergebnis 166

3.   Gebührende Beachtung des Vertrauens der Betroffenen ? 166
  a.   Vorliegen von Vertrauen 166
  b.   Zeitpunkt, an dem Vertrauen erloschen ist 168
    (1)   Seit dem Erlass einschlägiger Vorläuferregelungen ? 168
    (2)   Seit der Veröffentlichung eines Kommissionsentwurfs ? 172
    (3)   Bis zur Verabschiedung der Neuregelung ? 173
    (4)   Würdigung 174
  c.   Gebührende Beachtung 176
    (1)   Form der gebührenden Beachtung 176
      (a)   Übergangsmaßnahmen 176
      (b)   Dauer der Übergangsmaßnahmen 177
    (2)   Umsetzung in den Richtlinien zur Produzentenverantwortung.179
      (a)   Verpack-RL 179
      (b)   Altfahrzeug-RL 180
      (c)   Elektroschrott-RL 180
      (d)   Vergleich der Richtlinien 181

4.   Zwischenergebnis 181

VI.   Vereinbarkeit der Pflichten mit Grundrechten 182

  1.   Produktkennzeichnung 182
    a.   Schutzbereich der Berufsfreiheit 182
    b.   Eingriff 183
    c.   Rechtfertigung 183
      (1)   Legitimer Zweck des Eingriffs 184
      (2)   Verhältnismäßigkeit 185
        (a)   Anreiz zu müllvermeidender Konstruktion 185
        (b)   Erhöhung der Verwertungsquoten 185
        (c)   Verwirklichung des Verursacherprinzips 187
    d.   Zwischenergebnis 187

  2.   Veröffentlichung von Entsorgungsmöglichkeiten 187
    a.   Eingriff in die Berufsfreiheit 187
    b.   Rechtfertigung 187

  3.   Veröffentlichung von Demontageinformationen 188
    a.   Negative Informationsfreiheit 188
    b.   Berufsfreiheit 191
      (1)   Eingriff in den Schutzbereich 191
      (2)   Rechtfertigung 191
        (a)   Legitimer Zweck und Geeignetheit 191

(b) Erforderlichkeit 191
   (i) Pflicht der Hersteller des Gesamtprodukts 191
   (ii) Pflicht der Hersteller von Bauteilen 192
(c) Angemessenheit 193
c. Eigentumsfreiheit 194
  (1) Patentrecht 194
  (2) Urheberrecht 195
d. Zwischenergebnis 196

4. Produktrücknahme und –verwertung 196
a. Eingriff in die Berufsfreiheit 196
b. Rechtfertigung 196
  (1) Legitimer Zweck 196
  (2) Verhältnismäßigkeit 196
    (a) Geeignetheit 196
    (b) Erforderlichkeit 197
     (i) Grundsätzliche Verpflichtung der Wirtschaftsbeteiligten 197
     (ii) Verpflichtung der Importeure und Exporteure 199
      (a) Höhere Belastung durch weitere Entfernung ? 199
      (b) Keine Kompetenz, Personen außerhalb der EU zu verpflichten ? 199
      (c) Erleichterte Durchsetzung der Pflichten ? 201
    (c) Angemessenheit 205
c. Zwischenergebnis 205

5. Entsorgungsfinanzierung 205
a. Eigentumsfreiheit 205
b. Berufsfreiheit 208
  (1) Eingriff in den Schutzbereich 208
  (2) Rechtfertigung 208
    (a) „Neue" Altprodukte 208
     (i) Legitimes Ziel 208
     (ii) Verhältnismäßigkeit 208
      (a) Geeignetheit 208
      (b) Erforderlichkeit und Angemessenheit 209
     (iii) Zwischenergebnis 209
    (b) „Historische" Altprodukte: 210
     (i) Pflicht alter Marktteilnehmer 210
     (ii) Pflicht neuer Marktteilnehmer, insbesondere in der Elektroschrott-RL 210
      (a) Verursacherprinzip 211
      (i) Grundsatz 211
      (ii) Anwendung auf die Entsorgung von Fremdgeräten 212

       (iii) Möglichkeit der Gruppenverantwortlichkeit 214
       (iv) Zwischenergebnis 216
     (b) Erhöhung der Verwertungsquote.........................216
       (i) Geeignetheit...216
       (ii) Erforderlichkeit..216
     (c) Zwischenergebnis 218
C.   **Ergebnis**..219
D.   **Literaturverzeichnis**..223

A. Einleitung

Am 7. Februar 2001 veröffentlichte die EU-Kommission ein Grünbuch zur integrierten Produktpolitik (nachfolgend: „IPP").[1] Darin wird die Stärkung und Neuorientierung produktorientierter umweltpolitischer Maßnahmen gefordert. Die Umweltbelastungen eines Produkts sollen über seinen gesamten Lebenszyklus hinweg reduziert werden. Ein wirksames Instrument zur Reduktion der Abfallbelastung stelle dabei die Produzentenverantwortung dar. Das Konzept der Produzentenverantwortung bestehe darin, Kosten, die durch die Entsorgung eines Produkts anfallen, bereits in den Preis neuer Produkte zu integrieren. Dadurch werde ein Anreiz gesetzt, die Umweltbelastung eines Produktes zu verringern. Dies begünstige die Abfallvermeidung bereits bei der Gestaltung des Produkts und ermögliche es den Verbrauchern, Altprodukte kostenfrei zurückzubringen.[2] Die Produzentenverantwortung ist also ein Mittel zur Abfallvermeidung. Das Grünbuch plädiert dafür, die Produzentenverantwortung auf weitere Bereiche der Rechtsvorschriften der Gemeinschaft und der Mitgliedstaaten auszuweiten, wann immer die Integrierung von Umweltbelangen in die Produktgestaltung auf nutzbringende Weise erzielt werden kann. Damit schließt sich die Kommission einer Forderung des Europäischen Parlaments[3] an. Auch im Anschluss an das Grünbuch zur IPP wiederholten Rat, Parlament und Kommission, dass der Einsatz der Produzentenverantwortung durch den Erlass weiterer Rechtsvorschriften ausgedehnt werden soll.[4]

Die Forderung nach einer Ausdehnung der Produzentenverantwortung ergeht, ohne den Begriff ausreichend geklärt zu haben. Im Grünbuch zur IPP wird zwar die Grundidee der Produzentenverantwortung dargestellt. Durch die Integration der Entsorgungskosten in den Produktpreis soll ein Anreiz gesetzt werden, abfallarme Produkte auf den Markt zu bringen. Das Grünbuch beschreibt aber nicht, wie die Produzentenverantwortung im Detail umgesetzt werden soll.[5] Es bleibt unklar, mit welchen Regeln das Ziel erreicht werden soll. Damit stellt sich die Frage, was mit Produzentenverantwortung konkret gemeint ist. Es muss geklärt werden, welchen Marktteilnehmern welche Pflichten auferlegt werden. Da das Grünbuch zur IPP keine Angaben zur Verwirklichung der Produzentenver-

---

1 KOM (2001) 68 endg.; dazu Führ, S. 685.

2 KOM (2001) 68 endg., S. 14.

3 Entschließung zu der Mitteilung der Kommission zur Überprüfung der Gemeinschaftsstrategie für die Abfallwirtschaft und dem Entwurf einer Entschließung des Rates zur Politik der Abfallbewirtschaftung (KOM(96)0399- C4-0453/96), ABl. Nr. C 362/241 vom 1.12.1996, lit. s und t.

4 Beschluss Nr. 1600/2002/EG des Europäischen Parlaments und des Rates vom 22. Juli 2002 über das sechste Umweltaktionsprogramm der Europäischen Gemeinschaft, ABl. Nr. L 242/1 vom 10.9.2002, Art. 8 Abs. 2 iii) b.); KOM (2003) 302 endg., S. 11.

5 So auch Falke, ZUR 2001, S. 314, 318.

antwortung enthält, soll untersucht werden, wie das Konzept bisher im Gemeinschaftsrecht umgesetzt worden ist.

Bislang wurde das Konzept der Produzentenverantwortung in drei Richtlinien
berücksichtigt. Erste Ansätze der Produzentenverantwortung enthält die Verpa-
ckungsabfall-Richtlinie[6] (nachfolgend: „Verpack-RL") von 1994. Dort ist festgelegt, dass es von größter Wichtigkeit ist, dass die Wirtschaftsbeteiligten die
Verantwortung für ihre zu Abfall gewordenen Produkte übernehmen.[7] Zu diesem Zweck können die Mitgliedstaaten das Verursacherprinzip anwenden.[8] Damit gab die Verpack-RL den Mitgliedstaaten erstmals die Möglichkeit, die
Wirtschaftsbeteiligten dazu zu verpflichten, die Entsorgung ihrer Altprodukte zu
übernehmen.[9] Sie wird als erste Richtlinie angesehen, die das Konzept der Produzentenverantwortung auf europäischer Ebene eingeführt hat.[10]

Im Anschluss an die Verpack-RL wurde das Konzept auf zwei weitere Produkt-
bereiche ausgedehnt.[11] Die Richtlinie über Altfahrzeuge[12] (nachfolgend „Altfahrzeug-RL") aus dem Jahre 2000 bestimmte, dass die Mitgliedstaaten
Rücknahmepflichten der Wirtschaft einführen und die Hersteller dazu verpflichten müssen, zu den Entsorgungskosten beizutragen.[13] Im Jahre 2003 wurde die
Richtlinie über Elektro- und Elektronik-Altgeräte[14] (nachfolgend „Elektroschrott-RL") erlassen. Die Elektroschrott-RL erläutert in ihren Begründungser-
wägungen,[15] dass sie die Produzentenverantwortung einführt. Sie regelt
detailliert die Finanzierung der Entsorgung durch die Hersteller.[16] Das Grünbuch
zur IPP gab die Richtlinien auf dem Gebiet von Altfahrzeugen und Elektroschrott daher als aktuelle Beispiele für das Prinzip der Produzentenverantwortung an.[17]

---

6 Richtlinie 94/62/EG des Europäischen Parlaments und des Rates vom 20. Dezember 1994
über Verpackungen und Verpackungsabfälle, ABl. Nr. L 365/10 vom 31.12.1994.
7 Erwägungsgrund 29 Verpack-RL.
8 Art. 15 Satz 2 Verpack-RL.
9 ENDS vom 9.12.1998 („Integrated Product Policy- a primer").
10 Rose/Knighton, EELR 1999, S. 266, 267; Bergkamp, EELR 2001, S. 322.
11 Rose/Knighton, EELR 1999, S. 266, 268; Hedemann-Robinson, EELR 2003, S. 52, 54, 60.
12 Richtlinie 2000/53/EG des Europäischen Parlaments und des Rates vom 18. September
2000 über Altfahrzeuge, ABl. Nr. L 269/34 vom 21.10.2000.
13 Art. 5 Abs. 1, 4 Altfahrzeug-RL.
14 Richtlinie 2002/96/EG des Europäischen Parlaments und des Rates vom 27. Januar 2003
über Elektro- und Elektronik-Altgeräte, ABl. Nr. L 37/24 vom 13.02.2003.
15 insbesondere Erwägungsgrund 12, 20 Elektroschrott-RL und in der Begründung des Richt-
linienvorschlags KOM(2000), 347 endg., S. 6 und 12.
16 Art. 8, 9 Elektroschrott-RL.
17 KOM (2001) 68 endg., S. 14: „ Das Prinzip wurde in jüngster Zeit in die Richtlinie über
Altfahrzeug-RL und in den Vorschlag der Kommission für eine Elektroschrott-RL übernommen."; s.a. Führ, S. 685, 699.

Auch wenn die drei Produktgruppen sehr unterschiedlich sind,[18] weisen die genannten Richtlinien (nachfolgend: „Richtlinien zur Produzentenverantwortung") eine Reihe von Gemeinsamkeiten auf. Die Untersuchung zielt zunächst darauf ab, durch einen Vergleich der in den Richtlinien niedergelegten Pflichten den Inhalt der Produzentenverantwortung klarzustellen. Da alle Richtlinien zur Produzentenverantwortung die Idee umsetzen, durch die Einbeziehung der Wirtschaftsbeteiligten in die Abfallentsorgung die Umweltbelastung zu reduzieren, kann ihr Vergleich zeigen, welche Pflichten dazu auf gemeinschaftlicher Ebene festgelegt werden müssen. Die Regelungen der einzelnen Richtlinien werden dazu gegenübergestellt. Nach der Gegenüberstellung werden die Gemeinsamkeiten festgestellt. Damit wird bestimmt, welche Regelungen im Europäischen Umweltrecht unter dem Begriff „Produzentenverantwortung" gefasst werden. Die so festgestellten Regeln der Produzentenverantwortung müssen im Einklang mit dem übrigen Gemeinschaftsrecht stehen. Im Anschluss an die Begriffsbestimmung werden die gemeinsamen Strukturelemente daher auf ihre rechtlichen Probleme hin untersucht.

---

18 Clausen, S. 216.

B. Hauptteil

I. Rücknahme von Altprodukten

Die Richtlinien zur Produzentenverantwortung sehen vor, dass die Mitgliedstaaten den Wirtschaftsbeteiligten Pflichten auferlegen. So müssen Wirtschaftsbeteiligte nach Ablauf der Benutzungszeit die Altprodukte zurücknehmen. Im Rahmen dieser Rücknahmepflichten gehen die Richtlinien der Produzentenverantwortung auf die Frage ein, wer welche Altprodukte zurücknehmen muss. Weiter legen sie fest, auf welche Art und Weise die Altprodukte zurückgenommen werden müssen.

1. Gegenstand der Rücknahme

a. Altprodukte

(1)   Die Richtlinien zur Produzentenverantwortung

Zunächst muss geklärt werden, auf welche Gegenstände sich die Rücknahmepflichten beziehen. Die Verpack-RL sieht vor, dass gebrauchte Verpackungen und Verpackungsabfälle zurückgenommen werden müssen.[19] Verpackungsabfälle sind gem. Art. 3 Nr. 2 Verpack-RL die Verpackungen, die unter den Begriff „Abfall" im Sinne der Richtlinie 75/442/EWG[20] (sogenannte Abfallrahmen-Richtlinie, nachfolgend: „AbfallR-RL") fallen. Auch Altfahrzeug-RL und Elektroschrott-RL sehen Rücknahmepflichten[21] für diejenigen Fahrzeuge und Elektrogeräte vor, die als Abfall im Sinne der AbfallR-RL gelten.[22] Sprachlich ist die Rücknahmepflicht der Verpack-RL also weiter gefasst als bei der Altfahrzeug-RL und der Elektroschrott-RL. Während die beiden letzten Richtlinien nur die Rücknahme der zu Abfall gewordenen Produkte vorsehen, müssen aufgrund der Verpack-RL zusätzlich auch gebrauchte Produkte zurückgenommen werden. Fraglich ist, ob die Rücknahmepflichten aufgrund der Verpack-RL damit weitergehen als bei den beiden späteren Richtlinien. Um diese Frage zu klären, ist zunächst auf den Abfallbegriff einzugehen.

(2)   Der Abfallbegriff im Gemeinschaftsrecht

(a)   Die Grundlagen

Abfall ist nach Art. 1 lit. a AbfallR-RL jeder Stoff oder Gegenstand, der unter die in Anhang I AbfallR-RL aufgeführte Gruppen fällt und deren sich sein Besitzer entledigt, entledigen will oder entledigen muss. Anhang I AbfallR-RL enthält 16 Gruppen, denen Abfall zugeordnet werden kann. Die 16. Gruppe umfasst Stoffe und Produkte aller Art, die nicht einer der zuvor erwähnten Gruppen

---

19 Art. 7 Abs. 1 lit. a Verpack-RL.
20 Richtlinie des Rates vom 15. Juli 1975 über Abfälle (75/442/EWG), ABl. Nr. L 194/47 v. 25.7.1975.
21 Art. 5 Abs. 1 Altfahrzeug-RL, Art. 5 Abs. 2 und 3 Elektroschrott-RL.
22 Art. 2 Nr. 2 Altfahrzeug-RL, Art. 3 lit. b Elektroschrott-RL.

angehören. Daher ist Anhang I für die juristische Definition des Abfallbegriffs ohne Bedeutung.[23] Auch die Unterscheidung zwischen „entledigen" und „entledigen wollen" ist überflüssig, weil in beiden Fällen der Wille des Besitzers maßgeblich ist, seine bestimmungsgemäße Nutzung des Gegenstandes zu beenden und ihn nicht mehr besitzen zu wollen.[24] Nach Art. 4 AbfallR-RL stellt jede Entsorgung von Abfall entweder eine Verwertung oder eine Beseitigung dar. Anstatt eine allgemeine Definition der Begriffe „verwerten" und „beseitigen" zu geben, verweist die AbfallR-RL auf die Anhänge II A und II B, in denen verschiedene Behandlungsverfahren aufgelistet sind. Da die Listen keine Öffnungs- oder Auffangklausel enthalten, sind auch Fälle denkbar, die weder unter die Liste II A noch unter die Liste II B fallen. Wegen der unterschiedlichen Rechtsfolgen kann aber nicht verzichtet werden, zu bestimmen, ob es sich bei Abfall um Abfall zur Verwertung oder zur Beseitigung handelt.[25] Daher sind die Punkte der Listen als Generalklauseln zu verstehen, die ausgelegt werden müssen.[26] Geht man vom Sinn und Zweck der AbfallR-RL aus, so kommt man zum Ergebnis, dass die Verwertung der Ressourcenschonung dienen soll. Die Abfälle sollen eine sinnvolle Aufgabe erfüllen, indem sie andere Materialien ersetzen, wodurch natürliche Rohstoffquellen erhalten bleiben können.[27] Verwertung im Sinne der AbfallR-RL liegt also vor, wenn Abfall für irgendeinen Zweck genutzt wird, der über die bloße Beseitigung hinausgeht.[28]

Die Richtlinien zur Produzentenverantwortung sehen als mögliche Verwertungsarten im Sinne der AbfallR-RL insbesondere das Recycling[29] (bei der Verpack-RL noch stoffliche Verwertung genannt[30]) und die energetische Verwertung[31] vor. Recycling liegt danach vor, wenn die Abfallmaterialien in einem Produktionsprozess für den ursprünglichen oder für andere Zwecke wiederaufbereitet werden, wobei die energetische Verwertung ausgeschlossen ist. Der Gerichtshof der Europäischen Gemeinschaften (nachfolgend: "Gerichts-

---

23 Weidemann, Abfallrecht, Rn. 49.
24 Weidemann, Abfallrecht, Rn. 51.
25 EuGH (Urteil v. 27.2.2002), Rs. C-6/00 (ASA/Bundesminister für Umwelt, Jugend und Familie), Slg. 2002, I-1961, Rn. 62-65.
26 Bothe/Spengler, S. 65; Groß, EuR 2003, S. 146, 147.
27 EuGH (Urteil v. 27.2.2002), Rs. C-6/00 (ASA/Bundesminister für Umwelt, Jugend und Familie), Slg. 2002, I-1961, Rn. 69; Schink, UPR 2003, S. 121.
28 Bothe/Spengler, S. 69 f.
29 Art. 2 Nr. 7 Altfahrzeug-RL, Art. 3 lit. e Elektroschrott-RL.
30 Art. 3 Nr. 7 Verpack-RL. Wie GA Alber, (Schlussanträge vom 4.7.2002) Rs. C-444/00 (The Queen/Environment Agency und Secretary of State for the Environment, Transport and the Regions), Slg. 2003, I-6166 Rn. 13 f. betont, sind die Begriffe synonym zu gebrauchen.
31 Art. 3 Nr. 8 Verpack-RL, Art. 2 Nr. 7 Altfahrzeug-RL, Art. 3 lit. e Elektroschrott-RL.

hof") hat in dieser Definition drei Tatbestandsmerkmale erkannt.[32] Erstens muss der Gegenstand des Recyclings Abfall sein.[33] Zweitens muss dieser in einem Produktionsprozess wiederaufgearbeitet werden. Im Rahmen eines solchen Prozesses muss der Abfall bearbeitet werden, um ein neues Material zu gewinnen oder ein neues Erzeugnis herzustellen.[34] Schließlich muss der Abfall dabei in seinen ursprünglichen Zustand versetzt werden, um erneut für die Herstellung von Produkten verwendet werden zu können.[35]

Energetische Verwertung im Sinne der Richtlinien liegt vor, wenn brennbarer Abfall zur Energieerzeugung verwendet wird. Dies muss durch direkte Verbrennung mit oder ohne Abfall anderer Art, aber mit Rückgewinnung der Wärme erfolgen. Dabei stellt die Verbrennung von Abfällen in Industrie- und Müllverbrennungsanlagen eine energetische Verwertung dar, wenn der Hauptzweck der Verbrennung darin besteht, Abfälle zur Energieerzeugung zu verwenden und damit eine Primärenergiequelle zu ersetzen.[36] Dagegen liegt nur eine Beseitigungsmaßnahme und damit keine Verwertung vor, wenn die Rückgewinnung der durch die Verbrennung erzeugten Wärme nur einen Nebeneffekt darstellt.[37]

(b)   Wiederverwendbare Stoffe

Unklar ist, ob auch wiederverwendbare Stoffe dem Abfallbegriff unterliegen. Eine Wiederverwendung liegt vor, wenn die Produkte nochmal zum gleichen Zweck verwendet werden, für den sie entworfen wurden.[38] Die Begriffe „Recycling" und „Wiederverwendung" werden in den Richtlinien zur Produzentenverantwortung nebeneinander als zwei unterschiedliche Behandlungsmethoden definiert. Während Recycling die Behandlung der Abfälle in einem Produktionsprozess voraussetzt, ist dieses Merkmal in der Definition von „Wiederverwendung" nicht enthalten. Daraus folgt im Umkehrschluss, dass die Wiederverwendung unter Abwesenheit eines Produktionsprozesses erfolgt. Beim Recycling wird also ein Rohmaterial nach Bearbeitung nochmal verwendet. Eine Wiederverwendung liegt dagegen vor, wenn ein Produkt nochmal verwendet wird, ohne zu diesem Zweck bearbeitet worden zu sein.[39] Problematisch bleibt aber, ob der Gegenstand einer Wiederverwendung als Abfall im Sinne der

32 EuGH (Urteil v. 19.6.2003), Rs. C-444/00 (The Queen/Environment Agency und Secretary of State for the Environment, Transport and the Regions), Slg 2003, I-6204.
33 a.a.O., Rn. 65.
34 a.a.O., Rn. 66.
35 a.a.O., Rn. 67.
36 EuGH (Urteil v. 13.2.2003), Rs. C-228/00 (Kommission/Bundesrepublik Deutschland), Slg. 2003, I-1439, Rn. 40ff.
37 EuGH (Urteil v. 13.2.2003), Rs. C-458/00 (Kommission/Luxemburg), Slg. 2003, I-1553, Rn. 41ff.
38 Art. 3 Nr. 5 Verpack-RL, Art. 2 Nr. 6 Altfahrzeug-RL, Art. 3 lit. d Elektroschrott-RL.
39 Giesberts/Posser, S. 15.

AbfallR-RL gilt, oder ob der Vorgang der Wiederverwendung erfolgt, bevor ein Stoff zu Abfall wird.

Literatur und Rechtsprechung nehmen übereinstimmend an, dass die Veräußerung eines Stoffes oder Gegenstandes zur Wiederverwendung in der bestehenden Form keine Entledigung im Sinne der AbfallR-RL darstellt. Gebrauchtwaren, die zum Verkauf angeboten werden, sind daher kein Abfall.[40] Darüber hinaus ist aber strittig, ob Stoffe oder Gegenstände, die nicht veräußert, sondern zur Wiederverwendung gesammelt werden, Abfall sind. In der Literatur wird vertreten, dass Stoffe oder Gegenstände, die zum Zwecke der Wiederverwendung gesammelt werden, keinen Abfall im Sinne der AbfallR-RL darstellen. Der Begriff der Entledigung im Sinne der AbfallR-RL dürfe nicht so verstanden werden, dass er jegliche Weitergabe eines Produkts bezeichne. Aus Zielen und Systematik des gemeinschaftlichen Abfallrechts lasse sich ableiten, dass eine Weitergabe zur Wiederverwendung keine Entledigung darstelle. Die AbfallR-RL kenne als einzige Behandlungsmöglichkeiten von Abfall die Verwertung und Beseitigung. Verwertung erfordere immer eine Be- oder Umarbeitung.[41] Eine Wiederverwendung erfolge aber gerade ohne Be- oder Umarbeitung. Da die AbfallR-RL keine Anforderungen an Stoffe und Gegenstände stelle, die ohne vorherige Bearbeitung wieder- bzw. weiterverwendet werden können, sei Wiederverwendung weder Verwertung noch Beseitigung. Die Wiederverwendung erfolge vielmehr, bevor das Produkt zu Abfall wird. Der Ausschluss von wiederverwendbaren Stoffen und Gegenständen aus dem Abfallbegriff, der bisher ungeschrieben sei, solle daher ausdrücklich in eine Neuregelung der AbfallR-RL aufgenommen werden.[42] Ein Altprodukt werde erst dann Abfall, wenn zur erneuten Verwendung eine erhebliche, in die Substanz eingreifende Bearbeitung der Gegenstände erforderlich sei.[43] Die bestimmungsgemäße Weiternutzung von Sachen durch den alten oder einen neuen Besitzer unterfalle also nicht dem Abfallbegriff.[44] Erst beim Wegfall der ursprünglichen Zweckbestimmung läge eine Entledigung und damit Abfall vor.[45] Würden Pfandflaschen oder Altkleider zur Wiederverwendung gesammelt, läge demnach keine Abfallverwertung vor, sondern eine Maßnahme der Abfallvermeidung.[46]

Die Rechtsprechung hat die Antwort auf die Frage, ob auch wiederverwendbare Stoffe Abfälle sein können, über die Jahre in mehreren Urteilen präzisiert. In der

40 GA Jacobs (Schlussantr. v. 24.10.1996) Verb.Rs. C-304/94, C-330/94, C-342/94 und C-224/95 (Tombesi u.a.), Slg. 1997, I-3564, Rn. 52; Giesberts/Posser, S. 11.
41 Giesberts/Posser, S. 15.
42 Enders, DVBl. 2002, S. 1021, 1025.
43 Dieckmann, S.160.
44 Weidemann, Abfallrecht, Rn. 52; Giesberts/Posser, S. 14.
45 Giesberts/Posser, S. 11.
46 Giesberts/Posser, S. 16.

Rechtssache *Zanetti* entschied der Gerichtshof im Jahre 1990, dass der Begriff „Abfälle" im Sinne der AbfallR-RL auch Stoffe erfasst, die zur wirtschaftlichen Wiederverwendung geeignet sind.[47] Im Jahre 1995 entschied der Gerichtshof in einem Vertragsverletzungsverfahren gegen Deutschland,[48] dass der Abfallbegriff im damaligen deutschen Abfallgesetz (nachfolgend: „AbfG") nicht mit der AbfallR-RL vereinbar war. § 1 Abs. 3 Nr. 7 AbfG nahm solche Stoffe grundsätzlich von Abfallbegriff aus, die durch gewerbliche Sammlung einer ordnungsgemäßen Verwertung zugeführt werden.[49] Diese Ausnahmeregelung war in der Praxis vor allem Altkleidersammlungen zugute gekommen.[50] Der Gerichtshof war der Ansicht, dass der Ausschluss bestimmter wiederverwendbarer Stoffe vom deutschen Abfallbegriff nicht mit der AbfallR-RL vereinbar sei. Der europäische Abfallbegriff sei weit gefasst und schließe auch wiederverwendbare Stoffe ein.[51] In der Rechtssache *Tombesi* entschied der Gerichtshof im Jahre 1997, dass der Abfallbegriff der AbfallR-RL alle Gegenstände erfasse, deren ihr Eigentümer sich entledigt, auch wenn sie Handelswert haben und gewerbsmäßig zum Zweck der Verwertung, Rückgewinnung oder Wiederverwendung eingesammelt werden.[52] Aus der Systematik der AbfallR-RL gehe nämlich hervor, dass die Wiederverwendung eines gebrauchten Stoffes sich auf Abfall beziehe, und keine Maßnahme der Abfallvermeidung mehr sei.[53] In der Rechtssache *ARCO Chemie Nederland* bestätigte der Gerichtshof im Jahre 2000, dass der Abfallbegriff der AbfallR-RL nicht eng ausgelegt werden dürfe.[54] Dies folge aus der Zielsetzung der AbfallR-RL und dem in Art. 174 Abs. 2 EG verankerten Erfordernis eines hohen Schutzniveaus in der Umweltpolitik.[55]

47 EuGH (Urteil v. 28. März 1990), Rs. C-359/88 (Zanetti u.a.), Slg. 1990, I-1509, Rn. 12.
48 EuGH (Urteil v. 10.Mai 1995), Rs. C-422/92 (Kommission/Deutschland), Slg. 1995, I-1097.
49 a.a.O., Rn. 9.
50 Versteyl, EuZW 2000, S. 585, 587f.
51 EuGH (Urteil v. 10.Mai 1995), Rs. C-422/92 (Kommission/Deutschland), Slg. 1995, I-1097, Rn. 20, 25.
52 EuGH (Urteil v. 25. Juni 1997), Verb. Rs. C-304/94, C-330/94, C-342/94 und C-224/95 (Tombesi u.a.), Slg. 1997, I-3585, Rn. 52. Damit übernahm der EuGH fast wörtlich eine Aussage aus der zuvor beschriebenen Rechtssache von GA Jacobs (Schlussantr. v. 16.3.1995) Rs. C-422/92 (Kommission/Deutschland), Slg. 1995, I-35. Zuletzt bestätigt in EuGH (Urteil v. 18.4.2002), Rs. C-9/00 (Palin Granit Oy und Vehmassalon kansanterveystyön kuntayhtymän hallitus), Slg. 2002, I-3533, Rn. 29.
53 EuGH (Urteil v. 25. Juni 1997), Verb. Rs. C-304/94, C-330/94, C-342/94 und C-224/95 (Tombesi u.a.), Slg. 1997, I-3585, Rn. 49-51.
54 EuGH (Urteil v. 15.6.2000), Rs. C-418/97 und C-419/97 (ARCO Chemie Nederland u.a.), Slg. 2000, I-4475, Rn. 40.
55 a.a.O., Rn. 37-39.

Wie Generalanwalt Jacobs in den Schlussanträgen zur Rechtssache *Palin Granit*[56] ausgeführt hat, gibt es auch gute Gründe für die Einbeziehung wiederverwendbarer Stoffe in den Abfallbegriff. Es fehlt nämlich jede Garantie dafür, dass die Stoffe tatsächlich noch einmal verwendet werden. Auch wenn sie letztlich wiederverwendet werden, kann ihre Lagerung bis zur Verwendung Umweltschäden verursachen, die es nach Art. 4 AbfallR-RL zu vermeiden gilt.[57] Wenn in der Literatur bis heute vertreten wird, dass zur Wiederverwendung bestimmte Gegenstände kein Abfall sein können, so kann das nur damit erklärt werden, dass sich einige (deutschsprachige) Autoren immer noch am alten, europarechtswidrigen deutschen Abfallbegriff orientieren und nicht am europäischen Abfallbegriff.[58]

(3)   Folgerungen für den Umfang der Rücknahmepflichten

Die Rechtsprechung des Gerichtshofs hat somit im Laufe der Jahre zu Recht herausgearbeitet, dass auch Stoffe, die zur Wiederverwendung gesammelt werden, Abfälle sind. Als der Gerichtshof im Jahre 1990 das Urteil *Zanetti* fällte, war das noch nicht eindeutig. Zwar stellte er fest, dass der Abfallbegriff auch Stoffe umfasst, die zur *wirtschaftlichen* Wiederverwendung geeignet sind. Unklar war aber die Bedeutung des Begriffes der „wirtschaftliche Wiederverwendung". Der Begriff wurde so verstanden, dass damit die Verwertung im Zuge eines Produktions- oder Verbrennungsprozesses gemeint sei.[59] Wirtschaftliche Wiederverwendung ist nach dieser Interpretation der Oberbegriff für die heutigen Begriffe der stofflichen und energetischen Verwertung, nicht aber gleichbedeutend mit dem heutigen Begriff der Wiederverwendung.[60] Da das Urteil nur die *wirtschaftliche* Wiederverwendung in den Abfallbegriff einbezog, konnte argumentiert werden, dass der vom Begriff der Wiederverwendung ohne den Zusatz „wirtschaftlich" erfasste Vorgang ein aliud dazu sei, der sich gerade nicht auf Abfall beziehe.

Diesem Verständnis entspricht die Verpack-RL aus dem Jahre 1994. Art. 1 Abs. 2 Verpack-RL besagt, dass die Richtlinie auf die „Wiederverwendung von Verpackungen [...] und die [...] Verwertung der Verpackungsabfälle" abzielt. Die Formulierung legt nahe, dass die Wiederverwendung in einem Stadium stattfindet, in dem die Altprodukte noch kein Abfall geworden sind. Diese Deutung wird von Art. 3 Abs. 5 Verpack-RL gestützt. Die Vorschrift besagt, dass „Ver-

---

56 GA Jacobs, (Schlussantr. v. 17.1.2002), Rs. C-9/00 (Palin Granit Oy und Vehmassalon kansanterveystyön kuntayhtymän hallitus), Slg. 2002, I-3533.

57 a.a.O., Rn. 36.

58 Falk, EWS 1998, S. 302, 303 dagegen erkennt, dass der EuGH den Abfallbegriff in der Rs. *Tombesi* auch auf solche Gegenstände ausdehnt, die nach deutschem Recht bislang nicht als Abfälle galten.

59 Giesberts/Posser, S. 13.

60 Dieckmann, S. 160.

packungen [...] zu Verpackungsabfall [werden], sobald sie nicht mehr wiederverwendet werden."

Mit dem Urteilen 1995 im Vertragsverletzungsverfahren gegen Deutschland und
1997 in der Rechtssache *Tombesi* war aber unmissverständlich klargestellt, dass
Stoffe, derer sich der Besitzer entledigt, auch dann Abfall im Sinne der AbfallR-
RL sind, wenn sie wiederverwendet werden sollen. Nicht nur erklärte der Gerichtshof es im Vertragsverletzungsverfahren gegen Deutschland für rechtswidrig, Altkleidersammlungen mithilfe einer Ausnahmeregelung im damaligen
AbfG aus dem Abfallbegriff herauszunehmen. Auch entschied der Gerichtshof
in *Tombesi* ausdrücklich, dass die entledigten Gegenstände, die zur Wiederverwendung eingesammelt werden, dem Abfallbegriff unterfallen.

Als die Kommission am 9. Juli 1997 den ersten Vorschlag zur Altfahrzeug-RL
vorlegte[61], waren die Urteile im Vertragsverletzungsverfahren gegen Deutschland und in der Rechtssache *Tombesi* schon gefällt. Der Richtliniengeber war
sich also bewusst, dass seine Verweise auf die AbfallR-RL bei der Definition
der Altprodukte in der Altfahrzeug-RL und später in der Elektroschrott-RL auch
wiederverwendbare Produkte einschlossen. Dies kommt auch in den Richtlinien-
texten zum Ausdruck. Nach Art. 2 Nr. 6 Altfahrzeug-RL und Art. 3 lit. d Elektroschrott-RL sind Altfahrzeuge und Elektro- und Elektronikaltgeräte der
Gegenstand der Wiederverwendung. Da die Altprodukte als Abfälle definiert
sind, ist der Gegenstand der Wiederverwendung also in beiden Fällen Abfall.
Wiederverwendung ist somit eine Form der Verwertung von Abfällen.[62]

Die unterschiedliche Formulierung der Richtlinien zur Produzentenverantwortung führt daher nicht zu materiellen Unterschieden in der Weite der Rücknahmepflichten. Die Verpack-RL dehnt die Rücknahme über die Abfälle auch auf
gebrauchte Verpackungen aus, weil nach ihrem Verständnis Verpackungen, die
wiederverwendet werden, nicht als Abfall gelten. Um sie dennoch zu erfassen,
mussten die „gebrauchten Verpackungen" separat erwähnt werden. Damit
drückt die Verpack-RL eine Auffassung des Abfallbegriffs aus, der zum Zeitpunkt ihres Erlasses vertretbar war. Zur Zeit des Erlasses der Altfahrzeug-RL
und der Elektroschrott-RL war aber vom Gerichtshof eindeutig klargestellt, dass
gebrauchte Produkte, die zum Zweck der Wiederverwendung gesammelt werden, als Abfälle gelten. Folglich mussten die beiden späteren Richtlinien nur die
Rücknahme von Abfall vorsehen, um damit unausgesprochen auch gebrauchte
wiederverwendbare Produkte zu erfassen. Die Reichweite der Rücknahmepflichten der Richtlinien zur Produzentenverantwortung unterscheidet sich daher

---

61 ABl. Nr. C 337/3 vom 7.11.1997.
62 Deutlich ausgedrückt in Art. 1 Altfahrzeug-RL, Art. 1 Elektroschrott-RL, wonach die
Richtlinien die Wiederverwendung und andere Formen der Verwertung bezwecken.

nicht. Gegenstand der Rücknahme sind Abfälle in der seit dem Jahre 1997 eindeutigen Auslegung durch den Gerichtshof.

b.   Einzelne Bestandteile der Altprodukte

(1)   Verpack-RL

Fraglich ist weiterhin, ob sich die Rücknahmepflicht für Altprodukte auch auf Teile der Altprodukte erstreckt. Die Verpack-RL macht keine Angaben dazu, ob auch Verpackungsteile zurückgenommen werden müssen. Art. 3 Nr. 1 Verpack-RL definiert, dass Verpackungen Produkte sind, die Waren aufnehmen, schützen, oder der Handhabung, Lieferung und Darbietung von Waren dienen. Viele Verpackungen müssen in Teile zerlegt werden, um die umschlossenen Waren preiszugeben. Wird eine Verpackung bei ihrer Verwendung in Teile zerlegt, handelt es sich weiterhin um eine Verpackung. Folglich müssen auch Teile von alten Verpackungen als Altprodukte angesehen werden. Die Rücknahmepflicht der Verpack-RL erstreckt sich auch auf diese Teile.

(2)   Altfahrzeug-RL

Die Altfahrzeug-RL sieht in Art. 5 Abs. 1 Altfahrzeug-RL nicht nur die Rücknahme von Altfahrzeugen, sondern auch von Abfall-Altteilen aus Reparaturen vor. Die Tatsache, dass nur die Altfahrzeugteile zurückgenommen werden müssen, die aus Reparaturen stammen, lässt darauf schließen, dass andere Altfahrzeugteile nicht zurückgenommen werden müssen. Ansonsten wäre die Eingrenzung „aus Reparaturen" überflüssig. Dass die Altfahrzeug-RL grundsätzlich von der Rückgabe ganzer Fahrzeuge und nicht nur von Teilen davon ausgeht, zeigt noch eine weitere Vorschrift. Nach Art. 5 Abs. 4 UAbs. 3 Altfahrzeug-RL können die Mitgliedstaaten die Kostenlosigkeit der Rücknahme aufheben, wenn ein Altfahrzeug seine wesentlichen Bestandteile nicht mehr enthält. Damit ist ausgedrückt, dass die Rückgabe eines vollständigen Fahrzeugs den Normalfall darstellt. Die Rücknahmepflicht, die von der Altfahrzeug-RL angeordnet wird, erstreckt sich nur auf ein Altfahrzeug als Ganzes. Zwar muss es auch zurückgenommen werden, wenn es einzelne Teile nicht mehr enthält. Die einzelnen Teile selbst müssen aber nicht zurückgenommen werden.

(3)   Elektroschrott-RL

Die Mitgliedstaaten sind aufgrund von Art. 5 Abs. 2 UAbs. 2 Elektroschrott-RL befugt, die kostenlose Rücknahmepflicht für Altprodukte einzuschränken, wenn sie die wesentlichen Bestandteile nicht mehr enthalten. Wie bei der ähnlichen Vorschrift in der Altfahrzeug-RL wird damit ausgedrückt, dass die Rücknahme von kompletten Altgeräten den Normalfall darstellt. Art. 5 Elektroschrott-RL regelt die Durchführung der Rücknahmepflicht, während die Finanzierung der Rücknahme ausschließlich in den Artikeln 8 und 9 Elektroschrott-RL normiert ist. Daraus folgt, dass Art. 5 Abs. 2 UAbs. 2 Elektroschrott-RL die Mitgliedstaaten dazu befugt, die Rücknahmepflicht für ausgeschlachtete Altgeräte nicht nur kostenpflichtig zu machen, sondern gänzlich aufzuheben. Folglich können sogar ausgeschlachtete Altgeräte von der Rücknahmepflicht ausgenommen sein. Einzelne Teile von Altgeräten müssen dann erst recht nicht zurückgenommen werden.

c. Möglichkeit der Eingrenzung auf bestimmte Abfälle

(1) *Unterscheidung nach örtlicher Herkunft der Abfälle*

Weiter muss bestimmt werden, welcher Abfall in einem Mitgliedstaat zurückgenommen werden muss. Es ist zu untersuchen, ob die Rücknahmepflichten, die in den Richtlinien zur Produzentenverantwortung angeordnet werden, nach der Herkunft der Abfälle unterscheiden dürfen. Insbesondere ist zu prüfen, ob die Rücknahmepflichten auf inländische Altprodukte beschränkt werden dürfen.

(a) Verpack-RL

Die Rücknahmepflichten könnten von den Mitgliedstaaten so umgesetzt werden, dass nur die Altprodukte zurückgenommen werden müssen, die in dem betreffenden Mitgliedstaat hergestellt werden. Importprodukte wären dann von der Rücknahmepflicht ausgenommen. Die Verpack-RL macht den Mitgliedstaaten diesbezüglich Vorgaben. Nach Art. 7 Abs. 1 UAbs. 1 Verpack-RL müssen in den Mitgliedstaaten Rücknahmesysteme für Altprodukte eingerichtet werden. Art. 7 Abs. 1 UAbs. 2 Satz 2 Verpack-RL bestimmt, dass diese Systeme auch für Importprodukte gelten. Daraus folgt, das ein Rücknahmesystem, das in einem Mitgliedstaat aufgrund der Verpack-RL errichtet wurde, jeglichen Abfall zurücknimmt, unabhängig davon, ob er im jeweiligen Mitgliedstaat oder im Ausland hergestellt wurde. Die Tatsache, dass eine Verpackung im Ausland hergestellt wurde, berechtigt die Rücknahmesysteme nicht, die Altprodukte zurückzuweisen. Eine Beschränkung der Rücknahmepflicht aufgrund der Verpack-RL auf die Verpackungen, die im Inland hergestellt wurden, ist ausgeschlossen.

Weiter sieht Art. 6 Abs. 1 Verpack-RL vor, dass die Mitgliedstaaten einen bestimmten Prozentsatz der anfallenden Altprodukte verwerten müssen. Die dazu aufgestellten Verwertungsquoten beziehen sich auf das gesamte Hoheitsgebiet eines Mitgliedstaates, Art. 6 Abs. 1, Satz 1 Verpack-RL. Daraus wird der Schluss gezogen, die Verwertungsquoten bezögen sich jeweils auf das nationale Verpackungsabfallaufkommen. Dementsprechend sei auch die Rücknahmepflicht auf alle Verpackungsabfälle gerichtet, die in dem jeweiligen Mitgliedstaat anfielen.[63]

Die Reichweite der Rücknahmepflichten der Verpack-RL ist an die Abfalldefinition der AbfallR-RL geknüpft. Ein Stoff oder Gegenstand wird gem. Art. 1 lit. a AbfallR-RL in dem Moment zu Abfall, in dem sich der Besitzer seiner entle-

---

63 Sagia, S. 48.

digt. Verpackungsabfall fällt also dann in einem Mitgliedstaat an, wenn sich der Besitzer der Verpackung im betreffenden Mitgliedstaat entledigt hat. Nach Art. 7 Abs. 1 Verpack-RL müssen die Systeme in den Mitgliedstaaten Verpackungsabfälle zurücknehmen. Entscheidend für die Rücknahmepflicht ist also, auf welchem Hoheitsgebiet sich der Letztbesitzer zur Zeit der Entledigung befunden hat. Unerheblich ist nicht nur, wo die Verpackung hergestellt wurde, sondern auch, wo die Verpackung verkauft und benutzt wurde. Auch die Nationalität oder der Wohnsitz des Besitzers spielen für den Ort der Entledigung keine Rolle. Somit ist der Ansicht zuzustimmen, dass sich die in der Verpack-RL angeordneten Rücknahmepflichten jeweils auf das Verpackungsaufkommen in einem Mitgliedstaat beziehen. Es müssen alle Verpackungsabfälle zurückgenommen werden, derer sich die Besitzer auf dem Hoheitsgebiet des Mitgliedstats entledigt haben.

(b)   Altfahrzeug-RL

(i)   Importprodukte

Nach *Deimann* werden besonders die Rücknahmepflichten der Altfahrzeug-RL dazu führen, dass viele Letzthalter ihr Fahrzeug in einem anderen Mitgliedstaat als ihrem Herkunftsland zurückgeben werden.[64] Grund dafür sei zum einen die zunehmende Mobilität der Unionsbürger. Wie der EG-Vertrag in seinem Art. 14 zur Errichtung des Binnenmarktes und Art. 39 zur Gewährung der Freizügigkeit ausdrücke, sei diese Mobilität geradezu erwünscht. Zum anderen könnten Kostenunterschiede bei der Rückgabe von Altfahrzeugen einen Anreiz zur Abgabe in einem anderen Mitgliedstaat bieten. Die Ablieferung erfolge zwar grundsätzlich kostenlos, Art. 5 Abs. 4 UAbs. 1 Altfahrzeug-RL. Gewisse Kosten könnten den Ablieferern aber dennoch in Rechnung gestellt werden, solange sie nicht auf dem negativen Marktwert eines Fahrzeugs beruhen. Nur diese seien nämlich durch die Altfahrzeug-RL verboten.[65] Dadurch könne es zum sogenannten „forum-shopping"[66] kommen, also der Möglichkeit der Letztnutzer, ihr Fahrzeug in dem Mitgliedstaat abzugeben, in dem es für sie am billigsten ist. Es bestehe daher die Gefahr, dass die Altfahrzeug-RL derart umgesetzt werde, dass die Rücknahmesysteme gegenüber Bürgern aus benachbarten EU-Staaten abgeschottet würden.[67] Es ist zu prüfen, ob die Mitgliedstaaten bei der Umsetzung der Altfahrzeug-RL das Recht haben, die inländischen Rücknahmesysteme gegenüber Altfahrzeugen aus anderen EU-Staaten abzuschotten.

Im Gegensatz zur Verpack-RL trifft die Altfahrzeug-RL keine ausdrückliche Regelung für Importprodukte. Aus dem Regelungszusammenhang lassen sich

---

64 Deimann, in: Brockmann/Deimann/Wallau/Dette, S. 133.
65 Deimann, in: Brockmann/Deimann/Wallau/Dette, S. 128f.
66 Deimann, in: Brockmann/Deimann/Wallau/Dette, S. 134.
67 Deimann, in: Brockmann/Deimann/Wallau/Dette, S. 134.

aber diesbezügliche Aussagen ableiten. Die Altfahrzeug-RL sieht in Art. 5 Abs. 1 vor, dass Rücknahmesysteme für alle Altfahrzeuge eingerichtet werden. Gemäß Art. 5 Abs. 2 Altfahrzeug-RL stellen die Mitgliedstaaten sicher, dass sämtliche Altfahrzeuge den Verwertungsanlagen zugeführt werden. Zudem dürfen Altfahrzeuge nur abgemeldet werden, wenn nachgewiesen wird, dass das Fahrzeug bei einer Verwertungsanlage abgeliefert wurde, Art. 5 Abs. 3 UAbs. 1 Altfahrzeug-RL. Es sollen also sämtliche Altprodukte zurückgenommen werden. Dabei lässt die Richtlinie keine Ausnahmen zu. Zwar wäre es denkbar, die Rücknahmeverpflichtung bei verunreinigten oder ausgeschlachteten Altprodukten aufzuheben. So ist bei Elektroschrott aufgrund von Art. 5 Abs. 2 UAbs. 1 lit. d Elektroschrott-RL die Zurückweisung solcher Altprodukte möglich. Die Altfahrzeug-RL hält aber auch in diesen Fälle an der Rücknahmepflicht fest und sieht nach Art. 5 Abs. 4 UAbs. 3 Altfahrzeug-RL lediglich vor, dass bei verunreinigten oder ausgeschlachteten Altfahrzeugen die Rücknahme nicht mehr kostenlos sein muss. Die Auslegung der Altfahrzeug-RL ergibt, dass unter allen Umständen sämtliche Altfahrzeuge zurückzunehmen sind. Für den Umfang der Rücknahmepflichten folgt daraus, dass auch Importprodukte zurückgenommen werden müssen. Die Rücknahme aller Altfahrzeuge bedeutet, dass der Herstellungsort wie bei der Verpack-RL die Geltung der Rücknahmepflicht unberührt lässt.

(ii)   Anknüpfung an Meldeort des Fahrzeugs

Denkbar ist weiterhin, dass die Mitgliedstaaten den Umfang der Rücknahmepflicht einschränken, indem sie bei der Umsetzung nur zur Rücknahme der Altfahrzeuge verpflichten, die im Inland gemeldet sind. Dann wäre die Rücknahme auf die Produkte begrenzt, die im betreffenden Mitgliedstaat nachweislich eine gewisse Zeit in Gebrauch waren. Fahrzeuge, die in anderen Mitgliedstaaten gemeldet sind, wären dann von der Rücknahmepflicht nicht umfasst. Damit wäre „forum-shopping" unterbunden, denn die Unionsbürger, deren Fahrzeug im Ausland gemeldet ist, könnten ihr Altfahrzeug in solchen Mitgliedstaat nicht zurückgeben.

Fraglich ist, ob eine Einschränkung der Rücknahmepflicht auf im Inland zugelassene Fahrzeuge mit der Altfahrzeug-RL vereinbar ist. Art. 5 Abs. 3 Altfahrzeug-RL bestimmt, dass Altfahrzeuge nur abgemeldet werden dürfen, wenn für sie ein Verwertungsnachweis vorgelegt wurde. Der Verwertungsnachweis wird bei Ablieferung eines Altfahrzeugs bei einer Rücknahmestelle ausgestellt. Art. 5 Abs. 5 Altfahrzeug-RL sieht weiter vor, dass die Verwertungsnachweise in den Mitgliedstaaten gegenseitig anerkannt und akzeptiert werden. Ist ein Fahrzeug z.B. in Deutschland gemeldet, kann der zur Abmeldung erforderliche Verwertungsnachweis auch aus einem anderen Mitgliedstaat, z.B. Frankreich stammen. Aus dieser Bestimmung ergibt sich, dass die Rückgabe in einem anderen Mitgliedstaat möglich sein muss als dem, in dem das Fahrzeug gemeldet ist. Ein in

Deutschland gemeldeter Wagen kann abgemeldet werden, wenn er in Frankreich zurückgenommen wird und dafür ein Verwertungsnachweis ausgestellt wird.

Zunächst ist mit der Bestimmung klargestellt, dass die Mitgliedstaaten nicht verbieten dürfen, dass die Fahrzeuge, die in ihrem Land gemeldet sind, woanders zurückgegeben werden. Den Unionsbürgern muss aufgrund von Art. 5 Abs. 5 Altfahrzeug-RL das Recht eingeräumt werden, ihr Fahrzeug zur Rückgabe in einen anderen Mitgliedstaat zu verbringen. Deutschland darf also nicht die Rückgabe in Frankreich verbieten. Allerdings wäre denkbar, dass die Fahrzeuge, die in Deutschland gemeldet sind, gar nicht in Frankreich zurückgenommen werden. Damit wäre aber das aus der Altfahrzeug-RL zu entnehmende Recht des Einzelnen, in anderen Mitgliedstaaten zurückzugeben, wertlos. Bei der Auslegung von Gemeinschaftsrecht ist insbesondere der *effet utile* einer Norm zu berücksichtigen. Eine Rechtsvorschrift ist so auszulegen, dass ihre praktische Wirksamkeit gewährleistet ist.[68] Das der Altfahrzeug-RL entstammende Recht, sein Fahrzeug in einem anderen Mitgliedstaat als dem Meldeort des Fahrzeugs zurückzugeben, ist nur dann voll wirksam, wenn ein korrespondierendes Recht im Zielland besteht, wonach dort auch ausländische Fahrzeuge zurückgenommen werden müssen. Eine gegenseitige Anerkennung der Verwertungsnachweise ergibt nur Sinn, wenn die Mitgliedstaaten nicht nur die Rückgabe der im Inland gemeldeten Fahrzeuge im Ausland zulassen, sondern die Rücknahmepflicht auch auf Fahrzeuge erstrecken, die nicht im Inland gemeldet sind. Daher folgt aus Art. 5 Abs. 5 Altfahrzeug-RL, dass die Rücknahmepflicht in den Mitgliedstaaten nicht auf die im Inland gemeldeten Fahrzeuge beschränkt werden darf.

(iii) Anknüpfung an Wohnsitz des Letzthalters

Eine andere Möglichkeit, die Rückgabe ausländischer Fahrzeuge einzuschränken, könnte darin bestehen, dass die Mitgliedstaaten die Wirtschaftsbeteiligten bei der Umsetzung der Altfahrzeug-RL nur zur Rücknahme derjenigen Fahrzeuge verpflichten, deren Letzthalter im Inland gemeldet sind. Damit wäre den Unionsbürgern, die nicht in dem betreffenden Mitgliedstaat wohnen, unmöglich, ihr Fahrzeug in diesem Mitgliedstaat zurückzugeben. Auch damit wäre „forumshopping" unmöglich gemacht.

(a) Vereinbarkeit mit Art. 49 EG

Die Altfahrzeug-RL selbst enthält keine Hinweise darauf, dass eine Beschränkung auf Letzthalter, die im Inland ansässig sind, unzulässig ist. Eine solche Be-

---

68 St. Rspr.; EuGH (Urteil v. 6.10.1970), Rs. 9/70 (Franz Grand/Finanzamt Traunstein), Slg. 1970, 825 Rn. 5; (Urteil v. 19.11.1991), verb. Rs. C-6/90 und C-9/90 (Franovich/Italienische Republik), Slg. 1991, I-5357 Rn. 32; Schwarze, in: Schwarze, Art. 220 EG Rn. 29.

schränkung könnte aber gegen den freien Dienstleistungsverkehr gemäß Art. 49 EG verstoßen. Der Gerichtshof hat dem Schutzbereich des Art. 49 EG auch die „passive" Dienstleistungsfreiheit entnommen.[69] Die Dienstleistungsfreiheit umfasst also auch den Fall, dass der Dienstleistungsempfänger durch seinen Grenzübertritt die Voraussetzung dafür schafft, dass die Dienstleistung zwischen Gebietsfremden ausgetauscht wird.[70] Die Begrenzung der Rücknahmepflicht auf Ansässige könnte eine Beschränkung der „passiven" Dienstleistungsfreiheit der Unionsbürger aus anderen Mitgliedstaaten darstellen.

(i)   Erheblichkeit des Finanzierungsmodus

Ein Verstoß gegen Art. 49 EG setzt voraus, dass es sich bei der Rücknahme von Altfahrzeugen um eine Dienstleistung handelt. Art. 50 EG bestimmt, dass Dienstleistungen solche Leistungen sind, die in der Regel gegen Entgelt erbracht werden. Art. 5 Abs. 4 UAbs. 1 Altfahrzeug-RL sieht aber vor, dass die Rücknahme von Altfahrzeugen für den Letzthalter ohne Kosten aufgrund des nicht vorhandenen oder negativen Marktwertes erfolgen muss. Der Letzthalter soll aufgrund der Altfahrzeug-RL für die Rücknahme also gerade kein oder nur ein geringes Entgelt zahlen. Stattdessen sollen die Hersteller alle Kosten oder einen wesentlichen Teil davon tragen, Art. 5 Abs. 4 UAbs. 2 Altfahrzeug-RL. Fraglich ist daher, ob die Qualifikation der Rücknahmepflicht als Dienstleistung davon abhängt, dass statt dem Letzthalter die Hersteller für die Rücknahme zahlen.

Der Gerichtshof musste in der Rechtssache *Bond van Adverteerders*[71] entscheiden, wie es sich auswirkt, wenn eine Leistung von einem anderen bezahlt wird als dem, dem sie zugute kommt. Betreiber von Kabelnetzen verbreiteten in den Niederlanden Fernsehprogramme für die Sendeanstalten. Die Sendeanstalten selbst zahlten den Kabelbetreibern kein Entgelt. Stattdessen erhoben die Kabelbetreiber Gebühren bei den ans Kabelnetz angeschlossenen Haushalten. Der Gerichtshof hielt die Einspeisung der Fernsehprogramme dennoch für eine Dienstleistung der Kabelbetreiber gegenüber den Fernsehanstalten. Der Begriff der Dienstleistung im Sinne von Art. 49 EG verlange nicht, dass die Dienstleistung von demjenigen bezahlt werde, dem sie zugute kommt.[72] Auch in der Literatur wird angenommen, dass eine Dienstleistung im Sinne von Art. 49 EG nicht erfordert, dass der Leistungsempfänger die Geldleistung selbst erbringt.[73] Die Letzthalter von Altfahrzeugen empfangen bei der Rücknahme aufgrund der Altfahrzeug-RL die Dienstleistung, für die die Hersteller bezahlen. Folglich

---

69 EuGH (Urteil v. 31.1.1984), verb. Rs. 286/82 und 26/83 (Luisi und Carbone/Ministero del Tesoro), Slg. 1984, 377 Rn. 10.
70 Randelzhofer/Forsthoff, in: Grabitz/Hilf, Art. 49/50 EGV Rn. 43.
71 EuGH (Urteil v. 26.4.1988), Rs. 352/85 (Bond an Adverteerders/Niederlande), Slg. 1988, 2085.
72 a.a.O., Rn. 16.
73 Randelzhofer/Forsthoff in Grabitz/Hilf, Art. 49/50 EG Rn. 36.

schließt die Tatsache, dass die Rücknahme der Altfahrzeuge nicht von den Letzthaltern selbst finanziert wird, ihre Qualifikation als Dienstleistung nicht aus.

(ii)   Erheblichkeit des mangelnden Erwerbszwecks

Es könnte sich aber auf die Qualifikation als Dienstleistung auswirkt, dass die Rücknahmestellen nicht primär betrieben werden, um Geld zu verdienen, sondern um einer gesetzlichen Verpflichtung aufgrund der Altfahrzeug-RL nachzukommen. Zwei Entscheidungen des Gerichtshofs zu der Frage, ob sich die Dienstleistungsfreiheit auch auf staatliche Dienste erstreckt, geben hierzu Hinweise. In der Rechtsache *Humbel*[74] war streitig, ob der Unterricht an einer staatlichen Fachschule, für den eine Einschreibgebühr erhoben wurde, von der Dienstleistungsfreiheit umfasst war. Insbesondere musste geklärt werden, ob es sich bei dem Unterricht um eine in der Regel entgeltliche Leistung handelt. Der Gerichtshof zog zur Auslegung des Dienstleistungsbegriffs Art. 49 Abs. 2 EG heran, wonach als Dienstleistungen insbesondere gewerbliche, kaufmännische, handwerkliche und freiberufliche Tätigkeiten gelten.[75] Das Wesensmerkmal des Entgelts sei also, dass es die wirtschaftliche Gegenleistung für die betreffende Leistung darstelle.[76] Beim staatlichen Unterricht liege die Entgeltlichkeit aus zwei Gründen nicht vor. Zum einen wolle der Staat durch den Unterricht nicht Gewinn erzielen, sondern seinen Aufgaben gegenüber seinen Bürgern nachkommen. Zum anderen werde der Unterricht zum Großteil aus dem Staatshaushalt finanziert.[77] Die Einschreibgebühren fielen diesbezüglich nicht ins Gewicht.[78]

In der Rechtssache *Wirth*[79] musste der Gerichtshof entscheiden, ob die Teilnahme an einer staatlich finanzierten Hochschule dem freien Dienstleistungsverkehr unterfällt. Zunächst lehnte der Gerichtshof es mit den beiden in *Humbel* genannten Argumenten ab, die Veranstaltungen einer staatlich finanzierten Hochschule als Dienstleistung anzusehen.[80] Weiter führte er aus, dass der Unterricht an Hochschulen, die im Wesentlichen privat finanziert werden und einen Gewinn zu erzielen versuchen, im Gegensatz zu den staatlichen Hochschulen eine Dienstleistung nach Art. 49 EG darstelle. Das von diesen Einrichtungen verfolgte Ziel bestehe nämlich darin, eine Leistung gegen Entgelt anzubieten.[81]

---

74 EuGH (Urteil v. 27.9.1988), Rs. 263/86 (Belgien/Humbel), Slg. 1988, 5365.
75 a.a.O., Rn. 16.
76 a.a.O., Rn. 17.
77 a.a.O., Rn. 18.
78 a.a.O., Rn. 19.
79 EuGH (Urteil v. 7.12.1993), Rs. C-109/92 (Wirth/Landeshauptstadt Hannover), Slg. 1993, I-6447.
80 a.a.O., Rn. 16.
81 a.a.O., Rn. 17.

In der Rechtssache *Humbel* verneinte der Gerichtshof die Entgeltlichkeit der Leistung also aus zwei Gründen. Erstens verfolgte der betreffende Staat nicht die Absicht, Geld zu verdienen, sondern seinen staatlichen Auftrag zu erfüllen. Zweitens wurde die Leistung aus dem Staatshaushalt finanziert. Überträgt man die beiden Kriterien auf die Rücknahmepflichten der Altfahrzeug-RL ist nicht eindeutig, ob auch diesen die Qualität als Dienstleistung versagt werden muss. Denn die Rücknahme erfolgt zwar wie in *Humbel* aufgrund staatlicher Verpflichtung, aber im Gegensatz dazu aus privaten Mitteln. Mit seinen Ausführungen zu privaten Hochschulen in der Rechtssache *Wirth* hat der Gerichtshof später klargestellt, welches der beiden Kriterien für eine Dienstleistung das ausschlaggebende ist. Dass die privaten Hochschulen nur im Wesentlichen privat finanziert sind, also teilweise auch staatlich finanziert sein können, war bei der Qualifikation als Dienstleistung nicht ausschlaggebend. Vielmehr war erheblich, dass eine Leistung angeboten wird, um Gewinn zu erzielen. Aus dieser Aussage kann abgeleitet werden, dass das entscheidende Kriterium für die Entgeltlichkeit darin liegt, dass der Dienstleister einen Erwerbszweck verfolgt.

Auch in der Literatur wird eine Dienstleistung im Sinne von Art. 49 EG nur angenommen, wenn der Leistungserbringer einen Erwerbszweck verfolgt. Während diese Voraussetzung von manchen Autoren dem Merkmal der Entgeltlichkeit zugeordnet wird,[82] halten andere Autoren die Verfolgung eines Erwerbszweckes für einen Teil der ungeschriebenen Voraussetzung,[83] dass die Leistung Teil des Wirtschaftslebens sein muss.[84] Die unterschiedlichen Zuordnungen ändern aber nichts daran, dass die Verfolgung eines Erwerbszweckes Voraussetzung für eine Dienstleistung ist.

Zwar kann die Rücknahme von Altfahrzeugen zu Erwerbszwecken erfolgen, wenn sich die Rücknahmestelle aus eigenen, betriebswirtschaftlichen Erwägungen heraus dazu entschlossen hat. Bei einer solchen Rücknahme liegt eine Dienstleistung vor, die nach Art. 49 EG nicht beschränkt werden darf. Die Rücknahme von Altfahrzeugen aufgrund von öffentlich-rechtlichen Pflichten erfolgt aber nicht, um einen Erwerbszweck zu verfolgen. Der einzige Grund dafür, dass die Verpflichteten tätig werden, ist, dass ihnen ansonsten Sanktionen drohen. Folglich stellt die Rücknahme, die aufgrund der Rücknahmepflicht der

---

82 so noch Troberg, in: GTE, Art. 60 EGV Rn. 7; Magiera, in: Handkom. EUV/EGV, Art. 60 Rn. 10.

83 Dazu EuGH (Urteil v. 12.12.1974), Rs. 36/74 (Walrave/Association Union Cycliste Internationale), Slg. 1974, 1405 Rn. 4-10.

84 Jetzt Tiedje/Troberg, in: Groeben/Schwarze, Art. 50 EG Rn. 7; Hakenberg, in: Lenz/Borchardt, Art. 49/50 EG Rn. 9; Rolshoven, S. 59. Randelzhofer/Fortshoff, in: Grabitz/Hilf, Art. 49/50 EGV Rn. 34 verknüpfen Entgeltlichkeit und Teil des Wirtschaftslebens.

34

Altfahrzeug-RL erfolgt, keine Dienstleistung dar. Sie ist nicht vom Anwendungsbereich des Art. 49 EG umfasst. Die Begrenzung der Rücknahmepflichten auf Letzthalter, die im Inland tätig sind, kann also nicht gegen den freien Dienstleistungsverkehr verstoßen.

(b)   Vereinbarkeit mit Art. 12 EG

(i)   Tatbestand

Wenn die Mitgliedstaaten bei der Umsetzung der Altfahrzeug-RL die Rücknahmepflichten auf Fahrzeuge beschränken, deren Letzthalter im Inland wohnen, könnte das gegen das Verbot der Diskriminierung aufgrund der Staatsangehörigkeit nach Art. 12 EG verstoßen. Dann müsste die Rücknahmepflicht im Anwendungsbereich des EG-Vertrages liegen. Das ist der Fall, wenn eine Situation vorliegt, die vom Gemeinschaftsrecht geregelt wird.[85] Insbesondere fällt die Umsetzung von Gemeinschaftsrecht in den Anwendungsbereich des Art. 12 EG.[86] Der sachliche Anwendungsbereich des Art. 12 EG ist also bei der Umsetzung der Altfahrzeug-RL eröffnet.

Das Verbot der Diskriminierung aufgrund der Staatsangehörigkeit gilt nach Art. 12 Abs. 1 EG unbeschadet der besonderen Bestimmungen des Vertrages. Art. 12 EG ist daher nur in den Fallgestaltungen einschlägig, in denen der EG-Vertrag keine besonderen Diskriminierungsverbote vorsieht.[87] Solche besonderen Diskriminierungsverbote enthalten vor allem die Grundfreiheiten.[88] Der Gerichtshof hat den freien Dienstleistungsverkehr explizit als eine Situation genannt, in der das Diskriminierungsverbot konkretisiert ist.[89] Gegenüber dem dort enthaltenen Diskriminierungsverbot ist Art. 12 EG subsidiär.[90] Wie oben gezeigt, fallen die Rücknahmepflichten aufgrund der Altfahrzeug-RL nicht in den Anwendungsbereich der Dienstleistungsfreiheit. Andere Grundfreiheiten sind nicht berührt. Folglich ist Art. 12 EG einschlägig.

Ein Verstoß gegen Art. 12 EG setzt weiter voraus, dass es durch die Beschränkung der Rücknahmepflicht zu einer Ungleichbehandlung aufgrund der Staatsangehörigkeit kommt. Werden nur die Fahrzeuge zurückgenommen, deren

---

85 EuGH (Urteil v. 2.2.1989), Rs. 186/87 (Cowan/Tresor Public), Slg. 1989, S.195, Rn. 10; Holoubek, in: Schwarze, Art. 12 EG Rn. 28.
86 EuGH (Urteil v. 23.1.1997) Rs. C-29/95 (Pastoors und Trans-Cap/Belgischer Staat), Slg. 1997, I-285 Rn. 13ff.; Epiney, in: Calliess/Ruffert, Art. 12 EG Rn. 20.
87 EuGH (Urteil v. 4.7.1991), Rs. C-213/90 (Asti/Chambre des employés privés), Slg. 1991, I-3453 Rn. 10; (Urteil v. 2.2.1989), Rs. 186/87 (Cowan/Tresor Public), Slg. 1989, 195 Rn. 14.
88 Holoubek, in: Schwarze, Art. 12 EG Rn. 9.
89 EuGH (Urteil v. 2.2.1989), Rs. 186/87 (Cowan/Tresor Public), Slg. 1989, S.195, Rn. 14.
90 Epiney, in: Calliess/Ruffert, Art. 12 EG Rn. 11; Holoubek, in: Schwarze, Art. 12 EG Rn. 8.

Halter im Inland wohnen, so werden diese anders behandelt als Halter, die in einem anderen Mitgliedstaat wohnen. Damit liegt eine Ungleichbehandlung vor. Diese müsste aufgrund der Staatsangehörigkeit erfolgen. Eine Anknüpfung an den Wohnsitz stellt nicht unmittelbar auf die Staatsangehörigkeit ab, weil auch Ausländer im Inland leben. Eine Ungleichbehandlung aufgrund der Staatsangehörigkeit liegt aber auch vor, wenn mittelbar diskriminiert wird, also an ein Unterscheidungsmerkmal angeknüpft wird, das tatsächlich zum gleichen Ergebnis führt wie eine Unterscheidung nach der Staatsangehörigkeit.[91] Eine nationale Regelung, die eine Unterscheidung aufgrund des Kriteriums des Wohnsitzes trifft, wirkt sich wie eine Anknüpfung an die Staatsangehörigkeit aus, da Gebietsfremde meist Ausländer sind.[92] Folglich wäre eine Rücknahmepflicht, die nicht im Inland gemeldete Halter ausschließt, eine mittelbare Diskriminierung.

(ii)   Rechtfertigung

Eine Ungleichbehandlung aus Gründen der Staatsangehörigkeit verstößt aber nur dann gegen Art. 12 EG, wenn sie nicht durch objektive Gründe gerechtfertigt ist.[93] Ein Verstoß gegen Art. 12 EG setzt also voraus, dass die unterschiedliche Behandlung nicht sachlichen Unterschieden der Lage Rechnung trägt.[94] Die Beschränkung der Rücknahmepflicht auf Letzthalter mit Wohnsitz im Inland wäre dann mit Art. 12 EG vereinbar, wenn es einen legitimen Grund dafür gäbe, der nicht an die Staatsangehörigkeit des Letzthalters anknüpft.

Nach Art. 174 Abs. 2 Satz 2 beruht die Umweltpolitik der Gemeinschaft auf dem Grundsatz, Umweltbeeinträchtigungen mit Vorrang an ihrem Ursprung zu bekämpfen. Die Diskriminierung bei der Reichweite der Rücknahmepflicht könnte daher gerechtfertigt sein, wenn die Regelung dazu diente, dieses sogenannte Ursprungsprinzip des Europäischen Umweltrechts durchzusetzen. Der Gerichtshof nahm zur Rechtswirkung des Ursprungsprinzips in seinem Urteil in der sogenannten Rechtssache *Wallonische Abfälle*[95] Stellung. Er musste beurteilen, ob eine mitgliedstaatliche Vorschrift, die die Ablagerung von Abfällen aus anderen Regionen verbat, überhaupt aus zwingenden Gründen des Allgemeinwohls gerechtfertigt sein könne. Die Kommission vertrat die Ansicht, dass ein

---

91 EuGH (Urteil v. 10.2.1994), Rs. C-398/92 (Mund & Fester/Hatrex Internationaal Transport), Slg. 1994, I-467 Rn. 14-16; Holoubek, in: Schwarze, Art. 12 EG Rn. 41.

92 EuGH (Urteil v. 14.2.1995), Rs. C-279/93 (Finanzamt Köln-Altstadt/Roland Schumacher) Slg. 1995, I-225 Rn. 28-29; Epiney, in: Calliess/Ruffert, Art. 12 EG Rn. 13; Holoubek, in: Schwarze, Art. 12 EG Rn. 49.

93 EuGH (Urteil v. 10.2.1994), Rs. C-398/92 (Mund & Fester/Hatrex Internationaal Transport), Slg. 1994, I-467 Rn. 17; (Urteil v. 23.1.1997), Rs. C-29/95 (Pastoors und Trans-Cap/Belgischer Staat), Slg. 1997, I-285 Rn. 19.

94 EuGH (Urteil v. 12.2.1974), Rs. 152/73 (Sotgiu/Deutsche Bundespost), Slg. 1974, 153 Rn. 12-13.

95 EuGH (Urteil v. 9.7.1992), Rs. C-2/90 (Kommission/Belgien), Slg, 1992, I-4431.

solches Verbot die Abfälle aus anderen Mitgliedstaaten diskriminiere. Eine Rechtfertigung scheide daher aus.[96] Der Gerichtshof betonte, bei der Entscheidung, ob eine Maßnahme im Bereich der Umweltpolitik diskriminierend sei, müsse das Ursprungsprinzip berücksichtigt werden. Für Abfälle folge aus dem Ursprungsprinzip, dass sie so nah wie möglich am Ort ihrer Erzeugung zu beseitigen seien.[97] Dieses Prinzip entspräche den Grundsätzen der Entsorgungsautarkie und Entsorgungsnähe.[98] Die mitgliedstaatliche Vorschrift, nach der nur Abfälle abgelagert werden durften, die aus der Region stammten, wurde vom Gerichtshof daher als nicht-diskriminierend angesehen.[99] Auch in der Literatur wird das Ursprungsprinzip geographisch verstanden. Umweltbelastungen sei so nahe wie möglich an ihrer Quelle zu begegnen.[100] In der Abfallwirtschaft folge aus dem Ursprungsprinzip, dass Abfälle dort beseitigt werden müssten, wo sie entstehen.[101]

Die Mitgliedstaaten könnten also argumentieren, dass die Rücknahme der Altfahrzeuge möglichst nahe am Wohnort des Letzthalters erfolgen muss, um das Ursprungsprinzip umzusetzen. Das setzt voraus, dass die Rücknahme von Altfahrzeug-RL überhaupt in den Anwendungsbereich des Ursprungsprinzips fällt. So unterliegen Abfälle zur Verwertung im Gegensatz zu Abfällen zur Beseitigung nicht dem Ursprungsprinzip, weil bei Abfällen zur Verwertung im Sinne des Umweltschutzes gerade erwünscht ist, sie an den Ort im Binnenmarkt zu verbringen, an dem sie bestmöglichst verwertet werden können.[102] Angesichts der Tatsache, dass die zurückgenommenen Altfahrzeuge zu 85 % verwertet werden müssen,[103] können die bereits zurückgenommenen Altfahrzeuge im Großteil schon gar nicht mehr dem Ursprungsprinzip unterliegen.

Fraglich ist, ob das Ursprungsprinzip im Moment der Rücknahme anwendbar ist. Das Ursprungsprinzip gilt erst, wenn eine Umweltbeeinträchtigung entstanden ist oder konkret bevorsteht. Bis zu diesem Zeitpunkt gilt im Europäischen Umweltrecht das Vorsorgeprinzip, das darauf abzielt, dass eine Umweltbeein-

---

96 a.a.O., Rn. 33.
97 a.a.O., Rn. 34.
98 a.a.O., Rn. 35.
99 a.a.O., Rn. 36.
100 Calliess, in: Calliess/Ruffert, Art. 174 EG Rn. 32.
101 Jahns-Böhm, in: Schwarze, Art. 174 EG Rn. 20.
102 EuGH (Urteil v. 25.6.1998), Rs. C-203/96 (Chemische Afvalstoffen Dusseldorp BV/Minister an Volkshuisvesting, Ruimtelijke Ordening en Milieubeheer), Slg. 1998, I-4075 Rn. 50; Calliess, in: Calliess/Ruffert, Art. 174 EG Rn. 31; Jahns-Böhm, in: Schwarze, Art. 174 EG Rn. 20.
103 Art. 7 Abs. 2 lit. a Altfahrzeug-RL.

trächtigung gar nicht erst entsteht.[104] Wenn das Ursprungsprinzip erst ab der Entstehung einer Umweltbeeinträchtigung gilt, muss geklärt werden, wann die Umweltbeeinträchtigung durch ein Altfahrzeug eintritt. Die Maßnahmen der Altfahrzeug-RL dienen nach ihrem Art. 1 dem Ziel, Fahrzeugabfälle zu vermeiden. Die Umweltbelastung, die die Altfahrzeug-RL zu verringern versucht, ist also der Anfall von Abfall. Abfall fällt nach Art. 1 lit. a AbfallR-RL in dem Moment an, in dem sich der Besitzer eines Stoffes oder Gegenstandes entledigt. Bis zu dem Zeitpunkt, an dem sich der Letzthalter seines Fahrzeuges entledigt, ist noch kein Abfall und keine diesbezügliche Umweltbelastung entstanden. Das Ursprungprinzip kann also noch nicht gelten. Keine Handlung, die der Letzthalter bis zur Entledigung seines Fahrzeuges vornimmt, ist eine Umweltbelastung durch Abfall, die dem Ursprungsprinzip unterliegt. Die Unionsbürger genießen nach Art. 18 Abs. 1 EG das Recht der Freizügigkeit. Sie dürfen sich grundsätzlich im Hoheitsgebiet der Mitgliedstaaten frei bewegen. Also verstößt es nicht gegen das Ursprungsprinzip, wenn sich ein Letzthalter in einen anderen Mitgliedstaat begibt und sich dort seines Altfahrzeugs entledigt. Eine solche Beschränkung würde ganz im Gegenteil sogar gegen das Ursprungsprinzip verstoßen. Wenn sich ein Unionsbürger in einen anderen Mitgliedstaat begibt, und sein Fahrzeug anlässlich seines Besuchs einen Totalschaden erleidet, so wird sich der Unionsbürger seines Altfahrzeuges entledigen. Angenommen, das Altfahrzeug kann nicht mehr verwertet werden, sondern muss beseitigt werden, so ist Abfall angefallen, für den das Ursprungsprinzip gilt. Die Beseitigung muss so nah wie möglich an dem Ort erfolgen, an dem sich der Unionsbürger seines Fahrzeugs entledigte. Wenn der Mitgliedstaat, in dem er sich befindet, die Rücknahmepflicht auf die Altfahrzeuge von inländischen Letzthaltern beschränkt, so muss der Unionsbürger, falls er niemanden findet, der sein Fahrzeug freiwillig zurücknimmt, das Fahrzeug in seinen Herkunftsland transportieren, um sein Rücknahmerecht ausüben zu können. Das Fahrzeug würde dann nicht in der Nähe der Abfallwerdung zurückgenommen. Damit wäre gegen das Ursprungsprinzip verstoßen. Eine Begrenzung der Rücknahmepflicht auf die Altfahrzeuge, deren Halter im Inland wohnen, kann also nicht durch das Ursprungsprinzip gerechtfertigt werden.

Ein weiterer möglicher Rechtfertigungsgrund für eine Diskriminierung von Letzthaltern mit Wohnsitz im Ausland liegt darin, die Rücknahmekosten gering zu halten. Wenn Unionsbürger aus anderen Mitgliedstaaten ihre Fahrzeuge im Inland zurückgeben, steigt dadurch die Kostenbelastung für die heimische Wirtschaft. Eine Begrenzung der Rücknahmepflicht auf Fahrzeuge von Inländern könnte die Rückgabe von Altfahrzeugen aus anderen Mitgliedstaaten unterbinden und damit die Kosten der Hersteller, die im betreffenden Mitgliedstaat an-

---

104 Calliess, in: Calliess/Ruffert, Art. 174 EG Rn. 32; Jahns-Böhm, in: Schwarze, Art. 174 EG Rn. 20.

sässig sind, begrenzen. Wie der Gerichtshof in ständiger Rechtsprechung ausführt, können rein wirtschaftliche Argumente keinen Grund des Allgemeinwohls darstellen, der einen Eingriff in die Grundfreiheiten rechtfertigen könnte.[105] Ist gegen ein Diskriminierungsverbot in einer Grundfreiheit verstoßen, so ist zugleich gegen Art. 12 EG verstoßen.[106] Wenn wirtschaftliche Argumente einen Verstoß gegen Art. 12 EG nicht rechtfertigen können, der gleichzeitig ein spezielles Diskriminierungsverbot verletzt, so muss dies ebenso gelten, wenn Art. 12 EG allein verletzt ist. Folglich kann ein Verstoß gegen das Diskriminierungsverbot aus Gründen der Staatsangehörigkeit nicht mit wirtschaftlichen Argumenten gerechtfertigt werden. Die Mitgliedstaaten können eine Begrenzung der Rücknahmepflicht auf Fahrzeuge von Inländer also nicht damit rechtfertigen, dass sie die heimische Wirtschaft vor zu hohen Rücknahmekosten schützen wollen.

Schließlich kommt als möglicher Rechtfertigungsgrund in Betracht, die Rücknahmestellen in einem Mitgliedstaat gegen eine Überlastung durch „forumshopping" zu schützen. Wenn zu viele Unionsbürger in einen Mitgliedstaat kommen und dort ihr Altfahrzeug zurückgeben, weil es finanziell günstiger ist als in ihrem Herkunftsland, könnte dadurch die Kapazität der Rücknahmestellen überstiegen werden. Das hätte zur Folge, dass nicht mehr alle Altfahrzeuge sofort zurückgenommen werden könnten. Um die Rücknahmestellen funktionstüchtig zu halten, könnten die Mitgliedstaaten daher die Rücknahmepflicht auf die Fahrzeuge von Inländern beschränken und so eine Überlastung der Rücknahmestellen verhindern. Wenn also tatsächlich eine Überlastungsgefahr wegen eines großen Andrangs an Altfahrzeugen aus anderen Mitgliedstaaten drohen sollte, wäre die Aufrechterhaltung des Rücknahmebetriebes ein legitimer Grund für die Beschränkung der Rücknahmepflicht auf Halter mit Wohnsitz im Inland.

Ein legitimer Grund für die Ungleichbehandlung aufgrund der Staatsangehörigkeit kann das Verhalten aber nur rechtfertigen, wenn dabei der Grundsatz der Verhältnismäßigkeit gewahrt bleibt.[107] Insbesondere darf die Ungleichbehandlung nicht über das erforderliche Maß hinausgehen. Ein milderes Mittel, um die Rücknahmestellen vor einer drohenden Überlastung zu schützen, läge darin, für nicht im Inland wohnende Halter die Rücknahme nicht mehr kostenlos durchzuführen. Wenn die Kosten der Rücknahme für Halter aus den benachbarten Mit-

---

105 EuGH (Urteil v. 6.6.2000), Rs. C-35/98 (Staatssecretaris van Financien/B.G.M.), Slg. 2000, I-4071 Rn. 48; (Urteil v. 16.1.2003), Rs. C-388/01 (Kommission/Italien), Slg. 2003, I-732, Rn. 22.

106 EuGH (Urteil v. 28.1.1992), Rs. C-322/90 (Steen/Deutsche Bundespost), Slg. 1992, I-341 Rn. 8 zur Arbeitnehmerfreizügigkeit; (Urteil v. 7.3.1996), Rs. C-334/94 (Kommission/Frankreich), Slg. 1996, I-1307 Rn. 13 zur Niederlassungsfreiheit.

107 EuGH (Urteil v. 17.7.1963), Rs. 13/63 (Italien/Kommission), Slg. 1963, 357 (384); Zuleeg, in: Groeben/Schwarze, Art. 12 Rn. 3.

gliedstaaten im Inland in etwa so hoch wären wie die Kosten, die in den Nachbarländern durch die Rücknahme entstehen, gäbe es keine Motivation mehr, aus finanziellen Gründen sein Altfahrzeug in einem anderen Mitgliedstaat zurückzugeben. Daher stellt die Anpassung der Rücknahmekosten an das Niveau der Mitgliedstaaten ein effektives Mittel dar, um eine tatsächlich drohende Überlastung der inländischen Rücknahmestellen abzuwenden. Gleichzeitig wäre die Kostenerhöhung milder als der Ausschluss von der Rücknahmepflicht. So bliebe den Unionsbürgern, deren Fahrzeug anlässlich ihres Aufenthaltes in einem anderen Mitgliedstaat zu Abfall wird, die Möglichkeit, die Kosten einer Rücknahme im Inland zu zahlen und dadurch finanziell noch weniger belastet zu sein als bei einem Rücktransport ins Herkunftsland. Da die Mitgliedstaaten Kosten bei der Rücknahme von Altfahrzeugen nur in geringem Umfang zulassen dürfen,[108] ist auch ausgeschlossen, dass sich die Mitgliedstaaten bei den Kosten für die Rücknahme von Altfahrzeugen, deren Halter nicht aus dem Inland stammt, gegenseitig hochschaukeln.

Selbst für den Fall, dass die Rücknahmestellen im Inland tatsächlich überlastet sein sollten, kann die Beschränkung der Rücknahmepflicht auf Altfahrzeuge, deren Halter im Inland wohnen, nicht gerechtfertigt werden, da sie unverhältnismäßig wäre. Folglich verstößt eine solche Beschränkung der Rücknahmepflicht gegenüber Unionsbürgern gegen Art. 12 EG. Die Mitgliedstaaten müssen die Altfahrzeug-RL also so umsetzen, dass auch die Altfahrzeuge zurückgenommen werden müssen, deren Halter in anderen Mitgliedstaaten wohnen. Die Rücknahmepflicht aufgrund der Altfahrzeug-RL erstreckt sich daher gegenüber Unionsbürgern auf alle Altfahrzeuge, die im Hoheitsgebiet eines Mitgliedstaates anfallen. Das Diskriminierungsverbot des Art. 12 EG gilt aber nicht für die Angehörigen von Drittstaaten.[109] So hat der Gerichtshof entschieden, dass sich Ehepartner von Unionsbürgern, die selbst nicht die Unionsbürgerschaft besitzen, nur dann auf das Recht auf Arbeitnehmerfreizügigkeit berufen können, wenn ihre Ehepartner dieses Recht ausüben.[110] Folglich verstößt es nicht gegen Art. 12 EG, wenn die Mitgliedstaaten die Rücknahmepflicht der Altfahrzeug-RL so umsetzen, dass nur Altfahrzeuge von Letzthaltern zurückgenommen werden müssen, die Unionsbürger sind oder die in der EU ihren Wohnsitz haben.

(iv)   Zwischenergebnis

Die Rücknahmepflichten der Altfahrzeug-RL sind gegenüber Unionsbürgern nicht beschränkt auf im Inland produzierte Fahrzeuge, im Inland zugelassene Fahrzeuge oder auf Fahrzeuge, deren Halter im Inland seinen Wohnsitz hat. Da-

---

108 siehe Art. 5 Abs. 4 UAbs. 1 Altfahrzeug-RL.
109 Holoubek, in: Schwarze, Art. 12 EG Rn. 19; Epiney,in: Calliess/Ruffert, Art. 12 EG Rn. 43.
110 EuGH (Urteil v. 5.6.1997), Verb. Rs. C-64/96 und C-65/96 (Land Nordrhein-Westfalen/Uecker und Jacquet), Slg. 1997, I-3171 Rn. 16-19.

her müssen die Mitgliedstaaten die in der Altfahrzeug-RL vorgesehenen Pflichten so umsetzen, dass sie alle Altfahrzeuge umfassen, die im Hoheitsgebiet eines Mitgliedstaats anfallen.

(c) Elektroschrott-RL

Die Elektroschrott-RL enthält keine ausdrückliche Bestimmung darüber, woher die Altprodukte stammen, auf die sich die Rücknahmepflicht erstreckt. Im Gegensatz zur Verpack-RL ist nicht explizit erwähnt, dass die Rücknahmesysteme auch für Importprodukte gelten. Im Gegensatz zur Altfahrzeug-RL kann aus den Rücknahmequoten auch nicht auf die Erstreckung der Rücknahmepflicht auf Importprodukte geschlossen werden. Während die Altfahrzeug-RL die Rücknahme sämtlicher anfallender Altfahrzeuge anordnet und damit logischerweise auch die Importprodukte erfasst, verlangt Art. 5 Abs. 5 Elektroschrott-RL lediglich eine Sammelquote von 4 Kg pro Einwohner pro Jahr, was etwa 25 % des anfallenden Elektroschrotts entspricht.[111] Diese Vorgabe führt nicht zwangsläufig dazu, dass Importprodukte zurückgenommen werden müssen. Solange der Anteil der importierten Produkte nicht über 75 % liegt, könnte die Sammelquote der Elektroschrott-RL auch dadurch erreicht werden, dass nur Produkte aus inländischer Produktion zurückgenommen werden. Dadurch würden zwar für inländische Produkte höhere Kosten anfallen als für Importprodukte. Die umgekehrte Diskriminierung des Warenverkehrs ist aber durch den EG-Vertrag nicht verboten. Inländische Erzeugnisse dürfen stärker belastet werden als gleichartige Erzeugnisse, die aus anderen Mitgliedstaaten eingeführt wurden.[112] Eine Rücknahmepflicht, die sich nur auf solche Altprodukte erstreckt, die im Inland hergestellt wurden, wäre also mit der Warenverkehrsfreiheit vereinbar.

Der Wortlaut des Art. 5 Abs. 2 Elektroschrott-RL lässt aber erkennen, dass die Herkunft der Produkte für die Rücknahme unerheblich sein muss. Wie Art. 5 Abs. 2 Elektroschrott-RL feststellt, regelt die Vorschrift die Rücknahme von Altgeräten aus privaten Haushalten. Weiter legt Art. 5 Abs. 2 lit. a Elektroschrott-RL fest, dass „diese Altgeräte" (französische Version: „ces déchets"; englische Version: „such waste") kostenlos an die Systeme zurückgeben werden können. Art. 5 Abs. 2 lit. b Elektroschrott-RL schreibt vor, dass „diese Altgeräte" (französische Version: „les déchets"; englische Version: „such waste") bei der Abgabe eines neuen Produktes Zug um Zug an den Vertreiber kostenlos zurückgegeben werden dürfen. Somit besteht die Rückgabemöglichkeit für alle Altgeräte, die von Privaten stammen. Würde die Vorschrift nur auf inländische Produkte bezogen, so wäre das in der Elektroschrott-RL vorgesehene Recht des

111 Schmittmann/Sack, AfP 2000, S. 431, 432.
112 EuGH (Urteil v. 13.3.1979), Rs. 86/78 (Peureux/Directeur des Services fiscaux de la Haute-Saône et du Territoire de Belfort), Slg. 1979, S. 897, Rn. 32; Bleckmann, Europarecht, Rn. 1762.

Verbrauchers, Altgeräte kostenlos zurückzugeben, eingeschränkt. Es wäre von der Voraussetzung abhängig gemacht, dass es sich bei den Altgeräten um inländische Produkte handelt. Eine solche Voraussetzung hätte aber im Wortlaut der Elektroschrott-RL festgelegt sein müssen. Das zeigt der Vergleich mit der Formulierung des Art. 5 Abs. 2 lit. b Elektroschrott-RL, der die Rückgabe Zug um Zug beim Vertreiber regelt. Diese Rückgabe erfolgt unter der Bedingung, dass das zurückgegebene Gerät von gleicher Art ist wie das neu erworbene Gerät und dieselben Funktionen hat. Wenn in Art. 5 Abs. 2 lit. b Elektroschrott-RL Voraussetzungen für die Rücknahme der Altgeräte beim Vertreiber aufgestellt werden, ansonsten in der Elektroschrott-RL aber keine Voraussetzungen erwähnt sind, ist daraus zu folgern, dass das Rückgaberecht der Verbraucher nicht daran geknüpft ist, woher die Produkte stammen. Die Rücknahmepflicht muss also auch für Importprodukte gelten.

Auch Sinn und Zweck der Elektroschrott-RL spricht für die Einbeziehung von Importprodukten. Wäre die Rücknahmepflicht nur auf inländische Produkte beschränkt, müsste die Herkunft der Altprodukte schon bei der Rücknahme geklärt werden, was die Entsorgungskosten erhöhen würde. Zudem dient die Elektroschrott-RL ausweislich ihres Erwägungsgrundes 8 dazu, wesentliche Unterschiede in der national uneinheitlichen Anwendung des Grundsatzes der Produzentenverantwortung zu verhindern. Zu diesem Zweck sind in der Elektroschrott-RL einheitliche Rücknahme-, Verwertungs- und Finanzierungspflichten vorgesehen. Diese Vereinheitlichung wäre weniger wirksam, wenn sie sich jeweils nur auf die Inlandsprodukte bezöge. Schließlich ist es laut Art. 1 das Hauptziel der Elektroschrott-RL, die Umweltbelastung durch Abfall aus Altprodukten zu reduzieren. Für die Erreichung dieses Zieles ist es aber gerade unerheblich, woher ein Altprodukt stammt. Die Rücknahmepflicht der Elektroschrott-RL gilt demnach unabhängig davon, wo ein Altprodukt hergestellt wurde. Im Gegensatz zu Altfahrzeugen besteht bei Elektrogeräten auch keine Meldepflicht des Halters. Somit kann die Rücknahme auch nicht von der Voraussetzung abhängig gemacht werden, dass das Elektrogerät im Inland benutzt wurde oder der Letzthalter seinen Wohnsitz im Inland hat. Folglich müssen die Mitgliedstaaten die in der Elektroschrott-RL angelegten Rücknahmepflichten so in nationales Recht umsetzen, dass zur Rücknahme aller Altprodukte verpflichtet wird, die im Hoheitsgebiet anfallen.

(2)   Unterscheidung nach Art des Abfallbesitzers

Weiter ist zu fragen, ob die Richtlinien zur Produzentenverantwortung nur die Rücknahme von bestimmten Besitzern vorsehen. So wäre denkbar, dass Abfälle, die bei Wirtschaftsteilnehmern oder im Bereich der Verwaltung der Mitgliedstaaten anfallen, von der Rücknahmepflicht in den Richtlinien zur Produzentenverantwortung ausgeschlossen sind.

(a)   Verpack-RL

Die Verpack-RL bestimmt in Art. 2 Abs. 1, dass sich ihr Geltungsbereich auf alle Verpackungen erstreckt, unabhängig davon, ob sie in der Industrie, im Handel, in der Verwaltung, im Gewerbe, im Dienstleistungsbereich, in Haushalten oder anderswo anfallen. Erwägungsgrund 5 Verpack-RL besagt, dass alle Verpackungsabfälle erfasst werden sollen. Aus dem Geltungsbereich der Verpack-RL folgt, dass die Rücknahme unabhängig von der Person des Abfallbesitzers erfolgen muss.

(b)   Altfahrzeug-RL

Die Altfahrzeug-RL sieht in Art. 5 Abs. 1 vor, dass für alle Altfahrzeuge Rücknahmesysteme eingerichtet werden. Dabei werden keinerlei Ausnahmen gemacht. Insofern ist die Rücknahmepflicht nicht auf Abfall bestimmter Personengruppen beschränkt. Abfall der Fahrzeuge, die in den Anwendungsbereich der Altfahrzeug-RL fallen, wird unabhängig von der Person des Besitzers erfasst. Damit erstreckt sich die Rücknahmepflicht der Altfahrzeug-RL auch auf Abfälle von Wirtschaftsteilnehmern und mitgliedstaatlicher Verwaltung. Das heißt aber nicht, dass sämtliche Fahrzeuge der mitgliedstaatlichen Verwaltung zurückgenommen werden müssten. Da der Altfahrzeugbegriff gemäß Art. 2 Nr. 1 Altfahrzeug-RL von vornherein nur Kraftfahrzeuge für die Personenbeförderung mit bis zu acht Sitzplätzen und Kraftfahrzeuge für die Güterbeförderung mit einer Masse bis zu 3,5 Tonnen umfasst,[113] müssen auch nur diese Altfahrzeuge der Verwaltung zurückgenommen werden. Da geländegängige und beschussgeschützte Fahrzeuge nicht in die oben genannten Gruppen fallen,[114] sind etwa militärische Fahrzeuge der Mitgliedstaaten vom Anwendungsbereich der Altfahrzeug-RL ausgenommen.

(c)   Elektroschrott-RL

Die Elektroschrott-RL soll nach ihrem Erwägungsgrund 10 für sämtlichen privat und gewerblich genutzten Elektroschrott gelten. Dabei unterscheidet die Elektroschrott-Richtlinie die Rücknahmepflicht bei Abfällen aus privaten Haushalten (nachfolgend: „Private") von der gegenüber nicht-privaten Haushalten (nachfolgend: „Nichtprivate"). Die Elektroschrott-RL klärt zwar nicht, was unter „Privaten" zu verstehen ist. Das Europäische Parlament geht davon aus, dass Nichtprivate im Sinne der Richtlinie vor allem industrielle, gewerbliche und öffentliche Nutzer sind.[115] Gemäß Art. 3 lit. k Elektroschrott-RL werden aber Altgeräte aus Gewerbe, Industrie, Verwaltung und sonstigen Bereichen, die

113 Art. 2 Nr. 1 Altfahrzeug-RL i.V.m. Anhang II Abschnitt A Nr. 1 und 2 der Richtlinie 70/156/EWG.

114 Anhang II Abschnitt A Nr. 4 und 5.2 der Richtlinie 70/156/EWG.

115 Bericht über den Vorschlag für eine Richtlinie des Europäischen Parlaments und des Rates zur Änderung der Richtlinie 2002/96/EG über Elektro- und Elektronikaltgeräte (KOM (2003) 219 – C5-0191-/2003 – 2003/0084(COD)), S. 6.

aufgrund ihrer Beschaffenheit und Menge mit denen von Privaten vergleichbar sind, wie Abfälle von Privaten behandelt. Das Begriffspaar „Abfall von Privaten und Nichtprivaten" bestimmt sich also nicht danach, wer ein Altprodukt zurückgibt, sondern nach der Beschaffenheit eines Altproduktes. Altgeräte von Nichtprivaten liegen demnach nur vor, wenn die Menge der Produkte weit über das hinausgeht, was ein einzelner Privater sinnvoll einsetzen könnte, oder wenn es sich um ein Produkt handelt, das für einen Privaten keine sinnvolle Einsatzmöglichkeit bietet, wie z.B. spezielle Fertigungsanlagen. Die Unterscheidung nach Privat und Nichtprivat führt nicht zu einer personellen Einschränkung der Rücknahmepflicht gegenüber gewissen Abfallbesitzern. Vielmehr führt die Qualifikation als Privat und Nichtprivat dazu, dass die Rücknahme der Abfälle unterschiedlich organisiert[116] und finanziert[117] wird. Wie Art. 5 Abs. 3 Elektroschrott-RL klarstellt, muss auch der Elektroschrott von Nichtprivaten an die Hersteller zurückgehen. Somit verpflichtet die Elektroschrott-RL dazu, den Abfall von Verbrauchern, Wirtschaftsteilnehmern oder der Verwaltung unabhängig von seiner Herkunft zurückzunehmen. Dabei sind aber gemäß Art. 2 Abs. 3 Elektroschrott-RL Geräte, Waffen, Munition und Kriegsmaterial, die mit der Wahrung der wesentlichen Sicherheitsinteressen der Mitgliedstaaten verbunden sind, vom Geltungsbereich ausgenommen, soweit sie eigens für militärische Zwecke bestimmt sind.

2. Adressaten der Rücknahmepflicht

a. Verpack-RL

In der Verpackungs-Richtlinie wird die Rücknahmepflicht in Art. 7 Abs. 1 UAbs. 1 lit. a geregelt. Danach ergreifen die Mitgliedstaaten die erforderlichen Maßnahmen zur Einrichtung von Systemen für die Rücknahme, um die Zielvorgaben der Richtlinie zu erfüllen. Gemäß Art. 7 Abs.1 UAbs. 2 Verpack-RL können sich an diesen Systemen alle Marktteilnehmer der betreffenden Wirtschaftszweige und die zuständigen Behörden beteiligen.

(1) Begriff des Rücknahmesystems

Unklar ist zunächst, was ein „System" im Sinne der Verpack-RL ist. Der Begriff System kann unterschiedlich verstanden werden. Geht man von seiner Erwähnung in Art. 7 Abs. 1 UAbs. 1 Verpack-RL aus, kann ein System sowohl von einer einzelnen Person wie auch einer Vereinigung von Personen betrieben werden. Der Mitgliedstaat könnte seine Behörden zur Rücknahme verpflichten und diese Anordnung „System" nennen. Ein Zusammenschluss der Marktteilnehmer könnte als „System" bezeichnet werden. Ein einzelner Produzent könnte seine Logistik so einrichten, dass ein „System" der Rücknahme entsteht. Diese Interpretationsmöglichkeiten werden durch Art. 7 Abs. 1 UAbs. 2 Verpackungs-

---

116 Art. 5 Abs. 2 und 3 Elektroschrott-RL.
117 Art. 8 und 9 Elektroschrott-RL.

Richtlinie eingeschränkt. Danach können sich an den Systemen alle Marktteilnehmer der betroffenen Wirtschaftszweige und die zuständigen Behörden beteiligen. Eine Teilnahme anderer Wirtschaftsbeteiligter wäre nicht möglich, wenn ein Produzent lediglich auf seinen Betrieb beschränkt zurücknimmt.[118] Die einzurichtenden Systeme müssen demnach kollektiv sein. System im Sinne der Verpack-RL ist also der selbständige Träger einer Rücknahmeorganisation. Diese Anordnung hindert die Mitgliedstaaten aber nicht daran, weitergehend tätig zu werden. Die Verpack-RL verbietet den Mitgliedstaaten nicht, neben den kollektiven auch individuelle Rücknahmepflichten einzuführen.[119]

(2)   Pflicht zur Einrichtung von Systemen?

Streitig ist, ob die Mitgliedstaaten von der Verpack-RL in jedem Fall zur Einrichtung von Rücknahmesystemen verpflichtet werden, oder ob die Systeme nur unter bestimmten Voraussetzungen errichtet werden müssen. Einer Ansicht nach verpflichtet die Verpack-RL unbedingt zur Einrichtung von Rücknahmesystemen. Das ergebe sich aus dem Wortlaut der Richtlinie, wonach Rücknahmesysteme einzurichten seien.[120] Eine andere Ansicht lautet, dass aus der Vorschrift nicht zwingend die Pflicht resultiere, überhaupt Rücknahmesysteme einzurichten. Der Wortlaut des Art. 7 Abs. 1 Verpack-RL müsse so verstanden werden, dass es keine selbständige Pflicht zur Einrichtung von Systemen gebe. Art. 7 Abs. 1 Verpack-RL verlange von den Mitgliedstaaten nur „ die erforderlichen Maßnahmen [...] zu ergreifen, um die Zielvorgaben dieser Richtlinie zu erfüllen." Die Zielvorgaben verpflichten die Mitgliedstaaten gem. Art. 6 Abs. 1 Verpack-RL dazu, einen bestimmten Prozentsatz der Verpackungsabfälle zu verwerten. Daher bestehe die Pflicht der Mitgliedstaaten zur Einrichtung von Rücknahmesystemen nur, wenn die Zielvorgaben der Verpack-RL nicht anders erreicht werden könnten. Wenn die Verwertungsquoten auch ohne Rücknahmesysteme erreicht würden, sei ihre Einrichtung nicht erforderlich.[121]

Der Ansicht, wonach die Mitgliedstaaten nur unter bestimmten Bedingungen die Einrichtung von Rücknahmesystemen sicherstellen müssen, kann nicht gefolgt werden. Sie versteht die Vorschrift des Art. 7 Abs. 1 Verpack-RL so, dass die Einrichtung von Rücknahmesystemen nur eine von mehreren möglichen Maßnahmen ist, um den Verpflichtungen der Verpack-RL nachzukommen. Diese Verkürzung ändert aber unzulässigerweise den Sinn der Vorschrift. Art. 7 Abs. 1 Verpack-RL verpflichtet die Mitgliedstaaten gerade zu den „erforderlichen Maßnahmen zur Einrichtung von Systemen für [...] die Rücknahme." Die Vorschrift verpflichtet also nicht nur dazu, die Zielvorgaben zu erreichen, sondern

---

118 Bauernfeind, S. 289f.
119 Bauernfeind, S. 294.
120 Epiney, S. 280; Fischer, Strategien, S. 271.
121 Bastians, S. 140.

auch, zu diesem Zweck Rücknahmesysteme einzurichten. Die systematische Auslegung der Verpack-RL stützt dieses Ergebnis. Erwägungsgrund 18 der Verpack-RL besagt, dass die Vermeidung und Verwertung von Verpackungen die Einrichtung von Rücknahmesystemen in den Mitgliedstaaten erfordert. In diesem Kontext ist unmissverständlich ausgedrückt, dass die Einrichtung der Rücknahmesysteme nicht von Voraussetzungen abhängt, sondern in jedem Fall geschehen muss. Daher verpflichtet die Verpack-RL zur Einrichtung von Rücknahmesystemen.

(3) Träger der Systeme

Aus dem Wortlaut der Bestimmung ergibt sich noch nicht eindeutig, wer zur Einrichtung der kollektiven Rücknahmesysteme verpflichtet ist. Es bestehen verschiedene Auffassungen darüber, wer aufgrund der Verpack-RL zur Errichtung des Rücknahmeträgers der Altprodukte verpflichtet wird. Einer Ansicht zufolge lässt die Verpack-RL den Mitgliedstaaten die Wahl, ob die Rücknahmesysteme vom Staat oder den Wirtschaftsbeteiligten betrieben werden. Das werde durch Art. 7 Abs. 1 UAbs. 2 Verpack-RL ausgedrückt, wonach sich auch die zuständigen Behörden an den Rücknahmesystemen beteiligen dürfen. Daher könne die Verpack-RL nicht so verstanden werden, dass die Mitgliedstaaten die Wirtschaftsbeteiligten zur Rücknahme verpflichten müssten. Vielmehr überlasse es die Verpack-RL den Mitgliedstaaten, ob sie die Wirtschaftsteilnehmer zur Rücknahme verpflichteten oder die Erfassung selbst durchführten.[123]

Die Gegenansicht ist der Auffassung, dass die Mitgliedstaaten aufgrund der Verpack-RL zwingend die Wirtschaftsbeteiligten zur Rücknahme verpflichten müssten. Für die Organisation der Rücknahme durch die Wirtschaft spreche, dass die Wirtschaftsbeteiligten in der Vorschrift erwähnt seien. So sei in Art. 7 Abs. 1 UAbs. 2 Verpack-RL erwähnt, dass sich die Marktteilnehmer an den Rücknahme beteiligten dürften. Die Verpack-RL gehe implizit von einer Mitbeteiligung der Wirtschaft aus.[124] Eine Beteiligung der Mitgliedstaaten an der Rücknahme sei daher ausgeschlossen. Nur wenn die Wirtschaftsbeteiligten die Rücknahme alleine betrieben, könne das in der Verpack-RL erwähnte Verursacherprinzip verwirklicht werden.[125]

Nach Erwägungsgrund 29 der Verpack-RL ist es von größter Wichtigkeit, dass alle Wirtschaftsbeteiligten nach dem Verursacherprinzip die Verantwortung für den aus ihren Produkten entstehenden Abfall übernehmen. Das spricht dafür, dass die Mitgliedstaaten die Wirtschaftsbeteiligten an der Rücknahme beteiligt

---

123 Fischer, Strategien, S. 271; Dieckmann, S. 288; Prieur, S. 599f.
124 Bastians, S. 24.
125 Bastians, S. 139.

müssen. Dieser Gedanke wird im weiteren Verlauf der Richtlinie aufgenommen. Gemäß Art. 15 S. 2 Verpack-RL können die Mitgliedstaaten Maßnahmen erlassen, die in Übereinstimmung mit dem Verursacherprinzip der Verwirklichung der Ziele der Richtlinie dienen. Die Mitgliedstaaten können bei der Einrichtung der Rücknahmesysteme also das Verursacherprinzip berücksichtigen. Damit werden insbesondere solche Maßnahmen erlaubt, die den Marktmechanismus nicht außer Kraft setzen, sondern Verhaltensanreize für die Wirtschaftsbeteiligten bieten.[126] Die Vorschriften der Verpack-RL lassen demnach zu, dass die Mitgliedstaaten der Wirtschaft die Entsorgungspflichten übertragen.[127] Art. 15 S. 2 Verpack-RL muss aber nicht unbedingt so angewendet werden, dass die Wirtschaftsbeteiligten zur Entsorgung verpflichtet werden. Genauso gut können auch andere Maßnahmen wie zum Beispiel Abgaben unter Art. 15 S. 2 Verpack-RL subsumiert werden.[128] Zudem verpflichtet Art. 15 S. 2 Verpack-RL die Mitgliedstaaten nicht zum Tätigwerden. Die Vorschrift gesteht den Mitgliedstaaten lediglich das Recht zu, marktwirtschaftliche Instrumente zur Verwirklichung der Ziele der Verpack-RL zu erlassen. Folglich ist nach der Verpack-RL zwar möglich und auch erwünscht, die Wirtschaftsbeteiligten zur Rücknahme zu verpflichten. Wenn die Entsorgung aber durch die Mitgliedstaaten selbst erfolgt statt durch die Wirtschaftsbeteiligten, ist das nicht an sich eine Verletzung der Richtlinie. Die Mitgliedstaaten müssen den Wirtschaftsbeteiligten gem. Art. 7 Abs. 1 UAbs. 2 Verpack-RL lediglich die Möglichkeit geben, sich an den Rücknahmesystemen zu beteiligen. Die letztendliche Entscheidung, ob die Wirtschaftsbeteiligten verpflichtet werden, liegt aber bei den Mitgliedstaaten.

Die Mitgliedstaaten haben also zwei Möglichkeiten, wie sie Art. 7 Abs. 1 lit. a Verpack-RL hinsichtlich der Einrichtung der Rücknahmesysteme umsetzen. Sie können bestimmen, dass die Systeme staatlich betrieben werden. Dann muss den Wirtschaftsbeteiligten die Beteiligung am System offen stehen. Die Mitgliedstaaten dürfen aber auch die Wirtschaftsbeteiligten dazu verpflichten, sich zu Rücknahmesystemen zusammenzuschließen. Welche Wirtschaftsbeteiligten von den Mitgliedstaaten zur Rücknahme verpflichtet werden können, ist in Art. 3 Nr. 11 Verpack-RL festgelegt. Marktteilnehmer sind demzufolge die Lieferanten von Verpackungsmaterialien, Verpackungshersteller und Verwertungsbetriebe, Abfüller und Benutzer, Importeure, Händler und Vertreiber, staatliche Stellen und öffentlich-rechtliche Organisationen.

(4)   Zwischenergebnis

Die Verpack-RL verpflichtet dazu, dass in den Mitgliedstaaten Rücknahmesysteme eingerichtet werden. System im Sinne der Richtlinie ist der selbständige

---

126 Frenz, S. 116.
127 Schliessner, EuZW 1993, S. 52, 55.
128 Europareport, EuZW 1995, S. 194.

Träger einer Rücknahmeorganisation, an dem sich bestimmte Rechtssubjekte beteiligten können. Die Verpack-RL überlässt es den Mitgliedstaaten, ob die Systeme von den Wirtschaftsbeteiligten oder den Mitgliedstaaten getragen werden. Wenn sich die Mitgliedstaaten zur Verpflichtung der Wirtschaftsbeteiligten entschließen, lässt die Verpack-RL die Verpflichtung aller Wirtschaftsbeteiligten zu, die mit dem Produkt in Berührung kommen.

b.   Altfahrzeug-RL

Nach Art. 5 Abs. 1 Altfahrzeug-Richtlinie stellen die Mitgliedstaaten sicher, dass die Wirtschaftsbeteiligten für alle Altfahrzeuge Rücknahmesysteme einrichten, deren Rücknahmestellen angemessen verfügbar sind. Die Richtlinie enthält im Gegensatz zur Verpack-RL keine Regelung, wonach Behörden ein Beteiligungsrecht an einem System zukommt. Die Mitgliedstaaten müssen aufgrund der Altfahrzeug-RL also zwingend die Wirtschaftsbeteiligten zur Rücknahme verpflichten. Eine staatliche Rücknahme ist damit ausgeschlossen.

(1)   Begriff des Rücknahmesystems

(a)   Auslegung nach Wortlaut und Systematik der Richtlinie

Fraglich ist, was im Sinne der Altfahrzeug-RL unter einem „Rücknahmesystem" zu verstehen ist. Da die Vorschrift keinerlei Teilnahmerecht anderer an einem Rücknahmesystem vorsieht, ist die Bedeutung des Begriffs „System" nicht mit der in der Verpack-RL identisch. Der Begriff ist im Kontext der Altfahrzeug-RL weiter zu interpretieren als in der Verpack-RL. Die Rücknahme der Altfahrzeuge muss nicht zwangsläufig kollektiv erfolgen. System kann in diesem Zusammenhang auch bedeuten, dass ein einzelner Wirtschaftbeteiligter betriebsintern eine Rücknahmeorganisation schafft. Damit lässt Art. 5 Abs. 1 Altfahrzeug-RL allein genommen die Interpretation zu, dass die Mitgliedstaaten frei entscheiden dürfen, wie sie die Wirtschaftsbeteiligten bei der Umsetzung der Altfahrzeug-RL zur Rücknahme verpflichten. Demnach können die Mitgliedstaaten die Wirtschaftsbeteiligten sowohl zu einer kollektiven als auch zu einer individuellen Rücknahme verpflichten.

(b)   Auslegung im Lichte der Warenverkehrsfreiheit

(i)   Prüfungsumfang

Die Interpretation des Systembegriffs könnte aber durch Primärrecht eingeschränkt sein. Art. 28 EG könnte eine bestimmte Interpretation von System im Sinne der Altfahrzeug-RL gebieten. Wenn es sich bei den Rücknahmepflichten um Maßnahmen gleicher Wirkung wie mengenmäßige Einfuhrbeschränkungen handelt, könnte dass einen Einfluss darauf haben, ob die Rücknahmesysteme der Altfahrzeug-RL kollektiv oder individuell ausgestaltet sein müssen. Der Gerichtshof hat in der Rechtssache *Clinique*[129] beurteilt, wie die Mitgliedstaaten die Warenverkehrsfreiheit bei der Umsetzung einer Richtlinie zu beachten haben. Der Gerichtshof prüfte, inwieweit eine Maßnahme gleicher Wirkung eines Mitgliedstaats dadurch gerechtfertigt sein kann, dass sie eine Richtlinie umsetzt. Die streitgegenständliche Richtlinie verpflichtet die Mitgliedstaaten dazu, alle erforderlichen Maßnahmen zu erlassen, um sicherzustellen, dass bei der Aufmachung kosmetischer Mittel keine Merkmale vorgetäuscht werden, die die betreffenden Erzeugnisse nicht besitzen.[130] Der Gerichtshof stellte fest, dass die Richtlinie damit die Maßnahmen definiere, die im Interesse des Verbraucherschutzes und der Lauterkeit des Handelsverkehrs zu treffen seien.[131] Dabei handele es sich um zwingende Erfordernisse im Sinne der Rechtssprechung *Cassis de Dijon*[132]. Die Regelungen, mit denen die Richtlinie in nationales Recht umzusetzen sei, müssten in einem angemessenen Verhältnis zum verfolgten Zweck stehen.[133] Das mitgliedstaatliche Verbot, ein kosmetisches Mittel unter dem Namen „Clinique" zu vertreiben, um so der Verwechslung mit klinischen Produkten vorzubeugen, sei nicht notwendig, um dem Verbraucherschutz gerecht zu werden.[134] Es sei daher gemeinschaftsrechtswidrig.[135] Aus der Rechtssache „Clinique" wird in der Literatur der Schluss gezogen, dass unter mehreren möglichen Auslegungen von Akten des Sekundärrechts diejenige zu wählen ist, die den Freiverkehr am wenigsten beschränkt.[136] Sekundärrecht sei primärrechtskonform, insbesondere im Lichte der Warenverkehrsfreiheit auszulegen.[137]

In der Rechtssache *Clinique* hat der Gerichtshof angenommen, dass die streitgegenständliche Richtlinie die Mitgliedstaaten zu Maßnahmen verpflichtet, die zwingenden Erfordernisse des Allgemeinwohls im Sinne der *Cassis de Dijon*-Rechtsprechung dienen. Damit hat er implizit ausgedrückt, dass es sich bei den in der Richtlinie vorgesehenen Normen um Maßnahmen gleicher Wirkung im Sinne des Art. 28 EG handelt. Obwohl die mitgliedstaatliche Maßnahme eine gültige Richtlinie umsetzte, war sie rechtswidrig, weil sie den Warenverkehr mehr einschränkte, als das für die Zwecke der Richtlinie erforderlich war. Daraus folgt, dass eine Richtlinie, die die Mitgliedstaaten zum Erlass von Maßnah-

---

129 EuGH (Urteil v. 2.2.1994), Rs. C-315/92 (Verband Sozialer Wettbewerb/Clinique und Estée Lauder), Slg. 1994, I-317.

130 a.a.O., Rn. 14.

131 a.a.O., Rn. 15.

132 EuGH (Urteil v. 20.2.1979), Rs. 120/78 (Rewe/Bundesmonopolverwaltung für Branntwein), Slg. 1979, 649.

133 EuGH (Urteil v. 2.2.1994), Rs. C-315/92 (Verband Sozialer Wettbewerb/Clinique und Estée Lauder), Slg. 1994, I-317, Rn. 16.

134 a.a.O., Rn. 22.

135 a.a.O., Rn. 24.

136 Leible, in: Grabitz/Hilf, Art. 28 EG Rn. 44.

137 Müller-Graff, in: Groeben/Schwarze, Art. 28 EG Rn. 2.

men gleicher Wirkung verpflichtet, im Sinne von Art. 28 EG auszulegen ist. Wenn eine Richtlinie Maßnahmen gleicher Wirkung vorsieht, die einem zwingenden Erfordernis des Allgemeinwohls dienen, so müssen die Mitgliedstaaten bei der Umsetzung den Grundsatz der Verhältnismäßigkeit wahren. Sie müssen die Vorschriften einer solchen Richtlinie so auslegen und umsetzen, dass der Marktzugang nur soweit erschwert wird, wie das zur Erreichung des Ziels der Richtlinie erforderlich ist. Dadurch kann die Warenverkehrsfreiheit umfassend garantiert werden. Für den Betroffenen macht es nämlich keinen Unterschied, ob eine Maßnahme gleicher Wirkung wie eine mengenmäßige Einfuhrbeschränkung auf Betreiben eines Mitgliedstaates oder aufgrund einer Richtlinie erlassen worden ist. Daher ist es konsequent, dass die Mitgliedstaaten auch bei Umsetzung einer Richtlinie die dort vorgesehenen Maßnahmen gleicher Wirkung nur soweit erlassen dürfen, als das für die Erreichung des zwingenden Grundes des Allgemeinwohls erforderlich ist.

Wenn es sich bei der in der Altfahrzeug-RL angeordneten Pflicht, Rücknahmesysteme zu schaffen, um eine Maßnahme gleicher Wirkung handelt, die zwingenden Erfordernissen der Allgemeinheit dient, so müssen die Mitgliedstaaten bei der Auslegung den Grundsatz der Verhältnismäßigkeit beachten. Falls eine Auslegung des Begriffs „System" den Marktteilnehmer, der in den Markt eines Mitgliedstaaten eintreten will, mehr belastet als die andere, so sind die Mitgliedstaaten gehalten, den Begriff bei der Umsetzung so auszulegen, dass die weniger belastende Variante gewählt wird.

(ii)   Ware

Art. 28 EG setzt voraus, dass eine Ware vorliegt. Waren sind körperliche Objekte, die Gegenstand eines Handelsgeschäftes sein können.[138] Auch Abfälle sind als Erzeugnisse anzusehen, deren Verkehr nach Art. 28 EG grundsätzlich nicht verhindert werden darf.[139] Die Rücknahmepflicht der Altfahrzeug-RL bezieht sich auf solche Fahrzeuge, die zu Abfall geworden sind. Fahrzeuge stellen damit sowohl vor als auch nach ihrer Abfallwerdung Waren im Sinne von Art. 28 EG dar. Der sachliche Anwendungsbereich des Art. 28 EG ist somit eröffnet.

(iii)   Maßnahme gleicher Wirkung

Weiter müsste es sich bei den Rücknahmepflichten um Maßnahmen gleicher Wirkung wie eine mengenmäßige Einfuhrbeschränkung handeln. Eine solche liegt im Sinne der *Dassonville*-Formel in jeder Handelsregelung der Mitgliedstaaten, die geeignet ist, den innergemeinschaftlichen Handel unmittelbar oder

---

138 EuGH (Urteil v. 9.7.1992), Rs. C-2/90 (Kommission/Belgien), Slg. 1992, I-4431 Rn. 26; Meesenburg, in: Schwarze, Art. 23 EG Rn. 15.
139 EuGH (Urteil v. 9.7.1992), Rs. C-2/90 (Kommission/Belgien), Slg. 1992, I-4431 Rn. 28.

mittelbar, tatsächlich oder potentiell zu behindern.[140] Eine Behinderung des innergemeinschaftlichen Handels liegt vor, wenn die Einfuhren negativ beeinflusst, also verteuert werden.[141] Dabei muss sich die Regelung nicht auf den Handel beziehen, sondern sich lediglich auf den innergemeinschaftlichen Handel auswirken.[142] Auch muss kein Nachweis geführt werden, dass die Maßnahme tatsächlich zu einem Rückgang der Einfuhren geführt hat. Vielmehr reicht es für einen Verstoß gegen Art. 28 EG aus, dass die Maßnahme zur Behinderung des innergemeinschaftlichen Handels geeignet ist.[143]

Nach Umsetzung der Altfahrzeug-RL müssen die Wirtschaftsbeteiligten Rücknahmesysteme einrichten. Schon zum Zeitpunkt des Verkaufs von Fahrzeugen müssen die Wirtschaftsbeteiligten Vorkehrungen für die spätere Entsorgung treffen. Wenn ein Wirtschaftsbeteiligter plant, in den Markt eines Mitgliedstaats einzutreten, muss er entscheiden, ob er die Kosten für ein Rücknahmesystem tragen will. Daher behindert diese Verpflichtung den Marktzutritt.[144] Zwar müssen alle Mitgliedstaaten für die Einrichtung dieser Systeme sorgen. Insofern werden Einfuhren aus einem anderen Mitgliedstaat nicht durch zusätzliche Rücknahmepflichten behindert, weil auch im Herkunftsland Rücknahmepflichten bestehen. Allerdings können die Rücknahmepflichten unterschiedlich ausgestaltet sein. So könnte ein Mitgliedstaat vorsehen, die Wirtschaftsbeteiligten zu einem Zusammenschluss zu verpflichten, während ein anderer Mitgliedstaat die Wirtschaftsbeteiligten dazu verpflichtet, die Altfahrzeuge einzeln zurückzunehmen. Wenn ein Wirtschaftsbeteiligter die Rücknahme in einem anderen Mitgliedstaat auf eine andere Art und Weise organisieren muss als in seinem Herkunftsland, können potentiell zusätzliche Kosten anfallen. Dadurch werden die Einfuhren negativ beeinflusst. Folglich stellt die Pflicht der Wirtschaftsbeteiligten, Rücknahmesysteme einzurichten, eine Maßnahme gleicher Wirkung dar.

(iv) Einschlägigkeit der *Keck*-Rechtsprechung ?

Allerdings könnten Rücknahmeverpflichtungen in den Anwendungsbereich der *Keck*-Rechtsprechung[145] fallen und schon dadurch mit Art. 28 EG vereinbar sein. Dabei sind zwei Punkte zu klären. Zunächst ist fraglich, ob Rücknahmepflichten überhaupt eine Verkaufsmodalität im Sinne der *Keck*-Rechtsprechung

---

140 EuGH (Urteil v. 11.7.1974), Rs. 8/74 (Staatsanwaltschaft/Dassonville), Slg. 1974, 837, Rn. 5.

141 Müller-Graff, in: Groeben/Schwarze, Art. 28 EG Rn. 49; Epiney, in: Calliess/Ruffert, Art. 28 EG Rn. 17.

142 Leible, in: Grabitz/Hilf, Art. 28 Rn. 14.

143 Leible, in: Grabitz/Hilf, Art. 28 Rn. 15.

144 So schon für Rücknahmeverpflichtungen, die von einzelnen Mitgliedstaaten ausgehen: Hädrich, S. 179.

145 EuGH (Urteil v. 24.11.1993), Verb. Rs. C-267/91 und C-268/91 (Keck und Mithouard), Slg.1993, I-6097.

darstellen können. Außerdem ist zu klären, welche weiteren Voraussetzungen die Rücknahmepflichten erfüllen müssten, um im Sinne der *Keck*-Rechsprechung aus dem Anwendungsbereich des Art. 28 EG herauszufallen.

(a)   Verkaufsmodalitäten

In der Rechtssache *Keck* entschied der Gerichtshof, dass nationale Bestimmungen, die bestimmte Verkaufsmodalitäten beschränken oder verbieten, nicht geeignet sind, im Sinne der *Dassonville*-Formel den Handel zwischen den Mitgliedstaaten zu behindern, sofern diese Bestimmungen für alle betroffenen Wirtschaftsteilnehmer gelten, die ihre Tätigkeit im Inland ausüben, und sofern sie den Absatz der inländischen Erzeugnisse und der Erzeugnisse aus anderen Mitgliedstaaten rechtlich wie tatsächlich in der gleichen Weise betreffen.[146] Die Rücknahmepflichten, die aufgrund von Art. 5 Abs. 1 Altfahrzeug-RL vorgesehen sind, entstehen nicht beim Verkauf der Fahrzeuge, sondern erst dann, wenn die Letztbenutzer die Nutzungszeit der Fahrzeuge beendet haben. Im *Keck*-Urteil wurde aber gerade eine Verkaufsmodalität von der Geltung der *Dassonville*-Formel ausgenommen. Daher ist fraglich, ob Rücknahmepflichten überhaupt in den Anwendungsbereich des *Keck*-Urteils fallen.

In der Rechtsprechung des Gerichtshofs gibt es Anzeichen dafür, dass sich die *Keck*-Rechsprechung auf alle nationalen Bestimmungen erstrecken soll, die nicht produktbezogen sind. Schon im *Keck*-Urteil selbst stellte der Gerichtshof die neubegründete Ausnahme denjenigen mitgliedstaatlichen Vorschriften gegenüber, die bestimmte Anforderungen an die Waren selbst stellen.[147] Später hielt der Gerichtshof die *Keck*-Rechsprechung mit der Begründung für einschlägig, dass sich die betreffenden Rechtsvorschriften nicht auf die Merkmale der Erzeugnisse erstreckten.[148] Machen die Vorschriften des Vermarktungsmitgliedstaats dagegen eine Anpassung des Erzeugnisses erforderlich, hält der Gerichtshof die *Keck*-Rechsprechung nicht für einschlägig.[149] Damit unterscheidet der Gerichtshof zwischen produkt- und vertriebsbezogenen Regelungen der Mitgliedstaaten. Produktbezogen sind die Regelungen, wenn sie die Beschaffenheit der Ware bestimmen. Die *Keck*-Rechsprechung gilt nach Ansicht des Gerichtshofs für diese Vorschriften nicht.

In der Literatur ist umstritten, welche Regelungen der Mitgliedstaaten als „Verkaufsmodalitäten" geeignet sind, der *Keck*-Formel zu unterfallen. Nach einer Ansicht handelt es sich bei Verkaufsmodalitäten nur um die Normen, die bestimmen, wer was verkaufen darf sowie wann, wo und wie verkauft werden

---

146 a.a.O., Rn. 16.
147 a.a.O., Rn. 15.
148 EuGH (Urteil v. 14.12.1995), Rs. C-387/93 (Banchero), Slg. 1995, I-4663, Rn. 36.
149 EuGH (Urteil v. 22.01.2002), Rs. C- 390/99 (Canal Satélite Digital/Administración General del Estado), Slg. 2002, I-607, Rn. 30.

darf.[150] Diese Ansicht stützt sich auf die Ausführungen des Generalanwalts *Tesauro* in der Rechtssache *Hünermund*. Darin hatte Generalanwalt *Tesauro* die Verkaufsmodalitäten mittels dieser Aufzählung definiert.[151] Eine andere Ansicht vertritt die Meinung, dass die Reichweite der *Keck*-Rechtsprechung nicht anhand des Begriffes „Verkaufsmodalitäten" bestimmt werden könne, weil die Definition des Begriffes unklar sei.[152] Vielmehr bestimme sich der Anwendungsbereich nach Sinn und Zweck von Art. 28 EG.[153] Der Gerichtshof habe in *Keck* die fragliche Vorschrift aus dem Anwendungsbereich des Art. 28 EG genommen, weil sie für Marktteilnehmer aus anderen Mitgliedstaaten den Marktzugang nicht stärker behindere als für inländische Marktteilnehmer.[154] Der Sachverhalt habe sich dadurch ausgezeichnet, dass er keinen grenzüberschreitenden Bezug aufwies.[155] Sinn und Zweck der *Keck*-Rechtsprechung sei es nämlich, den Mitgliedstaaten die Kompetenz zur Regelung der allgemeinen wirtschaftlichen Rahmenbedingungen des Warenabsatz zu überlassen.[156] Diese Regelungen hätten keinen Einfuhrbezug, sondern beträfen nur Waren, die bereits eingeführt seien. Sie behinderten nicht den Zutritt zu einem Markt.[157] Daher seien alle nationalen Regelungen, die allgemeine Wirtschaftsbedingungen festlegten, ohne dabei produktbezogen zu sein, von der *Keck*-Rechtsprechung umfasst,[158] wobei allerdings Uneinigkeit über die Bedeutung des Begriffes „produktbezogen" besteht.[159] Als Begründung für diese Ansicht wird die terminologische Unterscheidung des Gerichtshof in produkt- und vertriebsbezogen herangezogen.[160] Die *Keck*-Rechtsprechung erstrecke sich damit auch auf mitgliedstaatliche Regelungen, die erst nach dem Vertrieb wirkten, wie etwa Haftungsvorschriften und Verwendungsbeschränkungen.[161]

---

150 Hammer, S. 135; Heermann, WRP 1999, S. 381, 383.

151 GA Tesauro (Schlussantr. v. 27.10.1993), Rs. C-292/92 (Hünermund u.a./Landesapothekerkammer Baden-Württemberg), Slg. 1993, I-6787, Rn. 10.

152 Streinz, EuZW 2003, S. 37, 41.

153 Becker, in: Schwarze, Art. 28 EG Rn. 49; Leible, in: Grabitz/Hilf, Art. 28 EG Rn. 28.

154 Siehe dazu EuGH (Urteil v. 24.11.1993), Verb. Rs. C-267/91 und C-268/91 (Keck und Mithouard), Slg. 1993, I-6097, Rn. 17.

155 Jarass, EuR 1995, S. 202, 205.

156 Dauses/Roth, ZLR 1996, S. 507, 518; Epiney, in: Calliess/Ruffert, Art. 28 Rn. 41; Müller-Graff, in: Groeben/Schwarze, Art. 28 EG Rn. 250.

157 Streinz, EuZW 2003, S. 37, 41f.; Becker, in: Schwarze, Art. 28 EG Rn. 49; Müller-Graff, in: Groeben/Schwarze, Art. 28 EG Rn. 250.

158 Leible, in: Grabitz/Hilf, Art. 28 EG Rn. 28.

159 Nach Kotthoff, WRP 1996, S. 79 (82f.); Becker, in: Schwarze, Art. 28 EG Rn. 49; Müller-Graff, in: Groeben/Schwarze, Art. 28 EG Rn. 253 sind Regelungen produktbezogen, wenn sie die Beschaffenheit einer Ware bestimmen. Epiney, in: Calliess/Ruffert, Art. 28 Rn. 41; Streck, S. 171; Thomsen, S. 177f.; Fischer, Strategien, S. 474 dagegen halten Regelungen für produktbezogen, die an ein bestimmtes Produkt anknüpfen.

160 Epiney, in: Calliess/Ruffert, Art. 28 EG Rn. 35.

161 Becker, in: Schwarze, Art. 28 EG Rn. 49, 81.

Der ersten Literaturmeinung ist zuzugestehen, dass die *Keck*-Rechtsprechung vom Wortlaut her nur Verkaufsmodalitäten umfasst. Auch wenn der Begriff unklar ist, fällt es doch schwer, darunter Regeln zu verstehen, die erst nach dem Verkauf gelten. Wollte der Gerichtshof über die Modalitäten des Verkaufs hinaus auch andere allgemeine Wirtschaftsregeln der Mitgliedstaaten erfassen, die erst nach dem Verkauf gelten, so könnte er dies einfach klarstellen, indem er statt des Begriffes „Verkaufsmodalitäten" einen weiteren Begriff wie z.B. „nicht-produktbezogene Regelungen" verwendete. Gegen die ausschließliche Anwendung der *Keck*-Rechtsprechung auf Regeln beim Verkauf und Vertrieb spricht aber, das der Gerichtshof mit seiner Rechtsprechungsänderung einer ausufernden Geltendmachung eines Verstoßes gegen die Warenverkehrsfreiheit im Sinne der *Dassonville*-Formel Einhalt gebieten wollte.[162] Wenn er den Anwendungsbereich der *Keck*-Rechtsprechung nach dem Verkauf einer Ware enden ließe, so hätte er sein selbstgestecktes Ziel, die Prüfungslast zu verringern, nur teilweise verwirklicht. Das *Keck*-Urteil führt zu einer größeren Reduktion, wenn es alle mitgliedstaatlichen Regeln erfasst, die ab dem Zeitpunkt des Verkaufs einer Ware gelten. Schließlich wäre es unsinnig anzunehmen, dass Regeln beim Verkauf den Marktzutritt unbehindert lassen können, ohne dies auch für Regeln nach dem Verkauf für möglich zu halten.

In diesem Sinne schlug die Kommission in der Rechtssache *Pfeiffer*[163] einen Erst-recht-Schluß vor. Der Gerichtshof hatte zu entscheiden, ob eine nationale Vorschrift, die wegen einer Verwechselungsgefahr die Verwendung einer Geschäftsbezeichnung als besondere Unternehmensbezeichnung verbietet, mit der Warenverkehrsfreiheit und der Niederlassungsfreiheit vereinbar ist. Die Kommission trug vor, wenn Verkaufsmodalitäten nach der *Keck*-Rechtsprechung vom Anwendungsbereich der Warenverkehrsfreiheit ausgenommen seien, müsse dies erst recht für andere nicht-produktbezogene Vorschriften gelten, die keine Verkaufsmodalitäten regelten.[164] Da der Eingriff in die Niederlassungsfreiheit aus einem zwingenden Grund gerechtfertigt war, konnte die Rechtfertigung auf den Eingriff in die Warenverkehrsfreiheit übertragen werden.[165] Damit erübrigte sich für den Gerichtshof die Prüfung, ob die *Keck*-Rechtsprechung auch auf andere Regeln als die bezüglich des Verkaufs anwendbar ist. Der Vorschlag der Kommission blieb somit unwidersprochen. Die Kommission hält daher an der Meinung fest, unter „Verkaufsmodalitäten" im Sinne der *Keck*-Rechtsprechung

---

162 Siehe dazu EuGH (Urteil v. 24.11.1993), Verb. Rs. C-267/91 und C-268/91 (Keck und Mithouard), Slg. 1993, I-6097, Rn. 14.
163 EuGH (Urteil v. 11.5.1999), Rs. C-255/97 (Pfeiffer/Löwa), Slg. 1999, I-2835.
164 a.a.O., Rn. 16.
165 a.a.O., Rn. 26-28.

solche Vorschriften zu verstehen, die sich auf Aspekte beziehen, die nur äußerlich mit der Ware selbst in Zusammenhang stehen.[166]

Produktbezogene Regeln könnten nie von der *Keck*-Formel umfasst sein und sind daher immer Maßnahmen gleicher Wirkung. Später wirkende Verkaufsmodalitäten wirken aber erst nach dem Marktzutritt und behindern daher nicht automatisch den Handel. Der von der Kommission in der Rechtssache *Pfeiffer* vertretene Standpunkt, dass erst recht die noch später wirkenden Regelungen der Mitgliedstaaten von der *Keck*-Formel umfasst seien, ist damit nur folgerichtig. Folglich ist die *Keck*-Formel so zu verstehen, dass sie als erstes Tatbestandsmerkmal eine Regelung der Mitgliedstaaten erfordert, die sich nicht auf das Produkt selbst bezieht.

Die Rücknahmepflichten des Art. 5 Abs. 1 Altfahrzeug-RL verpflichten die Wirtschaftsbeteiligten nicht dazu, ihre Fahrzeuge in einer bestimmten Art und Weise zu gestalten. Sie stellen keine Anforderungen an das Produkt selbst. Zwar sehen einige Autoren in Rücknahmepflichten eine produktbezogene Regelung im Sinne der *Keck*-Rechtsprechung, weil sie an ein bestimmtes Produkt anknüpfe.[167] Diese Einordnung steht aber nicht im Einklang mit der Rechtsprechung des Gerichtshofs, der eine Vorschrift nur dann als produktbezogen qualifiziert, wenn sie die Beschaffenheit der Ware selbst regelt.[168] Der Umstand, dass Regeln für bestimmte Erzeugnisse gelten und nicht für den Handel allgemein, ist für die Beurteilung nach *Keck* unerheblich.[169] Daher handelt es sich bei Rücknahmepflichten gerade nicht um produktbezogene Regelungen.[170] Schließlich wird argumentiert, dass Rücknahmeverpflichtungen ausnahmsweise produktbezogen sein könnten, wenn sie sich auf bestimmte ökologisch nachteilhafte Produkte beschränken, um so ihren Marktanteil zu verringern.[171] Auch dieses Argument geht fehl. Die Altfahrzeug-RL bezweckt zwar, die Müllbelastung durch Altprodukte zu verringern.[172] Die Rücknahmepflicht besteht aber unterschiedslos für alle Altfahrzeuge, unabhängig von ihrer Umweltbelastung. Folglich ergibt sich auch diesbezüglich kein Produktbezug. Damit erfüllen die Rücknahmepflichten das erste Tatbestandsmerkmal des Ausnahmetatbestandes im Sinne der *Keck*-Rechtsprechung.

---

166 GD Binnenmarkt, Leitfaden, S. 15.
167 Streck, S. 171; Thomsen, S. 177f.; Fischer, Strategien, S. 474.
168 EuGH (Urteil v. 24.11.1993), Verb. Rs. C-267/91 und C-268/91 (Keck und Mithouard), Slg. 1993, I-6097, Rn. 15; (Urteil v. 14.12. 1995), Rs. C-387/93 (Banchero), Slg. 1995, I-4663, Rn. 36.
169 EuGH (Urteil v. 14.12. 1995), Rs. C-387/93 (Banchero), Slg. 1995, I-4663, Rn. 36; Streinz, EuZW 2003, S. 37, 42.
170 So auch Bauernfeind, S. 253; Möschel, NJW 1994, S. 429, 430.
171 Karenfort/Schneider, EuZW 2003, S. 587, 590.
172 Art. 1 Altfahrzeug-RL.

(b)   Gleiche Geltung

Das *Keck*-Urteil sieht weiter vor, dass die von der *Dassonville*-Formel ausgenommenen Vorschriften „für alle betroffenen Wirtschaftsteilnehmer gelten, die ihre Tätigkeit im Inland ausüben."[173] Nur bei einer allgemeinen Geltung für Inlandstätige kann eine Vorschrift im Sinne der *Keck*-Rechtsprechung vorliegen.[174] Die Altfahrzeug-RL sieht nicht vor, dass die Rücknahmepflichten für Wirtschaftsteilnehmer aus anderen Mitgliedstaaten anders ausgestaltet sind als für einheimische Wirtschaftsteilnehmer. Damit gelten die Rücknahmepflichten für alle betroffenen Wirtschaftsteilnehmer. Also erfüllen die Rücknahmepflichten auch das zweite Tatbestandsmerkmal der *Keck*-Rechtsprechung.

(c)   Gleichberührung

(i)   Bedeutung des Tatbestandsmerkmals

Der Gerichtshof entschied in der Rechtssache *Keck*, dass die unterschiedslos anwendbaren Vorschriften keine Maßnahmen gleicher Wirkung sind, sofern sie den Absatz der inländischen Erzeugnisse und der Erzeugnisse aus anderen Mitgliedstaaten rechtlich wie tatsächlich in der gleichen Weise berühren.[175] Verkaufsmodalitäten unterfallen nur dann nicht dem Anwendungsbereich des Artikels 28 EG-Vertrag, wenn sie nicht geeignet sind, den Marktzugang für Erzeugnisse aus einem anderen Mitgliedstaat zu versperren oder stärker zu behindern, als sie dies für inländische Erzeugnisse tun.[176] Die Vorschriften müssen nicht nur nicht-produktbezogen und gleich geltend sein, sondern noch zusätzlich die Voraussetzung erfüllen, dass sie die Erzeugnisse aus anderen Mitgliedstaaten gleich berühren. Zu klären ist, wann die Vorschriften die Erzeugnisse aus verschiedenen Mitgliedstaaten in der gleichen Weise berühren.

Einige Autoren erkennen in der Formulierung des *Keck*-Urteils ein Diskriminierungsverbot. Damit gelte für Vorschriften, die in den Anwendungsbereich der *Keck*-Rechtssprechung fielen, nicht mehr das strengere Behinderungsverbot.[177] Die Gegenansicht geht davon aus, dass auch im Anwendungsbereich der *Keck*-Rechtsprechung das Behinderungsverbot des Art. 28 EG bestehen bleibt. Der einzige Unterschied zur *Dassonville*-Formel bestehe darin, dass die potentielle Eignung einer Vorschrift zur Behinderung des innergemeinschaftlichen Handels allein nicht mehr ausreiche, um eine Maßnahme gleicher Wirkung anzunehmen.

173 EuGH (Urteil v. 24.11.1993), Verb. Rs. C-267/91 und C-268/91 (Keck und Mithouard), Slg. 1993, I-6097, Rn. 16.

174 Müller-Graff, in: Groeben/Schwarze, Art. 28 EG Rn. 257.

175 EuGH (Urteil v. 24.11.1993), Verb. Rs. C-267/91 und C-268/91 (Keck und Mithouard), Slg. 1993, I-6097, Rn. 16.

176 EuGH (Urteil v. 8.3.2001), Rs. C-405/98 (Konsumentombudsmannen/Gourmet International Products), Slg. 2001, I-1795, Rn. 18.

177 Jarass, EuR 2000, S. 705, 711; Becker, in: Schwarze, Art. 28 EG Rn. 47, 49 f.; Epiney, in: Calliess/Ruffert, Art. 28 EG Rn. 40.

56

Vielmehr gelte seit dem *Keck*-Urteil für die unterschiedslos geltenden allgemeinen Wirtschaftsregeln der Mitgliedstaaten, dass die Eignung als Marktzutrittsschranke vom Beschwerdeführer nachgewiesen werden müsse.[178]

Die erste Meinung macht geltend, dass nach dem herkömmlichen Verständnis einer Maßnahme gleicher Wirkung im Sinne der *Dassonville*-Formel praktisch alle nationalen Regelungen der Wirtschafts-, Verbraucher- und Sozialpolitik erfasst worden seien. Damit sei die Prüfungsreichweite und auch Prüfungslast des Gerichtshofs weit ausgedehnt worden.[179] Gleichzeitig seien die Gestaltungsmöglichkeiten der Mitgliedstaaten eingeengt worden, da sie beim Erlass von Rechtsakten in den genannten Gebieten auf die Vereinbarkeit mit der Warenverkehrsfreiheit achten müssten. Diese Auslegung der Grundfreiheiten sei zu weitgehend.[180] Art. 28 EG bezwecke nämlich nicht allgemein den Schutz vor staatlichen Einschränkungen wirtschaftlicher und sonstiger Tätigkeiten. Das sei vielmehr die Aufgabe der Grundrechte, von denen sich die Grundfreiheiten unterschieden. Sinn und Zweck des Art. 28 EG liege darin, den freien Verkehr der in den verschiedenen Mitgliedstaaten hergestellten Waren auf dem Gebiet der Gemeinschaft zu ermöglichen. Eine solche Beschränkung könne aber nur vorliegen, wenn sich eine Maßnahme auf das Produkt selbst beziehe. Vorschriften der Mitgliedstaaten, die allgemeine wirtschaftliche Tätigkeiten und Rahmenbedingungen setzen, müssten daher von vornherein aus dem Tatbestand der Art. 28 EG herausfallen.[181] Daher sei für diese mitgliedstaatlichen Maßnahmen ausreichend, dass sie die Waren aus anderen Mitgliedstaaten nicht diskriminierten.[182]

Die Gegenansicht bestreitet, dass für bestimmte Verkaufsmodalitäten nur ein Diskriminierungsverbot gelten soll. Das Behinderungsverbot des Art. 28 EG bliebe vielmehr auch für die bestimmten Verkaufsmodalitäten aufrechterhalten.[183] Das Ziel des Art. 28 EG, Marktzutrittsschranken zu beseitigen, müsse unabhängig von der Qualifikation als produkt- oder vertriebsbezogen erfolgen. Warenverkehrshindernisse lägen immer vor, wenn ausländische Anbieter gezwungen seien, die im Herkunftsland rechtmäßig praktizierten Aktionsparameter den Erfordernissen des Bestimmungslandes anzupassen und dadurch Anpassungskosten entstünden.[184] Wenn eine mitgliedstaatliche handelsbehindernde Maßnahme in den Anwendungsbereich der *Keck*-Rechtsprechung falle, dürften sie nicht höheren Schutz genießen, als das bei einer Abwägung im Sinne der

178 Leible, in: Grabitz/Hilf, Art. 28 EG Rn. 28; Zuleeg, Grundfreiheiten, S. 1721; Hermann, WRP 1999, S. 381, 385.
179 Becker, in: Schwarze, Art. 28 EG Rn. 47.
180 Epiney, in: Calliess/Ruffert, Art. 28 Rn. 39; Becker, in: Schwarze, Art. 28 EG Rn. 47.
181 Epiney, in: Calliess/Ruffert, Art. 28 Rn. 39-41.
182 Becker, in: Schwarze, Art. 28 EG Rn. 49f.
183 Leible, in: Grabitz/Hilf, Art. 28 EG Rn. 28; Zuleeg, Grundfreiheiten, S. 1721.
184 Steindorff, ZHR 158 (1994), 149, 166f.; Leible, in: Grabitz/Hilf, Art. 28 EG Rn. 28.

zwingenden Erfordernisse der *Cassis de Dijon*-Rechtsprechung der Fall wäre. Die materielle Prüfung, ob eine mitgliedstaatliche Maßnahme gegen das Gemeinschaftsrecht verstoße, dürfe durch eine Qualifizierung der Maßnahme als bestimmte Verkaufsmodalität nicht entscheidend verändert werden.[185]

Dies folge schon aus der Formulierung des Urteils in der Rechtssache „Keck". Der Gerichtshof halte eine Maßnahme nur dann mit der Warenverkehrsfreiheit vereinbar „sofern diese Bestimmungen [über Verkaufsmodalitäten] den Absatz der inländischen Erzeugnisse und Erzeugnisse aus anderen Mitgliedstaaten rechtlich wie tatsächlich in der gleichen Weise berühren."[186] Damit habe er klargestellt, dass eine Überprüfung dieser Regelungen nicht von vornherein ausscheide.[187] Eine sowohl rechtliche als auch tatsächliche Berührung in gleicher Weise sei nur gegeben, wenn die Einfuhren nicht behindert würden.[188] Art. 3 Abs. 1 lit. c EG verpflichte die Gemeinschaft zur Schaffung eines Binnenmarktes, der durch die Beseitigung der Hindernisse für den freien Warenverkehr gekennzeichnet sei. Da Art. 3 EG bei der Auslegung der anderen Vorschriften des Gemeinschaftsrechts heranzuziehen sei[189], müssten auch die Rechtsnormen im Bereich der *Keck*-Rechtsprechung so gestaltet sein, dass dadurch keine Handelshemmnisse im Binnenmarkt entstünden.[190] Eine Vorschrift, die in tatsächlicher Hinsicht von ausländischen Wirtschaftsteilnehmern nur wesentlich schwerer erfüllt werden könne als von inländischen Marktteilnehmern, erschwere den Marktzugang im Binnenmarkt und falle unter das Verbot des Art. 28 EG.[191] Auch der Grundsatz der Verhältnismäßigkeit gebiete es, dass Maßnahmen im Anwendungsbereich der *Keck*-Rechtsprechung das Behinderungsverbot beachten müssten.[192] Art. 5 Abs. 3 EG ordne die Geltung des Verhältnismäßigkeitsgrundsatzes zwar nur für die Gemeinschaft an. Im Anwendungsbereich des Gemeinschaftsrechts binde der Grundsatz aber auch die Mitgliedstaaten.[193] Diese Bindung sei nur sichergestellt, wenn der Gerichtshof auch die Vorschriften im

---

185 Müller-Graff, in: Groeben/Schwarze, Art. 28 EG Rn. 248.
186 EuGH (Urteil v. 24.11.1993), Verb. Rs. C-267/91 und C-268/91 (Keck und Mithouard), Slg. 1993, I-6097, Rn. 16.
187 Lenz, NJW 1994, S. 1633.
188 Zuleeg, Grundfreiheiten, S. 1721.
189 Dazu EuGH (Urteil v. 22.1.1974), Rs. 6 u. 7/73 (Istituto Chemioterapio Italiano/ Kommission), Slg. 1974, 223, Rn. 32.
190 Müller-Graff in: Groeben/Schwarze, Art. 28 EG Rn. 248; Zuleeg, Grundfreiheiten, S. 1721.
191 Leible, in: Grabitz/Hilf, Art. 28 EG Rn. 28.
192 Zuleeg, Grundfreiheiten, S. 1727.
193 Dazu EuGH (Urteil v. 12.3.1987), Rs. 178/84 (Kommission/Deutschland), Slg. 1987, 1227 Rn. 44.

Sinne der *Keck*-Rechtsprechung daraufhin überprüfen könne, ob sie den inner-gemeinschaftlichen Handel beschränkten.[194]

Da der Gerichtshof mit der Rechtssache *Keck* eine Reduktion der Prüfungslast erreichen wolle, gleichzeitig aber ein Abgehen vom Behinderungsverbot nicht im Einklang mit dem Ziel des Binnenmarkts stehe,[195] könne das Urteil nur so verstanden werden, dass es die Beweislast für die Behinderung des Binnenmark-tes dem Beschwerdeführer auferlege.[196] Damit werde es dem Gerichtshof er-spart, die Rechtfertigung einer nationalen Regelung zu prüfen, die nur potentiell den innergemeinschaftlichen Handel behindere.[197] Sei eine nationale Regelung produktbezogen, so genüge für die Annahme einer Maßnahme gleicher Wirkung weiterhin, dass sie im Sinne der *Dassonville*-Formel den Handel potentiell be-hindere. Bei anderen nationalen Regelungen bestehe aber eine Nachweispflicht des Beschwerdeführers, dass die Regelung zur Behinderung geeignet sei.[198]

Die Frage, ob Art. 28 EG im Anwendungsbereich der *Keck*-Rechtsprechung nur gebietet, dass die Produkte aus anderen Mitgliedstaaten nicht diskriminiert wer-den, oder ob damit auch Beschränkungen verboten sind, ist nach Sinn und Zweck der Vorschrift und des gesamten EG-Vertrages zu entscheiden. Nach Art. 3 Abs. 1 lit. c EG hat die Gemeinschaft das Ziel, die Hindernisse für den freien Warenverkehr zu beseitigen. Art. 28 EG bestimmt zu diesem Zweck, dass Maß-nahmen, die wie mengenmäßige Einfuhrbeschränkungen wirken, zwischen den Mitgliedstaaten verboten sind. Solche Hindernisse können in allen mitgliedstaat-lichen Maßnahmen liegen, die den Handel betreffen. Folglich sind große Teile der mitgliedstaatlichen Rechtsordnungen am Maßstab der Warenverkehrsfreiheit zu messen. Insofern trifft die Feststellung zu, dass sich die Geltung der Waren-verkehrsfreiheit auf viele nationale Regeln in den Bereichen der Wirtschafts-, Verbraucher- und Sozialpolitik erstreckt. Daraus folgt aber nicht, dass der Ges-taltungsspielraum der Mitgliedstaaten übermäßig reduziert würde. Seit der Rechtssache *Cassis de Dijon* gesteht der Gerichtshof den Mitgliedstaaten in ständiger Rechtsprechung zu, den Warenverkehr beschränkende Maßnahmen zu erlassen, die im allgemeinen Interesse liegen, sofern diese Interessen auf Ge-meinschaftsebene noch nicht geschützt wurden. Diese Rechtsprechung lässt den Mitgliedstaaten einen Gestaltungsspielraum. Der nationale Gesetzgeber darf ent-scheiden, welche Ziele er mit seinen Regelungen verfolgt. Damit ist schon mit der *Cassis*-Rechtsprechung ein Ausgleich zwischen den Erfordernissen des Bin-

---

194 Zuleeg, Grundfreiheiten, S. 1727.
195 Streinz, EuZW 2003, S. 37, 40f.
196 Dauses/Roth, ZLR 1996, S. 507, 519; Zuleeg, Grundfreiheiten, S. 1726; Lenz, NJW 1994, S. 1633 hält den Beweis der stärkeren Berührung zumindest für möglich.
197 Zuleeg, Grundfreiheiten, S. 1721f.
198 Hermann, WRP 1999, S. 381, 385.

nenmarktes und der Gestaltungsfreiheit der Mitgliedstaaten erfolgt. Der Sinn der *Keck*-Rechtsprechung kann also nicht darin liegen, diesen Konflikt zu lösen. Das Urteil dient nicht dazu, den Mitgliedstaaten einen größeren Gestaltungsspielraum einzuräumen. Daher ist auch nicht beabsichtigt, den Mitgliedstaaten statt eines Behinderungsverbots nur noch ein Diskriminierungsverbot aufzuerlegen. Ein Diskriminierungsverbot allein könnte den Binnenmarkt gar nicht gewährleisten. Vielmehr betrifft das Urteil die Frage, inwiefern der Beschwerdeführer beweisen muss, ob eine nationale Maßnahme den innergemeinschaftlichen Handel behindert. Bei produktbezogenen Maßnahmen muss im Sinne der *Dassonville*-Formel das Handelshindernis nicht bewiesen werden. Eine potentielle Eignung reicht aus. Daher muss der Gerichtshof solche Maßnahmen immer daraufhin prüfen, ob sie durch zwingende Erfordernisse im Sinne von *Cassis de Dijon* gerechtfertigt sind. Bei allen anderen nationalen Regelungen ist die behindernde Wirkung dagegen nicht so eindeutig. Ließe der Gerichtshof auch hier die potentielle Eignung zur Behinderung genügen, so müsste er große Teile des nationalen Wirtschaftsrechts, das ihm zur Prüfung vorgelegt wird, auf eine Rechtfertigung nach *Cassis de Dijon* prüfen, auch wenn tatsächlich keine Behinderung erfolgt. Um diese große Prüfungslast zu verringern, verpflichtet der Gerichtshof im Rahmen der *Keck*-Rechtsprechung den Beschwerdeführer, die Behinderung durch die Vorschrift im Zweifelsfall nachzuweisen. Erst wenn diese Behinderung feststeht, muss der Gerichtshof die zwingenden Erfordernisse prüfen.

Die Verwendung der *Keck*-Rechtsprechung als Beweislastregel lässt sich auch in der Rechtsprechung nachweisen. In der Rechtssache *de Augustini*[199] hatte der Gerichtshof zu entscheiden, ob in einem Mitgliedstaat das vollständige Verbot von Werbung, die an Kinder unter zwölf Jahren gerichtet ist, gegen die Warenverkehrsfreiheit verstößt. Nachdem er das Vorliegen einer unterschiedslos geltenden Verkaufsmodalität bejaht hatte,[200] ging er darauf ein, ob das Werbeverbot die Erzeugnisse aus anderen Mitgliedstaaten tatsächlich und rechtlich in der gleichen Weise berühre wie inländische Erzeugnisse. Diese Frage sei grundsätzlich vom vorlegenden Gericht zu beurteilen.[201] Sofern eine Ungleichberührung nicht nachgewiesen sei, falle die Regelung nicht unter das Verbot einer Maßnahme gleicher Wirkung.[202] Falls aber eine Ungleichberührung nachgewiesen werde, müsste das vorlegende Gericht prüfen, ob die mitgliedstaatliche Regelung durch zwingende Gründe des Allgemeininteresses gerechtfertigt sei.[203] In

199 EuGH (Urteil v. 9.7.1997), Verb. Rs. C-34-36/95 (Konsumentenombudsmannen/de Augustini und TV-Shop), Slg. 1997, I-3843.
200 a.a.O., Rn. 39-41.
201 a.a.O., Rn. 43.
202 a.a.O., Rn. 44.
203 a.a.O., Rn. 45.

der Rechtssache *Gourmet International Products*[204] musste der Gerichtshof entscheiden, ob ein mitgliedstaatliches Verbot von Werbeanzeigen für alkoholische Getränke mit dem freien Warenverkehr vereinbar ist. Die Regierung des Mitgliedstaats berief sich darauf, dass es sich beim Werbeverbot um eine Verkaufsmodalität nach *Keck* handele.[205] Der Gerichtshof trat in die Prüfung der gleichen Berührung ein. Die Ansicht der Kommission, es obläge dem mitgliedstaatlichen Gericht zu entscheiden, ob ein Hemmnis für den innergemeinschaftlichen Handel vorliegt,[206] wurde vom Gerichtshof bestätigt.[207] Nur weil evident ein Handelshemmnis vorlag, war ein entsprechender Beweis nicht mehr nötig.[208]

Damit stützen die Urteile in der Rechtssache *de Augustini und TV-Shop* und *Gourmet International Products* die Auffassung, dass mit dem *Keck*-Urteil eine Beweislastvorschrift ergangen ist. Die Prüfung, ob eine nationale nichtproduktbezogene Vorschrift im Sinne von *Cassis de Dijon* zwingenden Zielen des Allgemeinwohls dient, findet nur statt, wenn die Ungleichberührung evident oder vom Beschwerdeführer nachgewiesen ist. Ist dies nicht der Fall, kann der Gerichtshof die Prüfung abbrechen, da die Vorschrift dann nicht unter Art. 28 EG fällt. Der Gerichtshof sagt dagegen nicht, dass die Anforderungen der Warenverkehrsfreiheit für diese Vorschriften auf ein Diskriminierungsverbot abgesenkt würden. Im Anwendungsbereich der *Keck*-Rechtsprechung gilt also nicht nur das Diskriminierungsverbot, sondern auch das Beschränkungsverbot. Allerdings gilt im Gegensatz zu *Dassonville*-Formel eine mitgliedstaatliche Regelung erst dann als Maßnahme gleicher Wirkung, wenn ihre Eignung zur Behinderung dargelegt werden kann.

(ii)   Anwendung auf die Altfahrzeug-RL

In diesem Sinne ist zu prüfen, ob die verschiedenen Interpretationsmöglichkeiten des Begriffs „Rücknahmesystem" in Art. 5 Abs. 1 Altfahrzeug-RL zu einer Behinderung der Einfuhren führen können. Kann eine Behinderung nachgewiesen werden, verbleiben die Rücknahmepflichten im Anwendungsbereich des Art. 28 EG und die Mitgliedstaaten müssen bei der Umsetzung der Altfahrzeug-RL die weniger behindernde Interpretation des Begriffs wählen. Falls eine Behinderung nicht konkret dargelegt werden kann, fallen die Rücknahmepflichten ohne weiteres aus dem Anwendungsbereich des Art. 28 heraus und die Mitgliedstaaten werden bei der Umsetzung nicht weiter eingeschränkt.

---

204 EuGH (Urteil v. 8.3.2001), Rs. C-405/98 (Konsumentenombudsmannen/Gourmet International Products), Slg. 2001, I-1795.
205 a.a.O., Rn. 15.
206 a.a.O., Rn. 17.
207 a.a.O., Rn. 21.
208 a.a.O., Rn. 21-25.

Nach dem Wortlaut der Altfahrzeug-RL kann die Interpretation des Begriffes „Rücknahmesystem" zu zwei Ergebnissen führen. Entweder, die Wirtschaftsbeteiligten werden dazu verpflichtet, sich zur kollektiven Rücknahme zu einer Organisation zusammenzuschließen, oder die Wirtschaftsbeteiligten werden einzeln dazu verpflichtet, die Rücknahme individuell durchzuführen. Bei einer individuellen Rücknahmeverpflichtung könnte es zu einer Behinderung der Wirtschaftsbeteiligten bei der Einfuhr kommen, die sich in anderen Mitgliedstaaten befinden. Aufgrund ihrer Entfernung zum Rücknahmeort könnten ihnen höhere Kosten entstehen. Das wäre der Fall, wenn sie einen längeren Rücknahmeweg hätten. Art. 7 Abs. 2 Altfahrzeug-RL, der die Wirtschaftsbeteiligten dazu verpflichtet, bei der Entsorgung gewisse Verwertungsquoten einzuhalten, lässt aber erkennen, dass die Altfahrzeuge nach der Rücknahme in dem Mitgliedstaaten entsorgt werden können, in dem sie zu Abfall wurden. Daher haben Wirtschaftsbeteiligte aus anderen Mitgliedstaaten keinen längeren Rücknahmeweg als inländische Wirtschaftsbeteiligte. Eine Behinderung aus diesem Grund ist daher nicht nachzuweisen. Eine Behinderung könnte sich aber aus anderen Gründen ergeben. So müssen Wirtschaftsbeteiligte aus anderen Mitgliedstaaten einer individuellen Rücknahmepflicht im Zielland eine Rücknahmeorganisation aufbauen und Kenntnisse erwerben, über die die inländischen Hersteller schon verfügen. Allerdings haben einheimische Wirtschaftsteilnehmer immer einen gewissen Positionsvorteil gegenüber ausländischen Wettbewerbern, indem sie ihren Betrieb von vornherein auf die inländische Rechtsordnung ausrichten können. Dieser Unterschied allein reicht daher nicht, um schon eine Behinderung nachzuweisen.[209] Außerdem bedeutet die Verpflichtung einzelner zur Rücknahme nicht, dass sie auch vom jeweiligen Wirtschaftsbeteiligten selbst ausgeführt werden muss. Werden die Wirtschaftsbeteiligten einzeln zur Rücknahme verpflichtet, können sie Dritte mit der Erfüllung dieser Pflichten beauftragen.[210] Auch schließt eine individuelle Rücknahmepflicht nicht aus, dass sich die Verpflichteten zur gemeinsamen Pflichtenerfüllung freiwillig zusammenschließen. Somit erfolgt bei einer individuellen Rücknahmepflicht keine Behinderung des innergemeinschaftlichen Handels.

Der Begriff „System" in der Altfahrzeug-RL kann aber auch so ausgelegt werden, dass die Mitgliedstaaten die Wirtschaftsbeteiligten zu einer gemeinsamen Rücknahme verpflichten. Die Wirtschaftsbeteiligten wären dann verpflichtet, sich an einer selbständigen Rücknahmeorganisation zu beteiligen. Für Wirtschaftsbeteiligte aus einem Mitgliedstaat, in dem eine kollektive Rücknahme vorgesehen ist, ergibt sich dadurch kein großer Unterschied. Sie erfüllen die Pflicht, indem sie einem Rücknahmesystem im Zielland beitreten, so wie sie im Herkunftsland an einem Rücknahmesystem beteiligt sind. Fraglich ist, ob Wirt-

---

209 Bauernfeind, S. 256.
210 Bauernfeind, S. 258.

schaftsbeteiligte, die sich in ihrem Herkunftsland auf eine individuelle Rücknahmepflicht eingestellt haben, durch die Pflicht zur kollektiven Rücknahme im Zielland in der Wareneinfuhr behindert sind. Eine Ausdehnung ihres individuellen Rücknahmesystems auf das Zielland müsste dann beachten, dass es einen anderen Rücknahmekanal gibt. Das individuelle Rücknahmesystem müsste daher mit geringerer Auslastung rechnen als wenn es keine Konkurrenz gäbe. Eine geringere Effizienz und höhere Kosten könnten die Folge sein. Wirtschaftsbeteiligte aus anderen Mitgliedstaaten könnten aufgrund der kollektiven Rücknahmepflicht im Zielland von der Ausdehnung eines individuellen Rücknahmesystems abgehalten werden. Dies hätte aber keine negativen Folgen auf die Einfuhr der Fahrzeuge selbst. Anstelle der Kosten für das individuelle Rücknahmesystem im Herkunftsland müsste der Wirtschaftsbeteiligte im Zielland die anteiligen Kosten der kollektiven Rücknahme bestreiten. Die kollektive Rücknahme verringert wegen der erleichterten Sammlung und Nachweisführung gegenüber den Behörden die Kosten erheblich.[211] Daher lässt sich auch in dieser Konstellation keine Einfuhrbehinderung für Fahrzeuge nachweisen.

Es lässt sich nicht nachweisen, dass durch das Nebeneinander von individuellen und kollektiven Rücknahmepflichten in den verschiedenen Mitgliedstaaten Handelshemmnisse entstehen. Damit ist auch das dritte Tatbestandsmerkmal der *Keck*-Formel erfüllt. Folglich stellt keine der beiden Interpretationen des Begriffs „System" eine Maßnahme gleicher Wirkung dar. Art. 28 EG schränkt die Mitgliedstaaten bei der Umsetzung von Art. 5 Abs. 1 Altfahrzeug-RL nicht ein. Sie können die Altfahrzeug-RL daher sowohl durch eine individuelle wie eine kollektive Rücknahmepflicht umsetzen.

(2) Konkretisierungsbefugnis der Mitgliedstaaten?

Art. 2 Nr. 10 Altfahrzeug-RL definiert, wer zu den Wirtschaftsbeteiligten gehört, die die Rücknahmepflichten durchführen müssen: Hersteller, Vertreiber, Rücknahmestellen, Kfz-Versicherungsgesellschaften, Demontagebetriebe, Schredderanlagenbetreiber, Verwertungsbetriebe, Recyclingbetriebe sowie sonstige Betriebe für die Behandlung von Altfahrzeugen einschließlich ihrer Bauteile und ihrer Werkstoffe. Art. 2 Nr. 3 Altfahrzeug-RL definiert, dass der Begriff „Hersteller" den Fahrzeughersteller oder den gewerblichen Importeur eines Fahrzeuges in einen Mitgliedstaat bezeichnet. Wenn aufgrund der Altfahrzeug-RL die Hersteller zur Rücknahme verpflichtet werden, so umfasst die Verpflichtung also auch die gewerblichen Importeure. Mit der Aufzählung in Art. 2 Nr. 10 Altfahrzeug-RL steht noch nicht fest, dass auch alle diese Wirtschaftsbeteiligten von den Mitgliedstaaten zur Rücknahme verpflichtet werden müssen. So

---

211 Fischer, Strategien, S. 377.

wird die Altfahrzeug-RL in Deutschland durch die Altfahrzeug-Verordnung[212] umgesetzt. In § 3 Altfahrzeug-Verordnung werden nur die Hersteller zur Rücknahme der Altprodukte verpflichtet. Damit fallen alle anderen Wirtschaftsbeteiligten, die in Art. 2 Nr. 10 Altfahrzeug-RL genannt werden, aus dem Adressatenkreis heraus. Von Seiten der Autoindustrie wird diese Eingrenzung mit einem praktischen Argument in Frage gestellt. Sie kritisiert, dass nur die Hersteller zur Rücknahme verpflichtet seien. Das führe zum „Rosinenpicken" der anderen Wirtschaftsbeteiligten. Da andere Wirtschaftsbeteiligte nicht zur Rücknahme verpflichtet seien, aber das Recht hätten, Rücknahmedienstleistungen anzubieten, würden sie nur dort aktiv, wo die Rücknahme gewinnbringend sei. Dadurch stiegen die Verluste der Hersteller. Die Eingrenzung der Rücknahmepflichten auf die Hersteller nehme ihnen die Möglichkeit, den Entsorgungskosten Gewinne gegenüberzustellen.[213]

Es ist unklar, ob den Mitgliedstaaten bei der Umsetzung der Altfahrzeug-RL die Befugnis zusteht, den Adressatenkreis des Art. 5 Abs. 1 Altfahrzeug-RL einzuschränken, oder ob die Altfahrzeug-RL die Adressaten der Rücknahmepflichten abschließend festlegt. Zwar nimmt die Literatur übereinstimmend an, dass die Mitgliedstaaten über eine Konkretisierungsbefugnis verfügen und den Adressatenkreis einschränken dürfen.[214] Umstritten ist aber das Ausmaß der Konkretisierungsbefugnis.

Dreher geht davon aus, dass die Mitgliedstaaten aus dem Kreis der in Art. 5 Abs. 1 Altfahrzeug-RL genannten Wirtschaftsteilnehmer völlig frei wählen dürfen, wen sie zur Rücknahme verpflichten.[215] Bei der Umsetzung dürften selbst die Hersteller aus dem Kreis der Verpflichteten herausgenommen werden. Dies sei möglich, da Art. 5 Abs. 4 UAbs. 2 Altfahrzeug-RL die Hersteller zum Tragen der Kosten für die Rücknahme verpflichte. Auch wenn die Hersteller die Altprodukte nicht zurücknehmen müssten, werde aufgrund der Kostentragungspflicht das Ziel erreicht, die Hersteller zur Entwicklung müllvermeidender Produkte anzuspornen. Daher sei es für die Wirkung der Produzentenverantwortung nicht entscheidend, wer die Rücknahme durchführe, solange die Finanzierung geregelt sei. Die Mitgliedstaaten dürften demnach frei entscheiden, welcher der in Art. 5 Abs. 1 Altfahrzeug-RL genannten Wirtschaftsbeteiligten verpflichtet werde.[216]

---

212 Altfahrzeug-Verordnung in der Fassung der Neubekanntmachung vom 21. Juni 2002, BGBl. I S. 2214.
213 Schäfer, in: Manegold, ZUR 2002, S. 306, 308.
214 Dreher, S. 40; Fischer, Verstoß, NVwZ 2003, S. 321, 322f.
215 Dreher, S. 40.
216 Dreher, S. 40.

Dagegen ist *Fischer* der Ansicht, dass die Mitgliedstaaten den Adressatenkreis nur beschränkt eingrenzen dürfen.[217] Er hält eine grenzenlose Einschränkungsmöglichkeit des Adressatenkreises durch die Mitgliedstaaten für zu weitgehend. Die Mitgliedstaaten seien zwar befugt, die Rücknahmepflicht auf diejenigen Wirtschaftsbeteiligten zu beschränken, bei denen eine Beteiligung Sinn ergebe. So sei es zulässig, die Versicherungsgesellschaften aus dem Kreis der Verpflichteten herauszunehmen, obwohl sie gem. Art. 2 Nr. 10 Altfahrzeug-RL Wirtschaftsbeteiligte seien. Das sei gerechtfertigt, weil sie nur am Rande mit dem Produkt in Berührung kämen. Insofern käme den Mitgliedstaaten die Befugnis zur Konkretisierung des Adressatenkreises zu. Die Mitgliedstaaten seien aber nicht befugt, den Kreis der Verpflichteten so einzuengen, dass Hauptakteure im Produktzyklus wie z.B. die Vertreiber aus dem Adressatenkreis heraus fielen. Die Altfahrzeug-RL lasse diesbezüglich keinen Umsetzungsspielraum. Die Entscheidung des deutschen Verordnungsgebers, nur die Hersteller zur Rücknahme zu verpflichten, sei daher eine mangelnde Umsetzung der Richtlinie.[218]

Schließlich wird von *Fuchsbrunner* die Meinung vertreten, dass die Mitgliedstaaten sogar verpflichtet seien, aufgrund der Altfahrzeug-RL nur die Hersteller zu verpflichten. Dafür wird die systematische Auslegung der Altfahrzeug-RL angeführt. Nach ihrem Sinn und Zweck sei die Altfahrzeug-RL im Lichte des Verursacherprinzips dahingehend auszulegen, dass eine Rücknahmepflicht nur für die Hersteller bestehe. Andere Wirtschaftsbeteiligte seien keine Verursacher und dürften daher auch nicht zur Rücknahme verpflichtet werden.[219]

Der letztgenannten Auffassung kann nicht gefolgt werden. Sie läuft darauf hinaus, dass die Altfahrzeug-RL nach ihrem ausdrücklichen Wortlaut mehrere verpflichtet, nach ihrem Sinn und Zweck aber nur die Hersteller. Wäre tatsächlich eine zwingende Begrenzung der Rücknahmepflichten durch den Hersteller vorgesehen gewesen, hätte der Gemeinschaftsgesetzgeber diese Entscheidung klar ausdrücken können, indem er den Wortlaut des Art. 5 Abs. 1 Altfahrzeug-RL so gefasst hätte, dass nicht die Wirtschaftsbeteiligten, sondern die Hersteller zur Rücknahme verpflichtet werden. Auch verkennt die Auffassung, dass die Hersteller nur einer von mehreren Verursachern der Altprodukte sind.[220] Wenn die Altfahrzeug-RL in ihrem zweiten Erwägungsgrund betont, dass dem Verursacherprinzip Rechnung zu tragen ist, folgt daraus nicht notwendigerweise, dass die Rücknahme durch die Hersteller erfolgen muss. Die Altfahrzeug-RL verpflichtet die Mitgliedstaaten daher nicht dazu, nur den Herstellern die Rücknahme zu übertragen.

---

217 Fischer, Verstoß, NVwZ 2003, S. 321, 322f.
218 Fischer, Verstoß, NVwZ 2003, S. 321, 322f.
219 Fuchsbrunner, S. 29f.
220 siehe unten den Abschnitt B.VI.5.b.(2)(a)(ii)(a).

Auch die Ansicht, dass die Mitgliedstaaten manche Adressaten aus der Rücknahmepflicht des Art. 5 Abs. 1 Altfahrzeug-RL entlassen dürfen und andere nicht, überzeugt nicht. Zwar legt der Wortlaut des Art. 5 Abs. 1 Altfahrzeug-RL auf den ersten Blick nahe, dass die Adressaten der Rücknahmeverpflichtung abschließend bestimmt sind. Danach müssen „die Wirtschaftsbeteiligten" Rücknahmesysteme einrichten. Die Grammatik des Satzes scheint zunächst für die zwingende Verpflichtung aller Wirtschaftsbeteiligter zu sprechen. Der bestimmte Artikel „die" vor „Wirtschaftsbeteiligten" scheint auf die Verpflichtung der in Art. 2 Nr. 10 Altfahrzeug-RL genannten Personen hinzudeuten. Auch die französische Version spricht von „les opérateurs économiques". Die englische Version verzichtet dagegen auf den bestimmten Artikel und erwähnt nur „economic operators". Die Formulierung in Art. 5 Abs. 1 Altfahrzeug-RL wäre deutlicher gewesen, wenn statt „den" Wirtschaftsbeteiligten „alle Wirtschaftsbeteiligten" (französisch: „tous les opérateurs économiques", englisch: „ all economic operators") zu Rücknahmesystemen verpflichtet gewesen wären. Dieser Vergleich macht deutlich, dass der gewählte Wortlaut nicht zwingend so zu interpretieren ist, dass jeder der Wirtschaftsbeteiligten verpflichtet werden muss. Vielmehr kann die Vorschrift auch so interpretiert werden, dass die Mitgliedstaaten nur einige der genannten Wirtschaftsbeteiligten zur Rücknahme verpflichten. Auch fasst die Altfahrzeug-RL den Begriff der Wirtschaftsbeteiligten so weit und so unklar („ [...] sonstige Betriebe für die Behandlung von Altfahrzeugen [...]"), dass die Vorschrift in Art. 5 Abs. 1 Altfahrzeug-RL gar nicht abschließend gemeint sein kann. Zudem stellt die Altfahrzeug-RL in wichtigen Bereichen keine konkreten Umsetzungsanforderungen, sondern beschränkt sich auf die Vorgabe eines rechtlichen Rahmens, dessen Ausfüllung den Mitgliedstaaten obliegt.[222] Die Mitgliedstaaten müssen also zwangsläufig den Adressatenkreis genauer bestimmen. Schließlich ist es nicht das Hauptanliegen der Altfahrzeug-RL, welcher Wirtschaftsbeteiligte zurücknimmt. Entscheidend ist, dass die Rücknahme nicht durch staatliche Stellen erfolgt. Die Einrichtung der neuen Rücknahmesysteme für Altfahrzeuge soll von Anfang an von der Wirtschaft organisiert werden. Wenn die Vorschrift nur auflistet, wer als möglicher Adressat in Frage kommt, dann kann daraus nicht abgeleitet werden, dass nur bestimmte Wirtschaftsbeteiligte aus der Rücknahmepflicht entlassen werden dürften. Insbesondere stellt die Altfahrzeug-RL in Art. 2 Nr. 10 keine Rangordnung unter den Wirtschaftsbeteiligten auf. Insofern ist davon auszugehen, dass Art. 5 Abs. 1 Altfahrzeug-RL den Mitgliedstaaten die Auswahl überlässt, welcher Wirtschaftsbeteiligte genau zur Rücknahme verpflichtet wird.

---

222 Fuchsbrunner, S. 23.

(3)   Zwischenergebnis

Aufgrund von Art. 5 Abs. 1 Altfahrzeug-Richtlinie müssen die Mitgliedstaaten die Wirtschaftsbeteiligten zu Rücknahmesystemen verpflichten. Die Mitgliedstaaten haben dabei die Wahl, ob sie die Wirtschaftsbeteiligten zur individuellen Rücknahme oder zur Teilnahme an einem kollektiven System verpflichten. Die Mitgliedstaaten dürfen frei entscheiden, welche der Wirtschaftsbeteiligten zur Rücknahme verpflichtet werden. Die gewerblichen Importeure eines Fahrzeugs in einem Mitgliedstaat müssen dabei den Herstellern gleichgestellt werden.

c.   Elektroschrott-RL

(1)   Gegenüber Privaten

Die Elektroschrott-Richtlinie unterscheidet die Rücknahmepflicht bei Abfällen von Privaten von der Rücknahmepflicht bei Abfällen von Nichtprivaten. Dabei ergibt die Definition von Privat und Nichtprivat in Art. 3 lit. k Elektroschrott-RL, dass Abfälle von Nichtprivaten nur dann vorliegen, wenn sie nach Beschaffenheit und Menge nicht vernünftigerweise in einem privaten Haushalt eingesetzt werden können. Die Rücknahmepflicht gegenüber Privaten ist in Art. 5 Abs. 2 Elektroschrott-RL verankert. Danach sind drei verschiedene Rücknahmeverfahren vorgesehen.

(a)   Art. 5 Abs. 2 lit. a Elektroschrott-RL

(i)   Betrieb durch Mitgliedstaaten oder Wirtschaftsbeteiligte

Die Mitgliedstaaten stellen laut Art 5 Abs. 2 lit. a Elektroschrott-RL sicher, dass Systeme eingerichtet werden, deren Rücknahmestellen angemessen verfügbar sind. Fraglich ist, wen die Mitgliedstaaten aufgrund der Vorschrift als Träger der Rücknahmesysteme bestimmen können. Eine Ansicht sieht nur die Hersteller in der Rücknahmeverpflichtung. Daneben könnten aufgrund der Elektroschrott-RL keine anderen Wirtschaftsbeteiligten zur Rückgabe verpflichtet werden.[223] Einer zweiten Auffassung zufolge müssen die Rücknahmesysteme nach Art. 5 Abs. 2 lit. a Elektroschrott-RL zwingend die Kommunen beteiligen. Das folge daraus, dass die Rücknahmestellen für Altprodukte angemessen verfügbar sein müssten. Eine flächendeckende Rücknahme sei ohne die Beteiligung der Kommunen nicht möglich.[224] Eine dritte Ansicht besagt, dass die Mitgliedstaaten wählen können, wer aufgrund von Art. 5 Abs. 2 lit. a Elektroschrott-RL das Rücknahmesystem organisiert. Die Richtlinie überlasse es den Mitgliedstaaten, ob die Wirtschaftsbeteiligten zur Rücknahme verpflichtet werden oder durch die Mitgliedstaaten selbst erfolgt. Die Mitgliedstaaten dürften frei bestimmen, wer die Rücknahmesysteme nach Art. 5 Abs. 2 lit. a Elektroschrott-RL einrichte.[225]

---

223 Hilf, Neue Regeln für Entsorgung von Elektroschrott, FAZ vom 26.3.2003, S. 25.
224 Schmittmann/Sack, AfP 2000, S. 431.
225 Bergkamp, EELR 2001, S. 322, 323.

Der Auffassung, dass die Mitgliedstaaten aufgrund der Elektroschrott-RL ausschließlich die Hersteller verpflichten dürften, kann nicht gefolgt werden. Erstens spricht dagegen, dass in Art. 5 Abs. 2 lit. b Elektroschrott-RL explizit die Vertreiber zur Rücknahme verpflichtet werden. Die Richtlinie sieht also schon ausdrücklich andere Verpflichtete als die Hersteller vor. Auch Art. 5 Abs. 2 lit. c Elektroschrott-RL spricht gegen dieses Verständnis. Die Vorschrift gestattet es den Herstellern, unbeschadet der Rücknahme nach Art. 5 Abs. 2 lit. a Elektroschrott-RL eigene Rücknahmesysteme einzurichten. Das schließt zwar nicht aus, dass die Mitgliedstaaten aufgrund von Art. 5 Abs. 2 lit. a Elektroschrott-RL auch die Hersteller verpflichten. Wenn die Elektroschrott-RL aber in ihrem Art. 5 Abs. 2 lit. a eine zwingende Verpflichtung der Hersteller durch die Mitgliedstaaten vorsähe, wäre die Vorschrift des Art. 5 Abs. 2 lit. c Elektroschrott-RL überflüssig. Daher muss Art. 5 Abs. 2 lit. a Elektroschrott-RL so verstanden werden, dass die Mitgliedstaaten entscheiden dürfen, ob die Hersteller zur Rücknahme verpflichtet sind. Schließlich spricht auch der Vergleich von Art. 5 Abs. 2 lit. a Elektroschrott-RL mit den Art. 6 Abs. 1, Art. 7 Abs. 1 Elektroschrott-RL dagegen, dass aufgrund der Elektroschrott-RL zwingend die Hersteller die Rücknahmesystem betreiben müssen. Art. 6 Abs. 1, 7 Abs. 1 Elektroschrott-RL legen fest, dass die Hersteller Systeme für die Behandlung und Verwertung der Altprodukte einrichten müssen. Wenn diese beiden Vorschriften explizit vorsehen, dass die Behandlungs- und Verwertungssysteme von den Herstellern eingerichtet werden müssen, Art. 5 Abs. 2 lit. a Elektroschrott-RL aber offen lässt, wer die Rücknahmesysteme betreibt, folgt daraus im Umkehrschluss, dass eine zwingende Eingrenzung auf die Hersteller nicht gewollt ist.

Auch die Ansicht, wonach die Kommunen an den Rücknahmesystemen beteiligt sein müssen, um die Flächendeckung zu gewährleisten, überzeugt nicht. Dafür spricht ein Vergleich mit der Altfahrzeug-RL. Gem. Art. 5 Abs. 1 Altfahrzeug-RL müssen die Rücknahmesysteme angemessen verfügbar sein, wobei explizit die Wirtschaftsbeteiligten für die Einrichtung der Systeme verantwortlich sind. Eine Beteiligung der Kommunen wird damit für den Bereich der Altfahrzeug-RL ausgeschlossen. Es ist nicht ersichtlich, wieso von den Wirtschaftsbeteiligten die flächendeckende Rücknahme von Altfahrzeugen verlangt werden kann, ihnen aber bei Elektro- und Elektro-Altgeräten eine Flächendeckung nicht möglich sein soll. Das Erfordernis des Art. 5 Abs. 2 lit. a Elektroschrott-RL, ausreichend Rücknahmestellen zur Verfügung zu stellen, stellt daher keine Vorentscheidung für eine öffentlich-rechtliche Entsorgung dar. Somit lässt Art. 5 Abs. 1 lit. a Elektroschrott-RL den Mitgliedstaaten die Wahl, wer die Rücknahmesysteme betreibt. Entweder die Rücknahme wird von den Mitgliedstaaten selbst organisiert, oder die Mitgliedstaaten verpflichten die Wirtschaftsbeteiligten zur Rücknahme. Art. 3 lit. i Elektroschrott-RL ordnet an, dass der Ausdruck

„Hersteller" auch die gewerblichen Importeure und Exporteure eines Produkts bezeichnet. Wenn sich die Mitgliedstaaten also dazu entscheiden, die Hersteller zur Rücknahme zu verpflichten, müssen sie auch die Importeure und Exporteure verpflichten.

(ii)   Systembegriff

Falls sich die Mitgliedstaaten dafür entscheiden, dass die Wirtschaftsbeteiligten die Rücknahme durchführen müssen, stellt sich die Frage, in welcher Form die Wirtschaftsbeteiligten verpflichtet werden. Der Begriff System lässt zwei Auslegungen zu. System im Sinne der Elektroschrott-RL kann wie bei der Altfahrzeug-RL sowohl eine betriebsinterne Organisation wie auch den Zusammenschluss mehrer Personen bezeichnen. Da das Nebeneinander von kollektiven und individuellen Rücknahmesystemen für ein bestimmtes Altprodukt in den verschiedenen Mitgliedstaaten nicht zu Handelshemmnissen führt, könnten die Mitgliedstaaten unter den beiden Möglichkeiten frei wählen. Die Mitgliedstaaten können Art. 5 Abs. 1 lit. a Elektroschrott-RL umsetzen, indem sie Wirtschaftsbeteiligte individuell oder kollektiv verpflichten.

(b)   Art. 5 Abs. 2 lit. b Elektroschrott-RL

Die Rücknahmepflicht in Art. 5 Abs. 2 lit. b Elektroschrott-RL nimmt eine bestimmte Gruppe unter den Wirtschaftsbeteiligten in die Pflicht.[226] Die Vertreiber müssen bei der Abgabe eines neuen Produkts sicherstellen, dass die Altgeräte Zug um Zug an sie zurückgegeben werden können. Voraussetzung ist, dass das zurückgegebene Gerät gleichwertiger Art ist und dieselben Funktionen wie das abgegebene Gerät erfüllt hat. Die Vertreiber müssen Altprodukte also nicht allgemein zurücknehmen. Sie sollen nur dann ein Altprodukt zurücknehmen, wenn ein Kunde aufgrund eines Neuerwerbs sein bisheriges Gerät nicht mehr nutzen möchte.

(c)   Art. 5 Abs. 2 lit. c Elektroschrott-RL

Art. 5 Abs. 2 lit. c Elektroschrott-RL verpflichtet die Mitgliedstaaten dazu, den Herstellern die Einrichtung von Rücknahmesystemen zu gestatten. Die Vorschrift legt ausdrücklich fest, dass diese Systeme individuell und/oder kollektiv sein können. Das Recht zur Rücknahme kann in eine Pflicht zur Rücknahme umschlagen, wenn sich die Mitgliedstaaten nach Art. 5 Abs. 2 lit. a Elektroschrott-RL dafür entscheiden, die Hersteller zur Einrichtung der Systeme zu verpflichten. In diesem Fall geht das Rücknahmerecht der Hersteller nach lit. c in einer Rücknahmepflicht nach lit. a auf.

(2)   Gegenüber Nichtprivaten

Bei Abfall von Nichtprivaten müssen die Mitgliedstaaten nach Art. 5 Abs. 3 Elektroschrott-Richtlinie sicherstellen, dass die Hersteller die Altprodukte selbst

---

226 Giesberts/Hilf, CR 2000, S. 624, 631.

oder durch Dritte sammeln lassen. Eine staatlich organisierte Rücknahme der Altprodukte von Nichtprivaten ist damit ausgeschlossen.[227] Die Vorschrift stellt ausdrücklich fest, dass sich die Hersteller zum Zweck der Rücknahme von Dritten vertreten lassen können. Die Vorschrift kann so interpretiert werden, dass ein Hersteller seine Rücknahme (oder die Vertretung durch Dritte) separat organisieren muss. Die Mitgliedstaaten können aber auch vorsehen, dass sich mehrere Hersteller zur Rücknahme (oder zur Vertretung durch Dritte) zusammenschließen müssen. Somit verpflichtet Art. 5 Abs. 3 Elektroschrott-RL die Mitgliedstaaten dazu, die Hersteller mit einer individuellen oder kollektiven Rücknahmepflicht für die Altprodukte von Nichtprivaten zu belasten.

(3) Zwischenergebnis
Die Rücknahmepflichten aufgrund der Elektroschrott-RL unterscheiden sich danach, ob die Altgeräte nach Art und Menge typischerweise aus einem privaten Haushalt stammen oder nicht. Altprodukte von Nichtprivaten müssen die Hersteller individuell oder kollektiv zurückzunehmen. Zur Rücknahme von Privaten sind jedenfalls die Vertreiber verpflichtet. Daneben müssen flächendeckende Rücknahmesysteme eingerichtet werden. Die Mitgliedstaaten können entscheiden, ob diese Rücknahmesysteme staatlich getragen werden, oder ob sie dazu Wirtschaftsbeteiligte zur kollektiven oder individuellen Rücknahme verpflichten. Bei einer Verpflichtung von Wirtschaftsbeteiligten kann das Recht der Hersteller, Rücknahmesysteme einrichten zu dürfen, in einer Rücknahmepflicht aufgehen.

3. Art und Weise der Rücknahme

a. Separate Rücknahme

Die Richtlinien zur Produzentenverantwortung sehen weiter vor, auf welche Art und Weise die Rücknahme erfolgen soll. So betonen die Verpack-RL und die Elektroschrott-RL, dass die Rücknahme der Altprodukte am besten getrennt vom weiteren Abfall erfolgt, um eine hohe Verwertungsquote zu erreichen.[228] Die Altfahrzeug-RL macht diesbezüglich keine Angaben.

b. Rücknahmequoten

Die Richtlinien zur Produzentenverantwortung sehen übereinstimmend vor, dass gewissen Rücknahmequoten erreicht werden müssen. Es muss also ein gewisser Anteil der Altprodukte zurückgenommen werden. Dies geschieht entweder ausdrücklich in Zielvorgaben an die Mitgliedstaaten oder aus dem Zusammenhang der Richtlinien.

---

227 Fischer, Strategien, S. 298.
228 Erwägungsgrund 22 Verpack-RL, Erwägungsgrund 15, Art. 5 Abs. 1 Elektroschrott-RL.

(1)   Höhe der Quoten

(a)   Verpack-RL

Die Verpack-RL enthält für die Rücknahme keine ausdrücklichen Zielvorgaben. In Art. 6 Abs. 1 lit. a wird aber eine Zielvorgabe für die Verwertung der Verpackungsabfälle festgelegt. Danach müssen fünf Jahre nach Umsetzung der Verpack-RL mindestens 50 und höchstens 65 Gewichtsprozent der Altprodukte verwertet werden. Es können aber nur die Produkte verwertet werden, die vorher zurückgenommen wurden. Die Verwertung von mindestens 50 Gewichtsprozent der Verpackungsabfälle setzt daher notwendigerweise voraus, dass überhaupt 50 % der Abfälle zurückgenommen wurden. Aus der Verpflichtung, mindestens 50 % der Altprodukte zu verwerten, folgt daher die Pflicht, einen mindestens ebenso hohen Anteil der Abfälle zurückzunehmen. Aus der Beschränkung der Verwertung auf maximal 65 Gewichtsprozent der Altprodukte kann dagegen nicht logisch abgeleitet werden, dass die Rücknahme ebenso auf 65 % der Abfälle beschränkt wäre. Die Verwertungshöchstquote kann auch eingehalten werden, wenn mehr als 65 % der Abfälle zurückgenommen wurden. Aus den Zielvorgaben für die Verwertung folgt daher nur die Pflicht, mindestens 50 Gewichtsprozent der Abfälle zurückzunehmen. Die Zielvorgaben für die Verwertung und damit auch die Rücknahme von Verpackungen werden alle fünf Jahre angepasst, Art. 6 Abs. 3 lit. b Verpack-RL. Dabei wird eine erhebliche Erhöhung der Zielvorgaben angestrebt, Art. 6 Abs. 1 lit. c Verpack-RL. Dementsprechend wurde im Februar 2004 beschlossen, die Verwertungsquote bis zum Ende der nächsten Fünfjahresstufe auf 60 % zu erhöhen.[229]

(b)   Altfahrzeug-RL

Art. 5 Abs. 1 Altfahrzeug-RL sieht vor, dass alle Altfahrzeuge zurückgenommen werden müssen. Daher ergibt sich im Anwendungsbereich der Altfahrzeug-RL eine Rücknahmequote von 100 %.

(c)   Elektroschrott-RL

Die Elektroschrott-RL gibt keine Zielvorgabe in Form einer Quote am gesamten Abfall, sondern legt einen absoluten Wert fest, der bei der Rücknahme erreicht werden muss. Gemäß Art. 5 Abs. 5 Elektroschrott-RL sorgen die Mitgliedstaaten dafür, dass knapp drei Jahre nach dem Inkrafttreten mindestens vier Kilogramm Altgeräte aus privaten Haushalten getrennt gesammelt wird. Das entspricht etwa 25 Gewichtsprozent des anfallenden Elektroschrotts.[230] Knapp viereinhalb Jahre nach dem Termin, an dem die Elektroschrott-RL in innerstaatliches Recht umgesetzt sein muss, wird eine neue Zielvorgabe für die Rücknah-

---

229 Art. 1 Nr. 3 der Richtlinie 2004/12/EG des Europäischen Parlaments und des Rates vom 11. Februar 2004 zur Änderung der Richtlinie 94/62/EG über Verpackungen und Verpackungsabfälle, ABl. Nr. L 47/26 vom 18.02.2004.
230 Schmittmann/Sack, AfP 2000, S. 431, 432.

me von Altgeräten festgelegt. Die Elektroschrott-RL strebt eine möglichst hohe Quote an.[231] Somit muss die Zielvorgabe bei der Neufestlegung erhöht werden.

(2)   Rechtsfolge der Quoten

(a)   Verbindlichkeit

Es bedarf der Klärung, welche Pflichten der Mitgliedstaaten aus den Rücknahmequoten folgen. Fraglich ist zunächst, ob die Quoten für die Mitgliedstaaten verbindlich sind. Die Verwendung des Wortes „Zielvorgaben" lässt die Deutung zu, dass es sich lediglich um unverbindliche Ziele handelt. Eine Nichteinhaltung wäre dann keine Verletzung der Richtlinie. So wird vertreten, die Zielvorgaben in den Richtlinien zur Produzentenverantwortung dienten lediglich dazu, den Erfolg der Rücknahmebemühungen zu messen und Fehlentwicklungen abzustellen. Über diese Orientierungsfunktion hinaus käme den Zielvorgaben keine weitere Verbindlichkeit zu.[232]

Für die Altfahrzeug-RL und die Elektroschrott-RL stellt aber schon der Wortlaut klar, dass die Rücknahmequoten für die Mitgliedstaaten verbindlich ist. Laut Art. 5 Abs. 1 Altfahrzeug-RL treffen die Mitgliedstaaten „die erforderlichen Maßnahmen, um sicherzustellen" (Französische Fassung: „ Les États membres prennent les mesures nécessaires pour que "; englische Fassung: „Member States shall take the necessary measures to ensure "), dass alle Altfahrzeuge zurückgenommen werden. Gem. Art. 5 Abs. 5 Elektroschrott-RL „sorgen die Mitgliedstaaten dafür, dass (…)[die Sammelquote] erreicht wird." (Französische Fassung: „les Ètats membres font en sort que (…)[le quota] soit atteint."; englische Fassung: „Member States shall ensure, that (…)[the rate] is achieved."). Der Wortlaut der Vorschriften der Altfahrzeug-RL und der Elektroschrott-RL kann nur so verstanden werden, dass die Mitgliedstaaten die Einhaltung der Rücknahmequoten garantieren müssen, um die Richtlinien vollständig umzusetzen.

Der Wortlaut der Verpack-RL ist hinsichtlich der Verbindlichkeit der Zielvorgabe weniger deutlich. Art. 6 Abs. 1 Verpack-RL legt in der deutschen Fassung fest, dass die Mitgliedstaaten „Maßnahmen mit folgenden (…) Zielvorgaben" ergreifen. Die Formulierung drückt zwar aus, dass die Mitgliedstaaten bei den Maßnahmen die Zielvorgaben der Verpack-RL beachten müssen. Offen bleibt dabei aber, ob die Verpack-RL auch die Erreichung der Zielvorgaben fordert. Genauso gut könnte der Satz so verstanden werden, dass die Zielvorgaben lediglich als Orientierungshilfe bei der ansonsten freien Entscheidung der Mitgliedstaaten dienen. Die Formulierung in anderen Amtssprachen ist diesbezüglich klarer. Auf Französisch lautet Art. 6 Abs. 1 Verpack-RL: „(…) les états

---

231 Erwägungsgrund 16 Elektroschrott-RL.
232 Rose/Knighton, EELR 1999, S. 266, 268.

membres prennent les mesures nécessaires pour atteindre les objectifs (…)". Die englische Fassung des Art. 6 Abs. 1 Verpack-RL besagt: „(…) Member States shall take the necessary measures to attain the following targets (…)". Auf Französisch und Englisch ist ausgedrückt, dass die Mitgliedstaaten mit ihren Maßnahmen die Werte der Zielvorgaben erreichen müssen, um die Verpack-RL vollständig umzusetzen. Die Zielvorgaben sind also auch in Art. 6 Abs. 1 Verpack-RL verbindlich.[233] Die systematische Auslegung stützt diesen Befund. In Art. 6 Abs. 5 und 6 Verpack-RL ist festgelegt, unter welchen Voraussetzungen die Mitgliedstaaten von den Zielvorgaben in Art. 6 Abs. 1 Verpack-RL abweichen dürfen. Dieser Regelungen hätte es nicht bedurft, wenn die Zielvorgaben unverbindlich wären.

Die Verbindlichkeit der Quoten in den Richtlinien zur Produzentenverantwortung ergibt sich auch aus Art. 249 Abs. 3 EG-Vertrag. Danach ist eine Richtlinie für jeden Mitgliedstaat, an den sie gerichtet wird, hinsichtlich des zu erreichenden Zieles verbindlich. Die Mitgliedstaaten sind verpflichtet, alle erforderlichen Maßnahmen zu ergreifen, um die vollständige Wirksamkeit der Richtlinie entsprechend ihrer Zielsetzung zu gewährleisten.[234] Die Mitgliedstaaten müssen also die Rechtswirkungen, die sich aus dem Inhalt der Richtlinie ableiten lassen, auf ihrem Gebiet garantieren. Das Ergebnis der Umsetzung ist den Mitgliedstaaten in den Richtlinien verbindlich vorgegeben.[235] Wenn der Gemeinschaftsgesetzgeber den Mitgliedstaaten in Richtlinien Zielvorgaben macht, spricht die gewählte Rechtsform dafür, dass diese Vorgaben für die Mitgliedstaaten verbindlich sind.

Schließlich stützen auch die Änderungen im Laufe des Mitentscheidungsverfahrens über die Elektroschrott-RL diese Auslegung. Im Vorschlag der Kommission sollte die Angleichung der Rücknahme- und Verwertungsquoten zwischen den Mitgliedstaaten noch durch unverbindliche Quoten erreicht werden. Die Vorschrift über die Sammelquoten war so formuliert, dass die Mitgliedstaaten „bestrebt" seien, die Mindestquote an gesammeltem Elektroschrott zu erreichen.[236] In ihren Erläuterungen zum Vorschlag ging die Kommission denn auch von der Unverbindlichkeit der Zielvorgabe aus. Sie sollte lediglich einen Anhaltspunkt für die Mitgliedstaaten darstellen.[237] Entsprechend der Formulierung, in der die Elektroschrott-RL schließlich in Kraft trat, müssen die Mitgliedstaaten für das Erreichen der Quote sorgen. Somit zeigt die Entstehungsgeschichte der

---

233 Auch Rehbinder, NuR 1997, S. 313, 320 geht von einer Bindung der Mitgliedstaaten aus.
234 EuGH (Urteil v. 10.4.1984), Rs. 14/83 (von Colson und Karmann/Land Nordrhein-Westfalen), Slg. 1984, S. 1891, LS 1.
235 Biervert, in: Schwarze, Art. 249 EG Rn. 25.
236 Art. 4 Abs. 5 des Vorschlags in KOM (2000), 347 endg., S. 67.
237 KOM (2000) 347 endg., S. 31f.

Elektroschrott-RL, dass die Zielvorgaben als verbindliche Vorschriften gelten sollen. Wenn das Ziel der Angleichung mitgliedstaatlicher Quoten erfolgreich verfolgt werden soll, sind unverbindliche Zielvorgaben unzureichend. Die Mitgliedstaaten dürfen dann letztlich selbst entscheiden, welche Quote gilt. Sie sind der Versuchung ausgesetzt, die eigene Quote zu senken, um der heimischen Wirtschaft einen Wettbewerbsvorteil zu verschaffen. Eine Harmonisierung ist daher nur möglich, wenn die Rücknahmequoten für die Mitgliedstaaten verbindlich sind. Die Rücknahmequoten in den Richtlinien zur Produzentenverantwortung sind also für die Mitgliedstaaten verbindlich.

(b)   Art der Verpflichtung

Unklar ist, wie die Mitgliedstaaten die Einhaltung der verbindlichen Rücknahmequoten überwachen sollen. In dieser Unklarheit wird ein Grund für die schleppende Umsetzung der Altfahrzeug-RL gesehen.[238] Dies gilt vor allem dann, wenn die Rücknahme gemäß den Richtlinien zur Produzentenverantwortung durch Wirtschaftsbeteiligte erfolgen soll. Die Einhaltung der Rücknahmequoten muss aber von den Mitgliedstaaten garantiert werden, da die Zielvorgaben für die Mitgliedstaaten verbindlich sind. Somit kann der Zustand eintreten, dass aufgrund der Richtlinien zur Produzentenverantwortung die Wirtschaftsbeteiligten zur Rücknahme verpflichtet worden sind, aber die Mitgliedstaaten gegenüber der EG für die Erfüllung dieser Quoten einstehen müssen. Es stellt sich die Frage, wie die Mitgliedstaaten erreichen können, sich bei einer Rücknahmeverpflichtung der Wirtschaftsbeteiligten richtlinienkonform zu verhalten. Solange die Wirtschaftsbeteiligten die Quoten der Richtlinien erfüllen, kann den Mitgliedstaaten kein Vorwurf gemacht werden. Wenn aber die Rücknahmequoten in einem Mitgliedstaat nicht erfüllt werden, hat der Mitgliedstaat gegen seine Verpflichtung aus den Richtlinien verstoßen. Ein Verstoß gegen das Gemeinschaftsrecht kann in einem Vertragsverletzungsverfahren vor dem Gerichtshof festgestellt werden, Art. 226 EG-Vertrag. Fraglich ist dann, ob den Mitgliedstaaten die Nichteinhaltung der Quoten durch die verpflichteten Wirtschaftsbeteiligte vorgehalten werden kann.

Zu dieser Frage musste der Gerichtshof in einem Vertragsverletzungsverfahren gegen Frankreich[239] Stellung nehmen. Der Französischen Republik wurde vorgeworfen, ihre Verpflichtungen aus zwei Richtlinien über die Reduktion der Luftverunreinigung durch Müllverbrennungsanlagen[240] (nachfolgend: „Richtli-

---

238 ENDS v. 8.5.2002 („Member states gear up for ELV directive").
239 EuGH (Urteil v. 18.6.2002), Rs. C-60/01(Kommission/Frankreich), Slg. 2002, I-5679.
240 Richtlinie 89/369/EWG des Rates vom 8.Juni 1989 über die Verhütung der Luftverunreinigung durch neue Verbrennungsanlagen für Siedlungsmüll, ABl. Nr. L 163/32 v. 14.6.1989 und Richtlinie 89/429/EWG des Rates vom 21.Juni 1989 über die Verringerung der Luftverunreinigung durch bestehende Verbrennungsanlagen für Siedlungsmüll, ABl. Nr. L 203/50 v. 15.7.1989.

nien zur Luftreinhaltung") nicht vollständig erfüllt zu haben.[241] Sie habe nicht alle erforderlichen Maßnahmen ergriffen, um zu gewährleisten, dass sämtliche in Frankreich betriebenen Müllverbrennungsanlagen den Vorgaben der Richtlinien zur Luftreinhaltung entsprachen. Die Richtlinien zur Luftreinhaltung sahen vor, dass die bei der Müllverbrennung entstehenden Gase eine Mindesttemperatur von 850 Grad Celsius erreichen müssen, um so den Schadstoffausstoß zu begrenzen.[242] Die Mitgliedstaaten waren durch die Richtlinien zur Luftreinhaltung verpflichtet, die erforderlichen Maßnahmen zu treffen, um sicherzustellen, dass der Betrieb von Müllverbrennungsanlagen entsprechend geregelt wird.[243] Bestehende Müllverbrennungsanlagen mussten diesen Bedingungen spätestens bis zum 1. Dezember 1996 entsprechen.[244]

Die französische Regierung räumte ein, dass zu Beginn des Jahres 1998 noch 27 Müllverbrennungsanlagen in Betrieb gewesen seien, die den Anforderungen der Richtlinien zur Luftreinhaltung nicht genügten.[245] Sie machte aber geltend, dass die Richtlinien zur Luftreinhaltung schon 1991 durch eine nationale Verordnung ordnungsgemäß in innerstaatliches Recht umgesetzt worden seien. Auch stünden Maßnahmen zur wirksamen Durchsetzung dieser Bestimmungen zur Verfügung. Im Einklang mit der diesbezüglichen Rechtsprechung des Gerichtshofs[246] habe sie für den Fall von Verstößen gegen die Verpflichtungen aus der Verordnung Sanktionen vorgesehen, die wirksam, abschreckend und verhältnismäßig seien. Der daraus resultierende Schutz sei ebenso wirksam wie bei einem gleichartigen Verstoß gegen innerstaatliches Recht.[247] Die Nichteinhaltung der Grenzwerte durch die Betreiber der Müllverbrennungsanlagen könne der französischen Republik nicht vorgeworfen werden. Die Mitgliedstaaten seien durch die Richtlinien zur Luftreinhaltung nur dazu verpflichtet gewesen, den Betreibern von Müllverbrennungsanlagen bestimmte Verpflichtungen aufzuerlegen. Die Mitgliedstaaten seien zwar hinsichtlich des Ziels der Richtlinien gebunden. Ihnen verbleibe aber ein Ermessen bei der Beurteilung der Erforderlichkeit von Durchsetzungsmaßnahmen. Daher sei es nicht möglich, aus der Unvereinbarkeit einer tatsächlichen Situation mit den in einer Richtlinie festgelegten Zielen abzuleiten, dass der betreffende Mitgliedstaat gegen die ihm durch diese Bestimmung aufer-

---

241 EuGH (Urteil v. 18.6.2002), Rs. C-60/01(Kommission/Frankreich), Slg. 2002, I-5679, Rn. 1.

242 a.a.O., Rn. 4-6.

243 a.a.O., Rn. 5.

244 a.a.O., Rn. 5,6.

245 a.a.O., Rn. 12.

246 Das Vorbringen stützte sich auf EuGH (Urteil v. 21.9.1989), Rs. 68/88 (Kommission/Griechenland), Slg. 1989, 2965, LS 2; siehe aus neuerer Zeit EuGH (Urteil v. 12.7.2001), Rs. C-262/99 (Louloudakis/Dimosio), Slg. 2001, I-5547, Rn. 67.

247 EuGH (Urteil v. 18.6.2002), Rs. C-60/01(Kommission/Frankreich), Slg. 2002, I-5679, Rn. 21.

legten Verpflichtungen verstoßen haben müsse. Zudem könne der Verstoß einer von einem Mitgliedstaat unabhängigen juristischen Person gegen eine Vorschrift einer Richtlinie keinen Verstoß dieses Staates darstellen.[248]

In seinen Schlussanträgen[249] fasste GA *Alber* die bisherige Rechtsprechung auf diesem Gebiet zusammen. Er kam zu dem Schluss, dass es von der konkreten Ausgestaltung der Pflichten der Mitgliedstaaten in den Richtlinien abhänge, ob von ihnen nur ein Tätigwerden verlangt werde und die Auswahl der zu ergreifenden Maßnahmen in ihrem Ermessen stehe, oder ob sie den Eintritt eines bestimmten Erfolges gewährleisten müssten.[250] Wenn die Vorschriften, aus denen sich die Pflichten der Mitgliedstaaten ergäben, nur allgemeine Regelungen träfen, könne von ihnen nur verlangt werden, alle geeigneten Maßnahmen zu ergreifen, um das angestrebte Ergebnis zu erzielen.[251] Es bestünde nur eine „obligation de moyens".[252] Anders verhalte es sich aber, wenn die Mitgliedstaaten in der Richtlinie zur Herbeiführung eines gewissen Zustandes verpflichtet worden seien. Bei der Verpflichtung zur Erreichung ganz konkreter quantitativer Ziele in Form von Grenzwerten obläge den Mitgliedstaaten eine „obligation de résultat".[253] Die Mitgliedstaaten könnten sich beim Verfehlen der Grenzwerte nicht damit rechtfertigen, sie hätten alles getan, um die Einhaltung der Werte zu gewährleisten.[254] Die Mitgliedstaaten seien dazu verpflichtet, unter allen Umständen für die Einhaltung der Bedingungen der Richtlinie zu sorgen.[255]

Der Gerichtshof stellte zunächst fest, dass sich Richtlinien hinsichtlich der Art der Verpflichtung der Mitgliedstaaten und damit ihrer Zielsetzung stark unterschieden können.[256] Einerseits existierten Richtlinien, die den Mitgliedstaaten vorschrieben, die erforderlichen Maßnahmen zu erlassen, um das Erreichen von allgemein ausgedrückten und nicht quantifizierbaren Zielen zu gewährleisten. Diese Richtlinien beließen den Mitgliedstaaten ein Ermessen bei der Frage, welche Maßnahmen zu ergreifen seien.[257] Eine andere Gruppe von Richtlinien ver-

248 a.a.O., Rn. 23.
249 GA Alber (Schlussantr. v. 31.1.2002), Rs. C-60/01(Kommission/Frankreich), Slg. 2002, I-5679.
250 a.a.O., Rn. 70.
251 a.a.O., Rn. 64, 65.
252 a.a.O., Rn. 61 mit Verweis auf GA Lenz (Schlussantr. v. 9.7.1997), Rs. C-265/95 (Kommission/Frankreich), Slg. 1997, I-6959, Rn. 45.
253 GA Alber (Schlussantr. v. 31.1.2002), Rs. C-60/01(Kommission/Frankreich), Slg. 2002, I-5679, Rn. 69.
254 a.a.O., Rn. 67.
255 a.a.O., Rn. 81.
256 EuGH (Urteil v. 18.6.2002), Rs. C-60/01(Kommission/Frankreich), Slg. 2002, I-5679, Rn. 25.
257 a.a.O., Rn. 27.

lange von den Mitgliedstaaten, dass sie nach einer bestimmten Frist sehr genaue und konkrete Ziele erreicht hätten.[258] Die Richtlinien zur Luftreinhaltung gehörten zu dieser Gruppe. Mit dem Erfordernis einer Mindesttemperatur bei der Müllverbrennung legten sie den Mitgliedstaaten klare und eindeutige Pflichten auf. Die Pflichten dieser Gruppe könnten als „Erfolgspflichten" bezeichnet werden.[259] Bei dieser zweiten Gruppe reiche es nicht aus, wenn ein Mitgliedstaat alle vernünftigerweise möglichen Maßnahmen ergreife, um das in den Richtlinien vorgegebene Ziel zu erreichen.[260] Die Französische Republik habe daher trotz der Umsetzung der Richtlinien zur Luftreinhaltung ins innerstaatliche Recht und der Anordnung von Sanktionen gegen das Gemeinschaftsrecht verstoßen.[261]

Auch in der Literatur wird erörtert, wie eine Richtlinie umzusetzen ist, aufgrund derer einzelne Wirtschaftsbeteiligte verpflichtet werden sollen, wobei aber die Mitgliedstaaten für die Erfüllung dieser Pflichten einstehen. *Deimann* macht im Zusammenhang mit den Verwertungsquoten der Altfahrzeug-RL einen Lösungsvorschlag.[262] Gem. Art. 7 Abs. 2 lit. a Altfahrzeug-RL haben die Mitgliedstaaten durch geeignete Maßnahmen sicherzustellen, dass die Wirtschaftsbeteiligten die Wiederverwendung und Verwertung auf eine Zielvorgabe von 85 % des durchschnittlichen Fahrzeuggewichts steigern. Da Richtlinien nicht geeignet sind, unmittelbar Belastungen oder Verpflichtungen für einzelne Unionsbürger herbeizuführen, sei die Quote zunächst Zielvorgaben für die Mitgliedstaaten. Primär seien die Mitgliedstaaten zur Erreichung der Quote verpflichtet.[263] Allerdings müssten die Mitgliedstaaten die Zielerreichung durch die Wirtschaftsbeteiligten sicherstellen. Aus dieser Konstellation folge, dass die Zielvorgaben im Wege subjektiv-rechtlicher Verpflichtungen zur Erreichung der Quote umgesetzt werden müssten.[264] Jedem betroffenen Wirtschaftsbeteiligten müsste die Erreichung der Quote als konkrete individuelle Verpflichtung auferlegt werden. Dafür spreche zunächst die Formulierung der Altfahrzeug-RL. Wenn die Mitgliedstaaten nicht nur die Einhaltung der Quote sicherstellen müssten, sondern außerdem, dass die Wirtschaftsbeteiligten für das Erreichen der Quote verantwortlich seien, müsse die Pflicht von den Mitgliedstaaten an die Wirtschaftsbeteiligten weitergegeben werden. Auch die systematische Auslegung stütze dieses Ergebnis. Die Altfahrzeug-RL gebe den Mitgliedstaaten gem. Art. 10 Abs. 3 die Möglichkeit, manche ihrer Vorschriften statt durch Rechts-

---

258 a.a.O., Rn. 28.
259 a.a.O., Rn. 33.
260 a.a.O., Rn. 34.
261 a.a.O., Rn. 41.
262 Deimann, in: Brockmann/Deimann/Wallau/Dette, S. 131-133.
263 Deimann, in: Brockmann/Deimann/Wallau/Dette, S. 131f.
264 so schon Rehbinder, NuR 1997, S. 313, 320.

und Verwaltungsvorschriften durch Umweltvereinbarungen zwischen den zuständigen Behörden und den betroffenen Wirtschaftszweigen umzusetzen. Art. 7 Abs. 2 Altfahrzeug-RL könne im Gegensatz zu Art. 7 Abs. 1 Altfahrzeug-RL nicht durch Umweltvereinbarungen umgesetzt werden. Vielmehr sei eine förmliche Umsetzung in rechtsverbindliche Vorschriften auf mitgliedstaatlicher Ebene erforderlich. Damit habe der Richtliniengeber ausgedrückt, dass die Zielvorgaben des Art. 7 Abs. 2 Altfahrzeug-RL individuelle Verpflichtungen der Wirtschaftsbeteiligten begründen sollten. Pflichten Einzelner könnten nämlich nicht in Umweltvereinbarungen enthalten sein, sondern setzten eine rechtsverbindliche Rechts- oder Verwaltungsvorschrift voraus.[265]

Die Ansicht von *Deimann* sieht eine Möglichkeit vor, wie Zielvorgaben auch für die innerstaatlich zur Rücknahme Verpflichteten verbindlich gemacht werden können. Durch die Verpflichtung der einzelnen Wirtschaftsbeteiligten, die Quote einzuhalten, können die Mitgliedstaaten die Einhaltung ihrer eigenen Pflicht gegenüber der EU anstreben. *Deimann* äußert sich aber nicht zu der Frage, wie die tatsächliche Einhaltung der Quoten durch die Wirtschaftsbeteiligten sichergestellt werden soll. Werden die Wirtschaftsbeteiligten subjektiv-rechtlich zur Einhaltung der Quoten verpflichtet, ist damit noch nicht garantiert, dass sie dieser Pflicht auch nachkommen. Wie aus dem oben erwähnten Urteil des Gerichtshofs im Vertragsverletzungsverfahren gegen Frankreich hervorgeht, müssen die Mitgliedstaaten bei einer „Ergebnispflicht" nicht nur den Rechtszustand schaffen, der der Richtlinie entspricht. Vielmehr müssen sie auch dafür einstehen, dass die Vorgaben der Richtlinie tatsächlich eingehalten werden. Die Rücknahme- und Verwertungsquoten der Richtlinien zur Produzentenverantwortung sind wie die Grenzwerte der Richtlinien zur Luftreinhaltung konkrete und quantifizierbare Verpflichtungen der Mitgliedstaaten. Somit handelt es sich um Ergebnispflichten. Die Verpflichtung Einzelner zur Erfüllung der Quoten aus den Richtlinien zur Produzentenverantwortung, wie *Deimann* sie vorschlägt, schafft lediglich einen Rechtszustand. Auch wenn die Missachtung des Rechtszustandes mit abschreckenden Sanktionen bewehrt sein sollte, ist die Erreichung der Quote nicht absolut sichergestellt. Daher kann die Verpflichtung der einzelnen Wirtschaftsbeteiligten allein nicht ausreichen, damit sich die Mitgliedstaaten richtlinienkonform verhalten. Die Verpflichtung Einzelner zur Einhaltung der Quote und der Erlass von Sanktionen bei der Nichterreichung kann die Mitgliedstaaten im Rahmen eines Vertragsverletzungsverfahrens nicht entlasten.

Wenn die Schaffung eines Rechtszustandes durch die Mitgliedstaaten nicht ausreicht, um der Ergebnispflicht aus einer Richtlinie nachzukommen, müssen die Mitgliedstaaten zusätzlich faktisch tätig werden. Sind die Quoten trotz innerstaatlicher Einhaltungspflicht der Wirtschaftsbeteiligten und verhängter Sankti-

---

265 Deimann, in: Brockmann/Deimann/Wallau/Dette, S. 132.

onen nicht erreicht worden, muss der Mitgliedstaat die Quote selbst erfüllen. Wie GA *Alber* in den oben erwähnten Schlussanträgen ausführte, müssen die Mitgliedstaaten die Ergebnispflichten „unter allen Umständen" erreichen. Sie sind also auch dann zur Erfüllung der Quoten verpflichtet, wenn diejenigen, die sie innerstaatlich zur Einhaltung der Quoten verpflichtet haben, die Quote verpasst haben. Hat ein Mitgliedstaat die Wirtschaftsbeteiligten zur Rücknahme verpflichtet, muss er in letzter Konsequenz diese Pflichten im Wege der Ersatzvornahme selbst erfüllen.

Diese Auffassung wird durch einen Vergleich mit der Situation bei einer staatlichen Rücknahme bestätigt. Im Rahmen der Verpack-RL und der Elektroschrott-RL steht es im Ermessen der Mitgliedstaaten, ob die Rücknahmesysteme vom Mitgliedstaat oder von Wirtschaftsbeteiligten betrieben werden. Hat sich der Mitgliedstaat dafür entschieden, dass die Rücknahme durch staatliche Stellen erfolgt, und werden die Quoten der Richtlinie nicht eingehalten, so ist dem Mitgliedstaat die Nichteinhaltung der Ergebnispflicht ohne weiteres vorwerfbar. Der Mitgliedstaat hat die primär ihm obliegende Pflicht zur Einhaltung der Quoten verletzt. Dabei spielt es keine Rolle, welche staatliche Stelle zur Einhaltung der Quote bestimmt worden war. Ein Mitgliedstaat kann sich nämlich zur Rechtfertigung einer Vertragsverletzung durch seine Untergliederungen nicht auf Gründe seiner staatlichen Ordnung berufen.[266] Gleiches gilt, wenn Unternehmen handeln, die staatliche finanziert werden und unter unmittelbarer Kontrolle des Staates stehen.[267] Wenn zur Einhaltung der Ergebnispflicht ausschließlich staatliche Stellen berufen waren, liegt also bei der Nichteinhaltung eine offensichtliche Vertragsverletzung des betroffenen Mitgliedstaats vor, ohne dass es einer weiteren Prüfung bedürfte.[268] Die Mitgliedstaaten können im Rahmen der Verpack-RL und der Elektroschrott-RL aber auch Wirtschaftsbeteiligte zur Rücknahme verpflichten. Ergäbe sich aus diesem Umstand ein Rechtfertigungsgrund der Mitgliedstaaten im Falle einer Nichterfüllung einer Ergebnispflicht, hätten die Mitgliedstaaten es selbst in der Hand, ihre Verantwortlichkeit gegenüber der EG bei der Umsetzung der Richtlinien einzuschränken. Eine solche Einschränkung kann im Sinne der praktischen Wirksamkeit des Gemeinschaftsrechts nicht erlaubt sein. Die Mitgliedstaaten sind in jedem Fall dazu verpflichtet, die Quoten der Richtlinien zur Produzentenverantwortung zu erreichen. Dabei macht es gegenüber der EG keinen Unterschied, ob ein Mitgliedstaat die Organisation der Rücknahme von vornherein selbst organisiert oder ob er zu diesem Zweck Wirtschaftsbeteiligte innerstaatlich verpflichtet. In beiden Fällen muss der Mitglied-

---

266 EuGH (Urteil v. 6.7.2000), Rs. C-236/99 (Kommission/Belgien), Slg. 2000, I-5657, Rn. 23.

267 EuGH (Urteil v. 24.11.1982), Rs. 249-81 (Kommission/Irland), Slg. 1982, 4005, Rn 15.

268 In diesem Sinne auch GA Alber (Schlussantr. v. 31.1.2002), Rs. C-60/01 (Kommission/Frankreich), Slg. 2002, I-5679, Rn. 57, 58.

staat, falls erforderlich, selbst faktisch tätig werden. Folglich können sich die Mitgliedstaaten bei einem vertragswidrigen Zustand nicht darauf berufen, Wirtschaftsbeteiligte zur Erfüllung der Quote verpflichtet zu haben. Vielmehr sind sie selbst verpflichtet, innerstaatliche Pflichten der Wirtschaftsbeteiligten in letzter Konsequenz im Wege der Ersatzvornahme selbst durchzuführen.

4. Vergleich der Rücknahmepflichten in den Richtlinien

a. Gegenstand der Rücknahme

Die Richtlinien zur Produzentenverantwortung sehen übereinstimmend vor, dass die jeweiligen Produkte zurückgenommen werden müssen, wenn sie zu Abfall geworden sind. Die Vorschrift der Verpack-RL, auch gebrauchte Verpackungen zurückzunehmen, stellt keine Ausweitung des Rücknahmeumfangs im Vergleich zu den beiden späteren Richtlinien dar. Durch die Vorschrift sollen nämlich die zur Wiederverwendung bestimmten Produkte erfasst werden, die nach dem Verständnis, dass den beiden späteren Richtlinien zugrunde liegt, ohnehin vom Abfallbegriff umfasst sind und daher nicht mehr explizit zu erwähnt werden brauchen.

Die Entscheidung, ob auch einzelne Bestandteile der Altprodukte zurückgenommen werden müssen, ergeht unterschiedlich. Während viele Verpackungen beim bestimmungsgemäßen Gebrauch in Einzelteile zerlegt werden müssen, ist die Abtrennung von Bestandteilen nicht zur Verwendung von Fahrzeugen und Elektrogeräten erforderlich. Demzufolge erstreckt sich die Rücknahmepflicht bei Verpackungen auch auf Bruchstücke, nicht aber bei Fahrzeugen und Elektrogeräten. Diese Einschränkung verwundert auf den ersten Blick, da die Richtlinien zur Produzentenverantwortung die Abfallverwertung steigern sollen. Das legt die Ausdehnung der Rücknahmepflichten auch auf Teilstücke der Altprodukte nahe. Tatsächlich handelt es sich bei Teilstücken von Altfahrzeugen und Altelektrogeräten aber oft um selbständige Produkte, wie etwa Reifen oder Autoradios. Werden diese Teilstücke einzeln zu Abfall, können sie dennoch speziellen Rechtsregeln über die Abfallentsorgung unterfallen. So sind Maßnahmen zur umweltschonenden Entsorgung von Altöl in Art. 2 der sogenannten Altöl-Richtlinie[269] (nachfolgend: „Altöl-RL")enthalten. Autoradios fallen unter die Rücknahmepflicht der Elektroschrott-RL.[270] Die Rücknahmepflichten der Altfahrzeug-RL stehen also neben solchen für Teile von Altfahrzeugen. Somit erfolgt die Beschränkung der Rücknahmepflicht auf vollständige Altprodukte nicht notwendigerweise auf Kosten der geplanten Abfallreduktion. Für die Rücknahme nur von ganzen Altprodukten spricht zudem, dass sich die Rück-

---

269 Richtlinie des Rates vom 16. Juni 1975 über die Altölbeseitigung (75/439/EWG), ABl. Nr. L 194/31 vom 25.7.1975.
270 Art. 2 Abs. 1 i.V.m. Anhang IB Nr. 4 Elektroschrott-RL.

nahmepflichtigen darauf einstellen können, in welcher Form die Altprodukte an sie zurückgegeben werden.

Zurückgenommen werden muss derjenige Abfall, der im Hoheitsgebiet des umsetzenden Mitgliedstaats anfällt. Es ist nicht erlaubt, die Rücknahmepflicht auf inländische Produkte, im Inland verwendete Produkte oder im Inland ansässige Letztbenutzer zu beschränken.

Die Rücknahmepflicht besteht unabhängig von der Person des Abfallbesitzers. Auch der Abfall von Wirtschaftsteilnehmern und der Verwaltung wird erfasst. Allerdings fallen militärische Altprodukte erst gar nicht in den Anwendungsbereich von Altfahrzeug-RL und Elektroschrott-RL. Die Verpack-RL kennt keinen solchen Ausschluss; spezifisch militärische Verpackungen sind auch nicht vorstellbar. Somit stellen die Richtlinien zur Produzentenverantwortung es den Mitgliedstaaten frei, über die Entsorgung der spezifisch militärischen Altprodukte selbst zu entscheiden.

b.   Adressaten der Rücknahmepflicht

Die Richtlinien zur Produzentenverantwortung unterscheiden sich darin, ob die Rücknahme der Altprodukte von den Mitgliedstaaten durchgeführt werden kann, oder ob die Mitgliedstaaten dazu die Wirtschaftsbeteiligten verpflichten müssen. Die Verpack-RL spricht sich für die Verpflichtung der Wirtschaft aus, überlässt aber den Mitgliedstaaten die endgültige Entscheidung. Die Altfahrzeug-RL überträgt die Rücknahmepflicht eindeutig der Wirtschaft. Die Elektroschrott-RL unterscheidet danach, in welcher Situation der Abfall zurückgenommen wird. Bei der Rücknahme von Nichtprivaten oder beim Kauf eines neuen Produkts müssen die Wirtschaftsbeteiligten die Rücknahme durchführen. Für den restlichen Elektroschrott sind die Mitgliedstaaten aber frei, die Wirtschaft zu verpflichten oder nicht.

Fraglich ist, warum die Altfahrzeug-RL abschließend die Wirtschaft zur Rücknahme verpflichtet, die Verpack-RL und Elektroschrott-RL dagegen auch eine staatliche Beteiligung zulassen. Ein möglicher Grund liegt darin, dass Verpackungen und Elektroschrott leichter als Fahrzeuge auch im Rahmen der Hausmüllentsorgung zurückgenommen werden können. Im Bereich der Hausmüllentsorgung besteht in den Mitgliedstaaten bereits eine staatliche Infrastruktur.[271] Für Verpackungen und Elektroschrott ist der Aufbau neuer Rücknahmewege also nicht zwingend erforderlich.[272] Die Mitgliedstaaten erhalten die Möglichkeit, die Rücknahme von Verpackungen und Elektroschrott an die bestehenden Systeme in staatlicher Trägerschaft anzugliedern. Im Bereich der Alt-

---

271 KOM (2000) 347 endg., S. 8; Bergkamp, EELR 2001, S. 322, 323.
272 So für Elektroschrott: Ossenbühl, S. 37.

fahrzeuge dagegen bestehen in den Mitgliedstaaten keine staatlichen Rücknahmesysteme. Stattdessen haben sich vielerorts auf marktwirtschaftlicher Grundlage Rücknahmesysteme herausgebildet.[273] Der flächendeckende Aufbau der Altfahrzeugrücknahme wird in die Hände der Wirtschaft gelegt. Ebenso verhält es sich bei Elektroschrott von Nichtprivaten. Dieser geht per Definition über das hinaus, was nach Art und Menge dem Hausmüllaufkommen entspricht. Folgerichtig wird auch in diesem Bereich keine staatliche Beteiligung an der Sammlung zugelassen. Zwar ist nicht belegt, dass die Rücknahme von Altprodukten durch andere Träger als die Mitgliedstaaten effizienter ist.[274] Mit der Rücknahme von Altprodukten lassen sich aber auch Gewinne erzielen.[275] Dafür spricht auch, dass Verpack-RL und Elektroschrott-RL den Wirtschaftsbeteiligten auch bei einer Rücknahme durch die Mitgliedstaaten das Recht einräumen, an der Rücknahme teilzunehmen. Daher erscheint es grundsätzlich als sinnvoll, Wirtschaftsbeteiligte zur Rücknahme zu verpflichten. Etwas anderes gilt, wenn eine Produktgruppe schon von den bestehenden staatlichen Rücknahmesystemen erfasst wird. Dann kommt auch eine Rücknahme durch die Mitgliedstaaten in Betracht.

Im Falle einer Rücknahmeverpflichtung der Wirtschaft gestehen alle drei Richtlinien den Mitgliedstaaten das Recht zu, die genauen Adressaten aus einem großen Kreis an Wirtschaftsbeteiligen zu wählen. In Betracht kommen dabei alle, die im Laufe des Produktzyklus mit dem Produkt zu tun hatten. Nur die Elektroschrott-RL verpflichtet für bestimmte Situationen abschließend die Vertreiber und die Hersteller. Der weite Entscheidungsspielraum der Mitgliedstaaten bei der Auswahl der Adressaten der Rücknahmepflicht kann damit erklärt werden, dass für den Effekt der Produzentenverantwortung nicht entscheidend ist, wer die Rücknahme durchführt, sondern wer zahlt.[276] Die Produzentenverantwortung kann also durchaus andere Wirtschaftsbeteiligte als die Hersteller zur Rücknahme verpflichten.

Die Mitgliedstaaten können die aufgrund der Richtlinien zur Produzentenverantwortung angeordneten Rücknahmepflichten grundsätzlich nur in ihrem eigenen Hoheitsgebiet vollstrecken. Dadurch ist die Vollstreckung dieser Pflichten gefährdet, wenn sich ein rücknahmepflichtiger Hersteller im Ausland befindet. Die Verpack-RL sieht daher die Möglichkeit einer Verpflichtung der Importeure vor. Bei der Altfahrzeug-RL hingegen ist zwingend festgelegt, dass die Importeure wie Hersteller verpflichtet werden müssen, bei der Elektroschrott-RL zu-

---

273 Hadamitzky, S. 72.
274 gegen diese Annahme wendet sich daher auch Bergkamp, EELR 2001, S. 322, 330.
275 Hadamitzky, S. 75.
276 So auch Dreher, S. 40.

sätzlich noch die Exporteure. Somit wird die Gefahr verringert, im Inland keine rücknahmepflichtige Person greifbar zu haben.

Die Richtlinien zur Produzentenverantwortung regeln nicht, wie es sich auf die Rücknahme auswirkt, wenn ein zur Rücknahme verpflichteter Wirtschaftsbeteiligter aus dem Markt ausscheidet. Lediglich die Elektroschrott-RL macht Angaben darüber, wie bei Insolvenz eines Herstellers die Finanzierung der Entsorgung sichergestellt bleibt. Über die Durchführung der Rücknahme macht aber auch diese Vorschrift keine Angaben. Zwar wäre es denkbar, dass die Rücknahmepflichten von Wirtschaftsbeteiligten mangels genauerer Vorschriften erlöschen, wenn sie aus dem Wirtschaftsleben austreten und kein Rechtsnachfolger in die Pflichten eintritt. Zu beachten ist aber, dass die Mitgliedstaaten dazu verpflichtet sind, im Rahmen ihrer nationalen Rechtsordnung alle erforderlichen Maßnahmen zu ergreifen, um die vollständige Wirksamkeit einer Richtlinie entsprechend ihrer Zielsetzung zu gewährleisten.[277] Die Richtlinien zur Produzentenverantwortung haben zum Ziel, die Umweltbelastung durch Altprodukte zu verringern.[278] Zu diesem Zweck ordnen sie die Rücknahme von Altprodukten an.[279] Somit sind die Mitgliedstaaten durch die Richtlinien verpflichtet, in jedem Fall für die Rücknahme von Altprodukten zu sorgen. Daraus folgt, dass die Rücknahme auch dann sichergestellt sein muss, wenn sie Wirtschaftsbeteiligten übertragen worden ist. Wenn der ursprünglich Verpflichtete aus dem Wirtschaftsleben ausscheidet, müssen die Mitgliedstaaten also in letzter Konsequenz Dritte mit der Rücknahme beauftragen oder die Rücknahme selbst durchführen. Damit schaden sie auch nicht dem Ziel der Richtlinien, Wettbewerbsverzerrungen zu vermeiden,[280] da eine ersatzweise staatliche Durchführung der Rücknahmepflichten den ursprünglich Verpflichteten nicht mehr zu Gute kommen kann, wenn sie aus dem Wirtschaftsleben ausgeschieden sind. Die Richtlinien zur Produzentenverantwortung haben somit gemeinsam, dass die Rücknahme der Altprodukte auch dann gesichert werden muss, wenn die Rücknahme durch Wirtschafsbeteiligte erfolgt und diese in Insolvenz fallen. Damit wird eine Grenze der Übertragung von Entsorgungspflichten auf Wirtschaftsbeteiligte deutlich. Die Ausdehnung der Verantwortung von Wirtschaftsbeteiligten auf die Organisation der Rücknahme ist nur solange möglich, wie diese bestehen. Sind verpflichtete Wirtschaftsbeteiligte in Insolvenz gefallen, müssen doch wieder die Mitgliedstaaten einspringen und die Rücknahme sicherstellen, um das Umweltschutzziel nicht zu gefährden.

---

277 EuGH (Urteil v. 10.4.1984), Rs. 14/83 (von Colson und Karmann/Land Nordrhein-Westfalen), Slg. 1984, S. 1891, Rn. 15.
278 Art. 1 Abs. 1 Verpack-RL, Art. 1 Altfahrzeug-RL, Art. 1 Elektroschrott-RL.
279 Art. 7 Abs. 1 Verpack-RL, 5 Abs. 1 Altfahrzeug-RL, Art. 5 Abs. 1 Elektroschrott-RL.
280 Art. 1 Abs. 1 Verpack-RL, Erwägungsgrund 1 Altfahrzeug-RL, Erwägungsgrund 8 Elektroschrott-RL.

c. Art und Weise der Rücknahme

Die Verpack-RL und die Elektroschrott-RL betonen, dass die Rücknahme getrennt vom restlichen Müll erfolgen soll. Die Altfahrzeug-RL macht über die Art der Rücknahme zwar keine ausdrücklichen Angaben. Fahrzeuge können vom Letzthalter aber nur abgemeldet werden, wenn eine Zuführung zu einem Verwertungsbetrieb nachgewiesen werden kann, Art. 5 Abs. 3 Altfahrzeug-RL. Damit führt die Altfahrzeug-RL faktisch eine Rückgabepflicht für den Letzthalter ein. Wenn der Letzthalter sein Altfahrzeug bei einem Verwertungsbetrieb abgibt, ist sichergestellt, dass die Altfahrzeuge nicht mit dem übrigen Hausmüll vermischt werden. Die Richtlinien zielen also alle darauf ab, die Altprodukte getrennt vom anderen Abfall zurückzunehmen.

Die Richtlinien über die Produzentenverantwortung geben an, wie viele Altprodukte zurückgenommen werden müssen. Durch Zielvorgaben sollen die Rücknahmequoten in den Mitgliedstaaten harmonisiert werden. Bei Produkten wie Verpackungen und Elektroschrott wird von den Verpflichteten nur die Rücknahme eines gewissen Anteils verlangt. Damit wird dem Umstand Rechnung getragen, dass nicht alle Altprodukte entsorgt werden, sondern „verloren" gehen können. Bei Fahrzeugen müssen dagegen alle Altprodukte zurückgenommen werden. Die Meldepflicht für Fahrzeuge führt dazu, dass der Halter eindeutig feststellbar ist und eine „wilde" Entsorgung leichter verfolgt werden kann als bei Verpackungen und Elektroschrott. Die Altfahrzeug-RL kann eine hundertprozentige Rücknahmequote vorsehen, weil die Letzthalter faktisch zur Rückgabe ihres Altfahrzeuges bei einer Verwertungsstelle verpflichtet werden, um ihr Altfahrzeug abmelden zu können. Daher ist eine höhere Rücknahmequote als bei den anderen beiden Richtlinien möglich.

Die Zielvorgaben bezüglich des Anteils der zurückgenommenen Altprodukte an der Gesamtmasse der anfallenden Altprodukte werden in der Verpack-RL und der Elektroschrott-RL nach einer vorgegebenen Zeitdauer erhöht. Damit wird dem Fortschritt auf dem Gebiet der Rücknahmetechniken und dem Aufbau von Rücknahmeorganisationen Rechnung getragen. Bei der Altfahrzeug-RL ist eine Erhöhung der Rücknahmequote nicht möglich, da bereits ab Inkrafttreten der Rücknahmepflichten alle Altfahrzeuge zurückgenommen werden müssen.

Die Zielvorgaben verpflichten die Mitgliedstaaten, obwohl die Rücknahme von Wirtschaftsbeteiligten durchgeführt werden kann oder sogar muss. Um ihrer „Ergebnispflicht" vollständig nachzukommen, müssen die Mitgliedstaaten nicht nur die zur Rücknahme Verpflichteten zur Einhaltung der Quoten anhalten, sondern in letzter Konsequenz die Rücknahme selbst durchführen. Damit stößt die Rücknahmepflicht der Wirtschaftsbeteiligten an ihre Grenzen. Zwar sollen sie die Rücknahme der Altprodukte teilweise übernehmen. Wenn sie dieser Pflicht aber nicht nachkommen, sind die Mitgliedstaaten immer noch gegenüber der EG verpflichtet, die Rücknahmequoten zu erreichen. Um nicht gegen Gemeinschaftsrecht zu verstoßen, müssen die Mitgliedstaaten die Rücknahmequoten, falls erforderlich, selbst sicherstellen, auch wenn zunächst die Wirtschaftsbeteiligten dazu berufen waren.

II. Verwertung von Altprodukten

Die Richtlinien zur Produzentenverantwortung legen fest, wie mit den Altprodukten im Anschluss an die Rücknahme verfahren werden muss. Sie legen fest, dass die Produkte verwertet werden müssen. Die Verpack-RL, die auf einem engeren Abfallbegriff basiert als die beiden späteren Richtlinien, fordert neben der Verwertung die Wiederverwendung gebrauchter Produkte. Da Altfahrzeug-RL und Elektroschrott-RL davon ausgehen, dass sich auch Wiederverwendung auf Abfall bezieht, stellt die Wiederverwendung für sie eine Form der Verwertung dar. Dementsprechend verstehen sie „Wiederverwendung" nicht als Zusatz, sondern als Teil des Verwertungsbegriffes. Im Folgenden wird der Einfachheit halber der Begriff „Verwertung" so benutzt wie in der Altfahrzeug-RL und der Elektroschrott-RL vorgesehen, nämlich als Oberbegriff zu Wiederverwendung, Recycling und energetischer Verwertung.

1. Adressaten der Verwertungspflicht

a. Verpack-RL

Bei der Verpack-RL sind die Adressaten der Verwertungspflicht in Art. 7 Abs. 1 UAbs. 1 lit. b bestimmt. Die Richtlinie verpflichtet ebenso wie bei der Rücknahme zur Einrichtung eines Systems. Bezüglich der Bestimmung der Adressaten der Pflicht zu Verwertung gilt daher das Gleiche wie bei den Rücknahmepflichten. Demnach befürwortet die Verpack-RL zwar, dass Wirtschaftsbeteiligte das System der Verwertung betreiben, die letzte Entscheidung bleibt aber den Mitgliedstaaten überlassen. Der Kreis der möglichen Verpflichteten umfasst alle Marktteilnehmer in Zusammenhang mit Verpackungen. Die Pflicht zu Verwertung kann sowohl individuell wie kollektiv erfüllt werden.

b. Altfahrzeug-RL

Gemäß Art. 7 Abs. 1 Altfahrzeug-RL treffen die Mitgliedstaaten die erforderlichen Maßnahmen, damit die Altprodukte verwertet werden. Gemäß Art. 7 Abs. 2 UAbs. 1 stellen die Mitgliedstaaten dabei sicher, dass „die Wirtschaftsbeteiligten" gewisse Zielvorgaben erreichen. Aus dieser Formulierung ergibt sich, dass die Wirtschaftsbeteiligten zur Verwertung verpflichtet werden müssen. Die Mitgliedstaaten nehmen an dieser Phase der Entsorgung also nicht teil. Wie bei den Rücknahmepflichten im Rahmen der Altfahrzeug-RL gezeigt, dürfen die Mitgliedstaaten bestimmen, welche der in der Richtlinie genannten Wirtschaftsbeteiligten sie verpflichten.

c. Elektroschrott-RL

Ähnlich ist die Regelung in Art. 7 Abs. 1 Elektroschrott-RL. Die Mitgliedstaaten stellen sicher, dass die Hersteller oder in ihrem Namen tätige Dritte die Altprodukte verwerten. Als Dritte kommen in diesem Zusammenhang auch die Gemeinden in Betracht.[281] Dabei legt die Vorschrift explizit fest, dass die Systeme individuell oder kollektiv betrieben werden dürfen. Eine eigenständige Teilnahme der Mitgliedstaaten an der Verwertung ist bei der Elektroschrott-RL also ausgeschlossen. Die Hersteller sind als Verpflichtete bestimmt. Dabei können sie ihrer Pflicht einzeln oder gemeinsam nachkommen.

2. Art und Weise der Verwertung

a. Behandlungspflichten

Wer Altprodukte verwertet, unterliegt in der Altfahrzeug-RL und der Elektroschrott-RL gewissen Anforderungen, die in der Verpack-RL noch nicht vorgesehen waren. Diese Mindestanforderungen sind in sogenannten Behandlungspflichten festgelegt. Behandlung im Sinne der Altfahrzeug-RL und der Elektroschrott-RL sind Tätigkeiten, die nach der Übergabe eines Altproduktes an eine Anlage stattfinden und der Verwertung und/oder der Beseitigung dienen.[282]

(1) Altfahrzeug-RL

In der Altfahrzeug-RL legt Art. 6 Abs. 1 fest, dass die Altprodukte nach bestimmten technischen Mindestanforderungen behandelt werden. Diese sehen vor, welche Standorte für die Lagerung und Behandlung in Betracht kommen, welche Bauteile und Schadstoffe entfernt werden müssen.[283] Die Mitgliedstaaten stellen sicher, dass die Anlagen, die Behandlungstätigkeiten ausführen, diesen Anforderungen genügen.[284] Zu diesem Zweck unterliegen die Anlagen nach Wahl der Mitgliedstaaten einer Genehmigungs- oder einer Registrierpflicht.[285] Schließlich setzen sich die Mitgliedstaaten dafür ein, dass die Anlagen zertifizierte Umweltmanagementsysteme einführen.[286]

(2) Elektroschrott-RL

Auch Art. 6 Abs. 1 Elektroschrott-RL stellt Anforderungen an die Behandlung. Dazu wird festgelegt, welche Stoffe wie entfernt und behandelt werden müssen,

281 So in der Begründung des Vorschlags der Elektroschrott-RL: KOM (2000) 347 endg., S. 32f.
282 Art. 2 Nr. 5 Altfahrzeug-RL, Art. 3 lit. h Elektroschrott-RL.
283 Erwägungsgrund 20, Art. 6 Abs. 1 i.V.m. Anhang I Altfahrzeug-RL.
284 Art. 6 Abs. 3 Altfahrzeug-RL.
285 Erwägungsgrund 18, Art. 6 Abs. 2, 4 Altfahrzeug-RL.
286 Art. 6 Abs. 5 Altfahrzeug-RL.

sowie welche Standorte in Betracht kommen.[287] Um die Einhaltung der Anforderungen zu gewährleisten, erlassen die Mitgliedstaaten eine Genehmigungspflicht für die Anlagen.[288] Wird die Behandlung außerhalb der Gemeinschaft durchgeführt, muss der Exporteur beweisen, dass die Behandlung unter Bedingungen erfolgt ist, die den Anforderungen der Elektroschrott-RL gleichwertig sind.[289] Auch nach der Elektroschrott-RL bestärken die Mitgliedstaaten die Anlagenbetreiber, zertifizierte Umweltmanagementsysteme einzuführen.[290]

b.   Hierarchie der Verwertungsmethoden

Die Richtlinien zur Produzentenverantwortung legen weiter fest, welche Verwertungsmethoden bevorzugt werden. Dazu wird zwischen den Verwertungsmethoden der Wiederverwendung, des Recyclings und der energetischen Verwertung eine Hierarchie aufgestellt.

(1)   Vorrang von Wiederverwendung und Recycling

(a)   Verpack-RL

Die Verpack-RL bestimmt in Erwägungsgrund 8, dass Wiederverwendung und Recycling anderen Formen der Verwertung vorzuziehen sind.[291] Allerdings legt Erwägungsgrund 8 diesen Vorrang nur solange fest, bis wissenschaftliche und technologische Ergebnisse im Bereich der Verwertung vorliegen, und fordert den baldigen Abschluss von Lebenszyklusuntersuchungen, um eine klare Rangfolge der Verwertungsformen zu rechtfertigen.

(b)   Altfahrzeug-RL

Auch die Altfahrzeug-RL stellt den Grundsatz auf, dass Wiederverwendung und Verwertung Vorrang vor der anderweitigen Verwertung haben.[292] Dieser Grundsatz erfährt aber eine Einschränkung. Recycling ist gem. Art. 7 Abs. 1 Altfahrzeug-RL nur dann vorzugswürdig, sofern dies unter Umweltgesichtspunkten vertretbar ist.

(c)   Elektroschrott-RL

In der Elektroschrott-RL wird betont, dass die Wahl der Verwertungsmethode in jedem Einzelfall die Auswirkungen auf die Umwelt und die Wirtschaft berücksichtigen muss.[293] Sie verweist aber in Erwägungsgrund 4 auf den Entschluss

---

287 Erwägungsgrund 17, Art. 6 Abs. 1 UAbs. 1 iVm Anhang II, Abs. 3 i.V.m. Anhang III Elektroschrott-RL.
288 Art. 6 Abs. 2, 4 Altfahrzeug-RL.
289 Art. 6 Abs. 5 Elektroschrott-RL.
290 Art. 6 Abs. 6 Elektroschrott-RL.
291 So auch Schliessner, EuZW 1993, S. 52, 53f.
292 Erwägungsgrund 5 Altfahrzeug-RL.
293 Erwägungsgrund 4 Elektroschrott-RL.

des Rates[294], dass einstweilen die Wiederverwendung und das Recycling anderen Formen der Verwertung vorzuziehen sind. Dieser Vorrang gilt solange, bis weitere wissenschaftliche und technologische Fortschritte erzielt und Lebenszyklusanalysen entwickelt worden sind. Außerdem setzt der Vorrang von Wiederverwendung und Recycling nach Erwägungsgrund 4 voraus, dass es sich dabei um die ökologisch bessere Lösung handelt.

(2)   Vorrang der Wiederverwendung vor dem Recycling
Die Hierarchie der Verwertungsmethoden wird in den Richtlinien zur Produzentenverantwortung weiter verfeinert. Nicht nur werden Wiederverwendung und Recycling der energetischen Verwertung vorgezogen. Zusätzlich erhält die Wiederverwendung in der Altfahrzeug-RL und der Elektroschrott-RL unter bestimmten Voraussetzungen Vorrang vor dem Recycling. So ist in Art. 7 Abs. 1 Altfahrzeug-RL bestimmt, dass die Mitgliedstaaten darauf hinwirken, dass wiederverwendbare Bauteile wiederverwendet werden. Nur die Bauteile, die nicht mehr wiederverwendbar sind, sollen anderweitig verwertet werden. Die Elektroschrott-RL bestimmt in Erwägungsgrund 18 und Art. 7 Abs. 1, dass die Wiederverwendung von ganzen Geräten den Vorzug vor anderen Formen der Verwertung erhält. In der Verpack-RL selbst ist kein Vorrang der Wiederverwendung vor anderweitiger Verwertung festgelegt. Die beiden Entsorgungsmethoden stehen gleichrangig nebeneinander.[296] Die Mitgliedstaaten werden aber nicht daran gehindert, die Wiederverwendung zu bevorzugen, solange sie dabei dem Ziel der Verpack-RL nachkommen, die Umweltauswirkungen des Abfalls zu reduzieren.[297]

c.   Zielvorgaben

(1)   Verpack-RL
Die Richtlinien zur Produzentenverantwortung machen bei der Verwertung- wie schon bei den Rücknahmepflichten- Zielvorgaben. Darin ist festgelegt, welcher Anteil der Altprodukte verwertet werden muss. Nach Art. 6 Abs. 1 lit. a Verpack-RL müssen spätestens fünf Jahre nach der vorgesehenen Umsetzung der Richtlinie mindestens 50 und höchstens 65 Gewichtsprozent der Verpackungsabfälle verwertet werden. Art. 6 Abs. 1 lit. b Verpack-RL legt weiter fest, dass innerhalb dieses Verwertungsziels mindestens 25 und höchstens 45 Gewichtsprozent rezykliert werden müssen. Eine Erhöhung der Verwertungsquoten ist alle fünf Jahre vorgesehen, Art. 6 Abs. 1 lit. c, Abs. 3 lit. b Verpack-RL. Daher

---

294 Entschließung des Rates vom 24. Februar 1997 über eine Gemeinschaftsstrategie für die Abfallbewirtschaftung, ABl. Nr. C 76/1 vom 11.3.1997, Punkt 22.
296 Erwägungsgrund 8 Verpack-RL; Meier, NUR 2000, S. 617, 618.
297 Antwort von Frau Bjerregaard im Namen der Kommission vom 14.2.1997 auf die schriftliche Anfrage E-3591/96 v. 17.12.1996, ABl. Nr. C 186/122 vom 18.7.1997.

wurde im Februar 2004 beschlossen, die Verwertungsquote auf mindestens 60 % zu erhöhen, wobei davon mindestens 55 % auf Recycling entfallen müssen.[298]

(2)   Altfahrzeug-RL

Die Altfahrzeug-RL legt zwei verschiedene Zeitpunkte fest, bis zu denen bestimmte Quoten erreicht sein müssen. In Art. 7 Abs. 2 lit. a Altfahrzeug-RL ist bestimmt, das spätestens etwa dreieinhalb Jahre nach der vorgesehenen Umsetzung mindestens 85 Prozent des durchschnittlichen Fahrzeuggewichts verwertet werden muss. Innerhalb dieser Quote müssen mindestens 80 % wiederverwendet und rezykliert werden. Für Altprodukte, die vor 1980 hergestellt wurden, gelten niedrigere Quoten. Spätestens neun Jahre nach diesem ersten Termin müssen höhere Quoten erreicht werden, Art. 7 Abs. 2 lit. b Altfahrzeug-RL. Die Verwertung muss bis dahin auf 95 Prozent des durchschnittlichen Fahrzeuggewichts gesteigert sein. 85 % davon müssen auf Wiederverwendung und Recycling entfallen. Die Ausnahmeregelung für Fahrzeuge, die vor 1980 hergestellt wurden, wird dann gestrichen. Gemäß Art. 7 Abs. 3 Altfahrzeug-RL werden bei Erreichen des zweiten Zeitpunkts neue Zielvorgaben für die Zeit danach festgesetzt.

(3)   Elektroschrott-RL

Gemäß Art. 7 Abs. 2 Elektroschrott-RL müssen die Hersteller spätestens etwa eineinhalb Jahre nach der vorgesehenen Umsetzung der Richtlinie unterschiedliche Quoten erfüllen. Je nach der Gerätekategorie müssen sie 80, 75 oder 70 % der gesammelten Altprodukte verwerten. Davon müssen je nach Kategorie 75, 65 oder 50 % durch Wiederverwendung und Recycling verwertet werden. Eine Neufestsetzung der Verwertungsquoten erfolgt knapp viereinhalb Jahre nach dem Termin der Umsetzung der Elektroschrott-RL. Art. 7 Abs. 4 Elektroschrott-RL bestimmt, dass dabei dem technischen Fortschritt Rechnung getragen wird. Es soll eine hohe Verwertungsquote erreicht werden.[299] Daraus lässt sich schließen, dass die Neufestsetzung zu einer Erhöhung der Verwertungsquoten führen wird.

3.   Vergleich der Verwertungspflichten in den Richtlinien

a.   Adressaten der Verwertungspflicht

Die Richtlinien zur Produzentenverantwortung lassen hinsichtlich der Adressaten der Verwertungspflicht eine Entwicklung erkennen. Bei der Verpack-RL können die Mitgliedstaaten noch entscheiden, ob Wirtschaftsbeteiligte überhaupt verpflichtet werden. Bei der Altfahrzeug-RL können die Mitgliedstaaten nur noch bestimmen, welche Wirtschaftsbeteiligten verpflichtet werden. Die Elektroschrott-RL schließlich bestimmt, dass die Verwertungspflichten den Herstel-

---

298 Art. 1 Nr. 3 der Richtlinie 2004/12/EG des Europäischen Parlaments und des Rates vom 11. Februar 2004 zur Änderung der Richtlinie 94/62/EG über Verpackungen und Verpackungsabfälle, ABl. Nr. L 47/26 vom 18.02.2004.
299 Erwägungsgrund 18 Elektroschrott-RL.

lern obliegen müssen. Damit ist die Entscheidungsfreiheit der Mitgliedstaaten immer weiter zurückgegangen. Gleichzeitig hat sich die Verwertungspflicht immer mehr auf die Hersteller konzentriert. Dabei lassen die Richtlinien zur Produzentenverantwortung sowohl die individuelle wie die kollektive Erfüllung der Verwertungspflichten zu. Fällt ein zur Verwertung verpflichteter Wirtschaftsbeteiligter in Insolvenz, so ist es wie schon bei den Rücknahmepflichten Aufgabe der Mitgliedstaaten, die Umweltschutzziele der Richtlinien zur Produzentenverantwortung trotzdem zu erreichen. Die Mitgliedstaaten müssen dann Dritte mit der Durchführung der Verwertung beauftragen oder sie selbst durchführen.

b.   Art und Weise der Verwertung

Die Verwertung der Altprodukte muss in den beiden späteren Richtlinien verbindlichen Verfahrensanforderungen genügen. Anlagen, die Behandlungstätigkeiten durchführen, unterliegen außerdem einer Genehmigungspflicht. Die Verpack-RL enthält noch keine entsprechenden Regelungen. Die beiden späteren Richtlinien legen also nicht nur fest, dass Abfälle verwertet werden, sondern auch, welche Mindeststandards dabei gelten. Damit folgen sie dem in Art. 174 Abs. 2 Satz 1 EG verankerten Ziel, ein hohes Schutzniveau sicherzustellen. Auch wird so verhindert, dass durch unterschiedliche Anforderungen an die Verwertung in den verschiedenen Mitgliedstaaten Wettbewerbsverzerrungen entstehen. Somit stellen die Mindestanforderungen an die Verwertungsbetriebe eine sinnvolle Erweiterung der Produzentenverantwortung dar.

Die Richtlinien zur Produzentenverantwortung legen eine Hierarchie der Verwertungsmethoden fest. Altprodukte sollen soweit wie möglich wiederverwendet und rezykliert werden. Zwischen diesen privilegierten Verfahren wird noch einmal die Wiederverwendung vor dem Recycling bevorzugt. Daraus ergibt sich, dass Altprodukte möglichst wiederverwendet werden sollen. Ist das nicht möglich, sollen sie rezykliert werden. Erst wenn dies ausscheidet, sollen andere Verwertungsformen wie die energetische Verwendung in Betracht kommen.

Die Grundregel, Wiederverwendung und Recycling den anderen Formen der Verwertung vorzuziehen, sieht sich aber Kritik ausgesetzt. Die Kritiker bringen vor, dass aus der AbfallR-RL kein Vorrang des Recyclings vor der energetischen Verwertung hervorgehe. Dort sei lediglich der Verwertung Vorrang vor der Beseitigung eingeräumt. Innerhalb der Verwertung werde nicht weiter differenziert.[300] Auch gäbe es keine faktischen Gründe dafür, das Recycling vorzuziehen. So stelle das Recycling nicht immer die umweltfreundlichste Entsorgung dar. Es gäbe keine empirischen Belege dafür, dass Recycling unabhängig von

---

300 Dieckmann, S. 137; Weidemann, Abfallrecht, Rn. 33; Hedemann-Robinson, EELR 2003, S. 52, 54.

Markt- und Umweltbedingungen vorzugswürdig sei.[301] Zu hohe Recyclingquoten könnten vielmehr dazu führen, dass sich der Umfang der zu entsorgenden Altprodukte erhöhe, statt sich zu verringern. So könnten Hersteller versuchen, das Gewicht eines leicht rezyklierbaren Stoffes in ihrem Produkt zu maximieren, nur um die Recyclingquote zu erfüllen. Durch die Mehrproduktion dieses Stoffes käme es zu Umweltbelastungen, die bei einer Gleichrangigkeit der Verwertungsmethoden vermieden worden wären.[302] Eine generelle Diskriminierung der energetischen Verwertung sei daher in keiner Weise gerechtfertigt.[303]

Die Richtlinien zur Produzentenverantwortung nehmen diese Kritik an einem feststehenden Vorrang des Recyclings auf. Zwar hat der Richtliniengeber die bestehenden wissenschaftlichen Erkenntnisse so interpretiert, dass Wiederverwendung und Recycling zurzeit grundsätzlich vorzuziehen sind. Die Richtlinien lassen aber zu, dass Ausnahmen im Einzelfall gemacht werden oder die Regel gänzlich außer Kraft gesetzt wird. So wird der Vorrang von Wiederverwendung und Recycling unter einen doppelten Vorbehalt gestellt. Erstens müssen neue wissenschaftliche Erkenntnisse über die Umweltbelastung der einzelnen Verwertungsmethoden berücksichtigt werden. Beispielsweise könnte sich herausstellen, dass energetische Verwertung generell dem Recycling vorzuziehen ist. Zweitens erlauben Altfahrzeug-RL und Elektroschrott-RL auch im Einzelfall den Nachweis, dass aus Umweltgesichtspunkten eine andere Verwertungsform dem Recycling vorzuziehen ist. Damit entspricht die unter Vorbehalt gestellte Hierarchie der Verwertungsmethoden den Anforderungen des Art. 174 Abs. 3, 1. Spiegelstrich EG, wonach die Umweltpolitik der Gemeinschaft die verfügbaren wissenschaftlichen und technischen Daten berücksichtigt.

Die Richtlinien zur Produzentenverantwortung sehen in Zielvorgaben vor, welcher Anteil der Altprodukte mindestens verwertet werden muss. Dadurch sollen Wettbewerbsverzerrungen im Binnenmarkt verhindert werden.[304] Der Vorrang von Wiederverwendung und Recycling drückt sich auch in den Zielvorgaben aus, da innerhalb der Verwertungsquoten noch einmal Teilquoten für Wiederverwendung und Recycling festgelegt werden, die nur gering unter der Gesamtquote liegen. Die Frist, innerhalb derer die Zielvorgaben erreicht werden müssen, wird im Vergleich immer kürzer. Ist der in den Zielvorgaben anvisierte Zeitpunkt erreicht, werden neue Zielvorgaben für die Folgezeit ausgegeben. Diese bringen eine Erhöhung der Verwertungsquote mit sich, die sich aus dem technologischen und organisatorischen Fortschritt ergibt.

---

301 Bergkamp, EELR 2001, S. 322, 329.
302 Bergkamp, EELR 2001, S. 322, 329 f.; Schatz, in: Manegold, ZUR 2002, S. 306, 307.
303 Weidemann, Abfallrecht, Rn. 43f.
304 Schink, Stadt und Gemeinde 1995, S. 103, 106 für die Verpack-RL; KOM (2000) 347 endg., S. 7 für die Elektroschrott-RL.

III. Finanzierung von Rücknahme und Verwertung

Fraglich ist, wer in den Richtlinien zur Produzentenverantwortung für die Rücknahme und die Verwertung von Altprodukten zahlt. In Betracht kommen die Mitgliedstaaten, die Wirtschaftsbeteiligten und eine direkte Zahlungspflicht der Produktnutzer. Dabei könnten die Nutzer entweder beim Erwerb oder im Zeitpunkt der Entsorgung des Produkts zu Finanzierung herangezogen werden.

1. Die Verpack-RL

Rücknahme und Verwertung von Altverpackungen müssen gemäß Art. 7 Abs. 1 lit. a und b Verpack-RL von Trägersystemen durchgeführt werden. Diese Systeme können von den Mitgliedstaaten selbst oder von Wirtschaftsbeteiligten betrieben werden. Die Verpack-RL regelt aber nicht ausdrücklich, wer die Kosten der Rücknahme- und Verwertungssysteme trägt.

a. Indizien aus dem Verursacherprinzip

Die Entscheidung darüber, wer im Rahmen der Verpack-RL die Entsorgungskosten tragen muss, könnte durch das Verursacherprinzip bestimmt werden. Nach Erwägungsgrund 29 Verpack-RL ist es von größter Wichtigkeit, dass alle an der Herstellung, Verwendung, Einfuhr und Verteilung von Verpackungen Beteiligten nach dem Verursacherprinzip die Verantwortung für den daraus entstehenden Abfall übernehmen. Fraglich ist, ob sich aus dieser Aussage ableiten lässt, wer für die Rücknahme und Verwertung der Altverpackungen bezahlen muss. Dazu muss geklärt werden, ob das Verursacherprinzip überhaupt dazu dienen kann, Kostentragungspflichten zu begründen.

(1) Inhalt des Verursacherprinzips

Das Verursacherprinzip wird in den Vorschriften zum Titel XIX „Umwelt" des EG-Vertrages erwähnt. Art. 174 Abs. 2 Satz 2 EG ordnet die Geltung des Verursacherprinzips im Gemeinschaftsrecht an. Die Gemeinschaftsorgane sind verpflichtet, beim Erlass von Rechtsvorschriften dem Verursacherprinzip Rechnung zu tragen.[305] Im EG-Vertrag ist aber nicht bestimmt, welchen Inhalt das Verursacherprinzip hat.[306] In der Literatur wird angenommen, dass das Verursacherprinzip als Kostenzurechnungsprinzip funktioniert.[307] Der Verursacher einer Umweltbelastung soll demnach die Kosten der Vermeidung und Beseitigung tragen.[308] Beleg für diesen Inhalt sei zunächst die Formulierung des Verursa-

305 Calliess, in: Calliess/Ruffert, Art. 174 EG Rn. 46f.
306 Humphreys, E.L. Rev. 2001, S. 451, 453.
307 Scheuing, EuR 2002, S. 619, 628; Epiney, S. 103; Zacker, S. 114. Rehbinder, Verursacherprinzip, S. 35f. schloss vor der Verwendung des Begriffs im Gemeinschaftsrecht nicht aus, darunter auch die materielle Verantwortlichkeit für die Beseitigung von Umweltbelastungen zu verstehen.
308 Schröder, Umweltschutz, Rn. 42.

cherprinzips in den anderen Sprachfassungen des EG-Vertrages.[309] So werde das Verursacherprinzip in der englischen Fassung des EG-Vertrages erwähnt als „the principle that the polluter should pay", auf Französisch sei vom Verursacherprinzip die Rede als „ le principe du pollueur-payeur". Auch in allen anderen Amtssprachen enthalte der Begriff das Wortteil „Zahlung". Nur beim deutschen Begriff sei dies nicht der Fall. Da der Wortlaut in allen Sprachen verbindlich sei, müsse der deutsche Begriff „Verursacherprinzip" im Kontext des Europarechtes so verstanden werden, dass der Verursacher einer Umweltbelastung für die Kosten der Vermeidung und Beseitigung zahlen müsse.[310]

Zudem deute die Verwendung des Begriffes im Sekundärrecht darauf hin, dass das Verursacherprinzip Basis für Zahlungspflichten sein könne. So seien in der Empfehlung über die Kostenzurechnung und die Intervention der öffentlichen Hand bei Umweltschutzmaßnahmen[311] (nachfolgend: „Kostenzurechnungsempfehlung") von 1975 Anwendungsgrundsätze festgelegt worden, die das Verursacherprinzip präzisierten.[312] Laut der Kostenzurechnungsempfehlung sehe das Verursacherprinzip vor, dass die für eine Umweltverschmutzung Verantwortlichen die Kosten der Maßnahmen zu tragen haben, die notwendig sind, um diese Umweltbelastungen zu vermeiden oder zu verringern.[313] Das Verursacherprinzip sei Gegenprinzip zum Gemeinlastprinzip.[314] Dass werde von der Aussage der Kostenzurechnungsempfehlung[315] gestützt, wonach die Kosten des Vorgehens gegen die Umweltverschmutzung nicht auf die Allgemeinheit abgewälzt werden dürften. Die Kosten einer Umweltbelastung sollten demnach vom Verursacher getragen werden und nicht von der Allgemeinheit.[316]

Allerdings wird von manchen die Bedeutung der Kostenzurechnungsempfehlung für die Definition des Verursacherprinzips in Frage gestellt.[317] Erstens sei beim Erlass der Empfehlung die Forderung erhoben worden, denselben Inhalt in der Form einer Richtlinie zu erlassen.[318] Gemäß Art. 249 EG sei die Richtlinie verbindlich, eine Empfehlung dagegen nicht. Die Rechtswirkungen der in der

---

309 Krämer, EuGRZ 1989, S. 353, 354; Schröder, Umweltschutz, Rn. 42.
310 Krämer, EuGRZ 1989, S. 353, 354.
311 Empfehlung des Rates vom 3.März 1975 über die Kostenzurechnung und die Intervention der öffentlichen Hand bei Umweltschutzmaßnahmen (75/436/Euratom, EGKS, EWG), ABl. Nr. L 194/1 v. 25.07.1975.
312 Sagia, S. 142.
313 Kostenzurechnungsempfehlung, Anhang, Abs. 2, UAbs. 1.
314 Rehbinder, Nachhaltigkeit, S. 721.
315 Kostenzurechnungsempfehlung, Anhang, Abs. 2 UAbs. 2.
316 Schröder, Umweltschutz, Rn. 43.
317 Purps, S. 41-43; Krämer, EuGRZ 1989, S. 353.
318 So die Forderung des Europäischen Parlaments und des Wirtschafts- und Sozialausschusses, siehe ABl. Nr. C 116/35 vom 30.9.1974.

Kostenzurechnungsempfehlung enthaltenen Definition wären also größer gewesen, wenn sie in Form einer Richtlinie erlassen worden wäre.[319] Zweitens sei die Geltung der Kostenzurechnungsempfehlung für die Auslegung des Begriffes aufgrund des Zeitpunktes ihres Erlasses im Jahre 1975 beschränkt. Die Kostenzurechnungsempfehlung diene nach ihrem ersten und dritten Erwägungsgrund dazu, das Verursacherprinzip zu präzisieren, wie es 1973 im Aktionsprogramm der Gemeinschaft für den Umweltschutz[320] angenommen wurde. Ins Primärrecht sei der Begriff des Verursacherprinzips aber erst am 1. Juli 1987 im Rahmen der Einheitlichen Europäischen Akte eingefügt worden.[321] Zwar verfügten die Gemeinschaftsorgane über die Kompetenz zur Konkretisierung unbestimmter Rechtsbegriffe.[322] Diese Kompetenz dürfe aber nicht so verstanden werden, dass die Gemeinschaftsorgane einen Begriff des EG-Vertrages definieren könnten, bevor er von den Mitgliedstaaten ins Primärrecht aufgenommen werde.[323] Es sei nämlich nicht ausgeschlossen, dass die Mitgliedstaaten dem Begriff aufgrund der Einheitlichen Europäischen Akte eine andere Bedeutung geben wollten, als das vorher in der Kostenzurechnungsempfehlung geschehen war.[324]

Der Gerichtshof nahm in der Rechtssache *Standley*[325] zum Inhalt des Verursacherprinzips Stellung. Der Fall hatte eine Richtlinie zum Schutz der Gewässer vor Verunreinigung durch Nitrat aus landwirtschaftlichen Quellen zum Gegenstand. Aufgrund der Richtlinie kann die landwirtschaftliche Nutzung eines bestimmten Gebietes eingeschränkt werden.[326] Die Kläger trugen vor, es sei dadurch gegen das Verursacherprinzip verstoßen, dass nur die Landwirte die Kosten für die Verringerung der Nitratkonzentration tragen müssten, und andere Nitratquellen einer finanziellen Belastung entgingen.[327] Der Gerichtshof prüfte die Vereinbarkeit der Richtlinie mit dem Verursacherprinzip. Er führte aus, dass die Landwirte keine Belastungen tragen müssten, die aufgrund einer Verunreinigung erfolgt seien, zu der sie nichts beigetragen haben.[328] Weiter stellte er fest,

---

319 Purps, S. 43.
320 Erklärung des Rates der Europäischen Gemeinschaften und der im Rat vereinigten Vertreter der Regierungen der Mitgliedstaaten vom 22. November 1973 über ein Aktionsprogramm der Europäischen Gemeinschaften für den Umweltschutz, ABl. Nr. C 112/1 vom 20.12.1973.
321 Purps, S. 41.
322 Purps, S. 41, mit Bezug auf EuGH (Urteil v. 13.6.1978), Rs. 139/77 (Denkavit/Finanzamt Warendorf), Slg. 1978, S. 1317 Rn. 12 und Bleckmann, NJW 1982, S. 1177, 1178.
323 Purps, S. 41.
324 Krämer, EuGRZ 1989, 353.
325 EuGH (Urteil v. 29.4.1999), Rs. C-293/97 (The Queen/Secretary of State for the Environment, Minister of Agriculture, Fisheries and Food, ex parte: Standley u.a.), Slg. 1999, I-2626.
326 a.a.O., Rn. 15.
327 a.a.O., Rn. 43.
328 a.a.O. Rn. 51.

94

dass den Landwirten aufgrund der Richtlinie keine Kosten für die Beseitigung
der Verunreinigung auferlegt werden dürften, die in Anbetracht der Gegebenhei-
ten nicht erforderlich sind.[329] Daher seien die finanziellen Einbußen der Landwirte durch Nutzungseinschränkungen mit dem Verursacherprinzip vereinbar.[330]

Die Erörterung des Verursacherprinzips in der Rechtssache *Standley* im Zusammenhang mit den finanziellen Belastungen der Landwirte wird in der Literatur als Indiz dafür gesehen, dass auch die Rechtsprechung das
Verursacherprinzip als Kostentragungsprinzip versteht.[331] Im Gegensatz dazu
vermag Generalanwalt *Jacobs* aus dem Urteil *Standley* keine eindeutige Stellungnahme des Gerichtshof zu den rechtlichen Wirkungen des Verursacherprinzips ableiten. Vielmehr äußert er sich in seinen Schlussanträgen in der
Rechtssache *GEMO*[332] selbst zum Inhalt des Verursacherprinzips. Das Verursacherprinzip gehe auf die Wirtschaftstheorie zurück. Umweltverschmutzung sei
ein sogenannter negativer externer Effekt, also ein der Gesellschaft entstehender
Verlust, für den kein Preis angesetzt sei. Daher könne ein Wirtschaftsbeteiligter
diese Kosten bei seiner wirtschaftlichen Kalkulation ignorieren. Das Verursacherprinzip diene dazu, diesen Zustand abzustellen. Dazu sehe es vor, dass die
Kosten von Maßnahmen, mit denen die Umweltverschmutzung bekämpft werde,
nicht mehr von der Gesellschaft im Rahmen allgemeiner Besteuerung, sondern
vom Verschmutzer selbst getragen werden müssten. Die Kosten müssten fortan
vom Unternehmer in die Produktionskosten einbezogen und so internalisiert
werden.[333]

Die Tatsache, dass die anderen Sprachfassungen des EG-Vertrages das Verursacherprinzip frei übersetzt als das „Verschmutzer-Bezahler"-Prinzip bezeichnen,
ist Hinweis darauf, dass sich Kostentragungspflichten auf das Verursacherprinzip stützen können. Die Ausführungen zur Anwendung des Verursacherprinzips
in der Kostenzurechnungsempfehlung stützen dieses Ergebnis. Dort wird gefordert, dass der Verursacher für die Vermeidung und Beseitigung der Umweltbelastung zahlen soll. Zwar ist der Ansicht zuzustimmen, dass die
Kostenrechnungsempfehlung aufgrund ihrer Rechtsform nicht verbindlich ist.
Auch trifft es zu, dass die Gemeinschaftsorgane nicht schon 1975 einen Begriff
definieren konnten, der erst 1987 ins Primärrecht aufgenommen wurde. Allerdings war den Vertragspartnern bei der Unterzeichnung der Einheitlichen Euro-

---

Calliess, in: Calliess/Ruffert, Art. 174 EG Rn. 35.
GA Jacobs (Schlussantr. v. 30.4.2002), Rs. C-126/01 (Ministre de l'èconomie, des finan-
  ces et de l'industrie/GEMO), n.n.i.Slg.
GA Jacobs (Schlussantr. v. 30.4.2002), Rs. C-126/01 (Ministre de l'èconomie, des finan-
  ces et de l'industrie/GEMO), n.n.i.Slg., Rn. 66.

päischen Akte die Präzisierung des Verursacherprinzips in der Kostenzurechnungsempfehlung bekannt. Hätten sie einen andern als den dort festgelegten Inhalt gewünscht, wäre es ihnen möglich gewesen, diesen im Primärrecht zu definieren. Stattdessen verzichteten sie auf eine Definition des Verursacherprinzips. Somit ist davon auszugehen, dass die Vertragspartner den Inhalt des unbestimmten Rechtsbegriffes „Verursacherprinzip" so verstanden wissen wollten, wie er zuvor in der Kostenzurechnungsempfehlung von Gemeinschaftsorganen verwendet worden war.

Aus der Rechtsprechung ergibt sich nichts anderes. In der Rechtssache *Standley* ging der Gerichtshof in der Sache auf das Vorbringen der Kläger ein, dass nur Landwirte durch eine Gemeinschaftsmaßnahme finanziell belastet würden und dies dem Verursacherprinzip entgegenlaufe. Zwar wies der Gerichtshof das Vorbringen als unbegründet zurück. Zumindest aber drückte er durch seine Prüfung implizit aus, dass Maßnahmen zur Beseitigung von Umweltschäden, die finanzielle Belastungen mit sich bringen, am Verursacherprinzip zu messen sind. Auch die Schlussanträge von Generalanwalt *Jacobs* in der Rechtssache *GEMO* zeigen, dass die Grundidee des Verursacherprinzips darin liegt, externe Kosten in die Preisrechnung der Unternehmer einzubeziehen. Das gemeinschaftsrechtliche Verursacherprinzip hat also zumindest den Inhalt, dass derjenige die Kosten einer Umweltbelastung tragen soll, der die Bedingung dafür setzt. Die Forderung in Erwägungsgrund 29 Verpack-RL, die Beteiligten sollten nach dem Verursacherprinzip die Verantwortung für den Abfall übernehmen, bedeutet also, dass die Beteiligten für die Entsorgung des Abfalls finanziell aufkommen sollen.

(2)   Verpflichteter Personenkreis

Zu prüfen ist, wer nach Erwägungsgrund 29 Verpack-RL als Kostenträger in Frage kommt. Erwähnt sind alle, die an der Herstellung, Verwendung, Einfuhr und Verteilung von Verpackungen und verpackten Erzeugnissen beteiligt sind. Bei der Herstellung, Einfuhr und Verteilung handelt es sich meist um Wirtschaftsbeteiligte. Somit können Wirtschaftsbeteiligte zur Finanzierung der Rücknahme- und Verwertungspflichten der Verpack-RL herangezogen werden. Fraglich ist, ob in Erwägungsgrund 29 Verpack-RL auch die privaten Endnutzer von Verpackungen gemeint sind, wenn von „den an der Verwendung Beteiligten" gesprochen wird. Wäre das der Fall, so würde sich die Verpack-RL dafür aussprechen, dass neben den Wirtschaftsbeteiligten auch die Endverbraucher an den Entsorgungskosten für Verpackungen beteiligt werden.

Gegen die Einbeziehung der Nutzer in den Begriff der Verwender spricht die Reihenfolge der Aufzählung in Erwägungsgrund 29 Verpack-RL. Die Reihenfolge scheint dem chronologischen Ablauf der Entstehung, Lieferung und Verteilung einer Verpackung zu entsprechen. Zunächst werden die Verpackungen vom Hersteller produziert, dann mit dem Produkt gefüllt, das sie schützen sollen, danach von einem Importeur eingeführt und von einem Verteiler in die Geschäfte gebracht. Verwender könnte also die Bezeichnung für den Wirtschaftsbeteiligten sein, der sein Produkt in die Verpackung gibt, um es zu schützen. Wenn Verwender dagegen ein Synonym für Nutzer sein sollte, hätte der Begriff in einer chronologischen Aufzählung nach den Herstellern, Importeuren und Verteilern stehen müssen, weil der Nutzer erst nach dem Verteiler mit der Verpackung in Berührung kommt. Allerdings ist zweifelhaft, ob die Aufzählung wirklich an die Chronologie in einer Lieferkette angelehnt ist. So steht Einfuhr hinter Verwendung, obwohl doch Verpackungen auch schon dann importiert werden können, wenn sie überhaupt noch nicht verwendet wurden. Aus der Anordnung der einzelnen Beteiligten lässt sich also keine strikte Chronologie ableiten. Vielmehr benutzt die Verpack-RL den Begriff des Verwenders in einem anderen Sinne, wie Art. 13 Verpack-RL zeigt. Dort werden die Mitgliedstaaten dazu verpflichtet, die Veröffentlichung von Informationen über die Verpackungsentsorgung zu gewährleisten. Dadurch sollen „die Verpackungsverwender, insbesondere die Verbraucher" unterrichtet werden. Verbraucher im Sinne der Verpack-RL sind also eine Untergruppe der Verwender. Verbraucher kommen mit einem Produkt als Nutzer in Kontakt. Die Nutzer von Verpackungen sind also in den Kreis derjenigen einbezogen, die nach Erwägungsgrund 29 Verpack-RL für die Entsorgung der Verpackungen zahlen sollen.

(3)   Verbindlichkeit des Verursacherprinzips

(a)   Keine Verbindlichkeit aufgrund der Verpack-RL

Erwägungsgrund 29 Verpack-RL stellt aber keine verbindliche Regelung dar. Er legt den Mitgliedstaaten lediglich nahe, den Wirtschaftsbeteiligten und Nutzern bei der Umsetzung der Richtlinie die Kosten für die Entsorgungsmaßnahmen aufzuerlegen. Die endgültige Entscheidung liegt bei den Mitgliedstaaten. Diese Auffassung wird durch Art. 15 S. 2 Verpack-RL gestützt. Die Mitgliedstaaten haben danach die Möglichkeit, Maßnahmen zur Verwirklichung der Ziele der Richtlinie zu ergreifen, die dem Verursacherprinzip Rechnung tragen. Sie sind aber nicht verpflichtet, so zu handeln. Damit bleibt im Wesentlichen den Mitgliedstaaten überlassen, inwieweit sie die Wirtschaftsbeteiligten und Nutzer dazu verpflichten, die Kosten für die Entsorgung zu übernehmen.

(b)   Verbindlichkeit aufgrund von höherrangigem Recht

Die Mitgliedstaaten könnten aber aufgrund von höherrangigem Recht dazu verpflichtet sein, dass Verursacherprinzip anzuwenden, auch wenn die Verpack-RL einen Entscheidungsspielraum lässt. Dann wäre der Entscheidungsspielraum der Mitgliedstaaten derart eingeschränkt, dass sie die Wirtschaftsbeteiligten und Nutzer in die Finanzierung der Rücknahme- und Entsorgungspflichten einbeziehen müssten.

(i)   Art. 174 Abs. 2 Satz 2 EG

(a)   Geltungsbereich des Verursacherprinzips

Die Verbindlichkeit des Verursacherprinzips könnte sich aus dem EG-Vertrag selbst ergeben. Im Primärrecht ist festgelegt, dass die Umweltpolitik auf dem Grundsatz des Verursacherprinzips beruht, Art. 174 Abs. 2 Satz 2 EG. Damit stellt die Vorschrift eine inhaltliche Anforderung an die Ausgestaltung gemeinschaftlicher Umweltpolitik.[334] Die Kompetenznorm für Maßnahmen der Umweltpolitik ist Art. 175 Abs. 1 EG.[335] Also ist das Verursacherprinzip zumindest für alle Maßnahmen, die aufgrund von Art. 175 Abs. 1 EG erlassen worden sind, verbindlich. Die Verpack-RL erging aber nicht aufgrund von Art. 175 Abs. 1 EG. Sie wurde auf die Kompetenz zur Vollendung des Binnenmarktes gestützt.[336] Sie dient aber nach ihrem ersten Erwägungsgrund und ausweislich ihrer Ziele in Art. 1 auch dem Umweltschutz. Fraglich ist, ob auch solche Rechtsakte, die zwar dem Umweltschutz dienen, aber nicht aufgrund der speziell für die Umweltpolitik vorgesehenen Ermächtigungsgrundlage erlassen worden sind, das Verursacherprinzip beachten müssen.

Zur Zeit der Rechtslage nach Inkrafttreten der Einheitlichen Europäischen Akte wurde die Meinung vertreten, dass nur solche Rechtsakte, die auf die Rechtsgrundlage zum Umweltschutz gestützt seien, dass Verursacherprinzip beachten müssten.[337] Neuere Stimmen behaupten dagegen, dass das Verursacherprinzip für das gesamte Gemeinschaftshandeln relevant sei. Mit der Einheitlichen Europäischen Akte sei in Art. 130 r Abs. 2 Satz 2 EWGV nämlich eine sogenannte umweltrechtliche Querschnittsklausel eingeführt worden.[338] Die Vorschrift lege fest, dass die Erfordernisse des Umweltschutzes Bestandteil der anderen Politiken der Gemeinschaft sind. Durch den Vertrag von Maastricht und den Vertrag von Amsterdam sei die Querschnittsklausel aufgewertet und verdeutlicht worden.[339] Die Erfordernisse des Umweltschutzes müssten daher gemäß Art. 6 EG bei allen Gemeinschaftspolitiken einbezogen werden. Zu den Erfordernissen des Umweltschutzes gehöre auch die Berücksichtigung des Verursacherprinzips. Folglich sei es bei allen Maßnahmen der Gemeinschaft zu beachten.[340]

---

334 Humphreys, E.L. Rev. 2001, S. 451, 453; Epiney, S. 96.
335 Jahns-Böhm, in: Schwarze, Art. 174 EG Rn. 1.
336 Rechtsgrundlage war Art. 100 a EGV (jetzt Art. 95 EG), siehe ABl. Nr. L 365/10 vom 31.12.1994.
337 Krämer, Verursacherprinzip, EuGRZ 1989, S. 353, 361.
338 Jahns-Böhm, in: Schwarze, Art. 6 EG Rn. 2.
339 Jahns-Böhm, in: Schwarze Art. 6 EG Rn. 4-8.
340 Grabitz/Nettesheim, in: Grabitz/Hilf, Art. 130 r EGV Rn. 59; Jahns-Böhm, in: Schwarze, Art. 174 Rn. 17; Epiney, S. 107; Sadeleer, Cah. dr. eur. Bruxelles 2001, S. 91, 96.

Die Vertragspartner haben in Art. 6 EG beschlossen, dass die Erfordernisse des Umweltschutzes unabhängig davon gelten, welche Gemeinschaftspolitik mit einer Maßnahme umgesetzt wird. In Art. 174 Abs. 2 Satz 2 EG ist festgelegt, auf welchen Grundsätzen die Umweltpolitik der Gemeinschaft beruht. Wenn die Vertragspartner mit Art. 6 EG bezwecken wollen, dass jede Gemeinschaftspolitik zugleich auch eine Umweltpolitik ist, so müssen die Grundsätze des Art. 174 Abs. 2 Satz 2 EG auch bei den anderen Politiken beachtet werden. Andernfalls liefe Art. 6 EG leer. Die Verpack-RL wurde nach der Aufwertung der umweltrechtlichen Querschnittsklausel durch den Vertrag von Maastricht beschlossen. Somit ergibt sich im Rahmen der Umsetzung der Verpack-RL aus dem Primärrecht eine Bindung an das Verursacherprinzip.

(b)   Art der Geltung

Fraglich ist, ob die Geltung des Verursacherprinzips bei der Umsetzung der Verpack-RL die Mitgliedstaaten dazu zwingt, die Wirtschaftsbeteiligten und die Nutzer an den Kosten zu beteiligen. Dazu muss geklärt werden, wie verbindlich das primärrechtlich verankerte Verursacherprinzip bei der Umsetzung des Gemeinschaftsrechts ist. In der Literatur wird im Verursacherprinzip ein rechtlich verbindlicher Handlungsgrundsatz gesehen.[341] Das könne schon aus der indikativen Aussage abgeleitet werden, dass die Umweltpolitik darauf „beruht".[342] Zudem sei ein hohes Maß an Umweltschutz und die Verbesserung der Umweltqualität in Art. 2 EG als Vertragsziel erwähnt. Gemäß Art. 3 lit. 1 EG betreibe die Gemeinschaft zu diesem Zweck eine Politik auf dem Gebiet der Umwelt. Daher spreche auch die vertragszielorientierte Auslegung für die rechtliche Verbindlichkeit des Verursacherprinzips.[343] Verletze ein Rechtsakt im Anwendungsbereich des Gemeinschaftsrechts das Verursacherprinzip, könne das zu seiner Nichtigkeit führen.[344]

Die Verbindlichkeit des Verursacherprinzips für das Sekundärrecht und seine Umsetzung sei aber nur prinzipieller Natur. Da Art. 174 Abs. 2 Satz 2 EG ein Prinzip statuiere, ergäben sich daraus noch keine Rechte und Pflichten.[345] Aufgrund der Abstraktheit des Verursacherprinzips bedürfe es immer einer problembezogenen Konkretisierung und Optimierung.[346] Dem Gesetzgeber stehe eine Gestaltungsbefugnis zu. Er müsse entscheiden, ob und wie er das Verursacherprinzip verwirkliche. Er müsse dabei kollidierende Prinzipien und Belange

---

341 Jahns-Böhm, in: Schwarze, Art. 174 EG Rn. 17; Calliess, in: Calliess/Ruffert, Art. 174 EG Rn. 46, Epiney, S. 108, Schröder, Umweltschutz, Rn. 45.
342 Schröder, Umweltschutz, Rn. 46; ebenso wird in der französischen Sprachfassung argumentiert: Sadeleer, Cah. dr. eur. Bruxelles 2001, S. 91, 111.
343 Schröder, Umweltschutz, Rn. 46.
344 Epiney, S. 108.
345 Humphreys, E.L. Rev. 2001, S. 451, 453.
346 Epiney, S. 104.

ausgleichen.[347] Eine strikte kompromisslose Verwirklichung des Grundsatzes könne es daher nicht geben.[348] Der Gestaltungsspielraum des Gesetzgebers habe zur Folge, dass nur eine begrenzte richterliche Kontrolle zulässig sei.[349]

Der Gerichtshof prüfte in der Rechtssache *Standley*, ob eine Richtlinie gegen das Verursacherprinzip verstößt. Die Kläger hatten gerügt, dass andere potentielle Kläger nicht zur Beseitigung der Umweltbelastungen herangezogen wurden.[350] Der Gerichtshof prüfte aber nicht, ob sich aus dem Verursacherprinzip eine Pflicht zur Einbeziehung anderer Verursacher ergibt. Er stellte lediglich fest, dass die Kläger nur die selbstverursachten Belastungen beseitigen müssten.[351] Außerdem würden ihnen nur erforderliche Maßnahmen aufgebürdet.[352] Folglich sei die Richtlinie mit dem Verursacherprinzip vereinbar.[353]

Das Urteil in der Rechtssache *Standley* zeigt, dass der Gerichtshof zwar das Verursacherprinzip für einen verbindlichen Rechtssatz hält. Andernfalls hätte er nicht die Vereinbarkeit der streitgegenständlichen Richtlinie mit dem Verursacherprinzip geprüft. Gleichzeitig beschränkt er aber seinen Prüfungsmaßstab. Er fragt zwar, ob die Kläger wirklich Verursacher waren, und ob die ihnen auferlegten Pflichten erforderlich sind. Bei einer Verneinung dieser Fragen wäre ein Verstoß gegen das Verursacherprinzip möglich gewesen. Der Gerichtshof geht aber trotz der ausdrücklichen Rüge der Kläger nicht darauf ein, dass andere potentielle Verursacher nicht belastet werden. Offensichtlich sieht er hier das Ende seiner Prüfungskompetenz. Aus dem primärrechtlichen Verursacherprinzip leitet er also nur ab, dass Nichtverursacher nicht belastet werden dürfen. Er sieht darin aber keine Verpflichtung, dass alle Verursacher belastet werden müssen. Damit räumt der Gerichtshof dem Gesetzgeber einen Gestaltungsspielraum ein. Dem entspricht die Auffassung in der Literatur, wonach sich aus dem Verursacherprinzip noch nicht zwingend ableiten lässt, welcher der Verursacher in welchem Ausmaß an den Beseitigungskosten einer Umweltbelastung beteiligt wird.

Literatur und Rechtsprechung ist darin zuzustimmen, dass sich aus dem Verursacherprinzip als solchem noch keine konkreten Verpflichtungen ergeben können. Vielmehr handelt es sich um einen Aspekt unter mehreren, der im Zuge der Rechtssetzung berücksichtigt werden muss. So legt Art. 174 Abs. 2 Satz 2 EG

---

347 Calliess, in: Calliess/Ruffert, Art. 174 EG Rn. 47.
348 Schröder, Umweltschutz, Rn. 46.
349 Calliess, in: Calliess/Ruffert, Art. 174 EG Rn. 47.
350 EuGH (Urteil v. 29.4.1999), Rs. C-293/97 (The Queen/Secretary of State for the Environment, Minister of Agriculture, Fisheries and Food, ex parte: Standley u.a.), Slg. 1999, I-2626, Rn. 43.
351 EuGH a.a.O., Rn. 51.
352 a.a.O., Rn. 52.
353 a.a.O., Rn. 58.

fest, dass die Umweltpolitik neben dem Verursacherprinzip auch auf den Grundsätzen der Vorsorge und Vorbeugung beruht und dem Grundsatz, Umweltbeeinträchtigungen mit Vorrang an ihrem Ursprung zu bekämpfen. Schon zwischen diesen Grundsätzen kann es zu Zielkonflikten kommen. Aber auch andere Erwägungen können bei der Verwirklichung des Verursacherprinzips einfließen. So kann es geboten sein, nicht alle Verursacher gleich stark zur Finanzierung der Belastungsbeseitigung heranzuziehen, wenn manche Verursacher diese Aufgabe effizienter erzielen können. Folglich sind die Mitgliedstaaten bei der Umsetzung der Verpack-RL aufgrund von Primärrecht zwar gehalten, das Verursacherprinzip zu beachten. Im Rahmen der Abwägung mit anderen Belangen bleibt es aber ihnen überlassen, inwieweit das Verursacherprinzip bei der Finanzierung der Rücknahme- und Verwertungspflichten zum Zuge kommt. Somit führt auch das aufgrund von Art. 174 Abs. 2 Satz 2 EG geltende Verursacherprinzip keine zwingende Vorentscheidung über die Träger der Entsorgungskosten herbei.

(ii)   Art. 15 AbfallR-RL

Das im Primärrecht abstrakt gehaltene Verursacherprinzip ist aber für das Abfallrecht schon in Art. 15 AbfallR-RL konkretisiert worden. Die Vorschrift legt verbindlich fest, dass gemäß dem Verursacherprinzip nur Abfallbesitzer, frühere Besitzer oder Hersteller für die Zahlung der Abfallbeseitigung in Frage kommen. Die Regel des Art. 15 AbfallR-RL gilt zwar nur für die Kosten der Beseitigung der Abfälle. Die Frage der Verwertungskosten lässt sie unbeantwortet. Rücknahmekosten sind aber auch Teil der Beseitigungskosten. Folglich könnte die AbfallR-RL zumindest hinsichtlich eines Teiles der Rücknahmekosten der Verpack-RL festlegen, dass nur Nutzer und Hersteller für die Finanzierung in Frage kommen. Somit könnte durch Art. 15 AbfallR-RL eine bestimmte Interpretation des Verursacherprinzips bei der Umsetzung der Verpack-RL verbindlich geworden sein. Fraglich ist aber, ob die Vorschriften der AbfallR-RL überhaupt im Geltungsbereich der Verpack-RL wirken. Art. 2 Abs. 2 AbfallR-RL sieht ausdrücklich ergänzende und spezielle Regelungen für bestimmte Abfallgruppen in weiteren Richtlinien vor. Dies könnte einen Vorrang der AbfallR-RL vor der Verpack-RL begründen. Zu klären ist, ob es sich bei der Verpack-RL um eine ergänzende Richtlinie im Sinne von Art. 2 Abs. 2 AbfallR-RL handelt und, wenn ja, welche Auswirkungen das auf das Verhältnis zwischen den beiden Richtlinien hat.

In seinen Schlussanträgen in der Rechtssache *Mayer Parry*[354] ging Generalanwalt *Albers* auf das Verhältnis zwischen den beiden Richtlinien ein. Zunächst

---

354 GA Alber (Schlussanträge vom 4.7.2002), Rs. C-444/00 (The Queen, auf Antrag von Mayer Parry Recycling Ltd./Environment Agency, Secretary of State for the Environment, Transport and the Regions), Slg. 2003, I-6166.

stellte er fest, dass die Verpack-RL eine ergänzende Spezialregelung im Sinne von Art. 2 Abs. 2 AbfallR-RL darstelle.[355] Dann untersuchte er, ob aus dieser Tatsache ein Rangverhältnis abzuleiten sei. Art. 2 Abs. 2 AbfallR-RL sei zwar wie eine Ermächtigungsgrundlage formuliert. Die Befugnis für den Erlass von Richtlinien auf dem Gebiet der Abfallbewirtschaftung ergebe sich aber schon unmittelbar aus dem EG-Vertrag. Daher sei in der AbfallR-RL gar keine Ermächtigungsgrundlage zum Erlass von weiteren Richtlinien nötig. Die Verpack-RL sei auf die Kompetenz zur Vollendung des Binnenmarktes gestützt und habe daher auch ohne Art. 2 Abs. 2 AbfallR-RL erlassen werden können.[356] Aus diesem Grund bestehe zwischen den beiden Richtlinien auch keine Normenhierarchie. Vielmehr handele es sich um gleichrangige, unmittelbar auf den Vertrag gestützte Sekundärrechtsakte. Somit habe die AbfallR-RL auch keinen Vorrang vor der Verpack-RL. Die Verpack-RL bilde aber für die von ihr erfasste Abfallgruppe eine Spezialregelung, die bei Normkollisionen der AbfallR-RL vorgehe.[357] Dabei behalte die AbfallR-RL wegen den Verweisungen der Verpack-RL und den sich überschneidenden Anwendungsbereichen eine Bedeutung für die Behandlung von Verpackungsabfällen.[358]

Der Gerichtshof ging in seinem Urteil in der Rechtsache *Mayer Parry*[359] anders vor, um das Verhältnis der beiden Richtlinien zu klären. Zunächst stellte er fest, dass die Vorschrift des Art. 2 Abs. 2 aus der AbfallR-RL eine Rahmenrichtlinie gemacht habe.[360] Da die Verpack-RL die Bewirtschaftung einer besondern Abfallgruppe regele, handele es sich um eine Richtlinie, deren Vorschriften gegenüber denen der AbfallR-RL besonders und ergänzend seien.[361] Die AbfallR-RL sei für die Auslegung der Verpack-RL dennoch aus drei Gründen von Bedeutung. Erstens ergebe sich aus dem Wortlaut der Verpack-RL, dass sie sich in die von der AbfallR-RL begründete Gemeinschaftsstrategie für die Abfallbewirtschaftung einreihe.[362] Zweitens verweise die Verpack-RL bei ihren Definitionen auf die Terminologie der AbfallR-RL.[363] Drittens fielen Verpackungsabfälle nicht nur in den Anwendungsbereich der Verpack-RL, sondern unterlägen als Abfälle auch den Regelungen der AbfallR-RL.[364] Die Verpack-RL sei dabei lex

---

355 a.a.O., Rn. 92.
356 a.a.O., Rn. 93.
357 a.a.O., Rn. 94.
358 a.a.O., Rn. 95-99.
359 EuGH (Urteil v. 19.6.2003), Rs. C-444/00 (The Queen, auf Antrag von Mayer Parry Recycling Ltd./Environment Agency, Secretary of State for the Environment, Transport and the Regions), Slg. 2003, I-6204.
360 a.a.O. Rn. 51.
361 a.a.O., Rn. 52.
362 a.a.O., Rn. 54.
363 a.a.O., Rn. 55.
364 a.a.O., Rn. 56.

specialis zur AbfallR-RL. Soweit sich die Regelungen der beiden Richtlinien überschnitten, ginge die Verpack-RL der AbfallR-RL vor.[365]

Schlussanträge und Urteil in der Rechtsache *Mayer Parry* kommen auf verschiedenen Wegen zu dem Ergebnis, dass die Verpack-RL lex specialis zur AbfallR-RL ist. Generalanwalt *Alber* prüft zunächst, ob Art. 2 Abs. 2 AbfallR-RL die Ermächtigungsgrundlage für die Verpack-RL darstellt. Er geht implizit davon aus, dass eine Richtlinie, die als Ermächtigungsgrundlage für eine andere dient, zur abgeleiteten Richtlinie höherrangig ist. Weil sich die Verpack-RL aber auf eine Rechtsgrundlage im EG-Vertrag stützen kann, sieht er in Art. 2 Abs. 2 AbfallR-RL nicht die Ermächtigungsgrundlage für die Verpack-RL. Aus diesem Grund verneint er einen Vorrang der AbfallR-RL gegenüber der Verpack-RL. Stattdessen nimmt er an, dass die beiden Richtlinien gleichrangig nebeneinander stehen. Wegen der genaueren Regelungen sei die Verpack-RL aber lex specialis. Im Konfliktfall sollten daher die Regelungen der Verpack-RL vorgehen.

Der Gerichtshof dagegen geht gar nicht ausdrücklich auf die Frage ein, ob die AbfallR-RL der Verpack-RL als Ermächtigungsgrundlage dient. Vielmehr stellt er fest, dass es sich bei der AbfallR-RL aufgrund ihres Art. 2 Abs. 2 um eine Rahmenrichtlinie handelt. Die Verpack-RL sei eine ergänzende Einzelrichtlinie im Sinne von Art. 2 Abs. 2 AbfallR-RL. Der Gebrauch dieser Begriffe drückt aber ein bestimmtes Verständnis vom Verhältnis der beiden Richtlinien aus. In seiner Rechtsprechung benutzt der Gerichtshof die Begriffe „Rahmenrichtlinie" und „Einzelrichtlinie", um ein Spezialitätsverhältnis auszudrücken. Rahmenrichtlinien enthalten allgemeine Grundsätze, die später in Einzelrichtlinien näher ausgeführt und fortentwickelt werden. Die Vorschriften der Rahmenrichtlinie gelten dann grundsätzlich auch im Bereich der Einzelrichtlinien, ohne dass sie ausdrücklich wiederholt werden müssten. Die Begriffe „Rahmenrichtlinie" und „Einzelrichtlinie" sollen also nicht ausdrücken, dass die eine Richtlinie Rechtsgrundlage für die andere ist und daher einen höheren Rang hat.[366] Diese Verwendung der Begriffe „Rahmenrichtlinie" und „Einzelrichtlinie" stimmt mit den Erläuterungen des Generalanwalts *Jacobs* in den Schlussanträgen[367] der Rechtsache *AvestaPolarit* zum Zweck des Art. 2 Abs. 2 AbfallR-RL überein. Die Vorschrift habe lediglich klarstellen sollen, dass der Gemeinschaftsgesetzgeber nach dem Erlass einer allgemeinen Regelung weiterhin zum Erlass von Richtli-

---

365 a.a.O., Rn. 57.

366 EuGH (Urteil v. 3.10.2000), Rs. 303/98 (Sindicato de Médicos de Asistencia Pública/Conselleria de Sanidad y Consumo de la Gerneralidad Valenciana), Slg. 2000, I-7963, Rn. 3; (Urteil v. 26.6.2001), Rs. C-173/99 (The Queen/Secretary of State for Trade and Industry), Slg. 2001, I-4881, Rn. 5; GA Jacobs (Schlussanträge v. 10.4.2003), Rs. C-114/01 (AvestaPolarit Chrome Oy), n.n.i.Slg., Rn. 62.

367 GA Jacobs (Schlussanträge v. 10.4.2003), Rs. C-114/01 (AvestaPolarit Chrome Oy), n.n.i.Slg.

nien auf diesem Gebiet befugt bleibe, solange es sich um spezifische Regelungen handele, die die AbfallR-RL ergänzen.[368] Rahmenrichtlinien enthalten also allgemeine Regelungen, die durch besondere Regelungen ergänzt werden können. Die besonderen Regelungen gehen dann den allgemeinen vor. Der Gerichtshof kommt mit der Qualifikation als Rahmen- und ergänzende Einzelrichtlinie zum Ergebnis, dass die Verpack-RL als Spezialgesetz der AbfallR-RL vorgeht. Auch der Gerichtshof geht davon aus, dass die AbfallR-RL keine Ermächtigungsgrundlage für die Verpack-RL darstellt. Folglich stehen AbfallR-RL und Verpack-RL nach Ansicht des Gerichtshof auf derselben Normstufe.

Sowohl AbfallR-RL als auch Verpack-RL sind aufgrund von Rechtsgrundlagen im Primärrecht erlassen worden. Daher kann keiner der beiden Richtlinien eine höhere Verbindlichkeit zukommen als der anderen. Im Gemeinschaftsrecht gelten zwischen zwei Sekundärrechtsakten die allgemeinen Regeln juristischer Methodenlehre. Das spezielle Gesetz verdrängt das allgemeinere.[369] Während die AbfallR-RL allgemein Fragen des Abfalls regelt, befasst sich die Verpack-RL mit den Verpackungsabfällen. Die Verpack-RL bildet für die von ihr erfasste Abfallgruppe eine Spezialregelung, die im Fall von Normkollisionen der AbfallR-RL vorgeht.[370] Folglich gilt die AbfallR-RL für Verpackungsabfälle nur, soweit die Verpack-RL nichts Abweichendes regelt. Somit ist der Rechtsprechung des Gerichtshof zu folgen, der die AbfallR-RL als Rahmenrichtlinie qualifiziert und damit den Vorrang der speziellen Regeln der Verpack-RL annimmt. Die Regel der Verpack-RL, wonach die Mitgliedstaaten über die Anwendung des Verursacherprinzips entscheiden können, verdrängt Art. 15 AbfallR-RL, der bestimmt, dass die Kosten der Beseitigung nur den Besitzern und den Herstellern in Rechnung gestellt werden können. Die Mitgliedstaaten sind bei der Umsetzung der Verpack-RL also nicht an die Konkretisierung des Verursacherprinzips gebunden, die in der AbfallR-RL festgelegt ist. Auch Art. 15 AbfallR-RL schränkt die Wahl der Kostenpflichtigen im Anwendungsbereich der Verpack-RL also nicht ein. Die Geltung des Verursacherprinzips führt also nicht dazu, dass die Mitgliedstaaten bei der Umsetzung der Verpack-RL dazu gezwungen sind, die Wirtschaftsbeteiligten oder die Nutzer zur Finanzierung der Entsorgungsmaßnahmen heranzuziehen.

b.   Indizien aus der Altöl-RL

Eine Einschränkung des Kreises der möglichen Kostenträger kann sich aber aus dem Vergleich mit andern Richtlinien auf dem Gebiet des Umweltrechts erge-

---

368 a.a.O., Rn. 65.

369 Ruffert, in: Callies/Ruffert, Art. 249 EG Rn. 11; Schmidt, in: GTE, Art. 189 EGV, Rn. 23.

370 Entsprechend sieht Hedemann-Robinson, EELR 2003, S. 52, 54 die Elektroschrott-RL als lex specialis zur AbfallR-RL.

ben. Es gibt andere Richtlinien, die Sammelverpflichtungen der Wirtschaft vorsehen, dabei aber ausdrücklich zulassen, dass die Mitgliedstaaten die Kosten für diese Sammlungen übernehmen. So sieht die Altöl-RL in Art. 5 Abs. 2 vor, dass die Mitgliedstaaten Unternehmen zur Sammlung von Altöl veranlassen können, wenn eine umweltschonende Beseitigung nicht anders erreicht werden kann. Erwägungsgrund 9 Altöl-RL bestimmt, dass die dadurch entstehenden Kosten der Unternehmen durch Zuschüsse ausgeglichen werden. In Art. 14 Abs. 1 Altöl-RL erhalten die Mitgliedstaaten daher das Recht, diesen Unternehmen die Kosten für die Sammlung zu ersetzen.

Die Verpack-RL enthält keine Vorschriften, die Art. 14 Abs. 1 Altöl-RL entsprechen. Wenn die Mitgliedstaaten in der Altöl-RL ausdrücklich dazu ermächtigt wurden, den Wirtschaftsbeteiligten die Kosten der Rücknahme zu ersetzen, eine solche Ermächtigung aber in der Verpack-RL fehlt, so folgt daraus, dass die Mitgliedstaaten im Geltungsbereich der Verpack-RL nicht dazu befugt sind, Wirtschaftsbeteiligten die Kosten zu ersetzen, die ihnen aus Rücknahme- und Verwertungspflichten entstehen. Der Entscheidungsspielraum der Mitgliedstaaten hinsichtlich der Entsorgungsfinanzierung ist im Bereich der Verpack-RL also eingeschränkt. Wenn sich die Mitgliedstaaten dafür entscheiden, dass die Rücknahmesysteme der Verpack-RL von Wirtschaftsbeteiligten getragen werden müssen, ist es ihnen verwehrt, dafür selbst die Kosten zu tragen.

c.   Zwischenergebnis

Die Verpack-RL spricht sich für die Anwendung des Verursacherprinzips aus. Sie legt den Mitgliedstaaten nahe, Wirtschaftsbeteiligte und Nutzer für die Entsorgung zahlen zu lassen. Die Verpack-RL überlässt den Mitgliedstaaten aber die endgültige Entscheidung. Das primärrechtliche Gebot, das Verursacherprinzip anzuwenden, ist zwar auch im Anwendungsbereich der Verpack-RL verbindlich, räumt aber dem Gesetzgeber einen Gestaltungsspielraum ein, sodass sich aus ihm keine zwingenden Vorgaben ableiten lassen. Die Konkretisierung, die das Verursacherprinzip in Art. 15 AbfallR-RL gefunden hat, ist für die Verpack-RL nicht verbindlich, weil beide Richtlinien auf gleicher Stufe stehen und die Verpack-RL als lex specialis vorgeht. Nur wenn die Mitgliedstaaten ihr Wahlrecht in Art. 7 Abs. 1 Verpack-RL so ausüben, dass Rücknahme und Verwertung nicht von ihnen selbst, sondern von Wirtschaftsbeteiligte betrieben werden müssen, ergibt sich eine Einschränkung. Wie der Vergleich mit der Altöl-RL ergibt, ist es den Mitgliedstaaten in diesem Fall verwehrt, die Kosten für Rücknahme und Verwertung zu übernehmen.

2.   Die Altfahrzeug-RL

Die Altfahrzeug-RL bestimmt, dass die Wirtschaftsbeteiligten die Altprodukte zurücknehmen und verwerten müssen. Im Gegensatz zur Verpack-RL enthält sie ausdrückliche Regelungen dazu, wer die Kosten der Entsorgungsmaßnahmen tragen soll und wer nicht an den Kosten beteiligt werden darf.

a. Kosten des Letzthalters

Die Altfahrzeug-RL legt in Art. 5 Abs. 4 UAbs. 1 zunächst fest, inwiefern dem Letztbenutzer bei der Rückgabe Kosten entstehen dürfen. Die Vorschrift verpflichtet die Mitgliedstaaten dazu, sicherzustellen, dass die Ablieferung eines Fahrzeugs für den Letzthalter oder Letzteigentümer ohne Kosten aufgrund des nicht vorhandenen oder negativen Marktwerts des Fahrzeugs erfolgt. Die Vorschrift zielt darauf ab, die Kosten zu minimieren, die der Letzthalter nach Ende der Benutzungszeit für die Entsorgung zahlen muss. Fraglich ist, in welchem Ausmaß die Vorschrift zum Zeitpunkt der Rücknahme eine Beteiligung des Nutzers an den Entsorgungskosten zulässt.

(1)   Kosten aufgrund des nicht vorhandenen oder negativen Marktwertes

Einige Autoren sind der Ansicht, dass Art. 5 Abs. 4 UAbs. 1 Altfahrzeug-RL den Letzthalter anlässlich der Rückgabe völlig von Kosten freistelle. Das ergebe sich aus der Formulierung, dass die Ablieferung ohne Kosten für den Letzthalter erfolge.[371] Andere Autoren widersprechen dieser Behauptung. Die Altfahrzeug-RL verbiete nur solche Kosten, die „aufgrund des nicht vorhandenen oder negativen Marktwertes" entstünden. Damit dränge sich der Gegenschluss auf, dass dem Letzthalter solche Kosten auferlegt werden dürften, die nicht auf dem nicht vorhandenen oder negativen Marktwertes eines Altfahrzeuges beruhten.[372] Daher sei es im Rahmen der Altfahrzeug-RL zulässig, bei der Rückgabe pauschale Abmeldegebühren zu verlangen.[373] Die Kosten der Überführung und Abmeldung eines Altfahrzeuges beruhten nämlich nicht auf dem negativen Marktwert eines Fahrzeugs, sodass sie dem Letzthalter in Rechnung gestellt werden dürften.[374]

Die Ansicht, dass bei der Rückgabe aufgrund der Regelungen der Altfahrzeug-RL keinerlei Kosten für den Letzthalter entstehen dürfen, ist mit dem Wortlaut der Richtlinie nicht vereinbar. Wenn der Gemeinschaftsgesetzgeber eine absolute und völlige Kostenfreistellung des Letzthalters beabsichtigt hätte, so hätte er die verbotenen Kosten nicht weiter dahingehend definieren müssen, dass es sich dabei um solche handelt, die „aufgrund des nicht vorhandenen oder negativen Marktwerts" entstehen. Der Zusatz stellt vielmehr eine Einschränkung des Verbotes dar. Die Vorschrift verbietet es also nicht, dem Letzthalter andere als die verbotenen Kosten aufzuerlegen. Die Wirtschaftsbeteiligten können solche Kosten ersetzt verlangen, die nicht auf dem fehlenden Marktwert eines Altfahrzeugs

---

371 Berg/Nachtsheim, DVBl. 2001, S. 1103, 1104; Fuchsbrunner, S. 23.
372 Deimann, in: Brockmann/Deimann/Wallau/Dette, S. 128.
373 Fischer, Strategien, S. 284.
374 Deimann, in: Brockmann/Deimann/Wallau/Dette, S. 129.

beruhen, wie z.B. Überführungskosten. Fraglich ist aber, welche Kosten bei der Ablieferung eines Altfahrzeuges überhaupt aufgrund des vorhandenen oder negativen Marktwertes entstehen.

Um herauszufinden, welche Entsorgungskosten aufgrund eines negativen Marktwerts entstehen, ist ein Vergleich mit den Entsorgungskosten eines Altfahrzeugs mit vorhandenem Marktwert erforderlich. Nur die Entsorgungskosten, die bei der Entsorgung eines Fahrzeugs mit Marktwert nicht entstehen, wohl aber bei einem Fahrzeug ohne Marktwert, sind verboten. Die Altfahrzeuge müssen aufgrund der Regelungen der Altfahrzeug-RL ausnahmslos zurückgenommen und behandelt werden. Die Rücknahme- und Verwertungspflichten bestehen bei allen Altfahrzeugen, egal ob sie einen Marktwert haben oder nicht. Folglich sind auch die Entsorgungskosten vom Marktwert des Altfahrzeugs unabhängig. Daher lassen sich keine Kostenfaktoren finden, die nur bei Altfahrzeugen ohne oder mit negativem Marktwert bestünden. Nach diesem Verständnis verbietet Art. 5 Abs. 4 UAbs. 1 Altfahrzeug-RL Kosten, die es nicht gibt. Das Kostenverbot wäre dann sinnentleert, da die Vorschrift etwas verböte, was gar nicht eintreten kann.

Die Vorschrift ergibt nur Sinn, wenn nicht nur die Kosten, sondern auch die Einnahmen aus der Verwertung eines Altfahrzeugs in Betracht gezogen werden. Diesbezüglich ergibt sich nämlich ein Unterschied zwischen der finanziellen Situation bei einem Fahrzeug mit und ohne Marktwert. Hat ein Altfahrzeug keinen Marktwert, fallen lediglich Kosten an. Bei einem Fahrzeug mit Marktwert fallen zunächst dieselben Kosten an. Diesen stehen aber Einnahmen aus dem Verkauf von Fahrzeugteilen und dem Recycling von Rohstoffen gegenüber. So können bei einem Fahrzeug mit Marktwert die Einnahmen aus der Verwertung die Kosten der Entsorgung decken oder verringern. Bei Fahrzeugen ohne Marktwert werden dagegen Verluste entstehen. Die Wirtschaftsbeteiligte werden versucht sein, diesen Verlust an den Letzthalter weiterzugeben. Die Vorschrift ist daher so zu verstehen, dass die Wirtschaftsbeteiligten dem Letzthalter bei der Ablieferung keine Entsorgungskosten in Rechnung stellen dürfen, die nach dem zu erwartenden Verlust gestaffelt sind. Die Ursache für eine Kostenpflicht des Letzthalters darf nicht darin liegen, dass ein Altprodukt vom Verwerter nicht mehr gewinnbringend vermarktet werden kann. Die Vorschrift hat zum Zweck, dass die Entsorgung der Altfahrzeuge, die keinen oder einen negativen Wert besitzen, für den Letzthalter genauso teuer ist wie die Entsorgung eines Altfahrzeuges, das noch über einen Wert besitzt. Die Wirtschaftsbeteiligten dürfen nicht danach unterscheiden, ob das Altfahrzeug noch Gewinn einbringt oder nicht. Art. 5 Abs. 4 UAbs. 1 verbietet also zunächst, dass eine Zahlung des Letzthalters bei der Ablieferung vom Verlust bei der Entsorgung abhängig gemacht wird. Wird die Vorschrift für sich ausgelegt, enthält sie somit kein Kostenverbot, sondern nur das Verbot, Altfahrzeuge mit geringerem Marktwert gegenüber solchen mit höherem Marktwert zu diskriminieren. Die Vorschrift allein bestimmt nicht, in welcher Höhe Kosten anfallen dürfen, sondern nur, dass diese Kosten für alle gleich sein müssen.

Wird Art. 5 Abs. 4 UAbs. 1 Altfahrzeug-RL aber in den Regelungszusammenhang mit dem Rest der Altfahrzeug-RL gestellt, lassen sich Aussagen über die Höhe der zulässigen Kosten machen. So müssen nach Art. 5 Abs. 4 UAbs. 2 Altfahrzeug-RL die Hersteller „alle oder einen wesentlichen Teil" der Kosten tragen. Der Endnutzer kann aber nur zur direkten Zahlung solcher Entsorgungskosten verpflichtet sein, die noch nicht vom Hersteller bezahlt werden. Folglich kann für den Endnutzer kein oder nur ein unwesentlicher Anteil der Entsorgungskosten direkt zu zahlen sein. Eine nur geringe direkte Kostenbelastung der Endnutzer bei der Rückgabe entspricht auch dem Zweck der Altfahrzeug-RL, die Umweltbelastungen durch Altfahrzeuge zu verringern.[375] Die Mitgliedstaaten sollen nämlich dafür sorgen, dass sämtliche Altfahrzeuge den Verwertungsanlagen zugeleitet werden.[376] Um sicherzustellen, dass wirklich alle Altfahrzeuge zurückgegeben werden, müssen die Mitgliedstaaten die Rückgabekosten für den Letzthalter so niedrig halten, dass keine abschreckende Wirkung von ihnen ausgeht.

Für diese Auslegung spricht auch der Wortlaut des Art. 5 Abs. 4 UAbs. 3 Altfahrzeug-RL. Danach ist die Ablieferung von Fahrzeugen, denen wesentliche Bestandteile fehlen oder denen Abfall hinzugefügt wurde „nicht völlig kostenlos". Diese Formulierung legt auf den ersten Blick nahe, dass die Rückgabe in allen anderen Fällen völlig kostenlos ist. Dieser Schluss ist aber nicht zulässig, weil ansonsten die Wertung des Art. 5 Abs. 4 UAbs. 1 Altfahrzeug-RL missachtet würde, nur Kosten aufgrund des nicht vorhandenen oder negativen Marktwertes zu verbieten. Die beiden Vorschriften werden dann möglichst gut in Einklang gebracht, wenn die Kosten, die nach Art. 5 Abs. 4 UAbs. 1 Altfahrzeug-RL erhoben werden dürfen, gering bleiben. Folglich dürfen dem Nutzer bei der Rückgabe nur geringe Kosten in Rechnung gestellt werden. Außerdem dürfen die Kosten nicht vom Marktwert des Altfahrzeugs abhängig gemacht werden.

(2) Begriff der Ablieferung

Weitere Kosten der Nutzer könnten nach Art. 5 Abs. 4 UAbs. 1 Altfahrzeug-RL zulässig sein, wenn sich das Gebot, nur geringe und nicht-diskriminierende Kosten zu erheben, nur auf einen zeitlich eng beschränkten Bereich erstreckte. Der Wortlaut der Vorschrift besagt, dass *die Ablieferung* ohne Kosten aufgrund des

---

375 Erwägungsgrund 1, Art. 1 Altfahrzeug-RL.
376 Art. 5 Abs. 2 Altfahrzeug-RL.

Marktwertes erfolgt. Auf den ersten Blick hat es den Anschein, dass damit nur die Rückgabe gemeint ist. Wenn die Ablieferung selbst kostenarm erfolgt, könnte das trotzdem zulassen, dass dem Letztbenutzer *anlässlich* der Rückgabe andere Kosten als die der Rücknahme in Rechnung gestellt werden. So könnten die Rücknahmestellen Kosten für die Verwertung und Behandlung der Altprodukte erheben. Diese Interpretation liefe darauf hinaus, dass dem Letztbenutzer bei der Ablieferung doch weitere Kosten entstehen könnten, nur eben nicht für die Rücknahme, sondern z.b. als „Verwertungskosten" deklariert. Für den Letztbenutzer hätten diese Kosten jedoch den gleichen Effekt wie solche für die Rücknahme. Wenn er bei der Ablieferung zahlen müsste, wäre es ihm gleich, ob das Geld für die Rücknahme oder die Verwertung benutzt wird. Nutzer werden von der Rückgabe eines Altproduktes abgeschreckt, wenn ihnen dadurch im Zeitpunkt der Rückgabe Kosten entstehen.[377] Bei einer Kostenpflicht anlässlich der Rückgabe steht zu befürchten, dass Letztbesitzer ihre Altfahrzeuge lieber „wild" entsorgen statt sie zurückzugeben. Folglich kann Art. 5 Abs. 4 UAbs. 1 Altfahrzeug-RL nur so interpretiert werden, dass sich die Kostenbeschränkung für die Letzthalter bei der Ablieferung sowohl auf Kosten der Rücknahme wie auf Kosten der Verwertung bezieht.

(3)   Ausnahmsweise höhere Kostenbelastung der Letzthalter

Nach Art. 5 Abs. 4 UAbs. 3 Altfahrzeug-RL können die Mitgliedstaaten vorsehen, dass die Ablieferung von Altfahrzeugen nicht völlig kostenlos ist, wenn ein Altfahrzeug ausgeschlachtet oder verschmutzt ist. Aus der Formulierung „nicht völlig kostenlos" folgt, dass in diesem Fall nur die Mehrkosten in Rechnung gestellt werden dürfen, die aus dem minderwertigen Zustand eines solchen Fahrzeugs resultieren. Ansonsten sind die Letzthalter im gleichen Maße von den Kosten freigestellt wie die Halter von einwandfreien Altfahrzeugen. Fehlen dem Fahrzeug wesentliche Bestandteile, so kann vom Letzthalter nur der Betrag verlangt werden, den diese Teile ansonsten auf dem Markt erbracht hätten. Ist das Fahrzeug verschmutzt, so können die Letzthalter zur Zahlung der Reinigungskosten verpflichtet werden.

b.   Kostentragungspflicht der Hersteller

Gemäß Art. 5 Abs. 4 UAbs. 2 Altfahrzeug-RL müssen die Mitgliedstaaten sicherstellen, dass die Hersteller alle oder einen wesentlichen Teil der Entsorgungskosten tragen und/oder Altfahrzeuge unter den in Unterabsatz 1 genannten Bedingungen zurücknehmen. Unklar ist, inwiefern die Mitgliedstaaten den Herstellern bei der Umsetzung dieser Vorschrift die Entsorgungskosten auferlegen dürfen.

---

377 Bergkamp, EELR 2001, S. 322, 324.

(1)   Völlige Freistellung der Hersteller ?

Berg/Nachtsheim halten die Mitgliedstaaten aufgrund von höherrangigem Gemeinschaftsrecht dazu verpflichtet, die Hersteller von den Entsorgungskosten freizustellen. Die Argumentation baut auf den verschiedenen Auslegungsmöglichkeiten der Altfahrzeug-RL auf. Der auf Deutsch, Französisch und Englisch übereinstimmende Wortlaut[378] des Art. 5 Abs. 4 UAbs. 2 Altfahrzeug-RL enthalte insgesamt vier verschiedene Möglichkeiten, wie die Hersteller an den Kosten der Entsorgung beteiligt werden könnten.[379] Entscheidend sei dabei, für welche der angebotenen Alternativen sich die Mitgliedstaaten entscheiden. Die ersten beiden Möglichkeiten der Anwendung des Art. 5 Abs. 4 UAbs. 2 Altfahrzeug-RL bestünden darin, nur den ersten Satzteil umzusetzen. Die Mitgliedstaaten seien dazu befugt, weil der zweite Satzteil durch ein „und/oder" an den ersten Satzteil angehängt sei. Durch das „oder" sei ausgedrückt, dass die beiden Satzteile alternativ angewendet werden könnten. In diesen Umsetzungsszenarien müssten die Hersteller die Kosten entweder ganz oder teilweise tragen. Neben diesen beiden ersten Möglichkeiten der Anwendung könnten die Mitgliedstaaten die Hersteller als dritte Möglichkeit kumulativ dazu verpflichten, den ersten und den zweiten Satzteil zu erfüllen. Die Hersteller müssten dann nicht nur die Kosten ganz oder teilweise tragen, sondern zusätzlich den Anforderungen des zweiten Satzteils entsprechen. Dieser sieht vor, dass die Hersteller die Altfahrzeuge weitgehend kostenlos zurücknehmen. Diese Möglichkeit ergebe sich daraus, dass der zweite Satzteil auch durch ein „und" angeschlossen sei. Als vierte Möglichkeit komme schließlich in Betracht, die Konjunktion „oder" so anzuwenden, dass die Hersteller nur die Pflichten des zweiten Satzteils erfüllen müssten, ohne dass für sie der erste Satzteil gelte. Dann wären die Hersteller nur dafür verantwortlich, dass die Letzthalter weitgehend kostenfrei ihr Altprodukt zurückgeben können. Sie wären aber nicht verpflichtet, die dadurch entstehenden Kosten selbst zu tragen. In dieser Auslegungsvariante sei völlig offen, wer die Entsorgungskosten trage.[380]

Art. 5 Abs. 4 UAbs. 2 Altfahrzeug-RL lasse den Mitgliedstaaten also die Wahl zwischen vier Szenarien der Kostenbeteiligung der Hersteller. Im vierten Szenario seien die Hersteller völlig von den Kosten befreit. Die Mitgliedstaaten seien zwar grundsätzlich frei, unter den vier gleichberechtigten Szenarien zu wählen.

---

378 Berg/Nachtsheim, DVBl. 2001, S. 1003, 1004 zitieren als Beleg den entsprechenden Wortlaut des Art. 5 Abs. 4 UAbs. 2 Altfahrzeug-RL. Französische Fassung: „[…]les producteurs supportent la totalité ou une partie significative des coûts de la mise en oeuvre de cette mesure et/ou […]ils reprennent les véhicules hors d'usage aux mêmes conditions que celles visées au premier alinéa." Englische Fassung: „[…] producers meet all, or a significant part of, the costs of the implementation of this measure and/or take back end-of-life vehicles under the same conditions as referred to in the first subparagraph."
379 Berg/Nachtsheim, DVBl. 2001, S. 1003, 1004.
380 Berg/Nachtsheim, DVBl. 2001, S. 1003, 1004.

Allerdings dürfe eine Richtlinie nicht so ausgelegt werden, dass sie gegen den Vertrag und sonstiges Gemeinschaftsrecht verstoße. Ein solcher Verstoß könne sich aber bei einer Kostentragungspflicht der Hersteller ergeben. Da die Wirtschaftsbeteiligten aufgrund der Altfahrzeug-RL auch zur Rücknahme von Altprodukten verpflichtet seien, die vor dem Inkrafttreten der Richtlinie produziert wurden (nachfolgend: „historische Altprodukte"), ergebe sich eine Rückwirkung.[381] Die Rückwirkung der daraus resultierenden Kostentragungspflichten verstoße möglicherweise gegen das Rückwirkungsverbot, in jedem Fall aber gegen den Grundsatz des Vertrauensschutzes.[382] Art. 5 Abs. 4 UAbs. 2 Altfahrzeug-RL sei daher nur dann mit dem Gemeinschaftsrecht vereinbar, wenn die Hersteller von den Entsorgungskosten freigestellt würden. Die Geltung des Rückwirkungsverbotes und des Grundsatzes des Vertrauensschutzes schränke die Wahlmöglichkeit der Mitgliedstaaten derart ein, dass sie die vierte Kostentragungsalternative anwenden müssten. Es sei den Mitgliedstaaten daher verwehrt, den Herstellern die Entsorgungskosten anzulasten.[383]

Andere Autoren vertreten die Ansicht, dass die Hersteller aufgrund der Altfahrzeug-RL mindestens einen wesentlichen Teil der Entsorgungskosten tragen müssen. Das folge aus dem ersten Satzteil der Vorschrift.[384] Der Anreiz, abfallärmere Produkte zu konstruieren, könne vor allem durch eine Kostenanlastung bei den Herstellern erreicht werden.[385] Da die Mitgliedstaaten selbst entscheiden dürften, welchem Wirtschaftsbeteiligten die Rücknahmepflicht auferlegt werde, könnten die Hersteller von den Rücknahmepflichten ausgenommen werden. Dann müsse zumindest einheitlich geregelt sein, dass die Hersteller für die Rücknahme zahlen, um so die Kostenanlastung bei den Herstellern zu erreichen.[386] Schließlich zeige die Konzeption der Altfahrzeug-RL, dass die grundsätzliche Unentgeltlichkeit der Ablieferung für den Letzthalter mit der Kostentragungspflicht der Hersteller korrespondiere.[387]

Angesichts der Rücknahmepflichten der Altfahrzeug-RL auch bezüglich „historischer" Altprodukte ist *Berg/Nachtsheim* zwar zuzustimmen, dass solche Pflichten gegen das gemeinschaftsrechtliche Rückwirkungsverbot verstoßen können. Darauf ist später im Rahmen einer gesonderten Untersuchung zurückzukommen. Hier genügt aber der Hinweis, dass Art. 12 Abs. 2, 2. Spiegelstrich Altfahrzeug-RL eine zeitliche Eingrenzung der Kostenregelung anordnet. Für

---

381 Berg/Nachtsheim, DVBl. 2001, S. 1003, 1005.
382 Berg/Nachtsheim, DVBl. 2001, S. 1003, 1006.
383 Berg/Nachtsheim, DVBl. 2001, S. 1003, 1007.
384 Deimann, in: Brockmann/Deimann/Wallau/Dette, S. 130; Fuchsbrunner, S. 33.
385 Rehbinder, Verursacherprinzip, S. 114.
386 Dreher, S. 40.
387 Deimann, in: Brockmann/Deimann/Wallau/Dette, S. 129.

historische Altfahrzeuge gelten die Regeln der Finanzierung in Art. 5 Abs. 4 Altfahrzeug-RL erst viereinhalb Jahre nach dem vorgesehenen Umsetzungszeitpunkt, das sind über sechs Jahre nach dem Erlass der Richtlinie. Die Rücknahme und Verwertung der „historischen" Produkte erfolgt zwar auch während dieses Übergangszeitraums verpflichtend in den Systemen der Wirtschaftsbeteiligten. Die Finanzierung ist aber offen. So profitieren in diesem Zeitraum weder die Letzthalter von der Kostenfreistellung bei der Rückgabe, noch müssen die Mitgliedstaaten die Hersteller zur Übernahme der Finanzierung verpflichten. Durch die Einräumung der Übergangszeit kann Bedenken hinsichtlich der Vereinbarkeit mit dem Rückwirkungsverbot und dem Grundsatz des Vertrauensschutzes Rechnung getragen werden. Die primärrechtskonforme Auslegung des Art. 5 Abs. 4 UAbs. 2 Altfahrzeug-RL führt also nicht zu einer Festlegung der Mitgliedstaaten auf die vierte Umsetzungsvariante. Dies gilt umso mehr, als ein Verstoß gegen Rückwirkungsverbot und den Grundsatz des Vertrauensschutzes überhaupt nur bei den Entsorgungskosten für „historische" Altprodukte in Frage kommt. Für die anderen Altfahrzeuge, die erst nach dem Inkrafttreten der Altfahrzeug-RL hergestellt wurden, können diese Grundsätze gar nicht verletzt sein. Also hindert das Primärrecht die Mitgliedstaaten nicht daran, die Hersteller an den Entsorgungskosten zu beteiligen.

Vielmehr ist zweifelhaft, ob die Altfahrzeug-RL wirklich die Möglichkeit offen lässt, die Hersteller von den Kosten freizustellen. Dagegen spricht zunächst die Formulierung in Erwägungsgrund 7 Altfahrzeug-RL. Dieser ist mit Art. 5 Abs. 4 UAbs. 2 Altfahrzeug-RL im ersten Teil identisch. Die Hersteller müssen danach die Entsorgungskosten ganz oder teilweise zahlen. Die alternative zweite Satzhälfte, wonach auch nur die Rücknahme durch die Hersteller genügt, ist aber im siebten Erwägungsgrund nicht enthalten.[388] Das spricht dafür, dass die Hersteller in jedem Fall an der Finanzierung beteiligt bleiben sollen. Auch wäre die Aussage in Art. 5 Abs. 4 UAbs. 2, erster Halbsatz Altfahrzeug-RL sinnlos, dass die Hersteller die Kosten ganz oder zum Teil tragen, wenn im zweiten Absatz die Möglichkeit bestünde, die Hersteller völlig von den Kosten freizustellen. Die Aussage, dass Kosten ganz oder teilweise von Herstellern getragen werden, bedeutet gerade, dass die Hersteller auf irgendeine Weise beteiligt sein müssen. Schließlich spricht gegen die Freistellung der Hersteller von den Entsorgungskosten, dass andere potentielle Kostenträger nicht in Frage kommen. Die Mitgliedstaaten dürfen den Wirtschaftsbeteiligten die Kosten der Entsorgung nicht erstatten. Ansonsten müsste die Altfahrzeug-RL eine Regelung enthalten, die wie Art. 14 Abs. 1 Altöl-RL den Mitgliedstaaten das Recht gibt, die entsorgungspflichtigen Wirtschaftsbeteiligten zu bezuschussen. Dies ist aber nicht der Fall. Wie gezeigt, dürfen auch die Letzthalter nur zu einem geringen Anteil direkt an den Kosten der Entsorgung beteiligt werden. Eine größere Beteiligung

---

388 Dies ist auch in der französischen und englischen Fassung der Fall.

der Letzthalter ist nur während der erwähnten Übergangszeit für „historische" Altfahrzeuge erlaubt. In dieser Zeit sind die Mitgliedstaaten aber auch gar nicht verpflichtet, den Herstellern die Kosten anzulasten. Die Möglichkeit, während der Übergangszeitraums ausnahmsweise sowohl die Letzthalter zahlen zu lassen, als auch die Hersteller von der Zahlung zu befreien, stützt damit die Annahme, dass die grundsätzliche Kostenminimierung der Letzthalter mit einer Zahlungspflicht der Hersteller korrespondiert.

Folglich ist Art. 5 Abs. 4 UAbs. 1 Altfahrzeug-RL so zu verstehen, dass die Hersteller in jedem Fall an der Finanzierung der Entsorgung wesentlich beteiligt bleiben. Der erste Halbsatz muss daher immer umgesetzt werden. Die Formulierung „und/oder" kann nur so verstanden werden, dass den Mitgliedstaaten die Möglichkeit bleibt, entsprechend des zweiten Halbsatzes die Hersteller über die Finanzierung hinaus zusätzlich auch zur Rücknahme zu verpflichten. Diese Auslegung steht auch im Einklang mit Art. 5 Abs. 1 Altfahrzeug-RL, wonach die Rücknahme von Wirtschaftsbeteiligten durchgeführt werden muss. Hersteller gelten gemäß Art. 2 Nr.10 Altfahrzeug-RL als Wirtschaftsbeteiligte. Somit soll die Konjunktion lediglich klarstellen, dass die Hersteller aufgrund ihrer Kostentragungspflicht nicht automatisch von Kreis der möglichen Rücknahmepflichtigen ausgeschlossen werden.

(2) Begriff des wesentlichen Teils der Kosten

Die Altfahrzeug-RL überlässt es der Entscheidung der Mitgliedstaaten, ob die Hersteller alle oder nur einen wesentlichen Teil der Kosten tragen. Fraglich ist, wann eine Kostentragung der Hersteller wesentlich im Sinne von Art. 5 Abs. 4 UAbs. 3 Altfahrzeug-RL ist. *Berg/Nachtsheim* stellen zur Diskussion, dass sich der Begriff „wesentlicher Teil der Kosten" durch die Heranziehung anderer Rechtsakte, in denen der Begriff verwendet werde, erschließen lasse.[389] Dazu verweisen sie auf die Richtlinie über Hafenauffangeinrichtungen für Schiffsabfälle und Ladungsrückstände[390] (nachfolgend: „ Schiffsabfall-RL"). Art. 8 Abs. 2 lit. a Schiffsabfall-RL sehe vor, dass die Schiffe, die den Hafen eines Mitgliedstaates anliefen, einen wesentlichen Beitrag zu den Kosten der Entsorgung von Schiffsabfällen in Auffangeinrichtungen leisten müssten. Die Kommission habe in einer der Erklärung, die der Veröffentlichung der Richtlinie im Amtsblatt beigefügt war,[391] mitgeteilt, dass sie Kosten im Sinne von Art. 8 Abs. 2 lit. a Schiffsabfall-RL dann für wesentlich halte, wenn sie mindestens 30 % der genannten Kosten ausmachten. Insofern ziehen *Berg/Nachtsheim* in Betracht, auch im Rahmen der Altfahrzeug-RL den Kostenanteil der Hersteller dann für we-

---

389 Berg/Nachtsheim, DVBl. 2001, S. 1103, 1104.
390 Richtlinie 2000/59/EG des Europäischen Parlaments und des Rates vom 27.November 2000 über Hafenauffangeinrichtungen für Schiffsabfälle und Ladungsrückstände, ABl. Nr. L 332/81 vom 28.12.2000.
391 ABl. Nr. L 332/90 vom 28.12.2000.

sentlich zu halten, wenn er sich auf mindestens 30 % der Entsorgungskosten beläuft.[392]

Nach *Deimann* müssen die Mitgliedstaaten Art. 5 Abs. 4 UAbs. 3 Altfahrzeug-RL bei der Umsetzung hingegen so auslegen, dass die Hersteller über 75 % der Kosten tragen. Der Begriff der wesentlichen Kosten müsse im Lichte des ersten Erwägungsgrundes der Altfahrzeug-RL ausgelegt werden. Dort sei festgelegt, dass die Harmonisierung der Altfahrzeug-RL dem reibungslosen Funktionieren des Binnenmarktes und der Vermeidung von Wettbewerbsverzerrungen in der Gemeinschaft diene. Wenn ein wesentlicher Teil der Kosten mit 30 % anzusetzen sei, so könne der eine Mitgliedstaat die Hersteller zu 100 % an den Kosten beteiligen, ein anderer Mitgliedstaat dagegen nur zu einem Anteil von 30 %. Eine derart große Spannbreite der Kostentragungspflicht der Hersteller sei nicht mit dem Ziel der Vermeidung von Wettbewerbsverzerrungen vereinbar. Folglich sei für einen wesentlichen Teil der Kosten ein höherer Anteil zu fordern.[393] Auch die Gegenüberstellung der vom Richtliniengeber zu Verfügung gestellten Alternativen lege einen hohen Finanzierungsanteil der Hersteller nahe. Art. 5 Abs. 4 UAbs. 2 Altfahrzeug-RL verlange, dass die Hersteller „alle Kosten oder einen wesentlichen Teil der Kosten" der Entsorgung tragen müssten. Daraus folge, dass der Begriff der wesentlichen Kosten näher an den 100% liegen müsse als an 50 %.[394]

Den Begriff der wesentlichen Kosten nach dem Beispiel der Kommissionsempfehlung zur Schiffsabfall-RL mit 30 % anzusetzen, erscheint zweifelhaft. Erstens haben Schiffsabfall-RL und Altfahrzeug-RL außer der Tatsache, dass sie beide die Beteiligung an Entsorgungskosten regeln, keinerlei Bezug zueinander. Außerdem sind die Umstände der Kostenhöhe in den beiden Richtlinien verschieden. Art. 8 Abs. 2 Schiffsabfall-RL bestimmt, dass die Kosten für die Abfallbeseitigung in den Häfen keinen Anreiz dazu bieten dürfen, dass Schiffe ihre Abfälle auf See einbringen. Die Beseitigung an Land muss also so billig sein, dass die Schiffe ihre Abfälle nicht auf See einbringen, um Kosten zu vermeiden. Die Auslegung des Begriffes der wesentlichen Kosten muss also dergestalt erfolgen, dass die Schiffe nicht von einer Entsorgung im Hafen abgeschreckt werden. Dieses Ziel kann nur erreicht werden, wenn die Kostenbeteiligung gering gehalten wird. Dementsprechend ist eine Auslegung geboten, die den Begriff der wesentlichen Kosten gering ansetzt. Im Gegensatz dazu wird eine hohe Kostenbelastung der Hersteller von Altfahrzeugen nicht den gleichen Effekt haben. Die Kosten der Hersteller haben keinen direkten Einfluss darauf, ob die Altfahrzeuge später zu Rückgabestellen gegeben oder „wild" entsorgt werden. Die Situati-

---

392 Berg/Nachtsheim, DVBl. 2001, S. 1103, 1104.
393 Deimann, in: Brockmann/Deimann/Wallau/Dette, S. 130f.
394 Deimann, in: Brockmann/Deimann/Wallau/Dette, S. 131.

on der Schiffsbetreiber ist eher mit der Lage der Letzthalter von Altfahrzeugen vergleichbar. In beiden Fällen können hohe Kosten zur Zeit der Entsorgung dazu führen, dass umweltschädliche Methoden verwendet werden, um Kosten zu sparen. Aus diesem Grund hat der Richtliniengeber auch dafür gesorgt, dass die Kosten der Letzthalter von Altfahrzeugen bei der Entsorgung gering gehalten werden. Ebenso hat die Kommission durch ihre Auslegung des Begriffes „wesentlicher Anteil" die Kosten der Schiffe anlässlich der Entsorgung an Land gering halten wollen. Die Hersteller von Altfahrzeugen dagegen werden durch eine hohe Kostenbelastung nicht dazu veranlasst, das vorgesehene Entsorgungssystem zu missachten. Vielmehr steigt mit einer größeren Kostenlast der Hersteller der Effekt, dass die Hersteller durch abfallärmere Konstruktion Kosteneinsparungen anstreben. Folglich kann sich die Auslegung des Begriffes der wesentlichen Kosten im Rahmen der Altfahrzeug-RL nicht an der Kommissionserklärung zur Schiffsabfall-RL orientieren.

Vielmehr ist das Ziel der Altfahrzeug-RL zu beachten, die Umweltbelastungen durch Altfahrzeuge zu verringern, ohne dabei den Wettbewerb in der Gemeinschaft zu verzerren. Dieses Ziel wäre gefährdet, wenn die Richtlinie den Mitgliedstaaten einen zu großen Spielraum bei der Bestimmung der Kostenlast der Hersteller einräumte. Die Möglichkeit einer unbedeutenden Kostenbeteiligung der Hersteller könnte dazu führen, dass die Mitgliedstaaten die Quote immer weiter senken, um die heimische Wirtschaft zu entlasten. Darunter würde aber die Reduktion der Umweltbelastung leiden, da die Altfahrzeug-RL nur dann einen spürbaren Anreiz zur abfallarmen Konstruktion auslöst, wenn die Hersteller einer erheblichen Kostenbelastung ausgesetzt sind, die sie selbst senken können. Folglich sind die beiden Ziele nur dann miteinander zu vereinbaren, wenn die Kostenbelastung der Hersteller im Binnenmarkt nur unerheblich voneinander abweicht. Da die obere Grenze der Kostenbelastung mit 100% festgelegt ist, folgt daraus, dass der Begriff der „wesentlichen Kosten" als Untergrenze so nahe wie möglich an den 100% anzusiedeln ist. Daher ist *Deimann* zuzustimmen, dass die Mitgliedstaaten den Herstellern bei der Umsetzung der Altfahrzeug-RL mindestens 75 % der Entsorgungskosten anlasten müssen.

c.   Zwischenergebnis

Die Letzthalter von Altfahrzeugen dürfen nur mit einem geringen Pauschalbetrag direkt an den Entsorgungskosten beteiligt werden. Dieser darf nicht vom Marktwert der Altfahrzeuge abhängen. Ausnahmsweise dürfen die Letzthalter höher beteiligt werden, wenn das Fahrzeug ausgeschlachtet oder verschmutzt ist. Die Mitgliedstaaten müssen vorsehen, dass die Hersteller wesentlich an den Entsorgungskosten beteiligt werden oder sie ganz zahlen. Eine wesentliche Beteiligung liegt vor, wenn die Hersteller mindestens 75 % der Kosten tragen.

3.　Die Elektroschrott-RL

a.　Kostenbelastung der Letztverwender

(1)　Bei Privaten

Die Elektroschrott-RL legt fest, dass für Altprodukte von Privaten zum Zeitpunkt der Rückgabe grundsätzlich keinerlei Kosten für den Letztverwender entstehen, Art. 5 Abs. 2 lit. a und b Elektroschrott-RL. Die Vorschriften bestimmen, dass die Rückgabe „zumindest" kostenlos ist. Die zur Rücknahme Verpflichteten können dem Letztnutzer also auch Geld zahlen, falls das Altprodukt einen Marktwert hat.

Eine Ausnahme vom Grundsatz der Kostenlosigkeit könnte sich aus Art. 5 Abs. 2 UAbs. 2 Elektroschrott-RL ergeben. Danach erhalten die Mitgliedstaaten das Recht, für die Rücknahme von ausgeschlachteten und verschmutzten Altprodukten besondere Vorkehrungen zu treffen. Fraglich ist, zu welchen Vorkehrungen die Vorschrift ermächtigt. So wird die Meinung vertreten, die Vorschrift ermächtige die Mitgliedstaaten dazu, ausnahmsweise die Kommunen zur Finanzierung der Entsorgung heranzuziehen.[395] Möglicherweise ist von der Vorschrift aber nur das Recht umfasst, die Rücknahme ausgeschlachteter und verschmutzter Produkte zu verweigern, nicht aber das Recht, die Rücknahme kostenpflichtig zu machen. Dafür spricht, dass die Vorschrift unter dem Titel „Getrennte Sammlung" steht. Die Fragen der Finanzierung werden dagegen grundsätzlich in den Art. 8 und 9 Elektroschrott-RL geregelt. Wenn also konsequent alle Fragen der Rücknahme in Art. 5 Elektroschrott-RL und alle Fragen der Finanzierung in Art. 8 und 9 Elektroschrott-RL geregelt sein sollten, wäre Art. 5 Abs. 2 UAbs. 2 Elektroschrott-RL der falsche Standort für eine Frage der Finanzierung. Allerdings ist die Kostenlosigkeit der Rücknahme für Private auch nicht in den Art. 8 und 9 Elektroschrott-RL festgelegt, sondern in Art. 5 Abs. 2 lit. a und b Elektroschrott-RL. Aus der Tatsache allein, dass sich eine Regelung nicht in den Art. 8, 9 Elektroschrott-RL befindet, kann also nicht darauf geschlossen werden, dass sie sich nicht mit der Finanzierung beschäftigt. Zudem ist für verschmutzte Produkte, die ein Gesundheits- und Sicherheitsrisiko für die Mitarbeiter darstellen, bereits in Art. 5 Abs. 2 UAbs. 1 lit. d Elektroschrott-RL ein Ablehnungsrecht enthalten. Die Mitgliedstaaten müssen also in Unterabsatz 2 zu etwas anderem befugt werden als einer Rückgabeverweigerung, ansonsten handelte es sich um eine bloße Wiederholung dessen, was im vorangehenden Unterabsatz geregelt ist. Daraus folgt, dass Art. 5 Abs. 2 UAbs. 2 Elektroschrott-RL die Mitgliedstaaten dazu ermächtigt, bei verschmutzten oder ausgeschlachteten Altprodukten Ausnahmen von der Finanzierungsregelung zuzulassen. So könnten die Mitgliedstaaten, wie in der Literatur behauptet, die Kommunen an den Kosten betei-

---

395 Inf HStT 2002, 41.

ligen. Sie können aber auch eine Kostenbeteiligung der Letztbenutzer an den Kosten zulassen.

(2)   Bei Nichtprivaten

Die Regeln über die Rücknahme von Nichtprivaten in Art. 5 Abs. 3 Elektroschrott-RL ordnen im Gegensatz zur Situation bei Privaten nicht an, dass die Entsorgung für den Nichtprivaten im Zeitpunkt der Rücknahme kostenlos erfolgen muss. Der Vergleich mit dem Verbot von Kosten für Private macht deutlich, dass Nichtprivate grundsätzlich zur Zahlung im Zeitpunkt der Rücknahme herangezogen werden dürfen.

b.   Kostentragungspflicht der Hersteller

(1)   Finanzierung bei Altprodukten von Privaten

Die Finanzierung der Entsorgung bei privaten Haushalten ist in Art. 8 Elektroschrott-RL geregelt. Gemäß Art. 8 Abs. 1 Elektroschrott-RL zahlen die Hersteller für die Entsorgung. Diese Regelung gilt für alle Altgeräte ab dem Zeitpunkt, zu dem die Mitgliedstaaten die Rücknahmepflicht eingeführt haben müssen. Damit unterscheidet sich die Elektroschrott-RL von der Altfahrzeug-RL, die die Hersteller während der ersten viereinhalb Jahre der Rücknahmepflicht von den Kosten der Entsorgung historischer Altgeräte freistellt.

Unklar ist, welche Kosten die Finanzierungspflicht der Hersteller umfasst. Art. 8 Abs. 1 Elektroschrott-RL sieht vor, dass die Hersteller mindestens die Sammlung, Behandlung, Verwertung und umweltgerechte Beseitigung von den bei den Rücknahmestellen gelagerten Altgeräten finanzieren. Insbesondere ist fraglich, ob die Kosten der Rücknahme von Art. 8 Abs. 1 Elektroschrott-RL erfasst sind. Einer Ansicht zufolge müssen die Hersteller nur die Entsorgungskosten bezahlen, die anfallen, wenn die Altgeräte sich bereits bei der Sammelstelle befinden. Da die Elektroschrott-RL keine Aussagen darüber mache, wer die Kosten trage, die bis zur Einlagerung bei der Sammelstelle anfielen, dürften die Mitgliedstaaten frei darüber entscheiden, wem diese Kosten angelastet würden.[396] Daneben wird die Ansicht vertreten, dass Art. 8 Abs. 1 Elektroschrott-RL die Finanzierungsverantwortung der öffentlich-rechtlichen Entsorgungsträger und der Hersteller nicht klar voneinander abgrenze. So sei zwar festgelegt, dass die Hersteller die Sammlung der Altgeräte finanzieren müssten. Es sei aber ungeklärt, was unter Sammlung konkret zu verstehen ist.[397]

Um den Umfang der Finanzierungspflicht der Hersteller zu bestimmen, muss der Begriff der Sammlung geklärt werden, für die die Hersteller nach Art. 8 Abs. 1 Elektroschrott-RL aufkommen müssen. Insbesondere ist zu klären, ob „Rück-

---

396 Schütte/Siebel-Huffmann, ZUR 2003, S. 211, 214.
397 Inf HStT 2002, 41.

nahme" begrifflich ein Teil von „Sammlung" ist. Aus dem allgemeinen Sprachgebrauch könnte sich ergeben, dass sich die Begriffe nicht decken, sondern nach der Art der Zufuhr zur Entsorgung unterscheiden. So könnte eine Sammlung vorliegen, wenn der Verwertungsbetrieb die Altprodukte bei den Letztverwendern abholt. Rücknahme könnte den Vorgang bezeichnen, dass der Letztverwender das Altprodukt zum Verwertungsbetrieb bringt. Bei einem solchen Verständnis wäre mit Rücknahme ein „Bringsystem" und mit Sammlung ein „Holsystem" gemeint. Rücknahme wäre dann keine Erscheinungsform der Sammlung, sondern ein aliud. Gegen diese Auffassung spricht aber schon die Verwendung des Wortes „Sammlung" im deutschen Wortlaut der Elektroschrott-RL. So ist in Art. 10 Abs. 2 Elektroschrott-RL bestimmt, dass sich die Verbraucher an der Sammlung der Altprodukte beteiligen sollen. Bezeichnete „Sammlung" die Abholung der Abfälle durch die Verwertungsbetriebe beim Letztverwender, so käme dem Letztverwender eine passive Rolle zu und er müsste sich gerade nicht beteiligen. Außerdem zeigen andere Vorschriften der Elektroschrott-RL, dass kein bedeutender Unterschied zwischen den Begriffen „Sammlung" und „Rücknahme" gemacht wird. Erwägungsgrund 21 Elektroschrott-RL erwähnt Sammelsysteme, obwohl Systeme im weiteren Verlauf der Richtlinie nur im Zusammenhang mit einer „Rücknahme" erwähnt sind. Was in Erwägungsgrund 21 Elektroschrott-RL „Sammelsystem" genannt wird, heißt in Art. 5 Abs. 2 UAbs. 2 lit. a und c Elektroschrott-RL also „Rücknahmesystem". Zudem trägt Art. 5 Elektroschrott-RL den Titel „Getrennte Sammlung", in seinem Absatz 2 sind aber drei verschieden Methoden der „Rücknahme" erläutert. Schließlich belegen auch die französische und englische Sprachfassung der Elektroschrott-RL, dass die deutschen Begriffe Sammlung und Rücknahme synonym zu gebrauchen sind. So ist Art. 5 Altfahrzeug-RL im Deutschen mit „Getrennte Sammlung" betitelt, im Französischen mit „Collecte selective" und im Englischen mit „Separate Collection". Während im Deutschen in Art. 5 Abs. 2 UAbs. 2 lit. a Elektroschrott-RL von einer „Rücknahmestelle" die Rede ist, verwendet die französische Fassung den Begriff „installation de collecte", die englische Version spricht von „collection facilities". Der Unterschied zwischen Rücknahme und Sammlung spiegelt sich also nicht in der französischen und der englischen Fassung wieder, in denen beide Begriffe mit „collecte"/"collection" übersetzt werden. Folglich ist davon auszugehen, dass Sammlung und Rücknahme in der Elektroschrott-RL synonym gebraucht werden. Die Verwendung des Begriffes „Sammlung" in Art. 8 Abs. 1 Elektroschrott-RL führt demnach nicht dazu, dass die Hersteller von den Kosten der Rücknahme befreit werden.

Allerdings könnte sich aus der weiteren Formulierung des Art. 8 Abs. 1 Elektroschrott-RL eine Begrenzung der Kostenpflicht der Hersteller ergeben. Die Vorschrift sieht vor, dass die Hersteller die Finanzierung der „(...) Sammlung (...) [der] bei den (...) Rücknahmestellen gelagerten" Altprodukte übernehmen. Die

Formulierung legt nahe, dass die Altprodukte schon bei der Rücknahmestelle gelagert sind, bevor die Sammlung einsetzt, die die Hersteller finanzieren müssen. Die Aktivitäten, die nötig waren, um die Altprodukte vom Letztverwender zur Rücknahmestelle zu verbringen, sind von der Finanzierungspflicht ausgenommen. Insofern ist hier zwar nicht der Begriff „Sammlung" eingeschränkt, wohl aber die Objekte, auf die sich die Sammlung bezieht. Diese Interpretation wird von der französischen Sprachfassung gestützt. „Die Finanzierung der Sammlung" wird übersetzt mit „le financement de la collecte à partir du point de collecte". Im Gegensatz zur deutschen und englischen Sprachfassung ist durch den Zusatz „à partir du point de collecte" ausgedrückt, dass nur der Teil der Sammlung von den Herstellern finanziert werden muss, der bei der Rücknahmestelle beginnt.

Folglich ist aufgrund von Art. 8 Abs. 1 Elektroschrott-RL eine Finanzierungspflicht der Hersteller zwingend nur für die Entsorgungsaktivitäten vorgesehen, die im Anschluss an die Einlagerung bei den Rücknahmestellen erfolgen. Hinsichtlich der Finanzierung der Rücknahmestellen selbst lässt die Elektroschrott-RL den Mitgliedstaaten einen Entscheidungsspielraum. Wenn sich die Mitgliedstaaten dafür entschieden haben, die Rücknahmestellen selbst zu betreiben, können sie auch die Finanzierung übernehmen. Die Mitgliedstaaten dürfen die Kosten der Rücknahmestelle aber nicht tragen, wenn die Hersteller zum Betrieb der Rücknahmesysteme gem. Art. 5 Abs. 2 lit. a Elektroschrott-RL verpflichtet sind, weil sonst eine Regelung wie in Art. 14 Abs. 1 Altöl-RL erforderlich wäre. Da die Hersteller laut Art. 8 Abs. 1 Elektroschrott-RL „mindestens" die Kosten ab der Einlagerung bei der Rücknahmestelle tragen müssen, steht es den Mitgliedstaaten aber auch frei, den Herstellern auch diese Kosten aufzuerlegen. Die weitere Aufteilung der Entsorgungskosten unter den einzelnen Herstellern richtet sich danach, ob es sich um Altprodukte handelt, die nach Anlaufen der Rücknahmesysteme in den Verkehr gebracht wurden (dazu Art. 8 Abs.2), oder ob „historische" Altprodukte entsorgt werden (dazu Art. 8 Abs. 3).

(a)   „Neue" Altprodukte nach Art. 8 Abs. 2

In Art. 8 Abs. 2 UAbs. 1 Elektroschrott-RL ist die Verteilung der Entsorgungskosten für Neuprodukte geregelt. Bei Produkten, die ab dem Inkrafttreten der Rücknahmepflicht in den Verkehr gebracht werden, ist jeder Hersteller für die Entsorgungskosten seiner eigenen Produkte verantwortlich. Damit folgt die Vorschrift der Forderung, dass die Finanzierungsverantwortung der Produzenten individuell erfolgen sollte.[398] Nur wenn jeder Hersteller die Entsorgungskosten seines eigenen Produktes trage, bestehe ein Anreiz zur Reduktion dieser Kosten.

---

398 Bergkamp, EELR 2001, S. 322, 324; Hädrich, S. 26.

Ansonsten würden die Kosten unabhängig von den Entsorgungskosten der einzelnen Produkte verteilt. [399]

Werden die Entsorgungskosten nicht auf die gesamte Branche umgelegt, sondern dem jeweiligen Hersteller zugerechnet, erhöht sich der Anreiz für die einzelnen Unternehmen, durch eine abfallvermeidende Konzeption ihrer Produkte Geld zu sparen. Der Produzent wird unmittelbar für seine Anstrengungen belohnt. Es dient also der Reduktion der Umweltbelastungen, wenn die Hersteller einzeln und nicht kollektiv in die Finanzierungsverantwortung genommen werden. Folglich ist die Ansicht zu unterstützen, die die individuelle Kostentragungspflicht der Hersteller begrüßt.

Um die individuelle Kostentragung sicherzustellen, wird in Art. 8 Abs. 2 UAbs. 2 Elektroschrott-RL zunächst verlangt, dass die Hersteller auf den Produkten kenntlich gemacht sind, um ihnen die Entsorgungskosten einzeln zurechnen zu können. Daneben bestimmt die Vorschrift, dass die Hersteller schon bei Inverkehrbringen ihres Produktes eine Garantie dafür stellen müssen, dass die Entsorgung der zu den Rücknahmestellen gebrachten Altprodukte sichergestellt ist. Die Garantie kann in Form einer Teilnahme des Herstellers an einem Finanzierungssystem, einer Recycling-Versicherung oder eines gesperrten Bankkontos gestellt werden. Hat also ein Hersteller nicht die nötigen Geldmittel zurückgelegt oder ist er in Insolvenz gefallen, so ist gewährleistet, dass die Rücknahme des Elektroschrotts von Privaten ohne Einschränkungen finanziert werden kann.

(b)   „Historische" Altprodukte nach Art. 8 Abs. 3

Art. 8 Abs. 3 UAbs. 1 Elektroschrott-RL regelt die Kostentragung der Hersteller bei historischen Altprodukten. „Historische" Altprodukte sind in Art. 8 Abs. 3 UAbs. 1 Elektroschrott-RL definiert als solche Elektrogeräte, die in Verkehr gebracht wurden, bevor die Rücknahmepflichten innerstaatlich gelten mussten. Die Vorschrift sieht vor, dass die Entsorgungskosten von einem oder mehreren Systemen getragen werden, zu dem bzw. denen alle Hersteller, die zum Zeitpunkt des Anfalls der jeweiligen Kosten auf dem Markt vorhanden sind, anteilsmäßig beitragen. Als Beispiel wird eine Verteilung im Verhältnis zum jeweiligen Marktanteil eines Herstellers für den betreffenden Gerätetyp vorgeschlagen.

Hinsichtlich der „historischen" Altprodukte besteht also gerade keine individuelle, sondern eine „geteilte"[400] Produzentenverantwortung. Die Hersteller müssen die Entsorgung dieser Altprodukte gemeinsam finanzieren. Die Kommission versteht die Vorschrift so, dass die Hersteller neuer Geräte die Finanzierung der

---

399 Schatz, in: Manegold, ZUR 2002, S. 306, 307.
400 so Bergkamp, EELR 2001, S. 322, 324.

„historischen" Altprodukte übernehmen.[401] Der Kreis der zahlungspflichtigen Hersteller richtet sich also nicht danach, welche Hersteller zum Zeitpunkt der Produktion auf dem Markt vertreten waren. Vielmehr sind alle die Hersteller von der Finanzierungspflicht erfasst, die auf dem Markt sind, wenn die Entsorgungskosten für historische Altprodukte anfallen. Art. 8 Abs. 3 UAbs. 3 Elektroschrott-RL bestimmt, dass sich die Hersteller zum Zeitpunkt des Anfalls der „jeweiligen" Entsorgungskosten auf dem Markt befinden müssen. Daraus folgt, dass die für einen Zeitabschnitt angefallenen Entsorgungskosten immer wieder neu auf die Hersteller verteilt werden. Die Zahlungspflichtigen werden immer wieder neu bestimmt. So müssen auch Hersteller, die erst zu Beginn der Rücknahmepflicht oder danach in den Markt eintreten, für die Entsorgung zahlen.

Fraglich ist, wieso bei „historischen" Altgeräten die Entsorgungskosten kollektiv finanziert werden und nicht individuell wie bei „neuen" Altgeräten. Für die kollektive Kostentragung bei „historischen" Altprodukten wird geltend gemacht, dass dadurch die Gefahr vermieden werde, dass Entsorgungskosten anfielen, für die kein Hersteller aufkommt. Würde die Regel der individuellen Finanzierung auch auf die „historischen" Produkte ausgeweitet, wäre bei Produkten ohne zahlungsfähigen Hersteller ungeklärt, wer die Kosten der Entsorgung trage.[402] Für die kollektive Kostenpflicht bei „historischen" Altprodukten spreche auch, dass ihre Auswirkungen nicht mit denen einer gemeinsamen Kostentragung bei neuen Produkten übereinstimmen. Eine kollektive Kostenpflicht könne bei historischen Altprodukten im Gegensatz zu „neuen" Produkten nicht die Anreizwirkung verringern. Während bei neuen Produkten jeder Hersteller seine Entsorgungskosten durch müllvermeidendes Design reduzieren könne, hätten die Hersteller bei Altprodukten keinen Einfluss mehr auf den Entsorgungsaufwand. Die Produkte seien schon vor dem Inkrafttreten der Richtlinie entworfen und produziert worden. Daher sei die Finanzierung durch die Hersteller bei „historischen" Produkten gar nicht mehr geeignet, einen Vermeidungsanreiz zu schaffen. Folglich sei die individuelle Finanzierung in diesem Punkt auch nicht der kollektiven Finanzierung vorzuziehen.[403]

Die Verpflichtung gem. Art. 8 Abs. 2 UAbs. 2 Elektroschrott-RL, beim Inverkehrbringen neuer Produkte eine Garantie für die Kosten der Entsorgung abzugeben, zeigt, wie groß der Richtliniengeber das Risiko erachtet, dass Hersteller ihrer individuellen Finanzierungsverantwortung nicht mehr nachkommen können. Für Produkte, die zum Umsetzungszeitpunkt der Elektroschrott-RL bereits im Verkehr waren, kann die Gefahr aber nicht durch eine Finanzierungsgarantie der Hersteller gelöst werden. Es ist auch nicht zu erwar-

---

401 KOM (2003)219 endg., S. 3.
402 Bergkamp, EELR 2001, S. 322, 324.
403 Berg/Nachtsheim, DVBl. 2001, S. 1103, 1106; Bergkamp, EELR 2001, S. 322, 324.

ten, dass noch alle Hersteller auf dem Markt sind, die vor der Umsetzung der Elektroschrott-RL Produkte auf den Markt gebracht haben. Somit würden bei einer individuellen Finanzierungsverantwortung sogennante „Waisengeräte" auftreten, bei denen kein zahlungsfähiger Hersteller mehr vorhanden ist, um die Entsorgung zu finanzieren. Auch wäre es unmöglich, bei allen Produkten den Zahlungspflichtigen eindeutig zu bestimmen, da erst mit der Elektroschrott-RL eine eindeutige Kennzeichnungspflicht der Hersteller eingeführt wird. Folglich stellt die kollektive Kostentragung für Altprodukte eine Möglichkeit dar, um auch beim Auftreten von „Waisengeräten" eine Entsorgungsfinanzierung sicherzustellen. Zweifelhaft bleibt aber, ob die kollektive Kostentragung für „historische" Altprodukte in der vorliegenden Form rechtmäßig ist. Problematisch ist erstens, ob eine solche Finanzierungspflicht mit dem Rückwirkungsverbot vereinbar ist. Zweitens ist fraglich, ob sich die kollektive Kostentragungspflicht auch auf die neu in den Markt tretenden Produzenten erstrecken darf, die gar nicht zu dem entstehenden Abfall beigetragen haben können. Auf die Rechtmäßigkeit von Art. 8 Abs. 3 UAbs. 1 Elektroschrott-RL ist daher später zurückzukommen.

(2)   Finanzierung bei Altprodukten von Nichtprivaten

(a)   Novellierung der Vorschrift

Die Finanzierung der Entsorgung von Altprodukten, die von Nichtprivaten stammen, ist in Art. 9 Elektroschrott-RL geregelt. Anlässlich der Veröffentlichung der Elektroschrott-RL im Amtsblatt gaben das Europäische Parlament, der Rat und die Kommission eine gemeinsame Erklärung ab. Die Organe nahmen darin Stellung zu den Bedenken, dass Art. 9 Elektroschrott-RL die Hersteller finanziell zu stark belaste. Für den Fall, dass sich diese Bedenken als begründet erweisen sollten, verpflichteten sich die Organe, Art. 9 Elektroschrott-RL so bald wie möglich zu ändern.[404] Die gemeinsame Erklärung zeigt, dass die Kostenbelastung der Hersteller im Entstehungsprozess der Elektroschrott-RL umstritten war. Erst spät wurde darauf hingewiesen, dass es in einigen Fällen zu Unternehmenszusammenbrüchen kommen könne, wenn die Hersteller die Entsorgungsfinanzierung der „historischen" Altprodukte komplett übernehmen sollten.[405] Zu diesem Zeitpunkt ließ das Mitentscheidungsverfahren aber keine Änderungsanträge zur Elektroschrott-RL mehr zu.[406] Daher wurde die Elektroschrott-RL in ihrer ursprünglichen Form verabschiedet und zeitgleich die gemeinsame Erklärung veröffentlicht. Im Anschluss wurde Art. 9 Elektroschrott-

---

404 Die Erklärung findet sich direkt im Anschluss an die Veröffentlichung der Elektroschrott-RL in ABl. Nr. L 37/39 vom 13.2.2003.
405 KOM(2003) 219 endg., S. 5.
406 KOM(2003) 219 endg., S. 3.

RL noch während der Umsetzungsfrist durch eine Änderungsrichtlinie[407] novelliert. Diese Änderungsrichtlinie hatte den einzigen Zweck, die Finanzierungsvorschriften für „historische" Altprodukte von Nichtprivaten zu ändern. Bei der Änderung wurden die Absätze des Artikels 9 Elektroschrott-RL neu gegliedert. Soweit nachfolgend auf die Vorschriften des Art. 9 Elektroschrott-RL Bezug genommen wird, ist damit grundsätzlich die Fassung nach Erlass der Änderungsrichtlinie gemeint.

(b)   „Neue" Altprodukte nach Art. 9 Abs. 1 UAbs. 1

Die Entsorgungsfinanzierung „neuer" Altprodukte hat sich durch die Änderungsrichtlinie materiell nicht geändert. Nach Absatz 1 UAbs. 1 Elektroschrott-RL sind die Hersteller für die Entsorgung derjenigen Produkte finanziell verantwortlich, die nach dem Inkrafttreten der Rücknahmeverpflichtung in Verkehr gebracht wurden. Die Vorschrift macht dabei im Gegensatz zur entsprechenden Reglung in Art. 8 Abs. 2 UAbs. 1 Elektroschrott-RL keine Aussage darüber, ob die Kosten von den Herstellern individuell oder kollektiv getragen werden müssen.

Aus den fehlenden Angaben in Art. 9 Abs. 1 UAbs. 1 Elektroschrott-RL ziehen *Schütte/Siebel-Huffmann* den Schluss, dass die Elektroschrott-RL diese Frage offen gelassen habe. Die Mitgliedstaaten sollen dieser Ansicht nach über einen Ermessensspielraum verfügen. In Anlehnung an Art. 8 Abs. 3 UAbs. 1 Elektroschrott-RL, wo eine kollektive Finanzierung der historischen Altprodukte von Privaten im Verhältnis des jeweiligen Marktanteils angeregt wird, schlagen sie vor, auch bei Nichtprivaten eine kollektive Finanzierung mit Beiträgen entsprechend den Marktanteilen vorzusehen.[408] Dieser Ansicht tritt die Kommission entgegen. Sie geht davon aus, dass die individuelle Finanzierungsverantwortung bei allen „neuen" Altprodukten gilt. Diesbezüglich bestehe kein Unterschied zwischen der Situation bei „Privaten" und bei „Nichtprivaten.[409]

Dem Standpunkt der Kommission ist aufgrund des Wortlauts und des Zwecks der Elektroschrott-RL zuzustimmen. Zwar enthält Art. 9 Abs. 1 UAbs. 1 Elektroschrott-RL keine so detaillierten Angaben zur Kostenverteilung wie Art. 8 Abs. 2 UAbs. 1 Elektroschrott-RL. In Erwägungsgrund 20 Elektroschrott-RL wird aber allgemein gefordert, dass jeder Hersteller für die Finanzierung der Entsorgung des durch seine Geräte anfallenden Abfalls verantwortlich sein soll, um so dem Konzept der Produzentenverantwortung einen möglichst hohen Wirkungsgrad zu verleihen. Es ist nicht ersichtlich, wieso bei Altprodukten von

---

407 Richtlinie 2003/108/EG des Europäischen Parlaments und des Rates vom 8. Dezember 2003 zur Änderung der Richtlinie 2002/96/EG über Elektro- und Elektronik-Altgeräte, ABl. Nr. L 325/106 vom 31.12.2003.
408 Schütte/Siebel-Huffmann ZUR 2003, 211, 214.
409 KOM (2003) 219 endg., S. 2.

Nichtprivaten ein geringerer Wirkungsgrad angestrebt werden sollte als bei Abfällen von Privaten. Folglich müssen die Hersteller auch bei Altprodukten von Nichtprivaten zu einer individuellen Kostentragung verpflichtet werden.

(c)   „Historische" Altprodukte nach Art. 9 Abs. 1 UAbs. 3,4

Die ursprüngliche Fassung der Elektroschrott-RL bestimmte, dass die Hersteller für alle „historischen" Altprodukte gegenüber Nichtprivaten die Kosten übernehmen.[410] Die Neufassung schränkt die Kostentragungspflicht der Hersteller dagegen weitgehend ein. Die Hersteller sind nur noch dann zur Zahlung der Entsorgungskosten verpflichtet, wenn das betreffende Altgerät durch ein neues Produkt ersetzt wird, das dieselben Funktionen erfüllt.[412] Ansonsten werden die Entsorgungskosten von den Nichtprivaten finanziert.[413] Fraglich ist dabei, welcher Hersteller im Sinne der Vorschrift beim Austausch eines alten Gerätes gegen ein neues zahlen muss. Es könnte sich dabei um den Hersteller des zu entsorgenden Altprodukts oder den Hersteller des Neuprodukts handeln. Der Wortlaut der neugefassten Vorschrift („Bei historischen Altgeräten, die durch neue gleichwertige Produkte oder durch neue Produkte ersetzt werden, die dieselben Funktionen erfüllen, werden die Kosten von den Herstellern dieser Produkte finanziert, wenn sie diese liefern.") ist insoweit offen. Zwar sieht die Vorschrift vor, dass die Hersteller zahlen, wenn sie ein neues Produkt liefern. Das deutet zunächst darauf hin, dass alle Hersteller neuer Produkte zahlen müssen. In diesem Sinne wollten Kommission[414], Wirtschafts- und Sozialausschuss[415] und Europäisches Parlament[416] die Vorschrift beim Erlass der Änderungsrichtlinie auch verstanden wissen. Durch die Verlagerung der Kosten von den Altherstellern auf die Neuhersteller sollten unverhältnismäßige Kostenbelastungen bestimmter Althersteller vermieden werden. So sollte Unternehmenszusammenbrüchen von Altherstellern vorgebeugt werden, die viele Altprodukte hergestellt haben, aber heutzutage nur noch wenige Neuprodukte verkaufen.[417]

Der Kommissionsvorschlag für die Änderungsrichtlinie formulierte dieses Konzept allerdings deutlicher, als er bestimmte, dass die Kosten „dem Hersteller

---

410 Art. 9 Abs. 2 Satz 1 Elektroschrott-RL a.F.
412 Art. 9 Abs. 1 UAbs. 3 Elektroschrott-RL.
413 Art. 9 Abs. 1 UAbs. 4 Elektroschrott-RL.
414 KOM(2003) 219 endg., S. 4f.
415 Stellungnahme der Europäischen Wirtschafts- und Sozialausschusses, ABl. Nr. C 234/91 vom 30.9.2003, Punkt 1.3.1.
416 Bericht über den Vorschlag für eine Richtlinie des Europäischen Parlaments und des Rates zur Änderung der Richtlinie 2002/96/EG über Elektro- und Elektronikaltgeräte (KOM (2003) 219 – C5-0191-/2003 – 2003/0084(COD)), S. 6.
417 KOM(2003) 219 endg., S. 5; Stellungnahme der Europäischen Wirtschafts- und Sozialausschusses, ABl. Nr. C 234/91 vom 30.9.2003, Punkt 2.2.

dieser *neuen* Produkte zum Zeitpunkt der Lieferung dieser *neuen* Produkte angelastet" werden sollen.[418] Der offenere Wortlaut der novellierten Elektroschrott-
RL verzichtet dagegen darauf, zu bestimmen, welche Produkte der zahlungspflichtige Hersteller fabriziert hat. Die Vorschrift kann daher auch so verstanden werden, dass es sich bei den „Herstellern dieser Produkte" in Art. 9 Abs. 1
UAbs. 3 um die Hersteller der Altprodukte handelt. Dies stünde nicht unbedingt
im Widerspruch dazu, dass die Kosten bei Lieferung neuer Produkte anfallen.
Die Hersteller der Altprodukte können nämlich auch die Hersteller der neuen
Produkte sein. Diese Auslegung hätte zur Folge, dass nicht alle Hersteller bei
der Lieferung von Austauschprodukten zur Entsorgungsfinanzierung der Altgeräte beitragen müssten, sondern nur diejenigen, die auch schon das Altgerät
selbst hergestellt hatten. Hersteller von Neuprodukten, die Altgeräte anderer
Hersteller ersetzen, wären nicht zur Finanzierung verpflichtet. Vielmehr müssten
auch in diesem Fall die Nichtprivaten die Entsorgungskosten tragen.

Die Zweckmäßigkeit dieser Auslegung ist differenziert zu beurteilen. Einerseits
bringt sie höhere Kosten der Nichtprivaten mit sich. Das liegt daran, dass die
Hersteller seltener zur Entsorgungsfinanzierung verpflichtet sind als bei der ersten Auslegung. Durch die höheren Kosten könnten die Nichtprivaten von der
ordnungsgemäßen Rückgabe abgehalten werden. Dadurch werden die Umweltziele der Elektroschrott-RL gefährdet. Andererseits wird auch in dieser Auslegung dem Ziel der Änderungsrichtlinie entsprochen, die Kostenbelastung
bestimmter Hersteller von Altprodukten zu reduzieren. Althersteller müssen
nicht mehr die Entsorgung aller von ihnen hergestellten Altprodukte zahlen wie
in der ursprünglichen Fassung der Elektroschrott-RL, sondern nur dann, wenn
sie gleichzeitig Neuprodukte absetzen. Der Kostenlast stehen somit Einnahmen
gegenüber, so dass Unternehmenszusammenbrüche vermieden werden können.
Vor allem aber kann mit Hilfe der zweiten Auslegung erreicht werden, dass
Neuhersteller, die zum Zeitpunkt der Herstellung der Altprodukte noch gar nicht
auf dem Markt waren, von Kostenpflichten frei bleiben. Die erste Auslegung
führt nämlich auch zur Belastung dieser Hersteller und begegnet damit rechtlichen Bedenken. Daher ist später im Rahmen einer Grundrechtsprüfung noch
einmal auf die Rechtmäßigkeit von Art. 9 Abs. 1 UAbs. 3 Elektroschrott-RL
seiner neuen Form zurückzukommen. Dabei ist zu klären, welche der beiden
Auslegungen rechtmäßig ist.

(d)   Möglichkeit privater Vereinbarungen

Laut Art. 9 Abs. 2 Elektroschrott-RL können die Hersteller und die Nichtpriva-
ten von den Finanzierungsmodalitäten für die Entsorgungskosten abweichen.
Die Regelungen in Art. 9 Abs. 1 Elektroschrott-RL gelten also nur dispositiv.
Vereinbarungen mit einer anderen Kostenverteilung sind zwischen Herstellern

---

418 KOM(2003) 219 endg., S. 9 (Hervorhebung durch Verfasser).

und Nichtprivaten zulässig. Art. 9 Abs. 2 Elektroschrott-RL wird als Möglichkeit gesehen, mit der die Hersteller die Entsorgungskosten an die Nichtprivaten weitergeben können.[419] Die Kommission vertritt in der Begründung ihres Vorschlags der Elektroschrott-RL die Auffassung, dass es üblich sei, dass Hersteller und Nichtprivate zum Zeitpunkt des Verkaufs solche Vereinbarungen schließen.[420]

Art. 9 Abs. 1 Elektroschrott-RL sieht die vollständige Finanzierung der Entsorgung „neuer" Altprodukte von Nichtprivaten durch die Hersteller vor. Wenn Art. 9 Abs. 2 Elektroschrott-RL abweichende Finanzierungsvereinbarungen zwischen Herstellern und Nichtprivaten zulässt, wird es sich also zumeist um Abweichungen handeln, die die Hersteller von einem Teil ihrer Kostenpflicht freistellen. Insofern ist der Ansicht zuzustimmen, das die Hersteller aufgrund von Art. 9 Abs. 2 Elektroschrott-RL eine erhebliche Kostenlast auf die Nichtprivaten abwälzen können. Es ist aber auch gar nicht Zweck von Finanzierungspflichten im Rahmen der Produzentenverantwortung, dass die Entsorgungskosten bei den Herstellern verbleiben. Vielmehr sollen die Entsorgungskosten in den Kaufpreis eines Neuprodukts einfließen und so die Konsumentenentscheidung zugunsten von Produkten zu beeinflussen, deren Entsorgungsaufwand gering ist.[421] Daher steht die Möglichkeit der Hersteller, in Vereinbarungen mit den Nichtprivaten die Entsorgungskosten auf diese zu übertragen, grundsätzlich der Abfallvermeidung nicht entgegen. Auch sind Nichtprivate im Sinne der Elektroschrott-RL nur solche Unternehmen und Behörden, die über eine gewisse Marktmacht verfügen. Das ist aus Art. 3 lit. k Elektroschrott-RL zu schließen, wonach Abfälle von Unternehmen und Verwaltung als „Privat" gelten, wenn sie in Art und Menge mit Abfällen aus privaten Haushalten vergleichbar sind. Da die Regelungen für Nichtprivate also nur Rechtsunterworfene mit einer gewissen Marktmacht treffen, bedürfen sie nicht eines so großen Schutzes wie Private. Insofern ist die Möglichkeit in Art. 9 Abs. 2 Elektroschrott-RL gerechtfertigt, wonach sich Hersteller und Nichtprivate selbst über die Finanzierung einigen können. Die Klausel könnte es zudem den Nichtprivaten erlauben, im Auftrag der Hersteller Teile der Entsorgung zu übernehmen und davon finanziell zu profitieren.

Es ist aber auch möglich, dass sich die Vereinbarungen nach Art. 9 Abs. 2 Elektroschrott-RL negativ auf das Entsorgungsverhalten auswirken. Die Kommission geht in ihren Vorschlägen zur Elektroschrott-RL davon aus, dass Finanzierungsvereinbarungen zwischen Herstellern und Nichtprivaten zum Zeitpunkt des Erwerbs geschlossen werden. Das legt nahe, dass die Nichtprivaten die

419 Hilf, Neue Regeln für Entsorgung von Elektroschrott, F.A.Z. vom 26. März 2003, S. 25.
420 KOM(2000)347 endg., S. 12.
421 Deimann, in: Brockmann/Deimann/Wallau/Dette, S. 130.

Entsorgungskosten schon beim Neukauf entrichten. Die Vorschrift kann aber auch so interpretiert werden, dass den Nichtprivaten anlässlich der Rücknahme Kosten entstehen. Kosten bei der Rückgabe werden die Nichtprivaten aber genauso wie die Privaten davon abschrecken, ihre Altprodukte zur Entsorgung zu geben. Im Gegensatz zu den Privaten, die durch verbindliche Vorschriften der Elektroschrott-RL vor Kosten bei der Rückgabe geschützt werden, bestehen für Nichtprivate keine solchen Vorschriften. Im Interesse einer hohen Rückgabequote wäre es daher geboten gewesen, die Möglichkeit der freien Finanzierungsvereinbarung in Art. 9 Abs. 2 Elektroschrott-RL um ein Verbot der Erhebung von Kosten im Zeitpunkt der Rückgabe zu ergänzen.

Daher ist die Möglichkeit von Finanzierungsvereinbarungen zwischen Herstellern und Nichtprivaten differenziert zu beurteilen. Soweit Nichtprivate über genügend Markmacht verfügen, um ihre Interessen einzubringen, können Vereinbarungen sinnvoll sein. Auch werden dadurch spezielle Berechnungsmodalitäten oder eine Vergütung für eigene Entsorgungsleistungen der Nichtprivaten ermöglicht. Allerdings ist versäumt worden, bei Nichtprivaten Kosten anlässlich der Rückgabe zu verbieten. Dadurch könnten die Nichtprivaten von der Rückgabe abgehalten werden. Schließlich muss kritisiert werden, dass der Richtliniengeber das Problem der Kostenverteilung an die Rechtsunterworfenen weitergibt, statt es in der Richtlinie selbst zu lösen.

c.   Zwischenergebnis

Die Entsorgung der Altprodukte von Privaten muss für den Ablieferer grundsätzlich kostenlos sein. Nur bei verschmutzten oder ausgeschlachteten Produkten sind ausnahmsweise Kosten zulässig. Die Hersteller müssen alle Entsorgungskosten tragen, die ab dem Zeitpunkt der Lagerung der Altprodukte in den Rücknahmestellen anfallen. Bei neuen Produkten muss jeder Hersteller individuell für sein eigenes Produkt aufkommen. Bei „historischen" Altprodukten teilen sich die Hersteller, die zum Zeitpunkt der Entsorgung auf dem Markt vertreten sind, die Kosten anteilig in kollektiven Finanzierungssystemen. Bei der Finanzierung „historischer" Altprodukte ist zweifelhaft, ob ihre rückwirkende Einführung und die Mitverpflichtung der neu in den Markt tretenden Hersteller rechtmäßig sind.

Die Entsorgungskosten neuer Altprodukte von Nichtprivaten werden individuell von den einzelnen Herstellern getragen. Die Entsorgung „historischer" Altprodukte von Nichtprivaten wird bei einem Austausch gegen ein Neuprodukt durch die Hersteller finanziert. Ansonsten müssen die Nichtprivaten dafür aufkommen. Unklar ist dabei, ob die Hersteller eines Neuproduktes immer zahlen müssen oder nur, wenn sie schon das Altgerät produziert haben. Die erstgenannte Alternative stößt auf rechtliche Bedenken. Hersteller und Nichtprivate können durch den Abschluss von Finanzierungsvereinbarungen von den Regelungen bezüglich der Entsorgungsfinanzierung des Abfalls von Nichtprivaten abweichen. Dabei ist auch zulässig, den Nichtprivaten zum Zeitpunkt der Entsorgung Kosten anzulasten. Diese Möglichkeit schadet der Rücknahmequote, da Nichtprivate von der Rückgabe abgeschreckt werden können.

4. Vergleich der Kostentragung in den Richtlinien

a. Kostenbelastung der Hersteller

Im Vergleich der einzelnen Richtlinien zur Produzentenverantwortung fällt auf, dass die Vorschriften zur Finanzierung der Entsorgungskosten immer mehr in die Einzelheiten gehen. Dies gilt zunächst für die Frage, inwieweit Wirtschaftsbeteiligte für die Entsorgungskosten aufkommen müssen. Bei der Verpack-RL wird den Mitgliedstaaten eine Anlastung der Entsorgungskosten auf die Wirtschaftsbeteiligten im Sinne des Verursacherprinzips lediglich angeraten. Die letztliche Entscheidung bleibt bei den Mitgliedstaaten. Die Altfahrzeug-RL bestimmt eindeutig, dass die Hersteller zumindest mit einem wesentlichen Anteil an den Entsorgungskosten beteiligt sind. Die Elektroschrott-RL stellt fest, dass die Hersteller ab der Einlagerung an einer Rücknahmestelle die gesamten Entsorgungskosten gegenüber Privaten tragen. Nichtprivate können von den Mitgliedstaaten nur zur Finanzierung historischer Altprodukte herangezogen werden. Die Kostenbelastung konzentriert sich also in den Richtlinien zur Produzentenverantwortung immer mehr auf die Hersteller.

Zudem schreibt die Elektroschrott-RL für die „neuen" Altgeräte zum ersten Mal vor, dass jeder Hersteller individuell für die Finanzierung seines Produkts aufkommen muss. Die Belastung mit den eigenen Entsorgungskosten ist der eigentliche Anreiz für die Hersteller, die Abfallmenge zu verringern.[422] Die Richtlinien der Produzentenverantwortung gehen somit immer mehr dazu über, durch die Integration der Entsorgungskosten in die Produktionskosten des jeweiligen Herstellers den Anreiz zur Abfallreduktion zu schaffen.

b. Direkte Kostenbelastung der Nutzer

Detaillierter werden auch die Vorschriften darüber, ob die Nutzer durch direkte Zahlungspflichten an den Entsorgungskosten beteiligt werden dürfen. Die Verpack-RL nimmt die Nutzer als Mitverursacher der Abfallentstehung in den Kreis der möglichen Finanzierungspflichtigen auf. Das lässt eine direkte Kostenbeteiligung der Nutzer zur Zeit des Erwerbs und im Moment der Rückgabe zu. Die Altfahrzeug-RL legt fest, dass die Kosten der Letzthalter zumindest stark eingeschränkt werden. Die Elektroschrott-RL schließlich enthält die Regel, dass die Rückgabe für Private kostenlos sein muss. Allerdings erlaubt sie, dass Nichtprivate bei der Rückgabe für die Entsorgung zahlen müssen. Der Vergleich zeigt, dass die Richtlinien bestrebt sind, den Nutzer bei der Rückgabe von Kosten frei-

---

422 Kuck/Riehl, S. 351.

zuhalten. Diese Regeln dienen dazu, die Rückgabe der Altprodukte nicht zu erschweren.

Altfahrzeug-RL und Elektroschrott-RL sehen allerdings vor, dass der Ablieferer ausnahmsweise an den Kosten beteiligt werden darf, wenn das Altprodukt ausgeschlachtet oder verschmutzt ist. Dadurch werden die Nutzer dazu angehalten, ihr Altprodukt ohne große Veränderungen zurückzugeben. Außerdem wird dadurch den Kostenträgern ermöglicht, Verluste und Gewinne im Rahmen der Entsorgung vorauszuplanen. Damit stellt die ausnahmsweise Kostenpflicht bei ausgeschlachteten und verschmutzten Altprodukten eine sinnvolle Ergänzung der grundsätzlich unentgeltlichen Rückgabemöglichkeit dar.

Auch belassen die Richtlinien zur Produzentenverantwortung die Kosten des Transports der Altprodukte bis zur Rücknahmestelle bei den Nutzern. Diese Kostenbelastung wird aber dadurch begrenzt, dass die Richtlinien die Rücknahme beim Endabnehmer[423] oder die flächendeckende Einrichtung von Rücknahmestellen[424] vorsehen. Unabhängig davon, wo sich der Letztnutzer befindet, ist also immer eine Rücknahmestelle in der Nähe, wenn er sich des Altproduktes entledigt. Weil die Rücknahmestellen auch die Altprodukte aus anderen Mitgliedstaaten der EU zurücknehmen müssen[425], kann sich der Nutzer seines Altproduktes auch dann in der Nähe entledigen, wenn er sich in einem anderen Mitgliedstaat der EU befindet.

c.   Entsorgungsfinanzierung „historischer" Altprodukte

Die Richtlinien zur Produzentenverantwortung ordnen an, dass auch „historische" Altprodukte zurückgenommen werden müssen, die vor der Umsetzungsfrist der Richtlinien hergestellt wurden. Das Problem, wie dieser Teil der Entsorgung zu finanzieren ist, wird unterschiedlich gelöst. Die Verpack-RL macht keine Angaben zur Finanzierung der historischen Altprodukte Die Altfahrzeug-RL befreit die Hersteller für einen über viereinhalbjährigen Übergangszeitraum von den Kosten der Entsorgung dieser Altprodukte. Die Elektroschrott-RL sieht eine Übergangsfrist von einem Jahr vor. Weiter unterscheidet sie zwischen Altprodukten von Privaten und Nichtprivaten. Hinsichtlich der Privaten belässt sie die Kosten bei den Herstellern. Allerdings weicht sie von der Grundregel ab, wonach jeder Hersteller für sein eigenes Altprodukt zahlen muss. Stattdessen verteilt sie die Kosten auf die Gesamtheit der aktuell vertretenen Hersteller. Bei Nichtprivaten sieht die Elektroschrott-RL vor, Hersteller und die Endnutzer in die Verantwortung zu nehmen. In den drei Richtlinien finden sich also vier verschiedene Methoden, wie die Entsorgung historischer Alt-

---

423 Art. 7 Abs. 1 lit. a Verpack-RL.

424 Art. 5 Abs. 1 Altfahrzeug-RL, Art. 5 Abs. 2 lit. a Elektroschrott-RL.

425 siehe oben Abschnitt B.I.1.c.(1).

geräte finanziert wird. Daher soll später untersucht werden, welche Kostenverteilung in diesem Punkt rechtmäßig und sinnvoll ist.

d. Entsorgungsfinanzierung im Falle einer Insolvenz

Nur die Elektroschrott-RL macht Angaben darüber, wie die Entsorgung finanziert wird, wenn ein Wirtschaftsbeteiligter, der zur Finanzierung verpflichtet ist, in Insolvenz fällt. Die Hersteller werden verpflichtet, durch Stellung einer Garantie bei Inverkehrbringen eines Produktes die Finanzierung der Rücknahme und Verwertung ihrer Produkte von Privaten zu gewährleisten. Damit ist sichergestellt, dass sich die Stellung des privaten Nutzers bei Insolvenz des Herstellers nicht ändert. Er kann sein Altprodukt weiterhin kostenlos zurückgeben. Dass die Rücknahme eventuell durch andere Wirtschaftsbeteiligte oder den Mitgliedstaaten selbst erfolgt, spielt für den Nutzer keine Rolle. Auch bei den beiden anderen Richtlinien sind die Mitgliedstaaten dazu verpflichtet, die Rücknahmemöglichkeiten der Nutzer bei Insolvenz der zur Rücknahme Verpflichteten zu gewährleisten. Allerdings sehen diese Richtlinien nicht vor, dass die Finanzierungspflichtigen eine Garantie für den Insolvenzfall stellen müssen. Daher muss geklärt werden, wer in diesem Fall für die Entsorgung zahlt.

Bei der Verpack-RL dürfen die Mitgliedstaaten schon normalerweise die Nutzer direkt an den Entsorgungskosten beteiligen.[426] Diese Möglichkeit wird dadurch begründet, dass die Richtlinie die Nutzer eines Altproduktes neben den Wirtschaftsbeteiligten als Verursacher der Abfallentstehung ansieht. Wenn sich die Mitgliedstaaten dazu entscheiden, grundsätzlich Wirtschaftsbeteiligte für die Entsorgung zahlen zu lassen, sind sie also nicht daran gehindert, bei einer Insolvenz der Wirtschaftsbeteiligten statt dessen die Nutzer bei der Rückgabe direkt für die Entsorgung zahlen zu lassen.

Die Altfahrzeug-RL hingegen verbietet es den Mitgliedstaaten, die Letzthalter durch eine Direktzahlung bei der Rückgabe erheblich an den Entsorgungskosten für ihre Altprodukte zu beteiligen.[427] Vielmehr müssen die Hersteller verpflichtet werden, zumindest 75 % der Entsorgungskosten zu tragen.[428] Daher kann die Entsorgungsfinanzierung im Insolvenzfall nicht wie bei den beiden anderen Richtlinien erfolgen. Im Gegensatz zur Verpack-RL dürfen die Nutzer nicht zur Zahlung verpflichtet werden. Anders als bei der Elektroschrott-RL müssen die grundsätzlich zur Zahlung verpflichteten Hersteller keine Finanzierungsgarantie stellen und scheiden daher ebenfalls aus. Die Mitgliedstaaten könnten zwar versuchen, andere als Letzthalter und Hersteller zur Entsorgungsfinanzierung heranzuziehen. So könnten sie im Sinne des Verursacherprinzips auf die Ersthalter

---

426 siehe Erwägungsgrund 29 und oben Abschnitt B.III.1.a.(2).
427 Art. 5 Abs. 4 UAbs. 1 Altfahrzeug-RL, siehe oben Abschnitt B.III.2.a.
428 Art. 5 Abs. 4 UAbs. 2 Altfahrzeug-RL, siehe oben Abschnitt B.III.2.b.

als Mitverursacher der Müllentstehung zurückgreifen, soweit diese nicht gleichzeitig die Letzthalter sind. Schon diese Finanzierungsform bereitet aber die Schwierigkeit, den Ersthalter ausfindig zu machen und einen Gebührenbescheid-eventuell im Ausland- zu vollstrecken. Daher wird sich eine Kostendeckung so nicht erreichen lassen. Folglich führt die Abwesenheit von genaueren Regelungen in der Altfahrzeug-RL dazu, dass die Entsorgungskosten bei einer Insolvenz der Hersteller in der Regel von den Mitgliedstaaten getragen werden müssen.

Indem die Verpack-RL bei Insolvenz eines zahlungspflichtigen Wirtschaftsbeteiligten die Verpflichtung der Nutzer zulässt, wird von der Rückgabe der Altprodukte abgeschreckt. Dies vermeidet die Altfahrzeug-RL zwar, da sie Kosten des Nutzers anlässlich der Rückgabe verbietet. Mangels anderer Finanzierungsquellen müssen jedoch die Mitgliedstaaten für die Entsorgungskosten aufkommen. Damit wird im Insolvenzfall das Ziel verfehlt, die Kosten vom Verursacher statt von der Allgemeinheit tragen zu lassen. Die Lösung, die für Altprodukte von Privaten bei der Elektroschrott-RL gefunden wurde, stellt somit einen Fortschritt gegenüber den beiden früheren Richtlinien zur Produzentenverantwortung dar. Einerseits bleibt die Rückgabe für den Nutzer im Entsorgungszeitpunkt kostenlos, andererseits fallen die Kosten wegen der von den Herstellern gestellten Garantie nicht auf die Mitgliedstaaten zurück. Daher ist die Regelung der Elektroschrott-RL den beiden anderen Richtlinien vorzuziehen.

IV. Vorgelagerte Pflichten

Die Richtlinien zur Produzentenverantwortung greifen nach Ablauf der Benutzungszeit in das Produktleben ein, indem sie dazu verpflichten, Altprodukte zurückzunehmen, zu verwerten und diese Entsorgung zu finanzieren. Der Phase der Entsorgung sind aber schon Pflichten vorgelagert. So müssen die Wirtschaftsbeteiligten während und nach der Produktion zu bestimmten Verhaltensweisen verpflichtet werden.

1. Bei der Produktion

a. Reduktion bestimmter Schadstoffe

(1) Verpack-RL

Gemäß Art. 11 Abs. 1 der Verpack-RL gewährleisten die Mitgliedstaaten, dass die Konzentration bestimmter Schadstoffe (Blei, Quecksilber, Kadmium, sechswertiges Chrom) im Produkt einen Grenzwert nicht überschreitet. Die Richtlinie setzt diesen Grenzwert fest. Weiter sieht sie vor, dass er mit der Zeit abgesenkt wird. Der erste Grenzwert gilt zwei Jahre nach Inkrafttreten der Richtlinie, nach drei und fünf Jahren gelten dann reduzierte Grenzwerte. In einem Ausschussverfahren legt die Kommission Ausnahmen vom Anwendungsbereich der Grenzwerte fest. Im gleichen Verfahren kann die letzte Absenkung des Grenzwertes für bestimmte Produkte ausgesetzt werden.

(2)   Altfahrzeug-RL

Aufgrund von Art. 4 Abs. 2 der Altfahrzeug-RL muss der Einsatz von Blei, Quecksilber, Kadmium und sechswertigem Chrom bei der Produktion verboten werden. Die Mitgliedstaaten stellen sicher, dass diese Stoffe etwa zweieinhalb Jahre nach Inkrafttreten der Richtlinie in Neuprodukten nicht mehr enthalten sind. Ausnahmen vom Anwendungsbereich sind in einem Anhang enthalten.[429] Dieser Anhang wird von der Kommission in einem Ausschussverfahren regelmäßig im Einklang mit dem wissenschaftlichen und technischen Fortschritt geändert. Es ist vorgesehen, dass erforderlichenfalls Höchstkonzentrationswerte festgelegt werden, bis zu deren Erreichen das Vorhandensein der verbotenen Stoffe toleriert wird. In diesem Fall wandelt sich das Totalverbot zum Grenzwert.

(3)   Elektroschrott-RL

In der Elektroschrott-RL selbst ist kein Verbot oder Grenzwert bestimmter gefährlicher Stoffe vorgesehen. Stattdessen ist ein Stoffverbot in der Richtlinie zur Beschränkung der Verwendung bestimmter gefährlicher Stoffe in Elektro- und Elektronikgeräten[430] (nachfolgend: „Gefährliche-Stoffe-RL") enthalten. Diese Richtlinie wurde zeitgleich mit der Elektroschrott-RL erlassen und ergänzt diese. Ihr einziger Inhalt ist das Verbot bestimmter gefährlicher Stoffe bei der Produktion von Elektro- und Elektronikgeräten. Dieses Verbot wurde aus der Elektroschrott-RL ausgelagert, um Probleme bei der Bestimmung der Rechtsgrundlage zu vermeiden.[431] Die Gefährliche-Stoffe-RL sieht in Art. 4 Abs. 1 vor, dass etwa dreieinhalb Jahre nach ihrem Inkrafttreten der Einsatz von Blei, Quecksilber, Kadmium, sechswertigem Chrom sowie der Stoffe PBB und PBDE bei der Produktion verboten ist. Vom Verbot sind bestimmte Bereiche ausgenommen, die im Anhang festgelegt sind.[432] Der Anhang wird gem. Art. 5 Abs. 1 Gefährliche-Stoffe-RL in einem Ausschussverfahren dem wissenschaftlichen und technischen Fortschritt angepasst. Das Totalverbot wird dabei erforderlichenfalls dergestalt gelockert, dass die gefährlichen Stoffe bis zu einer Höchstkonzentration toleriert werden.

(4)   Vergleich der Schadstoffreduktion in den Richtlinien

Die Richtlinien zur Produzentenverantwortung sehen nach einer Übergangszeit von zwei bis etwa dreieinhalb Jahren vor, dass der Einsatz bestimmter Schadstoffe bei der Herstellung neuer Produkte begrenzt wird Dabei handelt es sich übereinstimmend um Blei, Quecksilber, Kadmium, sechswertiges Chrom. Die

---

429 Art 4 Abs. 2 lit. a i.V.m. Anhang II Altfahrzeug-RL.
430 Richtlinie 2002/95/EG des Europäischen Parlaments und des Rates vom 27.Januar 2003 zur Beschränkung der Verwendung bestimmter gefährlicher Stoffe in Elektro- und Elektronikgeräten, ABl. Nr. L 37/19 vom 13.2.2003.
431 Fischer, Strategien, S. 97; Bergkamp, EELR 2001, S. 322, 331.
432 Art. 4 Abs. 2 i.V.m. Anhang Gefährliche-Stoffe-RL.

132

Gefährliche-Stoffe-RL verbietet zusätzlich die Verwendung von PBB und PBDE, weil diese Schadstoffe speziell bei Elektrogeräten als Flammschutzmittel vorkommen.[433] Die Schadstoffbegrenzung gilt sowohl für das Gesamtprodukt als auch für die Einzelteile[434], sodass sie nicht durch die Auslagerung der Produktion von Komponenten an Zulieferer umgangen werden kann. Die Verpack-RL verpflichtet zur Schadstoffreduktion in Form von Grenzwerten. Die Altfahrzeug-RL und die Gefährliche-Stoffe-RL erlassen diesbezüglich ein Totalverbot. Da das Totalverbot durch die Festlegung von Höchstkonzentrationen gelockert werden kann, gelten im Ergebnis in allen Richtlinien zur Produzentenverantwortung Grenzwerte bezüglich der Schadstoffe. Die Richtlinien zur Produzentenverantwortung sehen übereinstimmend vor, dass die Ausnahmen der Stoffreduktion von der Kommission festgelegt werden.

b. Kennzeichnungspflichten

(1) Verpack-RL

Im Anwendungsbereich der Richtlinien zur Produzentenverantwortung müssen die Produkte so gekennzeichnet sein, dass die Materialien bei der Verwertung identifiziert und eingestuft werden können. Gemäß Art. 8 Abs. 1 Verpack-RL beschließt der Rat, wie die Produzenten zur Kennzeichnung von Verpackungen verpflichtet werden. Die Richtlinie sieht in Art. 8 Abs. 2 UAbs. 1 vor, dass diese Kennzeichnungen zur Identifizierung und Einstufung des Materials Angaben über die Art des Produktionsmaterials enthalten muss. Sie sieht zudem vor, dass sich die Kennzeichnung haltbar und lesbar auf dem Produkt befinden muss, Art. 8 Abs. 3 Verpack-RL.

(2) Altfahrzeug-RL

Die Altfahrzeug-RL enthält in Art. 8 Abs. 1 eine Regelung zur Kennzeichnung. Die Mitgliedstaaten treffen danach die erforderlichen Maßnahmen, um die Verwendung von Kennzeichnungsnormen durch Hersteller und Zulieferer sicherzustellen. Gemäß Art. 8 Abs. 2 Altfahrzeug-RL legt die Kommission den Inhalt der Normen fest. Dadurch soll die Identifizierung derjenigen Bauteile und Werkstoffe erleichtert werden, die wiederverwendet oder anderweitig verwertet werden können.

(3) Elektroschrott-RL

Gemäß Art. 10 Abs. 3 der Elektroschrott-RL stellen die Mitgliedstaaten sicher, dass die Hersteller die Produkte mit einem Symbol für die getrennte Sammlung kennzeichnen. Dieses Symbol ist in der Richtlinie bestimmt.[435] Nach Art. 11 Abs. 2 sorgen die Mitgliedstaaten zudem dafür, dass der Hersteller eines Pro-

433 KOM(2000) 347 endg., S. 15f.
434 Art. 4 Abs. 2 lit. a Altfahrzeug-RL, Art. 4 Abs. 1 i.V.m. Art. 5 Abs. 1 lit. a Gefährliche-Stoffe-RL.
435 Anhang IV der Elektroschrott-RL.

duktes durch Kennzeichnung des Geräts eindeutig zu identifizieren ist. Diese Pflicht korrespondiert mit der individuellen Herstellerfinanzierung der Entsorgung von Altprodukten in Art. 8 Abs. 2 UAbs. 1 und Art. 9 Abs. 1 UAbs. 1 Elektroschrott-RL.

(4)   Vergleich der Kennzeichnungspflichten in den Richtlinien
Die Kennzeichnungspflichten in den Richtlinien zur Produzentenverantwortung erfüllen je nach Ausgestaltung eine unterschiedliche Funktion. Bei Verpack-RL und Altfahrzeug-RL werden die einzelnen Bauteile gekennzeichnet. Diese Kennzeichnung dient dazu, diejenigen Stoffe und Bauteile zu identifizieren, die wiederverwendet und verwertet werden können. Bei der Elektroschrott-RL hingegen genügt die Kennzeichnung, dass es sich um ein Gerät handelt, das gesondert entsorgt werden muss. Die Vorschrift dient also nicht den Demontagebetrieben wie bei Verpack-RL und Altfahrzeug-RL, sondern den Verbrauchern. Sie werden darüber informiert, auf welchem Wege sie den Elektroschrott entsorgen sollen. Die Elektroschrott-RL sieht noch eine weitere Funktion der Kennzeichnungspflichten vor, die bei den anderen Richtlinien nicht vorkommt. Elektrogeräte müssen den Hersteller klar erkennen lassen. Damit wird bezweckt, dass sich der Hersteller seiner Kostentragungspflicht für die Entsorgung seines Produkts nicht entziehen kann. In dieser Vorschrift spiegelt sich wieder, dass die Elektroschrott-RL im Gegensatz zu den zwei vorigen Richtlinien die individuelle Kostentragungspflicht der Hersteller zumindest teilweise festgeschrieben hat. Die Kennzeichnungspflichten integrieren einen Teil der Entsorgungskosten in die Produktionskosten. Die Entsorgung der Altprodukte setzt nämlich voraus, dass die Nutzer sie den dafür vorgesehenen Stellen zuführen, den Verwertungsbetrieben ihre Zusammensetzung bekannt ist, und die Hersteller ihrer Finanzierungspflicht nachkommen.

2.   Nach der Produktion

a.   Veröffentlichung von Verbraucherinformationen

(1)   Verpack-RL
Gemäß Art. 13 Verpack-RL gewährleisten die Mitgliedstaaten, dass die Verbraucher darüber informiert werden, welche Rücknahmesysteme den Verbrauchern zur Verfügung stehen, welchen Beitrag die Verbraucher zur Verwertung erbringen und welche Bedeutung die Kennzeichnungen auf den Produkten haben. Mangels genauerer Bestimmungen stellt die Verpack-RL es den Mitgliedstaaten frei, ob die Verbraucher von den Mitgliedstaaten selbst oder den betroffenen Wirtschaftsbeteiligten informiert werden.

(2)   Altfahrzeug-RL
Die Altfahrzeug-RL sieht in Art. 9 Abs. 2 vor, dass die Mitgliedstaaten den Wirtschaftsbeteiligten die Veröffentlichung bestimmter Informationen vorschreiben. Diese betreffen die verwertungs- und recyclinggerechte Konstruktion

134

der Produkte, die umweltverträgliche Behandlung von Altprodukten, die Möglichkeiten zur Wiederverwendung und zum Recycling und die Fortschritte bei der Verringerung des Abfalls und die Erhöhung der Verwertungsrate. Die Hersteller müssen diese Informationen den potentiellen Käufern zugänglich machen. Sie sind in die Werbeschriften für das neue Produkt aufzunehmen.

(3)   Elektroschrott-RL

Nach Art. 10 Abs. 1 der Elektroschrott-RL stellen die Mitgliedstaaten sicher, dass die Privaten Informationen erhalten über die ihnen zur Verfügung stehenden Rücknahmesysteme, ihren Beitrag zur Wiederverwendung, die potentiellen Auswirkungen auf die Umwelt durch gefährliche Stoffe in den Produkten und die Bedeutung des Symbols für die getrennte Sammlung von Elektroschrott. Auch sollen sie über ihre „Verpflichtung"[436] zur Getrenntsammlung der Produkte informiert werden, obwohl die Elektroschrott-RL keine Rücknahme- oder Sammelpflicht anordnet. Die Elektroschrott-RL legt nicht fest, dass die Verbraucherinformation durch die Wirtschaftsbeteiligten erfolgen muss.

(4)   Vergleich der Verbraucherinformation in den Richtlinien

Die Richtlinien zur Produzentenverantwortung verpflichten dazu, die Verbraucher über die Entsorgung der Altprodukte zu informieren. Nur die Altfahrzeug-RL legt dabei fest, dass die Wirtschaftsbeteiligten für die Veröffentlichung verantwortlich sind. Ansonsten bleibt es im Ermessen der Mitgliedstaaten, wer die Verbraucher informiert. Die Verbraucherinformationen in der Verpack-RL und der Elektroschrott-RL sollen dem Verbraucher zeigen, wie er sich konkret an der Entsorgung der Altprodukte beteiligen kann. Im Gegensatz dazu geben die Informationen der Altfahrzeug-RL dem Verbraucher keine Hinweise zum Mitmachen. Sie gewähren dem Verbraucher vielmehr einen Einblick, wie die Abfallverringerung von den Wirtschaftsbeteiligten betrieben wird. Die Informationen sollen Verhalten und Einstellung der Fahrzeugnutzer grundsätzlich ändern, Erwägungsgrund 27 Altfahrzeug-RL. Die Abwesenheit von Informationspflichten zur Beteiligung der Letzthalter in der Altfahrzeug-RL lässt sich dadurch erklären, dass die Rücknahme von Altfahrzeugen nicht so sehr vom guten Willen der Verbraucher abhängt wie bei den anderen Richtlinien. Die Altfahrzeug-RL schafft einen großen Anreiz für Letzthalter, ihre Altfahrzeuge der Verwertung zuzuführen, indem sie die Abmeldung von Altfahrzeugen von der vorherigen Rückgabe abhängig macht. Angesichts dieser faktischen Rückgabepflicht ist es nicht nötig, die Motivation zur freiwilligen Rücknahme zu steigern. Soweit die Richtlinien zur Produzentenverantwortung Informationen vorsehen, die den Verbraucher zum richtigen Umgang mit den eigenen Altprodukten anhalten, erhöhen sie die Rücknahmequote und verringern das Ausmaß „wilder" Entsorgung. So reduzieren die Informationspflichten die Entsorgungskosten.

---

436 Art. 10 Abs. 1 lit. a Elektroschrott-RL.

b.   Veröffentlichung von Demontageinformationen

(1)   Altfahrzeug-RL

Gemäß Art. 8 Abs. 3 Altfahrzeug-RL stellen die Mitgliedstaaten sicher, dass die Hersteller von Fahrzeugen Demontageinformationen zur Verfügung stellen. Die Veröffentlichung muss für jedes Produkt innerhalb von sechs Monaten nach dem Inverkehrbringen erfolgen. In diesen Informationen sind die einzelnen Werkstoffe und Bauteile aufgeführt. Auch ist angegeben, wo sich gefährliche Stoffe im Fahrzeug befinden. Neben den Fahrzeughersteller werden auch die Zulieferer verpflichtet. So müssen die Mitgliedstaaten gemäß Art. 8 Abs. 4 Altfahrzeug-RL die Hersteller von Fahrzeugteilen dazu verpflichten, den Verwertungsanlagen Informationen über die Demontage, Lagerung und Prüfung von wiederverwendbaren Teilen zur Verfügung zu stellen.

(2)   Elektroschrott-RL

Die Elektroschrott-RL verpflichtet die Mitgliedstaaten in Art. 11 Abs. 1 dazu, für die Bereitstellung von Informationen über die Behandlung der Altprodukte durch die jeweiligen Hersteller zu sorgen. Die Veröffentlichung muss innerhalb eines Jahres nach Inverkehrbringen erfolgen. Die Informationen enthalten Angaben über die verschiedenen Bauteile und Werkstoffe sowie die Stellen, an denen sich gefährliche Stoffe befinden.

(3)   Vergleich der Demontageinformationen in den Richtlinien

Die Richtlinien zur Produzentenverantwortung ordnen die Veröffentlichung von Demontageinformationen in unterschiedlichem Ausmaß an. Die Verpack-RL enthält keine diesbezügliche Pflicht. Es ist davon auszugehen, dass die Verwertungsbetriebe die Altverpackungen auch ohne Demontageinformationen behandeln können. Die nötigen Informationen über die stoffliche Zusammensetzung der Verpackungen erhalten sie bereits aufgrund der Kennzeichnungspflicht. E-lektroschrott ist dagegen aufwendiger konstruiert. Daher bedürfen die Behandlungsanlagen Demontageinformationen, um die Altprodukte entsorgen zu können. Dieselbe Pflicht trifft die Hersteller von Altfahrzeugen. Da bei Altfahrzeugen aber oftmals ganze Bauteile ausgebaut und wieder eingesetzt werden können, wird die Informationspflicht auch auf die Hersteller von Fahrzeugbauteilen erstreckt. Die Pflicht zur Veröffentlichung von Demontageinformationen integriert Entsorgungskosten in den Produktpreis. Die Entsorgung erfordert die Demontage der Altprodukte, die wiederum ohne die entsprechenden Angaben der Hersteller nicht möglich ist.

3.   Bedeutung der vorgelagerten Pflichten

Die Richtlinien zur Produzentenverantwortung verpflichten die Wirtschaftsbeteiligten zu einem Zeitpunkt, an dem die Produkte noch gar nicht entsorgt werden müssen. Fraglich ist, wie diese vorgelagerten Pflichten mit den Pflichten nach Ablauf der Benutzungszeit (Rücknahme, Verwertung, Finanzierung; nach-

136

folgend: „Entsorgungspflichten") zusammenwirken. Denkbar ist, dass die vorgelagerten Pflichten von den Entsorgungspflichten abgetrennt werden können. Möglicherweise wurden die vorgelagerten Pflichten nur anlässlich der Richtlinienprojekte zur Produzentenverantwortung in die Vorschriften aufgenommen. In diesem Fall unterlägen sie nicht dem Begriff der „Produzentenverantwortung". Zukünftige Rechtssetzung zur Produzentenverantwortung könnte dann auf diese vorgelagerten Pflichten verzichten. Falls die vorgelagerten Pflichten aber mit den Entsorgungspflichten zusammenwirken, stellt sich die Frage, inwieweit sie einen notwendigen Bestandteil des Konzepts „Produzentenverantwortung" darstellen.

a.   Beachtung der Gestaltungsfreiheit der Hersteller ?

Dazu ist zunächst auf die Grundidee der Produzentenverantwortung zurückzukommen. Die Kommission hat dies in ihrem Vorschlag zur Elektroschrott-RL getan. Sie schreibt, dass die Hersteller das Produkt entwickelten, seine Spezifikationen bestimmten und seine Werkstoffe auswählten. Daher könnten nur die Hersteller ein Konzept für eine möglichst müllvermeidende Konstruktion entwickeln. Aus diesem Grund ziele die Produzentenverantwortung darauf ab, die traditionelle Rolle der Hersteller auszuweiten und sie für die Entsorgung der Altprodukte verantwortlich zu machen. Durch die Integration der Entsorgungskosten in die Produktionskosten werde ein wirtschaftlicher Anreiz geschaffen, den Produktentwurf im Hinblick auf das Recycling und die Beseitigung zu verbessern.[437]

Auch *Lee* sieht die Motivation für die Einführung der Produzentenverantwortung darin, dass sich der Richtliniengeber nicht an die Stelle der Hersteller setzen könne. Nur die Hersteller könnten in allen Einzelheiten über den Produktentwurf und damit die Abfallbelastung entscheiden. Produzentenverantwortung versuche daher, den Marktmechanismus einzusetzen, um die Entscheidungen der Hersteller im Sinne der Abfallreduktion zu lenken.[438] Es handele sich um „reflexartiges" Recht, das nicht vorschreibe, wie die abfallvermeidende Konzeption auszusehen habe, sondern den Hersteller dazu anhalte, dieses Erfordernis im eigenen Kostensenkungsinteresse bei der Konstruktion zu berücksichtigen. Herstellerpflichten während der Produktion und während der Benutzungsphase seien altbekannt. Das neue Instrument der Produzentenverantwortung hingegen sei dadurch gekennzeichnet, dass es die Pflichten auf die Zeit nach Ablauf der Benutzungsphase ausdehne.[439]

---

437 KOM (2000)347 endg., S. 6f., 12.
438 Lee, EELR 2002, S. 114, 115.
439 Lee, EELR 2002, S. 114, 116.

Grundlage der Produzentenverantwortung ist also die Einsicht, dass der Gesetzgeber nicht in der Lage ist, sämtliche Spezifikationen der Produktherstellung festzulegen. Aufgrund der komplexen Entscheidungsprozesse kann er sich nicht an die Stelle des Herstellers setzen und das Produkt entwerfen. Da die Marktwirtschaft von der Produktvielfalt lebt,[440] kann er auch nicht alle potentiell umweltbelastenden Gestaltungsmerkmale verbieten. Will er dennoch dafür sorgen, dass Produkte so hergestellt werden, dass ihre Entsorgung möglichst umweltschonend erfolgt, muss er den Herstellern einen Anreiz dazu setzen. Dieser Anreiz wird durch die Integration der Entsorgungskosten in die Produktionskosten erzielt.[441] Die bezweckte Reaktion des Herstellers liegt darin, dass er die Entsorgungskosten senkt, indem er Müll vermeidet. Das Ziel der umweltschonenden Produktgestaltung wird erreicht, ohne dem Hersteller einen bestimmten Entwurf vorzuschreiben. Der Hersteller behält die Freiheit, über die Gestaltung seines Produktes selbst zu bestimmen.

Die Entsorgungspflichten führen zu reflexartigen Ergebnissen, ohne den Herstellern die Letztentscheidung über die Gestaltung ihrer Produkte zu nehmen. Zu prüfen ist, inwieweit auch die vorgelagerten Pflichten diese Gestaltungsfreiheit des Herstellers unangetastet lassen. Die Pflicht, Informationen für Verbraucher und Demontagebetriebe zu veröffentlichen, greift nicht in die Konstruktion der Produkte ein. Das folgt schon daraus, dass diese Pflichten erst nach Herstellung eines Produktes wirken. Anders verhält es sich bei den Kennzeichnungspflichten. Der Hersteller muss bei der Gestaltung seines Produktes konkreten Vorschriften genügen. Allerdings wird die Gestaltungsfreiheit des Herstellers dadurch nur leicht tangiert. Es ist davon auszugehen, dass Kennzeichnungspflichten keine völlig neue Konstruktion erfordern. Vielmehr können die meisten Kennzeichnungen an bereits bestehende Konstruktionen angefügt, aufgedruckt oder aufgeklebt werden.

Die Pflicht, den Einsatz bestimmter Schadstoffe bei der Herstellung zu reduzieren, greift dagegen erheblich in die Gestaltungsfreiheit des Herstellers ein. Dem Hersteller werden inhaltliche Vorgaben an die Zusammenstellung seiner Produkte gemacht. Diese Pflichten stellen kein „reflexives" Recht dar. Vielmehr schreiben sie ein bestimmtes Verhalten vor. Dadurch wird den Herstellern der Entscheidungsspielraum genommen, ob und in welchem Ausmaß sie die Schadstoffe in ihrem Produkt einsetzen. Bestimmte Materialien können aufgrund dessen nicht mehr verarbeitet werden. Er kann gezwungen sein, das Produkt gänzlich umzugestalten. Damit stehen die Stoffverbote im krassen Gegensatz zu den restlichen Pflichten in den Richtlinien. Für die Andersartigkeit der Schadstoffreduktionsvorschriften spricht zudem der Zeitpunkt, zu dem sie das erste

---

440 Führ, S. 685, 687.
441 Rehbinder, Verursacherprinzip, S. 114.

138

Mal eingesetzt wurden. Schadstoffreduktionen wurden im Gemeinschaftsrecht schon 1976 verfügt,[442] obwohl das Konzept der Produzentenverantwortung erst 1994 mit der Verpack-RL eingeführt wurde. Wenn Schadstoffreduktionen schon angeordnet wurden, bevor das Konzept der Produzentenverantwortung überhaupt formuliert war, deutet das darauf hin, dass sie keinen Bestandteil der Produzentenverantwortung darstellen. Ein Beleg für den Ausschluss der Schadstoffreduktionen aus dem Begriff der Produzentenverantwortung kann schließlich in der Auslagerung dieser Vorschriften aus der Elektroschrott-RL erblickt werden. Nachdem Verpack-RL und Altfahrzeug-RL auch Regeln zur Schadstoffreduktion enthielten, wurden diese Vorschriften beim Erlass der E-lektroschrott-RL in die Gefährliche-Stoffe-RL ausgelagert. Zwar waren dafür Erwägungen zur Wahl der Rechtsgrundlage maßgebend. Die Elektroschrott-RL ist auf Art. 175 Abs. 1 EG gestützt, während die Gefährliche-Stoffe-RL auf Art. 95 EG beruht. Nur die Elektroschrott-RL dient aber ausweislich ihrer Erwägungsgründe der Verwirklichung der Produzentenverantwortung. Folglich zeigt das Nebeneinander von Elektroschrott-RL und Gefährliche-Stoffe-RL, dass Pflichten zur Schadstoffreduktion keinen Bestandteil der Produzentenverantwortung bilden.

Verpflichtende Stoffreduktionen sind vielmehr Teil einer anderen Herangehensweise. Statt Entsorgungskosten zu integrieren und somit ein gewisses Verhalten anzuregen, verbieten sie in herkömmlicher Art und Weise ein gewisses Verhalten. Die beiden Instrumente können sich aber ergänzen. Die Produzentenverantwortung ist solange zur Vermeidung von Umweltproblemen geeignet, wie der Einsatz der Inhaltsstoffe grundsätzlich unbedenklich ist. Wo aber selbst bei getrennter Rücknahme und Verwertung Gesundheits- und Umweltgefahren drohen, kann die Produzentenverantwortung nicht mehr helfen.[443] In diesem Fall wird der Einsatz des Schadstoffes beschränkt, damit der Stoff erst gar nicht in den Stoffkreislauf gerät.[444] Bei der Verwendungsbeschränkung ist darauf zu achten, dass die sozialen und wirtschaftlichen Folgen schwer vorherzusagen sind.[445] Daher erfolgen sie nur dann, wenn die Gesundheits- und Umweltschäden ausreichend belegt sind.[446] Die vorgeschriebene Stoffreduktion ist also immer dann zweckmäßig, wenn die Produktgruppe, für die die Produzentenverantwortung angeordnet wird, typischerweise bestimmte Schadstoffe enthält. Dann kann an-

---

442 Siehe die Richtlinie 76/769/EWG des Rates vom 27. Juli 1976 zur Angleichung der Rechts- und Verwaltungsvorschriften der Mitgliedstaaten für Beschränkungen des Inverkehrbringens und der Verwendung gewisser gefährlicher Stoffe und Zubereitungen, ABl. Nr. L 262/201 v. 27.9.1976.
443 so auch KOM (2000)347 endg., S. 13.
444 Erwägungsgrund 5 Gefährliche-Stoffe-RL.
445 Kuck/Riehl, S. 330.
446 KOM (2000)347 endg., S. 14-16.

lässlich der Reduktion der Müllmenge auch die Verwendung der Schadstoffe verboten werden, soweit es erforderlich ist.

b.   Produzentenverantwortung nur nach Ablauf der Benutzungszeit?

Weiter ist zu klären, ob die vorgelagerten Pflichten wegen ihres Wirkungszeitpunkts aus der Produzentenverantwortung ausscheiden. Die Pflichten, die Produkte bei der Herstellung zu kennzeichnen, und im Anschluss daran Verbraucher- und Demontageinformationen zu veröffentlichen, treffen die Wirtschaftsbeteiligten lange vor der Entsorgung. Daher könnten sie wie die vorgeschriebenen Schadstoffreduktionen nur anlässlich, nicht aber als Teil der Produzentenverantwortung erlassen worden sein. So hält Lee es für ein Kennzeichen der Produzentenverantwortung, dass den Wirtschaftsbeteiligten nach dem Ablauf der Benutzungszeit Pflichten auferlegt werden. Auch die Kommission erkennt im Instrument der Produzentenverantwortung eine Ausweitung der traditionellen Herstellerpflichten auf die Zeit nach Ablauf der Benutzungszeit. Diesen Ansichten zufolge gehören nur die Durchführung und Finanzierung von Rücknahme und Verwertung zweifelsfrei zur Produzentenverantwortung.

Damit ist aber noch nicht gesagt, dass die Pflichten, die den Herstellern während der Produktion oder der Benutzungszeit auferlegt werden, vom Begriff der „Produzentenverantwortung" von vornherein ausgeschlossen sind. Entscheidend für den Einsatz der Produzentenverantwortung ist meines Erachtens nicht der Zeitpunkt der Auferlegung von Pflichten, sondern die Wirkungsweise. Alle Vorschriften, die den Herstellern Entsorgungskosten auferlegen, ohne dabei die Gestaltungsmöglichkeiten neuer Produkte einzuschränken, können Teil der Produzentenverantwortung sein. Entsorgungskosten können aber schon anfallen, bevor die Benutzungszeit abgelaufen ist. So vereinfacht die Kennzeichnung der Inhaltsstoffe und die Veröffentlichung von Konstruktionsinformationen die Demontage. Die Kennzeichnung, dass es sich um ein getrennt zu entsorgendes Gerät handelt, sowie die Verbraucherinformation tragen zur Rückgabe durch den Nutzer bei. Die Kennzeichnung, wer ein Gerät hergestellt hat, ermöglicht es, die Entsorgungskosten individuell zuzurechnen. Damit enthalten alle diese Pflichten, die während oder nach der Produktion wirken, Entsorgungskosten. Sie treffen Vorkehrungen, damit die Rücknahme und Verwertung später reibungslos erfolgen kann. Wenn die Hersteller diese Pflichten erfüllen, integrieren sie die externen Kosten der Entsorgung in ihre Produktionskosten. Kennzeichnungs- und Informationspflichten stellen daher die notwendige Voraussetzung dafür dar, dass den Herstellern überhaupt die Entsorgungskosten angelastet werden können. Wenn die Produkte nicht gekennzeichnet wären und die Informationen entfielen, wäre die Entsorgung z.B. bei einem Ausscheiden eines Herstellers aus dem Markt gefährdet. Insofern stellen die Kennzeichnungs- und Informationspflichten Hilfspflichten dar. Die Entsorgung, die durch die Rücknahme und die Verwertung erfolgt, wird durch diese Pflichten vorbereitet.

c. Zwischenergebnis

Entsorgungspflichten stellen mit der Rücknahme, der Verwertung und der Finanzierung den Kern der Produzentenverantwortung dar. Zeitlich vorgelagerte Kennzeichnungs- und Informationspflichten sind Teil des Konzepts der Produzentenverantwortung. Sie bereiten die spätere Entsorgung schon während oder im Anschluss an die Produktion vor. Die Vorschriften zur Reduktion bestimmter Schadstoffe verfolgen dagegen eine andere Methode. Sie stellen daher keinen Bestandteil der Produzentenverantwortung dar.

V. Vereinbarkeit der Einbeziehung von „historischen" Altprodukten mit dem Rückwirkungsverbot

In den Richtlinien zur Produzentenverantwortung ist vorgesehen, dass Wirtschaftsbeteiligte nach dem Ablauf der Benutzungszeit Altprodukte zurücknehmen und verwerten müssen. Die Wirtschaftsbeteiligten müssen diese Vorgänge organisieren und zum Teil auch finanzieren. Auch „historische" Produkte, die schon vor dem Inkrafttreten der Richtlinien auf dem Markt waren, könnten dabei unter die vorgesehenen Pflichten zur Rücknahme, Verwertung und Finanzierung fallen. Der Gerichtshof hat aber in den Rechtssachen *Racke*[447] und *Decker*[448] ein gemeinschaftsrechtliches Rückwirkungsverbot formuliert. Er entschied, dass der Grundsatz der Rechtssicherheit es im Allgemeinen verbietet, den Beginn der Geltungsdauer eines Rechtsaktes der Gemeinschaft auf einen Zeitpunkt vor dessen Veröffentlichung zu legen.[449] Das Rückwirkungsverbot ist demnach als allgemeiner Grundsatz des Gemeinschaftsrechts anerkannt.[450] Es gilt auch bei der Rückwirkung von Normativakten und ist Ausfluss der Grundsätze der Rechtssicherheit und des Vertrauensschutzes.[451] Dabei gilt nur das strafrechtliche Rückwirkungsverbot absolut.[452] Außerhalb des strafrechtlichen Gebiets kann die Rückwirkung hingegen gerechtfertigt sein.[453] Die Rückwirkung eines Normativaktes ist ausnahmsweise zulässig, wenn das angestrebte Ziel des Rechtsaktes eine Rückwirkung verlangt und das berechtigte Vertrauen der Betroffenen gebührend beachtet ist.[454] Daher ist zu prüfen, inwieweit die Richtlinien zur Pro-

---

447 EuGH (Urteil v. 25.1.1979), Rs. 98/78 (Racke/Hauptzollamt Mainz), Slg. 1979, S. 69.
448 EuGH (Urteil v. 25.1.1979), Rs. 99/78 (Decker/Hauptzollamt Landau), Slg. 1979, S. 101.
449 EuGH (Urteil v. 25.1.1979), Rs. 98/78 (Racke/Hauptzollamt Mainz), Slg. 1979, S. 69, Rn. 20; (Urteil v. 25.1.1979), Rs. 99/78 (Decker/Hauptzollamt Landau), Slg. 1979, S. 101, Rn. 8.
450 Wegener, in: Calliess/Ruffert, Art. 220 EG Rn. 34.
451 Schwarze, Verwaltungsrecht, S. 1077.
452 EuGH (Urteil v. 10.7.1984), Rs. 63/83 (Regina/Kent Kirk), Slg. 1984, S. 2689, Rn. 22.
453 EuGH (Urteil v. 13.11.1990), Rs. C-331/88 (The Queen/Ministery of Agriculture, Fisheries and Food und Secretary of State für Health, ex parte Fedesa u.a.), Slg. 1990, I-4023, Rn. 41-45.
454 EuGH (Urteil v. 25.1.1979), Rs. 98/78 (Racke/Hauptzollamt Mainz), Slg. 1979, S. 69, Rn. 20; (Urteil v. 25.1.1979), Rs. 99/78 (Decker/Hauptzollamt Landau), Slg. 1979, S.

duzentenverantwortung Rückwirkung entfalten. Dazu muss zunächst geklärt werden, wann eine Richtlinie im Sinne des Gemeinschaftsrechts zurückwirkt. Erfüllen die Richtlinien zur Produzentenverantwortung die so bestimmten Kriterien einer Rückwirkung, so ist zu fragen, ob dies gerechtfertigt werden kann.

1. Rückwirkung der Richtlinien zur Produzentenverantwortung

a. Anknüpfungspunkt

Zunächst ist zu prüfen, ob eine Ausdehnung der Entsorgungspflichten auf „historische" Altprodukte überhaupt eine Rückwirkung darstellt. Dazu ist zu klären, wann im Sinne des Gemeinschaftsrechts eine Rückwirkung vorliegt. Entscheidend ist dabei, welche Handlungen als Anknüpfungspunkt einer Regelung in Frage kommen.

(1) Schrifttum

In der Literatur zum Gemeinschaftsrecht wird eine Norm als rückwirkend angesehen, wenn die Regelung einen abgeschlossenen Sachverhalt erfasst. Dies sei der Fall, wenn der Sachverhalt bereits tatbestandlich abgeschlossen sei, bevor eine Regelung in Kraft trete, die an diesen Sachverhalt anknüpfe.[455] Eine Rückwirkung liege nur dann vor, wenn der Sachverhalt bereits vollständig abgeschlossen sei.[456] Wenn eine Neuregelung dagegen an einen Sachverhalt anknüpfe, der während der Geltung der alten Rechtslage entstanden sei, aber bei Inkrafttreten der neuen Vorschrift noch nicht endgültig abgewickelt worden sei, läge keine Rückwirkung im Sinne des Gemeinschaftsrechts vor. Vielmehr handele es sich dann um die sofortige Anwendung des neuen Rechts.[457] Die Normen seien in einem solchen Fall „ohne rückwirkende Kraft im eigentlichen Sinne" ausgestattet.[458]

Weiter wird im Schrifttum untersucht, ob bei der Erstreckung von Entsorgungspflichten auf „historische" Altprodukte ein solcher abgeschlossener Sachverhalt vorliegt oder nicht. Diesbezüglich sei entscheidend, an welchen Sachverhalt der Rechtsakt seine Folgen inhaltlich anknüpfe. Verschiedene Sachverhalte kämen dabei in Betracht. So könne der Anknüpfungspunkt in der Produktion der „historischen" Altprodukte erblickt werden. Ebenso könnten aber auch die gesamte

101, Rn. 8; seither st. Rspr.: (Urteil v. 21.2.1991), Verb. Rs. C-143/88 und C-92/89 (Zuckerfabrik Süderdithmarschen und Zuckerfabrik Soest/Hauptzollamt Itzehoe und Hauptzollamt Paderborn), Slg. 1991, I-415, Rn. 49; (Urteil v. 11.7.1991), Rs. C-368/89 (Antonio Crispoltoni/Fattoria autonoma tabacchi de Città di Castello), Slg. 1991, I-3695, Rn. 17; Hetmeier, in: Lenz/Borchardt, Art. 254 Rn. 5; Hix, in: Schwarze, Art. 34 EG Rn. 83.
455 Schwarze, Verwaltungsrecht, S. 1083; Heukels, Rückwirkung, S. 17.
456 Heukels, Rückwirkung, S. 12; Berger, S. 180.
457 Heukels, Gemeinschaftsrecht, S. 64; Berger, S. 182.
458 Schwarze, Verwaltungsrecht, S. 1084.

Benutzungszeit oder der Rücknahmevorgang der Altprodukte der Anknüpfungspunkt der Entsorgungspflichten sein.[459]

Nach Ansicht von *Günther* ergehen die Entsorgungspflichten der Produzentenverantwortung in Anknüpfung an die Produktion der „historischen" Altprodukte. Zwar würden Verwertungs- und Finanzierungspflichten erst im Anschluss an eine Rücknahme entstehen. Damit werde zwar auf den ersten Blick an die Rücknahme angeknüpft. Die Rücknahme sei aber nur faktische Voraussetzung dafür, dass es überhaupt zu einer Entsorgung kommen könne. Sie sei nicht der inhaltliche Anknüpfungspunkt der Regelung. Vielmehr werde mit den Entsorgungspflichten an die Tatsache angeknüpft, dass die Hersteller in der Vergangenheit etwas hergestellt hätten. Die Hersteller hätten in der Vergangenheit mit der Herstellung der Altprodukte Dispositionen getroffen, ohne sich auf in Zukunft wirkende Entsorgungspflichten einstellen zu können.[460] Zweck des Rückwirkungsverbots sei aber gerade, die Rechtsunterworfenen davor zu schützen, ihr Verhalten nicht mehr an einen Rechtsakt anpassen zu können, weil ihr Verhalten in der Vergangenheit liege und nicht mehr beeinflusst werden könne.[461] Entscheidend sei daher nicht, wann eine Regelung zu befolgen sei, sondern der Zeitpunkt, zu dem die Betroffenen die letzte Möglichkeit hatten, ihr Verhalten dem Inhalt der Regelung anzupassen. Dass die Entsorgungspflichten erst nach dem Inkrafttreten der Richtlinien zur Produzentenverantwortung zu erfüllen seien, sei daher unerheblich. Ausschlaggebend sei vielmehr, dass die Hersteller einen bestimmten Prozentsatz der vor Inkrafttreten der Regelungen produzierten Güter zurücknehmen, verwerten und finanzieren müssten. Folglich knüpften die Entsorgungspflichten an die Produktion als abgeschlossenen Sachverhalt an. Bei einer Erstreckung auf „historische" Altprodukte liege daher Rückwirkung vor.[462] Für diese Sichtweise spreche auch, dass sich die Entsorgungspflichten der Produzentenverantwortung im Sinne des Verursacherprinzips immer mehr auf die Hersteller konzentrierten. Die Hersteller würden dabei in Anspruch genommen, weil sie mit der Produktion eines Gutes eine Ursache für den späteren Abfall gesetzt hätten. Dies zeige, dass die Entsorgungspflichten eben nicht an den Vertrieb oder den Verkauf einer Ware anknüpften, sondern an ihre Produktion.[463]

Demgegenüber bringen *Berg/Nachtsheim* Argumente dafür vor, dass die Entsorgungspflichten nicht an den abgeschlossenen Sachverhalt der Produktion anknüpfen. Der Hersteller eines Produktes bleibe während der gesamten Nutzungsdauer mit dem Produkt verbunden. Dies sei schon in anderen Rechts-

---

459 Berg/Nachtsheim, DVBl. 2001, S. 1103, 1105; Günther, EuZW 2000, S. 329, 330.
460 Günther, EuZW 2000, S. 329, 330.
461 Günther, EuZW 2000, S. 329.
462 Günther, EuZW 2000, S. 329, 330.
463 Günther, EuZW 2000, S. 329, 330.

bereichen wie zum Beispiel der Produkthaftung anerkannt. Daher könne die gesamte Benutzungszeit der Altprodukte als ein andauernder Sachverhalt gesehen werden. Dieser beginne mit der Herstellung, wirke aber über die Vermarktung hinaus bis zur Entsorgung des Produkts fort. Dann habe für die „historischen" Altprodukte der Sachverhalt zwar unter der alten Rechtslage begonnen, sei aber bei Inkrafttreten der neuen Regelung noch nicht abgeschlossen. Bei dieser Sichtweise läge keine Rückwirkung im eigentlichen Sinne vor. Es könne nicht gegen das Rückwirkungsverbot verstoßen sein. Es sei lediglich zu prüfen, ob die sich ergebende Sofortwirkung mit dem Grundsatz des Vertrauensschutzes vereinbar sei.[464]

In der Literatur wird zur Bestimmung der Rückwirkung also darauf abgestellt, ob eine Neuregelung an einen Sachverhalt anknüpft, der vor dem Inkrafttreten abgeschlossen war. Damit wird der Grundgedanke verwirklicht, dass der Grundsatz der Rechtssicherheit in Form des Rückwirkungsverbots sicherstellen soll, dass die Rechtsunterworfenen wissen können, welche Rechtsfolgen ihre gegenwärtigen Handlungen auslösen. Problematisch ist allerdings, dass je nach Sichtweise die Erstreckung von Entsorgungspflichten auf „historische" Altprodukte an einen abgeschlossenen oder einen weiterlaufenden Sachverhalt anknüpft. Es bleibt unklar, auf welches Kriterium es für die Abgeschlossenheit eines Sachverhaltes ankommt. Folglich wird die Rückwirkung einmal bejaht, ein anderes Mal verworfen. Daher können die in der Literatur angebotenen Einordnungskriterien nicht sicher bestimmen, ob eine Ausweitung der Entsorgungspflichten auf „historische" Altprodukte Rückwirkung entfaltet.

(2) Rechtsprechung des Gerichtshofs

Nach der Formulierung des Gerichtshof liegt eine Rückwirkung vor, wenn der Beginn der Geltungsdauer eines Rechtsaktes auf einen Zeitpunkt vor dessen Veröffentlichung gelegt wird.[465] Diese Formulierung des Gerichtshofs alleine bestimmt aber noch nicht zweifelsfrei, wie die Rückwirkung bei Dauersachverhalten beurteilt wird. Daher muss anhand der Rechtsprechung des Gerichtshof bestimmt werden, in welchen Konstellationen die Rückwirkung eines Rechtsakts bejaht wurde.

464 Berg/Nachtsheim, DVBl. 2001, S. 1103, 1105.
465 EuGH (Urteil v. 25.1.1979), Rs. 98/78 (Racke/Hauptzollamt Mainz), Slg. 1979, S. 69, Rn. 20; (Urteil v. 25.1.1979), Rs. 99/78 (Decker/Hauptzollamt Landau), Slg. 1979, S. 101, Rn. 8; (Urteil v. 16.2.1982), Rs. 258/80 (SpA Metallurgica Rumi/Kommission), Slg. 1982, S. 487, Rn. 11.

(a)   Rechtssache Continentale

In der Rechtssache *Continentale*[466] musste der Gerichtshof in einem Vorabent-
scheidungsverfahren über die Rechtmäßigkeit einer Verordnung entscheiden, die
Antidumpingzölle einführte. Der Kläger hatte zwischen dem 14. und 27. April
1982 aus der Türkei vier Sendungen Baumwollgarne eingeführt.[467] Das beklagte
Hauptzollamt hatte daraufhin in der Zeit vom 15. bis 28. April 1982 vier Zollbescheide erlassen, die einen Antidumpingzoll in Höhe von 12 % des Warenwertes
festsetzten.[468] Grundlage für die Zollbescheide war unter anderem eine Verordnung über die Festlegung von Antidumpingzöllen vom 2. April 1982.[469] Der
Kläger machte geltend, diese Verordnung sei rechtswidrig, weil sie rückwirkend
für Verträge gelte, die schon vor ihrem Inkrafttreten geschlossen, aber erst nach
diesem Zeitpunkt erfüllt worden seien.[470]

In seinen Schlussanträgen[471] prüfte Generalanwalt *Darmon* die Rückwirkung der
Antidumping-Verordnung. Dazu ging er ausdrücklich auf das Vorbringen des
Klägers ein, wonach die Antidumping-Verordnung auch auf die Verträge zurückwirke, die vor dem Inkrafttreten der Verordnung geschlossen, aber erst danach erfüllt worden waren. Er führte aus, dass das bloße Vorhandensein eines
Vertrages den Parteien kein Recht darauf verleihe, dass die Gemeinschaftsorgane bis zur Vertragserfüllung die Unveränderlichkeit der im Zeitpunkt des Ab-
schlusses geltenden rechtlichen Regelung gewährleisteten.[472] Wenn der Kläger
vorbringe, die Antidumping-Verordnung wirke zurück, so verwechsle er die
Rückwirkung einer Vorschrift mit ihrer Sofortwirkung. Zwar dürften Sachverhalte, deren Wirkungen erschöpft seien, grundsätzlich nicht mehr durch spätere
Regelungen in Frage gestellt werden. Würden also an einen bereits erfüllten
Vertrag nachträglich neue Rechtswirkungen geknüpft, so handele es sich um
eine Rückwirkung. Würde aber während der Laufzeit eines Vertrages der
Rechtsrahmen geändert, so handele es sich bloß um eine sofortige Wirkung einer neuen Vorschrift. Diese unterfalle nicht dem Rückwirkungsverbot, weil das
Inkrafttreten einer neuen Regelung nicht bis zum Auslaufen bereits geschlosse-
ner Verträge hinausgezögert werden könne. Ansonsten drohe, dass durch eine
künstliche Verlängerung der Vertragslaufzeiten das Inkrafttreten einer Regelung
endlos verschoben werde.[473]

---

466 EuGH (Urteil v. 12.5.1989), Rs. 246/87 (Continentale Produkten-
    Gesellschaft/Hauptzollamt München-West), Slg. 1989, S. 1151.
467 a.a.O., Rn. 2.
468 a.a.O., Rn. 2, 3.
469 a.a.O., Rn. 1, 4.
470 a.a.O., Rn. 15.
471 GA Darmon (Schlussantr. v. 16.2.1989), Rs. 246/87 (Continentale Produkten-
    Gesellschaft/ Hauptzollamt München-West), Slg. 1989, S. 1151.
472 a.a.O., Rn. 26.
473 a.a.O., Rn. 27.

Der Gerichtshof übernahm diese Argumentation. Er entschied, dass die Verordnung insoweit Rückwirkung entfalte, als sie ihre Anwendung auf solche Einfuhren vorsehe, die vor ihrer Veröffentlichung bereits erfolgt seien. Diese
Rückwirkung sei aber durch weiteres Sekundärrecht vorgesehen gewesen und
daher nicht rechtswidrig.[474] Hinsichtlich der späteren Einfuhren prüfte der Gerichtshof erst gar nicht mehr, ob die Verordnung auch insoweit rückwirkte.
Folglich stellte der Gerichtshof fest, dass die Verordnung gültig bleibe und weiterhin als Rechtsgrundlage der Zollbescheide dienen könne.[475]

Das Urteil in der Rechtssache *Continentale* nimmt eine Rückwirkung an, wenn
sich eine neue Regelung auf Einfuhren bezieht, die vor dem Inkrafttreten bereits
durchgeführt worden waren. Dagegen liegt keine Rückwirkung, sondern eine
Sofortwirkung vor, wenn eine neue Regelung Einfuhren erfasst, die vor dem Inkrafttreten vertraglich versprochen wurden und erst nach dem Inkrafttreten
durchgeführt werden.

(b)   Rechtssache Zuckerfabrik Süderdithmarschen

In der Rechtssache *Zuckerfabrik Süderdithmarschen*[476] musste der Gerichtshof
über die Gültigkeit einer Verordnung zur Einführung einer besonderen Tilgungsabgabe entscheiden. Die Klägerinnen waren im Oktober 1987 von den zuständigen Hauptzollämtern in Bescheiden dazu verpflichtet worden,
Tilgungsabgaben für das Zuckerwirtschaftsjahr 1986/87 zu entrichten.[477] Das
Wirtschaftsjahr war vom 1. Juli 1986 bis zum 30. Juni 1987 gelaufen.[478] Die
Klägerinnen brachten vor, die Verordnung zur Einführung einer besonderen Tilgungsabgabe, auf die die Bescheide gestützt waren, sei ungültig.[479] Die Verordnung verstoße gegen das Rückwirkungsverbot, weil sie am 2. Juli 1987 und
damit nach Ablauf des von ihr geregelten Wirtschaftsjahres erlassen worden sei.
Die Verordnung knüpfe die Zahlung der Abgabe an einen abgeschlossenen
Sachverhalt, nämlich an die Zuckerherstellung im besagten Wirtschaftsjahr.[480]
Der Gerichtshof nahm Bezug auf seine Rechtsprechung, wonach eine Rückwirkung unter besonderen Voraussetzungen ausnahmsweise zulässig sei.[481] Im Wei-

---

474 EuGH (Urteil v. 12.5.1989), Rs. 246/87 (Continentale Produkten-Gesellschaft/ Hauptzollamt München-West), Slg. 1989, S. 1151, Rn. 16.
475 a.a.O., Rn. 18.
476 EuGH (Urteil v. 21.2.1991), Verb. Rs. C-143/88 und C-92/89 (Zuckerfabrik Süderdithmarschen und Zuckerfabrik Soest/Hauptzollamt Itzehoe und Hauptzollamt Paderborn), Slg. 1991, I-415.
477 a.a.O., Rn. 2, 8.
478 a.a.O., Rn. 3.
479 a.a.O., Rn. 4, 9.
480 a.a.O., Rn. 48.
481 a.a.O., Rn. 49.

teren prüfte er das Vorliegen dieser Voraussetzungen.[482] Er kam zu dem Schluss, dass die Voraussetzungen einer zulässigen Rückwirkung gegeben waren und die Verordnung daher nicht gegen das Rückwirkungsverbot verstieß.[483]

Der Gerichtshof prüft in der Rechtssache *Zuckerfabrik Süderdithmarschen*, ob eine Rückwirkung ausnahmsweise zulässig ist. Das setzt voraus, dass die streitige Verordnung überhaupt Rückwirkung entfaltete. Folglich hat der Gerichtshof das Vorbringen der Klägerinnen akzeptiert, dass eine Rückwirkung vorliegt, wenn an eine bereits erfolgte Zuckerherstellung nachträglich Rechtsfolgen geknüpft werden.

(c)   Rechtssache Crispoltoni

Auch in der Rechtsache *Crispoltoni*[484] wurden nachträglich an die Produktion eines Erzeugnisses Rechtsfolgen geknüpft. Ein Tabakpflanzer hatte für die Ablieferung einer bestimmten Menge von Tabakblättern an seine Erzeugervereinigung im Erntejahr 1988 im Voraus eine Prämie im Rahmen einer gemeinsamen Marktorganisation für Rohtabak erhalten.[485] Diese Prämie forderte die Erzeugervereinigung später teilweise zurück.[486] Grundlage für die Rückforderung waren zwei Verordnungen, die wegen der Überproduktion von Rohtabak eine Kürzung der Prämien vorsahen.[487] Die beiden Verordnungen waren am 29. April und 26. Juli 1988 veröffentlicht worden. Der vom Pflanzer hergestellte Tabak wurde aber schon im Februar ausgesät und die Jungpflanzen bis Ende April ausgepflanzt. Die Verordnungen wurden also veröffentlicht, als die Entscheidung über die Produktion im laufenden Jahr bereits getroffen war. Auch war damit schon der größte Anteil der Produktionskosten verursacht. Der Gerichtshof stellte fest, dass die beiden Verordnungen aus diesem Grund Rückwirkung entfalteten.[488] Da die Voraussetzungen für eine Zulässigkeit der Rückwirkung nicht erfüllt waren, verstießen die Verordnungen mit der Kürzung der Prämien für 1988 gegen das Rückwirkungsverbot und waren insoweit ungültig.[489]

Der Gerichtshof nahm in *Crispoltoni* eine Rückwirkung an, weil die Verordnungen veröffentlicht wurden, nachdem die Entscheidung für die Produktion gefallen war und die Voraussetzungen für die Produktion gelegt worden waren, indem Tabakpflanzen ausgesät und ausgepflanzt wurden. Die Produktion von

---

482 a.a.O., Rn. 50-59.
483 a.a.O., Rn. 60.
484 EuGH (Urteil v. 11.7.1991), Rs. C-368/89 (Antonio Crispoltoni/Fattoria autonoma tabacchi de Città di Castello), Slg. 1991, I-3695.
485 a.a.O., Rn. 2, 3.
486 a.a.O., Rn. 6.
487 a.a.O., Rn. 4, 5.
488 a.a.O., Rn. 14-16.
489 a.a.O., Rn. 18-22.

Tabak, die mit der Aussat/Einpflanzung beginnt und mit der Ernte endet, war also im Gange, als die beiden Verordnungen erlassen wurden. Der Großteil der Investitionen war bereits erfolgt. Der Gerichtshof sah also bereits im Produktionsstart eine Handlung, an die nur noch mittels Rückwirkung neue Rechtsfolgen geknüpft werden konnten. In der Rechtssache *Odette*[490] bestätigte er später diese Rechtsprechung.

(d)   Rechtssache Niemann

In der Rechtssache *Continentale* wurde eine Rückwirkung bejaht, soweit sich eine Neuregelung auf eine bereits erfolgte Einfuhr erstreckte. In der Rechtssache *Zuckerfabrik Süderdithmarschen* wirkte die Neuregelung zurück, weil sie Rechtsfolgen an eine Produktion knüpfte, die bei ihrem Inkrafttreten bereits erfolgt war. In den Rechtsachen *Crispoltoni* und *Odette* entfalteten die Verordnungen Rückwirkung, weil die Produktion angelaufen war, bevor die Verordnungen veröffentlicht wurden. Allen Entscheidungen ist gemeinsam, dass sie eine Rückwirkung annehmen, wenn die Rechtsunterworfenen Tatsachen geschaffen haben, bevor der Gemeinschaftsgesetzgeber Rechtsfolgen an diese Tatsachen knüpft. Diese Tatsachen bestehen in Form einer erfolgten Einfuhr oder einer beendeten oder in die entscheidende Phase getretenen Produktion, nicht jedoch in einem Vertragsabschluss.

Dieses Rückwirkungsverständnis wird auch durch die Rechtssache *Niemann*[491] gegenüber der Sofortwirkung abgegrenzt. Seit 1968 gewährte die Gemeinschaft Beihilfen für Magermilch für Futterzwecke.[492] Durch eine Verordnung vom 17.12.1999, veröffentlicht am 31.12.1999, wurden die Beihilfen für flüssige Magermilch für Futterzwecke zum 1.1.2000 abgeschafft.[493] Die Molkerei Niemann stellte am 8. Januar 2000 einen Antrag auf Gewährung einer Beihilfe für die im Januar 2000 produzierte flüssige Magermilch.[494] Die zuständige Behörde lehnte den Antrag mit der Begründung ab, dass durch die streitige Verordnung die Rechtsgrundlage für die Gewährung der beantragten Beihilfe für die Zeit nach dem 31. Dezember 1999 entfallen sei.[495] Niemann focht den ablehnenden Bescheid mit der Begründung an, die Verordnung, mit der die Magermilch-Beihilfen abgeschafft wurden, sei ungültig.[496] Niemann trug vor, wegen der Rechtsänderung zum 1. Januar 2000 habe sie früher geschlossene Verträge nicht

---

490 EuGH (Urteil v. 26.3.1998), Rs. C-324/96 (Odette Nikou Petridi Anonymos Kapnemporiki/Athanasia Simou u.a.), Slg. 1998, I-1333, Rn. 41.
491 EuGH (Urteil v. 6.3.2003), Rs. C-14/01 (Molkerei Wagenfeld Karl Niemann GmbH Co. KG/ Bezirksregierung Hannover), Slg. 2003, I-2279.
492 a.a.O., Rn. 7.
493 a.a.O., Rn. 14-17.
494 a.a.O., Rn. 18.
495 a.a.O., Rn. 19.
496 a.a.O., Rn. 19-22.

mehr erfüllen können. Zudem seien die Planungen für das Jahr 2000 zu diesem Zeitpunkt längst abgeschlossen gewesen.[497] Der Gerichtshof prüfte, ob mit der Einführung der neuen Regelung gegen den Grundsatz des Vertrauensschutzes verstoßen worden sei. Da die Gemeinschaft kein berechtigtes Vertrauen erweckt habe, sei dies nicht der Fall.[498] Daher sei die in der Verordnung vorgesehene Abschaffung der Beihilfen weiterhin gültig.[499]

Mit der Rechtssache *Niemann* präzisiert der Gerichtshof die Abgrenzung zwischen Rückwirkung und Sofortwirkung. Die Verordnung, veröffentlicht am 31. Dezember 1999, schaffte die Beihilfen zum 1. Januar 2000 ab. Die Milch, die nach diesem Zeitpunkt produziert wurde, unterlag mit sofortiger Wirkung der Neuregelung. Die Tatsache, dass bereits Verträge über die noch zu produzierende Milch geschlossen worden waren, vermochte keine Rückwirkung begründen. Ebensowenig führten die bereits vor dem 31. Dezember 1999 abgeschlossenen Planungen für das nächste Jahr zu einer Rückwirkung. Im Gegensatz zur Situation bei *Crispoltoni* und *Odette* waren die tatsächlichen Arbeiten an der Produktion noch nicht begonnen worden. Daraus ist zu schließen, dass eine Neuregelung nach Ansicht des Gerichtshof immer dann zurückwirkt, wenn sich ihr Geltungsbereich auf Produktionen erstreckt, die bereits angelaufen sind. Ist die Produktion erst im Stadium der Planung, so entfaltet eine Neuregelung nur Sofortwirkung. Auch bei einer Sofortwirkung bleibt der Einzelne nicht ohne Rechtsschutz: der Gerichtshof prüft in *Niemann* die Vereinbarkeit mit dem Grundsatz des Vertrauensschutzes. Damit stellt der Gerichtshof einen umfassenden Rechtsschutz gegen unzulässige Belastungen durch Neuregelungen auf. Wenn sich ein Rechtsakt auf Produktionen erstreckt, die bei seiner Veröffentlichung bereits angelaufen waren, so muss die Norm mit dem Rückwirkungsverbot vereinbar sein. Beginnt die Geltung des Rechtsaktes erst später, so kann Sofortwirkung vorliegen, die mit dem Grundsatz des Vertrauensschutzes im Einklang stehen muss.

(3) Würdigung

Wenn die Entsorgungspflichten der Richtlinien zur Produzentenverantwortung auf „historische" Altprodukte erstreckt werden, so sind diese bereits produziert. Die Rechtssprechung des Gerichtshofs sieht immer dann eine Rückwirkung einer Neuregelung, wenn sie sich auf Produkte bezieht, deren Produktion bereits vor Veröffentlichung des Rechtsakts angelaufen war. Die im Schrifttum von *Berg/Nachtsheim* vertretene These, wonach Entsorgungspflichten nicht zurückwirken, weil die Benutzungszeit eines „historischen" Altprodukts angeblich einen Dauersachverhalt darstellt, ist mit dieser Rechtsprechung nicht in Einklang

---

497 a.a.O., Rn. 55.
498 a.a.O., Rn. 56-60.
499 a.a.O., Rn. 61.

zu bringen. Die Argumentation von *Berg/Nachtsheim* ist dabei nicht überzeugend, weil nicht feststeht, warum ein Vorgang als ein andauernder Sachverhalt gesehen wird. Es erscheint beliebig, bis zu welchem Zeitpunk ein langer Dauersachverhalt vorliegen soll. Die Rechtsprechung des Gerichtshof dagegen ist eindeutig. Produktbezogene Regelungen sind rückwirkend, wenn sie sich auf Güter beziehen, deren Produktion vor Veröffentlichung der Regelung angelaufen war. Somit ist diese Methode vorzuziehen, um die Rückwirkung einer Regelung zu ermitteln. Die Richtlinien zur Produzentenverantwortung entfalten also Rückwirkung, wenn die Produktion der Altprodukte, für die die Entsorgungspflichten gelten, bereits vor der Einführung der Pflichten begonnen war.

b.   Zeitliche Ausweitung des Rückwirkungsschutzes bei Richtlinien

(1)   *Bisherige Ausrichtung des Rückwirkungsverbotes an Verordnungen*

Fraglich ist weiterhin, welches genau der entscheidende Zeitpunkt ist, vor dem die Produktion der „historischen" Altprodukte bei einer Rückwirkung der Richtlinien begonnen haben muss. In den oben genannten Rechtssachen stellte der Gerichtshof darauf ab, dass eine Rückwirkung an Handlungen der Betroffenen anknüpfte, die vor der *Veröffentlichung* der Rechtsakte erfolgten.[500] Auch in der Literatur wird auf diesen Zeitpunkt abgestellt.[501] Teilweise wird auch der Tag des *Inkrafttretens* als entscheidend angesehen.[502] Da die Richtlinien zur Produzentenverantwortung jeweils mit ihrer Veröffentlichung in Kraft getreten sind,[503] hat diese Unterscheidung keinen Einfluss auf die Bewertung der Rückwirkung.

Problematisch ist, dass sich die Aussagen von Rechtsprechung und Literatur zumeist auf die Rückwirkung von Verordnungen beziehen, die unmittelbar wirken. Diese Verordnungen begannen im direkten Anschluss an ihre Veröffentlichung damit, gegenüber Einzelnen Rechtswirkungen zu entfalten. Das Konzept der Produzentenverantwortung ist aber bislang nur in Richtlinien enthalten gewesen. Im Gegensatz zu Verordnungen gelten Richtlinien aber nicht unmittelbar, sondern müssen in nationales Recht umgesetzt werden.[504] Zwar entfalten die Richtlinien schon vor Ablauf der Umsetzungsfrist eine sogenannte „Vorwirkung". Die Mitgliedstaaten sind also gehalten, das Ziel der Richtlinie in ihrer

---

500 EuGH (Urteil v. 25.1.1979), Rs. 98/78 (Racke/Hauptzollamt Mainz), Slg. 1979, S. 69, Rn. 20; (Urteil v. 25.1.1979), Rs. 99/78 (Decker/Hauptzollamt Landau) Slg. 1979, S. 101, Rn. 8; (Urteil v. 12.5.1989), Rs. 246/87 (Continentale Produkten-Gesellschaft/ Hauptzollamt München-West), Slg. 1989, S. 1151, Rn. 16; (Urteil v. 11.7.1991), Rs. C-368/89 (Antonio Crispoltoni/Fattoria autonoma tabacchi de Città di Castello), Slg. 1991, I-3695, Rn. 15; (Urteil v. 26.3.1998), Rs. C-324/96 (Odette Nikou Petridi Anonymos Kapnemporiki/Athanasia Simou u.a.), Slg. 1998, I-1333, Rn. 41.
501 Günther, EuZW 2000, S. 329, 332; Schwarze, Verwaltungsrecht, S. 1112; Berger, S. 184.
502 Heukels, Rückwirkung, S. 17f.
503 Art. 24 Verpack-RL, Art. 12 Abs. 1 Altfahrzeug-RL, Art. 18 Elektroschrott-RL.
504 Schroeder, in: Streinz, Art. 249 EG, Rn. 68.

Rechtsordnung zu berücksichtigen und müssen daher schon zu diesem Zeitpunkt Akte unterlassen, die das Richtlinienziel gefährden könnten.[505] Gegenüber dem Einzelnen entfalten belastende Richtlinien mit ihrer Veröffentlichung und ihrem Inkrafttreten gegenüber den Mitgliedstaaten aber noch keine unmittelbare Wirkung.[506] Dies erfolgt grundsätzlich erst in dem Moment, in dem die nationalen Umsetzungsgesetze in Kraft treten. Es ist zweifelhaft, ob es auch in dieser Situation für die Feststellung der Rückwirkung auf den Tag der Veröffentlichung der Richtlinie ankommen kann.

(2) Schrifttum

Im Schrifttum besteht Einigkeit darüber, dass auch Richtlinien zurückwirken können. Allerdings wird dabei ebenso auf den Tag der Veröffentlichung[507] oder des Inkrafttretens[508] abgestellt wie bei Verordnungen. Wenn der Anknüpfungspunkt der in der Richtlinie vorgesehenen Pflichten vor diesem Termin liegt, wird Rückwirkung angenommen. Das Rückwirkungskonzept bei Verordnungen wird also unverändert auf Richtlinien übertragen.[509] Eine Richtlinie zur Produzentenverantwortung soll demnach zurückwirken, soweit Altprodukte zurückgenommen werden müssen, die vor der Veröffentlichung der Richtlinie produziert wurden.[510]

(3) Rechtsprechung des Gerichtshofs

Auch der Gerichtshof geht davon aus, dass Richtlinien Rückwirkung entfalten können. So entschied er in der Rechtsache *Fedesa*[511], dass eine Richtlinie, die einen Umsetzungszeitpunkt vorsieht, der vor ihrer Veröffentlichung liegt, zurückwirke.[512] Allerdings könne auch die Rückwirkung von Richtlinien gerechtfertigt sein, wenn sie zur Erreichung des Ziels erforderlich sei und das Vertrauen der Betroffenen gebührend berücksichtigt werde.[513] Da in der Rechtssache *Fedesa* die streitige Richtlinie erlassen worden war, um eine inhaltsgleiche Richtlinie zu ersetzen, die wegen Formfehlern für nichtig erklärt worden war, lagen diese Voraussetzungen vor und stellte der Gerichtshof die Vereinbarkeit mit dem Rückwirkungsverbot fest.[514]

---

505 EuGH (Urteil v. 18.12.1997), Rs. C-129/96 (Inter-Environnement Wallonie/Région wallonne), Slg. 1997, I-7411, Rn. 45; Schliesky, DVBl. 2003, S. 631, 639.
506 EuGH (Urteil v. 5.4.1979), Rs. 148/78 (Tullio Ratti), Slg. 1979, S. 1629, Rn. 43f.; Schliesky, DVBl. 2003, S. 631, 637.
507 Schwarze, Verwaltungsrecht, S. 1112.
508 Heukels, Rückwirkung, S. 19.
509 Berger, S. 180.
510 Günther, EuZW 2000, S. 329, 332.
511 EuGH (Urteil v. 13.11.1990), Rs. C-331/88 (The Queen/Ministery of Agriculture, Fisheries and Food und Secretary of State für Health, ex parte Fedesa u.a.), Slg. 1990, I-4023.
512 a.a.O., Rn. 41.
513 a.a.O., Rn. 45.
514 a.a.O., Rn. 46-48.

In der Rechtsache *Kolpinghuis Nijmwegen*[515] machte der Gerichtshof genauere Aussagen darüber, auf welchen Zeitpunkt es für die Rückwirkung einer Richtlinie ankommt. In einer Richtlinie war vorgesehen, dass Wasser nur unter gewissen Voraussetzungen als „Mineralwasser" verkauft werden darf. Für einen Verstoß gegen die Vorschrift mussten die Mitgliedstaaten Sanktionen vorsehen. Die Umsetzungsfrist lief am 17. Juli 1984 ab. Am 7. August 1984 brachte der Angeklagte des Ausgangsverfahrens ein Mineralwasser in den Handel, das nicht den in der Richtlinie aufgestellten Anforderungen entsprach. Die Anforderungen wurden aber erst danach, nämlich am 8. August 1985 in innerstaatliches Recht umgesetzt.[516] Der Gerichtshof entschied, dass sich eine innerstaatliche Behörde nicht zu Lasten eines Einzelnen auf eine Bestimmung einer Richtlinie berufen könne, deren Umsetzung noch nicht erfolgt sei.[517] Als Begründung führte er aus, dass auch die Wirkungen von Richtlinien dem Rückwirkungsverbot unterlägen. Daher könne eine Richtlinie ohne Umsetzung nicht wirken.[518] Für die Rechtswirkungen der belastenden Richtlinie komme es nicht darauf an, ob die Umsetzungsfrist schon abgelaufen sei oder nicht.[519]

Der Gerichtshof verknüpft in der Rechtssache *Kolpinghuis Nijmwegen* die Umsetzungsbedürftigkeit von Richtlinien mit dem Rückwirkungsverbot. Belastende Richtlinien können dem Einzelnen vor ihrer Umsetzung unter anderem deshalb nicht entgegengehalten werden, weil sie dem Rückwirkungsverbot unterliegen. Aus dieser Argumentation folgt, dass eine Rückwirkung vorliegt, wenn an einen Sachverhalt angeknüpft wird, der vor der Umsetzung des Inhalts der Richtlinie in innerstaatliches Recht erfolgte. Der Gerichtshof drückt implizit aus, dass es bei der Rückwirkung von Richtlinien nicht auf den Zeitpunkt der Veröffentlichung ankommt wie bei den Verordnungen. Die Veröffentlichung der Richtlinie war zu dem Zeitpunkt, als das Mineralwasser in den Handel kam, nämlich längst erfolgt. Der Gerichtshof geht aber- im Gegensatz zur Rückwirkung von Verordnungen- gar nicht auf das Datum der Veröffentlichung ein. Vielmehr stellt er allein auf den Zeitpunkt der Umsetzung ab. Daraus ist zu schließen, dass Handlungen, die von einer Richtlinie erfasst werden und zwischen vorgesehenem Umsetzungszeitpunkt und erfolgter Umsetzung liegen, in den Anwendungsbereich des Rückwirkungsverbotes fallen. Erst recht muss dann die Anknüpfung an Handlungen im Zeitraum vor Ablaufen der Umsetzungsfrist eine Rückwirkung darstellen. Also ist aus der Rechtssache *Kolpinghuis Nijmwegen* zu schlie-

---

515 EuGH (Urteil v. 8.10.1987) Rs. 80/86 (Kolpinghuis Nijmwegen), Slg. 1987, S. 3969.
516 a.a.O., Rn. 3.
517 a.a.O., Rn. 10.
518 a.a.O., Rn. 13.
519 a.a.O., Rn. 15.

ßen, dass der gesamte Zeitraum vor Umsetzung einer Richtlinie in nationales Recht vom Rückwirkungsverbot geschützt wird.

(4)   Eigener Ansatz

Die Rechtssache *Kolpinghuis Nijmwegen* kann als Ausgangspunkt dafür dienen, bei der Rückwirkung von Richtlinien statt auf den Zeitpunkt der Veröffentlichung auf den vorgesehenen Umsetzungszeitpunkt abzustellen. In dieser Rechtssache wollten die innerstaatlichen Behörden die Richtlinie rückwirkend anwenden, weil der Mitgliedstaat es versäumt hatte, die Richtlinie fristgemäß umzusetzen. Die Richtlinie selbst hatte nicht vorgesehen, dass sie auch an Sachverhalte vor ihrer Umsetzung anknüpfen sollte. Meines Erachtens kann aber nichts anderes gelten, wenn sich schon aus der Richtlinie ergibt, dass Rechtsfolgen an Handlungen geknüpft werden sollen, die vor dem vorgesehenen Umsetzungszeitpunkt erfolgt sind. Wenn das gemeinschaftsrechtliche Rückwirkungsverbot den Mitgliedstaaten verbietet, Rechtsfolgen aus einer belastenden Richtlinie an Handlungen vor ihrer Umsetzung abzuleiten, so muss das auch für die Gemeinschaftsorgane gelten. Richtlinien, die an Handlungen vor der vorgesehenen Umsetzungsfrist Rechtsfolgen anknüpfen, müssen folglich auch dem Rückwirkungsverbot unterliegen. Für den Einzelnen stellt sich die Situation nämlich gleich dar. Im einen Fall ist der Mitgliedstaat seiner Umsetzungspflicht nicht nachgekommen. Im anderen Fall haben die Gemeinschaftsorgane von vornherein vorgesehen, dass die Umsetzung ins nationale Recht erst nach der als Anknüpfungspunkt dienenden Handlung erfolgt. In beiden Situationen kennt der Einzelne die Rechtsfolgen seiner Handlungen erst nach ihrer Durchführung. Er ist in beiden Fällen schutzwürdig.

Somit muss für die Rückwirkung von Richtlinien auf einen späteren Zeitpunkt abgestellt werden als bei Verordnungen. Das soll ein Beispiel verdeutlichen. Wenn eine belastende Verordnung im Januar veröffentlicht wird und in Kraft tritt, so gilt sie ab diesem Zeitpunkt gegenüber dem Einzelnen unmittelbar. Wenn dem Einzelnen später Pflichten auferlegt werden, weil er in der Zeit nach Januar den Tatbestand der Verordnung erfüllt hat, liegt keine Rückwirkung vor. Wenn der gleiche Inhalt in Form einer Richtlinie erlassen wird, verhält es sich anders. Wird die Richtlinie im Januar veröffentlicht und tritt zu diesem Zeitpunkt auch in Kraft, so wirkt sie noch nicht unmittelbar gegenüber dem Einzelnen. Vielmehr tritt sie nur gegenüber den Mitgliedstaaten in Kraft. Den Mitgliedstaaten wird in der Richtlinie eine Frist gesetzt, bis zu der sie den Inhalt in nationales Recht umsetzen müssen. Liegt diese Frist im Dezember, so ist der Mitgliedstaat nicht verpflichtet, vor diesem Zeitpunkt entsprechendes nationales Recht erlassen zu haben. Wenn ein Mitgliedstaat also erst im Dezember die in der Richtlinie vorgesehene Verpflichtung in nationales Recht transformiert, so hat bis zu diesem Zeitpunkt innerstaatlich keine Verpflichtung dem Einzelnen gegenüber bestanden. Wenn der Einzelne in der Zeit zwischen Januar und Dezember einen Sachverhalt schafft, an den das Umsetzungsgesetz Pflichten knüpft, ist er in einer anderen Situation als bei einer Verordnung. Obwohl in den Beispielsfällen die Rechtsvorschriften beide im Januar erlassen wurden, traten die Pflichten zu verschiedenen Zeitpunkten in Kraft. Bei der Verordnung galten die Pflichten ab ihrem Inkrafttreten, also Januar. Bei der Richtlinie galten die Pflichten für den Einzelnen ab dem Inkrafttreten des Umsetzungsgesetzes, also Dezember. Um diejenigen, die in Verordnungen verpflichtet werden, und diejenigen, deren Verpflichtung ihren Ursprung in einer Richtlinie hat, gleichzubehandeln, darf es bei Richtlinien nicht auf das Inkrafttreten der Richtlinie, sondern des Umsetzungsgesetzes ankommen. Daher wirkt auch eine Richtlinie zurück, die an Handlungen in der Zeit zwischen ihrer Veröffentlichung und ihrer Umsetzung anknüpft.

Auch die Funktion des Rückwirkungsverbots, die Rechtssicherheit zu garantieren, spricht dafür, bei Richtlinien auf den Umsetzungszeitpunkt abzustellen. Mit der Veröffentlichung der Richtlinie stehen die Belastungen für den Einzelnen zwar schon in den Grundzügen fest. Allerdings können die Mitgliedstaaten im Zuge der Umsetzung noch Einfluss auf die konkrete Gestalt der Verpflichtungen nehmen. Wenn nämlich für das Abstellen auf den Tag der Veröffentlichung einer Verordnung vorgebracht wird, damit sei das Normsetzungsverfahren formell abgeschlossen,[520] so trifft dies bei Richtlinien eben nicht zu, weil nach der Veröffentlichung der Richtlinie noch die Umsetzung in nationales Recht erfolgen muss. Als Beispiel können die Rücknahmepflichten der Altfahrzeug-RL dienen. Nach Art. 5 Abs. 1 Altfahrzeug-Richtlinie stellen die Mitgliedstaaten sicher, dass die Wirtschaftsbeteiligten alle Altfahrzeuge zurücknehmen. Diese Vorschrift war seit ihrer Veröffentlichung im Oktober 2000[521] bekannt. In Deutschland wurde die Altfahrzeug-RL durch die Altfahrzeug-Verordnung umgesetzt. Nach § 3 Altfahrzeug-Verordnung werden nur die Hersteller zur Rücknahme der Altprodukte verpflichtet. Damit fallen alle anderen Wirtschaftsbeteiligten, die aufgrund der Altfahrzeug-RL ebenso hätten verpflichtet werden können, in Deutschland aus dem Adressatenkreis heraus. Dies stand aber erst mit der Neubekanntmachung der Altfahrzeug-Verordnung im Juni 2002[522] fest. Ob ein Wirtschaftsbeteiligter, der in den Anwendungsbereich der deutschen Gesetze fällt, zur Rücknahme verpflichtet ist oder nicht, war also erst weit nach dem Inkrafttreten der Altfahrzeug-RL selbst ersichtlich. Folglich kann nicht wie bei den Verordnungen der Zeitpunkt des Inkrafttretens der gemeinschaftsrechtlichen Regelung entscheidend sein, sondern der Zeitpunkt, an dem die nationale Umsetzungsmaßnahme in Kraft tritt. Eine Richtlinie zur Produzentenverantwortung

---

520 Berger, S. 184.
521 ABl. Nr. L 269/40 v. 21.10.2000.
522 Altfahrzeug-Verordnung in der Fassung der Neubekanntmachung vom 21. Juni 2002, BGBl. I S. 2214.

wirkt also zurück, wenn sie Altprodukte erfasst, deren Herstellung vor dem In-krafttreten der Umsetzungsmaßnahmen begonnen wurde.

Problematisch ist dabei die Entscheidung des Gerichtshof in der Rechtssache *Kolpinghuis Nijmwegen*, wonach sich das genaue Ausmaß der Rückwirkung nach der tatsächlichen Umsetzung und nicht nach der Umsetzungsfrist richtet.[523] Die Frage, ob eine Richtlinie Rückwirkung entfaltet oder nicht, muss nämlich unabhängig davon sein, ob die Mitgliedstaaten fristgemäß umsetzen oder nicht. Andernfalls richtete sich die Frage der Rechtmäßigkeit der Richtlinie nach dem Verhalten der Mitgliedstaaten. Eine solche Vorgehensweise ergibt keinen Sinn. Daher muss die Aussage des Gerichtshof so interpretiert werden, dass sie nur eine mögliche Art der Rückwirkung von Richtlinien betrifft. Wenn die Rück-wirkung nämlich auf einer Entscheidung des Mitgliedstaates basiert, ist die tat-sächliche Umsetzung entscheidend. Sollen also von mitgliedstaatlicher Seite aufgrund einer Richtlinie Belastungen an Handlungen geknüpft werden, die vor der Umsetzung durch den Mitgliedstaaten liegen, besteht darin eine Rückwir-kung. In diesem Fall liegt die Rückwirkung, wie vom Gerichtshof in der Rechts-sache *Kolpinghuis Nijmwegen* entschieden, unabhängig von der Umsetzungsfrist vor. Davon ist aber der Fall zu unterscheiden, dass die Richtlinie selbst nachtei-lige Rechtsfolgen an vergangene Handlungen knüpft. In diesem Fall muss dar-auf abgestellt werden, welche Frist die Richtlinie zur Umsetzung setzt. Denn der Richtliniengeber muss davon ausgehen, dass die Mitgliedstaaten den Inhalt der Richtlinie fristgemäß umsetzen. Also muss er voraussehen, dass die Pflichten in den Mitgliedstaaten ab dem Zeitpunkt, an dem die Umsetzungsfrist abläuft, un-mittelbar wirken werden. Er kann mit der Wahl des Umsetzungszeitraumes dar-auf Einfluss nehmen, inwieweit die Verpflichtungen zurückwirken. Wenn der Richtliniengeber also vorsieht, dass Rechtsfolgen an Handlungen geknüpft wer-den, die vor der festgelegten Umsetzungsfrist liegen, so liegt alleine darin schon eine Rückwirkung der Richtlinie. Folglich entfalten die Richtlinien zur Produ-zentenverantwortung Rückwirkung, wenn sie Entsorgungspflichten für die „his-torischen" Altprodukte vorsehen, deren Produktion begonnen hat, bevor die Umsetzungsfrist abgelaufen ist.

c.   Anwendung auf die Richtlinien zur Produzentenverantwortung

Zu prüfen ist, inwiefern sich die Entsorgungspflichten der Richtlinien zur Pro-duzentenverantwortung auf Altprodukte erstrecken, deren Produktion vor dem geplanten Umsetzungszeitraum begonnen hat. Eine solche Wirkung der Richtli-nien kann nur angenommen werden, wenn dies aus Wortlaut, Zielsetzung und

---

523 EuGH (Urteil v. 8.10.1987) Rs. 80/86 (Kolpinghuis Nijmwegen), Slg. 1987, S. 3969, Rn. 15.

Aufbau des Rechtsaktes eindeutig hervorgeht.[524] Die Rückwirkung einer Gemeinschaftsnorm kann also nur durch Ermittlung ihres Inhalts festgestellt werden.[525]

(1) Verpack-RL

Die Verpack-RL trat gemäß ihrem Art. 24 mit ihrer Veröffentlichung im Amtsblatt[526] am 31.12.1994 in Kraft. Nach Art. 22 Abs. 1 Verpack-RL mussten die Mitgliedstaaten die Vorschriften spätestens bis zum 30.6.1996 in nationales Recht umsetzen. Zu diesem Zeitpunkt mussten also alle in der Verpack-RL vorgesehenen Pflichten innerstaatlich wirken. Insbesondere musste die Rücknahme- und Verwertungspflicht des Art. 7 Abs. 1 UAbs. 1 Verpack-RL spätestens ab dem 30.6.1996 gegenüber dem Einzelnen gelten.

Fraglich ist, ob sich die Rücknahmepflicht, deren Einführung innerstaatlich für den 30.6.1996 vorgesehen war, auch auf Produkte bezieht, die vor diesem Zeitpunkt hergestellt wurden. Die Verpack-RL enthält zu dieser Frage zwar keine ausdrückliche Regelung. Wohl aber sind andere zeitliche Wirkungen der Verpack-RL im Wortlaut festgelegt. So ist in Artikel 22 Abs. 4 Verpack-RL festgelegt, dass die Vorschriften für die Herstellung von Verpackungen keinesfalls für Verpackungen gelten, die vor dem Zeitpunkt des Inkrafttretens der Verpack-RL für ein Erzeugnis verwendet wurden. Die in Art. 9, Art. 11 Verpack-RL festgelegten Produktanforderungen und Schadstoffbegrenzungen gelten also für bereits produzierte und in Verkehr gebrachte Verpackungen nicht. Diese Vorschrift mag auf den ersten Blick überflüssig erscheinen. Bereits hergestellte Verpackungen können faktisch nicht mehr verändert werden. Wird nach der Herstellung eine Norm erlassen, die die Herstellung regeln soll, so kann dadurch gar nicht mehr Einfluss auf die tatsächliche Zusammensetzung der Verpackungen genommen werden. Falls eine bereits produzierte Verpackung den neu eingeführten Anforderungen an die Herstellung nicht genügen sollte, lässt sich dieser Zustand nicht abstellen. Denkbar ist aber, dass an die Nichterfüllung der Herstellungsanforderungen Rechtsfolgen geknüpft werden. Bereits produzierte und verwendete Verpackungen könnten aus dem Verkehr gezogen werden, weil sie den Produktanforderungen und Schadstoffbegrenzungen der Verpack-RL nicht genügen. Solche Konsequenzen schließt Art. 22 Abs. 4 Verpack-RL gerade aus, indem klargestellt wird, dass die Herstellungsanforderungen in keinem Fall für Produkte gelten, die vor dem Inkrafttreten der Verpack-RL verwendet wurden. Die Vorschrift sieht die Nichtgeltung der Verpack-RL für Altfälle aber nur hinsichtlich der Herstellungsanforderungen vor. Daraus ist der Schluss zu

524 EuGH (Urteil v. 15.7.1993), Rs. C-34/92 (GruSa Fleisch/Hauptzollamt Hamburg-Jonas), Slg. 1993, I-4147 Rn. 22; (Urteil v. 24.9.2002), Verb. Rs. C-74/00 P und C-75/00 P (Falck SpA und Acciaierie di Bolzano SpA/ Kommission), Slg. 2002, I-7869, Rn. 119.
525 Heukels, Gemeinschaftsrecht, S. 77.
526 ABl. Nr. L 365/18 v. 31.12.1994.

156

ziehen, dass es für die Geltung der Rücknahme- und Verwertungspflichten nicht darauf ankommt, zu welchem Zeitpunkt die Verpackung produziert wurde. Vielmehr ergibt der Regelungszusammenhang, dass die Verpack-RL diesbezüglich gerade keinen Unterschied zwischen alten und neuen Verpackungen macht. Auch „historische" Altprodukte sollen demnach zurückgenommen und verwertet werden.

Diese Auslegung wird von einer weiteren Vorschrift gestützt, die ebenso die zeitliche Wirkung der Verpack-RL zum Gegenstand hat. Art. 22 Abs. 5 Verpack-RL räumt den Mitgliedstaaten eine Übergangszeit von fünf Jahren ab Inkrafttreten der Richtlinie ein, in der Verpackungen in Verkehr gebracht werden dürfen, die vor dem 31.12.1994 produziert wurden. Während Art. 22 Abs. 4 Verpack-RL also ausschließt, dass bereits produzierte Verpackungen wegen Nichterfüllung der Produktanforderungen aus dem Verkehr genommen werden, garantiert Art. 22 Abs. 5 Verpack-RL, dass bereits hergestellte Verpackungen noch fünf Jahre in Verkehr gebracht werden dürfen. Bis zum 31.12.1999 durften folglich noch Verpackungen in Verkehr gebracht werden, die vor Inkrafttreten der Verpack-RL produziert worden waren. Die Rücknahme- und Verwertungspflichten waren aber schon bis zum 30.6.1996 in innerstaatliches Recht umzusetzen. Der Richtliniengeber war sich also bewusst, dass noch über drei Jahre nach dem geplanten innerstaatlichen Beginn der Rücknahmepflichten Verpackungen in Verkehr kommen konnten, die vor dem Inkrafttreten der Verpack-RL produziert worden waren. Erst im Anschluss an ihr Inverkehrbringen und ihre Nutzung würden diese Verpackungen zu Abfall werden und damit der Rücknahmepflicht unterliegen. An dieser Konstellation konnte der Richtliniengeber besonders klar erkennen, dass eine allgemeingültige Rücknahmepflicht auch „historische" Altprodukte erfasst. Da er trotzdem die Rücknahmepflicht nicht auf „neue" Altprodukte beschränkte, ist die Verpack-RL so zu interpretieren, dass sich die Rücknahmepflicht generell auch auf „historische" Altprodukte erstreckt. Folglich geht aus dem Regelungszusammenhang der Verpack-RL hervor, dass auch Altprodukte zurückgenommen werden müssen, die vor der innerstaatlichen Geltung der Rücknahmepflichten produziert wurden. Die Rücknahme- und Verwertungspflichten der Verpack-RL entfalten also Rückwirkung.

(2) Altfahrzeug-RL

Gemäß Art. 12 Abs. 1 Altfahrzeug-RL tritt die Richtlinie an ihrem Veröffentlichungstag, dem 21.10.2000[527] in Kraft. Art. 10 Abs. 1 Altfahrzeug-RL setzt den Mitgliedstaaten eine Umsetzungsfrist bis zum 21.4.2002. Grundsätzlich ist also vorgesehen, dass die Vorschriften der Altfahrzeug-RL ab diesem Zeitpunkt innerstaatlich wirkten. So müssen die Wirtschaftsbeteiligten ab diesem Zeitpunkt

---

527 ABl. Nr. L 269/40 v. 21.10.2000.

in Umsetzung von Art. 5 Abs. 1 Altfahrzeug-RL sämtliche Altfahrzeuge zurückzunehmen. Zeitgleich müssen die Wirtschaftsbeteiligten auch innerstaatlichen Verwertungspflichten aufgrund von Art. 7 Altfahrzeug-RL unterliegen.

Die Finanzierungspflichten des Art. 5 Abs. 4 Altfahrzeug-RL hingegen sollen noch nicht mit dem allgemeinen Umsetzungszeitpunkt am 21.4.2002 beginnen, innerstaatlich zu wirken. Vielmehr legt Art. 12 Abs. 2 Altfahrzeug-RL für das Inkrafttreten der Finanzierungspflichten zwei Termine fest, die nach dem Zeitpunkt der vorgeschriebenen Umsetzung liegen. Die Vorschrift unterscheidet danach, ob die Altprodukte vor oder nach dem 1.7.2002 in Verkehr gebracht wurden. Für Fahrzeuge, die ab dem 1.7.2002 in Verkehr gebracht werden, gilt die Kostentragungspflicht sofort. Für alle Fahrzeuge, die vor dem 1.7.2002 in Verkehr gebracht wurden, gilt die Kostentragungspflicht erst mit dem 1.1.2007. Die Kostentragungspflichten bezüglich solcher Altprodukte treffen die Hersteller also erst nach einer Übergangszeit, die sich bis 2007 erstreckt.

Wenn in Art. 12 Abs. 2 Altfahrzeug-RL ausdrücklich vorgesehen ist, dass die Finanzierungspflichten auch für Altprodukte gelten, die vor dem 1.7.2002 in den Verkehr gebracht wurden, müssen die Hersteller also die Entsorgung aller Altprodukte finanzieren, deren Produktion vor dem 21.4.2002 begonnen hat. Die Finanzierungspflichten wirken also zurück. Wenn sich die Finanzierungspflichten auch auf „historische" Altprodukte erstrecken, so folgt daraus, dass sich auch Rücknahme- und Verwertungspflicht auf „historische" Altprodukte erstrecken. Ansonsten bedürfte es diesbezüglich nämlich keine Kostentragungspflichten. Aus der Tatsache, dass sich der Übergangszeitraum des Art. 12 Abs. 2 Altfahrzeug-RL nur auf die Entsorgungskosten erstreckt, folgt zudem, dass Rücknahme- und Verwertungspflichten der „historischen" Altprodukte gerade ohne Übergangszeitraum wirken. Die Altfahrzeug-RL sieht demnach vor, dass die Wirtschaftsbeteiligten ab dem vorgesehenen Umsetzungszeitraum am 21.4.2002 auch solche Altprodukte zurücknehmen und verwerten müssen, die vor diesem Zeitpunkt produziert wurden. Erst ab 1.1.2007 müssen die Hersteller die Kosten der Durchführung dieser Maßnahmen bezahlen. Die Rücknahme- und Verwertungspflichten wirken demnach schon mit Ablaufen der Umsetzungsfrist zurück, die Finanzierungspflichten entfalten dagegen erst zu einem späteren Zeitpunkt Rückwirkung.

(3) Elektroschrott-RL

Die Elektroschrott-RL ist gemäß ihres Art. 18 am 13.2.2003, dem Tag ihrer Veröffentlichung[528], in Kraft getreten. Nach Art. 17 Abs. 1 Elektroschrott-RL steht den Mitgliedstaaten eine Umsetzungsfrist bis zum 13.8.2004 zur Verfü-

---

528 ABl. Nr. L 37/24 vom 13.02.2003.

158

gung. Grundsätzlich soll also der Regelungsgehalt der Elektroschrott-RL zu diesem Zeitpunkt umgesetzt sein.

Art. 8 Abs. 3 und Art. 9 Abs. 1 UAbs. 2 Elektroschrott-RL regeln die Kostenübernahme der Hersteller für die Entsorgung der Altprodukte, die vor dem 13.8.2005 in Verkehr gebracht werden.[529] Die Finanzierungspflicht erstreckt sich also auch auf die Entsorgung der Produkte, deren Produktion vor dem geplanten Umsetzungszeitpunkt am 13.8.2004 begann. Die Finanzierungspflichten entfalten somit Rückwirkung. Finanzierungspflichten für solche Altprodukte ergeben nur Sinn, wenn „historische" Altprodukte auch zurückgenommen und verwertet werden müssen. Die Erstreckung der Finanzierungspflichten auf Altprodukte, die vor Ablauf der Umsetzungsfrist produziert wurden, legt somit nahe, dass auch die Rücknahme- und Verwertungspflichten diese Produkte erfassen. Somit entfalten alle Entsorgungspflichten der Elektroschrott-RL Rückwirkung. Die Entsorgungspflichten der Elektroschrott-RL treten aber noch nicht mit Ablauf der Umsetzungsfrist in Kraft. Ebenso wie bei der Finanzierungspflicht für „historische" Altfahrzeuge sind in der Elektroschrott-RL Übergangszeiträume vorgesehen. Rücknahme, Verwertung und Finanzierung von „neuen" und „historischen" Altprodukten muss nach Art. 5 Abs. 2, Art. 8 Abs. 3, Art. 9 Abs. 1 Elektroschrott-RL erst ab dem 13.8.2005 erfolgen. Damit verfügen die Betroffenen ab der vorgesehenen Umsetzung der Elektroschrott-RL in nationales Recht über ein Jahr Zeit, um sich auf die Rückwirkung der Entsorgungspflichten einzustellen.

(4)   Vergleich der Richtlinien

Die Richtlinien zur Produzentenverantwortung sehen übereinstimmend vor, dass sich die Entsorgungspflichten auf alle Abfälle erstrecken, die nach der vorgesehenen Umsetzungsfrist in ihrem jeweiligen sachlichen Anwendungsbereich anfallen. Die Wirtschaftsbeteiligten müssen auch solche Altprodukte zurücknehmen, die schon produziert waren, bevor die Richtlinien zur Produzentenverantwortung innerstaatlich in Kraft treten. Also entfalten die Entsorgungspflichten aller drei Richtlinien Rückwirkung. Die Richtlinien zur Produzentenverantwortung unterscheiden sich darin, inwieweit sie eine Übergangszeit bis zum Eintritt der rückwirkenden Geltung der Entsorgungspflichten vorsehen. In der Verpack-RL wird eine Übergangszeit nicht ausdrücklich gewährt. Die Altfahrzeug-RL gewährt hinsichtlich der Finanzierungspflicht vom Ablauf der Umsetzungsfrist an gerechnet einen Übergangszeitraum von knapp über fünfeinhalb Jahren. In der Elektroschrott-RL beginnt die Rückwirkung aller Entsorgungspflichten erst ein Jahr nach vorgesehener Umsetzung.

---

529 so auch Erwägungsgrund 20 Elektroschrott-RL.

2. Rückwirkung zur Umsetzung der Richtlinienziele ?

Die Rückwirkung der Entsorgungspflichten ist zulässig, wenn die von den Richtlinien zur Produzentenverantwortung verfolgten Ziele eine Rückwirkung verlangen und das Vertrauen der Betroffenen gebührend beachtet wurde. Die erstgenannte Voraussetzung für die Zulässigkeit der Rückwirkung stellt eine Konkretisierung des Verhältnismäßigkeitsgrundsatzes dar.[530] Die Rückwirkung der Entsorgungspflichten muss demnach zur Zielerreichung geeignet, erforderlich und angemessen sein.

a. Geeignetheit

(1) Anreiz zu müllvermeidender Konstruktion

Rückwirkende Rechtsakte der Gemeinschaft sind nur dann zulässig, wenn ihre Rückwirkung geeignet ist, den Zielen des Rechtsaktes zu dienen.[531] Daher ist zu fragen, welche Ziele die Richtlinien zur Produzentenverantwortung verfolgen. Die Richtlinien zur Produzentenverantwortung zielen übereinstimmend darauf ab, die Entstehung von Abfällen zu vermeiden, die nicht mehr verwertet werden können, sondern beseitigt werden müssen.[532] Zu diesem Zweck soll bereits bei der Entwicklung von neuen Produkten der Entstehung von Müll durch Altprodukte vorgebeugt werden. Neue Produkte sollen so produziert werden, dass möglichst wenig Müll entsteht, wenn ihre Benutzungszeit abgelaufen ist.[533]

In der Literatur besteht die Auffassung, dass der mit den Richtlinien zur Produzentenverantwortung verfolgte Vermeidungsanreiz nicht mit der Rückwirkung der Entsorgungspflichten verfolgt werden könne. Der Anreiz zur Konstruktion von müllvermeidenden Produkten könne erst bei der Herstellung neuer Produkte zum Tragen kommen. Auf die Produktion von Waren, die bereits auf dem Markt seien, könne hingegen nicht mehr Einfluss genommen werden. Daher sollten die Entsorgungspflichten nur auf neue Produkte erstreckt werden. Da ein Vermeidungsanreiz nicht mehr auf „historische" Altprodukte wirken könne, sei es auch sinnlos, die Entsorgungspflichten rückwirkend auf diese Produkte zu erstrecken. Das Ziel, durch Entsorgungspflichten zur Herstellung abfallärmerer Produkte anzuregen, sei ungeeignet, um die Rückwirkung zu rechtfertigen.[534]

Die Richtlinien zur Produzentenverantwortung verpflichten Wirtschaftsbeteiligte zur Organisation und Finanzierung der Entsorgung, damit es sich lohnt, durch

530 Heukels, Rückwirkung, S. 25f.; Berger, S. 189; Günther, EuZW 2000, S. 329, 330.
531 EuGH (Urteil v. 11.7.1991), Rs. C-368/89 (Antonio Crispoltoni/Fattoria autonoma tabacchi de Città di Castello), Slg. 1991, I-3695, Rn. 18-20.
532 Erwägungsgrund 2, 7 Verpack-RL, Erwägungsgrund 4 Altfahrzeug-RL, Erwägungsgrund 2 Elektroschrott-RL.
533 Erwägungsgrund 11 Altfahrzeug-RL, Erwägungsgrund 12, 14 Elektroschrott-RL.
534 Berg/Nachtsheim, DVBl. 2001, S. 1103, 1006; Günther, EuZW 2000, S. 329, 330.

eine verbesserte Konstruktion der Produkte das Müllvolumen und die dadurch anfallenden Kosten zu verringern. Diese Rückkoppelung kann nur bei Produkten erfolgen, die noch nicht hergestellt sind. Auch wenn Wirtschaftsbeteiligte die Entsorgungskosten der Altprodukte tragen müssen, die bereits vor dem Inkraft-treten der Richtlinien auf den Markt kamen, kann dadurch nicht mehr rückwir-kend ihre Konstruktion und Zusammensetzung verändert werden. Folglich kann eine Rückwirkung der Entsorgung nicht mehr dazu führen, dass weniger Abfall anfällt. Die Rückwirkung der Entsorgungspflichten ist also nicht geeignet, die Konstruktion so umzustellen, dass Müll vermieden wird. Das Ziel, einen Anreiz zu müllvermeidender Konstruktion zu setzen, kann die Rückwirkung der Richt-linien zur Produzentenverantwortung nicht rechtfertigen.

(2)   Erhöhung der Verwertungsquoten

Die Richtlinien zur Produzentenverantwortung verfolgen darüber hinaus das Ziel, die Umweltbelastungen des anfallenden Abfalls zu verringern.[535] Ein grö-ßerer Anteil des Abfalls soll verwertet werden, damit weniger Abfall beseitigt werden muss.[536] Dieses Ziel verlangt, dass der Anteil an Altprodukten die ge-trennt gesammelt werden, erhöht wird.[537] Zu diesem Zweck sollen Rücknahme-systeme eingerichtet werden.[538] *Günther* ist der Auffassung, dass das Ziel der Reduktion von Umweltbelastungen und der Erhöhung der Verwertungsquoten geeignet ist, um die Rückwirkung zu rechtfertigen. Im Gegensatz zum Ziel, auf die Produktion Einfluss zu nehmen, könne nämlich auch bei „historischen" Alt-produkten noch die Art und Weise der Entsorgung gesteuert werden.[539]

Dem ist zuzustimmen. Die Richtlinien zur Produzentenverantwortung gehen die Aufgabe, die Umweltbelastung durch Altprodukte zu reduzieren, von zwei Sei-ten her an. Erstens sollen Neuprodukte von vornherein so konstruiert werden, dass nach Ablauf der Benutzungszeit möglichst wenig Müll entsteht. Dieses Ziel kann bei bereits hergestellten Produkten nicht mehr erreicht werden. Zweitens soll der verbleibende Abfall so behandelt werden, dass die Umweltauswirkun-gen möglichst gering sind. Dazu soll Abfall zurückgenommen und verwertet werden. Dieses Ziel kann auch bezüglich der „historischen" Altprodukte erreicht werden. Hinsichtlich dieser Produkte ist die Rücknahme und Verwertung eher noch wichtiger als bei Produkten, die nach Inkrafttreten der Richtlinien zur Pro-

---

535 Erwägungsgrund 1 Verpack-RL, Erwägungsgrund 1 Altfahrzeug-RL, Erwägungsgrund 7 Elektroschrott-RL.
536 Erwägungsgrund 7 Verpack-RL, Erwägungsgrund 5 Altfahrzeug-RL, Erwägungsgrund 7 Elektroschrott-RL.
537 Erwägungsgrund 14 Verpack-RL, Erwägungsgrund 21 Altfahrzeug-RL, Erwägungsgrund 14, 16 Elektroschrott-RL.
538 Erwägungsgrund 8, 18 Verpack-RL, Erwägungsgrund 15 Altfahrzeug-RL, Erwägungs-grund 15 Elektroschrott-RL.
539 Günther, EuZW 2000, S. 329, 330.

duzentenverantwortung hergestellt werden. So können „historische" Altprodukte Schadstoffe enthalten, deren Einsatz mittlerweile verboten ist. Auch ansonsten sind sie nicht im Hinblick darauf konstruiert worden, das Abfallvolumen zu reduzieren. Im Gegensatz zu Neuprodukten stellen Rücknahme und Verwertung bei „historischen" Altprodukten die einzige Möglichkeit dar, die Umweltbelastung zu verringern. Somit ist die rückwirkende Erstreckung von Entsorgungspflichten auf „historische" Altprodukte geeignet, die Auswirkungen des Abfalls zu begrenzen.

(3) Verwirklichung des Verursacherprinzips
Schließlich wird mit den Richtlinien zur Produzentenverantwortung das Ziel verfolgt, das Verursacherprinzip im Rahmen der Entsorgung von Altprodukten anzuwenden.[540] In der Literatur wird das Verursacherprinzip unstrittig so verstanden, dass derjenige, der die Ursache für eine Umweltbelastung setzt, zumindest die Kosten für ihre Beseitigung tragen muss.[541] Wenn die Richtlinien zur Produzentenverantwortung also vorsehen, dass Wirtschaftsbeteiligte rückwirkend zur Entsorgungsfinanzierung „historischer" Altprodukte herangezogen werden, könnte das Verursacherprinzip geeignet sein, diese Rückwirkung zu rechtfertigen.

Berg/Nachtsheim halten das Verursacherprinzip nicht geeignet, eine Ausdehnung der Entsorgungspflichten auch auf „historische" Altprodukte zu begründen. Es seien nämlich diejenigen Hersteller besonders schwer betroffen, die langlebige und robuste Produkte hergestellt hätten. Das stehe in unvereinbarem Widerspruch zum Grundsatz der Systemgerechtigkeit, der auch im Gemeinschaftsrecht gelte. Langlebige Produkte schonen die natürlichen Ressourcen, die zu ihrer Herstellung benötigt würden. Auch verlangsamten sie den Wirtschaftszyklus, was wiederum die Umweltbelastung reduziere.[542]

Die Argumente von *Berg/Nachtsheim* gegen das Verursacherprinzip als Rechtfertigungsgrund richten sich nicht gegen die Geeignetheit des Prinzips als solches. Vielmehr bemängeln sie, dass durch die rückwirkenden Finanzierungspflichten die Hersteller langlebiger Güter schwerer betroffen seien als andere. Diese Annahme muss aber bezweifelt werden. Sie geht nämlich davon aus, dass zum Zeitpunkt des Inkrafttretens der Finanzierungspflichten ein Hersteller langlebiger Produkte mehr „historische" Altprodukte am Markt hat als ein Hersteller kurzlebiger Produkte. Wieviele „historische" Altprodukte eines Herstellers vorhanden sind, hängt aber vor allem davon ab, seit wann und in

---

540 Erwägungsgrund 29 Verpack-RL, Erwägungsgrund 2 Altfahrzeug-RL, Erwägunggrund 1 Elektroschrott-RL.
541 Calliess, in: Callies/Ruffert, Art. 174 EG Rn. 34f.; Krämer, EuGRZ 1989, S. 353, 354; Epiney, S. 103.
542 Berg/Nachtsheim, DVBl. 2001, S. 1103, 1106.

welcher Stückzahl ein bestimmtes Produkt hergestellt wird. Selbst wenn zwei Hersteller im gleichen Zeitraum dieselbe Stückzahl produziert haben, entsteht dadurch insgesamt keine größere Belastung für den Hersteller langlebiger Produkte. Die Entsorgungspflichten gelten nämlich für „historische" wie für „neue" Altprodukte. So kann es zwar vorkommen, dass der Produzent langlebiger Güter mehr „historische" Altprodukte zurücknehmen muss als der Produzent kurzlebiger Güter, weil die langlebigen Produkte erst nach Inkrafttreten der Entsorgungspflichten zu Abfall werden. Kurzlebige Waren des anderen Herstellers wären dann schon vor der Umsetzung der Richtlinien zur Produzentenverantwortung zu Abfall geworden, ohne eine Kostenbelastung für den Hersteller auszulösen. Gleichzeitig wird der Hersteller langlebiger Güter aber erst später „neue" Altprodukte zurückzunehmen haben, die unter der Geltung der eingeführten Entsorgungspflichten produziert wurden. Der höheren Anzahl an „historischen" Altprodukten wird anfangs eine geringere Zahl an „neuen" Altprodukten des Herstellers gegenüberstehen. Daher kann nicht davon ausgegangen werden, dass die Einführung des Verursacherprinzips die Hersteller wesentlich ungleich belastet. Selbst wenn die Belastung durch die Rückwirkung der Entsorgungspflichten ungleich sein sollte, so liegt diese nur in der ersten Zeit vor und stellt noch keine Systemungerechtigkeit dar. Folglich ist auch die Einführung des Verursacherprinzips geeignet, die Rückwirkung der Entsorgungspflichten zu rechtfertigen.

(4)   Zwischenergebnis

Durch die Einführung von Entsorgungspflichten kann nicht mehr auf die Konstruktion der „historischen" Altprodukte eingewirkt werden. Folglich kann dieses Ziel mit der Rückwirkung der Richtlinien zur Produzentenverantwortung nicht erreicht werden. Die Ziele, die Verwertungsquote zu erhöhen und das Verursacherprinzip einzuführen, können dagegen mittels einer Rückwirkung der Entsorgungspflichten verfolgt werden. Sie sind geeignet, die Rückwirkung zu rechtfertigen.

b.   Erforderlichkeit

(1)   Vollständiger Verzicht auf die Rückwirkung ?

Die Rechtmäßigkeit der Rückwirkung setzt weiter voraus, dass keine milderen Mittel zur Verfügung stehen, um die Ziele der Richtlinien zu erreichen. Es ist daher zu prüfen, ob die angestrebten Ziele auch ohne Rückwirkung hätten erreicht werden können.[543] Die Entsorgungspflichten könnten so ausgestaltet werden, dass sie nicht für „historische" Altprodukte, sondern nur für „neue" Altprodukte gelten. Dann wäre vollständig auf die Rückwirkung der Pflichten

---

543 EuGH (Urteil v. 21.2.1991), Verb. Rs. C-143/88 und C-92/89 (Zuckerfabrik Süderdithmarschen und Zuckerfabrik Soest/Hauptzollamt Itzehoe und Hauptzollamt Paderborn), Slg. 1991, I-415, Rn. 53f.; Heukels, Rückwirkung, S. 26; Berger, S. 189.

verzichtet. Zweifelhaft ist aber, ob die Ziele der Richtlinien zur Produzentenverantwortung ohne eine Rückwirkung erreicht werden könnten. Wenn die Entsorgungspflichten nicht zurückwirkten, so wäre ungeregelt, wer die Entsorgung der „historischen" Altprodukte durchführt und finanziert. Bei „historischen" Altprodukten stünde zu befürchten, dass sie „wild" entsorgt werden. Das wäre angesichts der in diesen Altprodukten eingesetzten Schadstoffe, die mittlerweile verboten sind, besonders umweltgefährdend. Auch die Einführung des Verursacherprinzips wäre weniger wirksam erfolgt. Wirtschaftsbeteiligte würden nur zu den Entsorgungskosten für „neue" Altprodukte beitragen, obwohl ihre Beteiligung an der Abfallverursachung auch der „historischen" Altprodukte außer Frage steht. Statt des Verursacherprinzips würde weiterhin das Gemeinlastprinzip gelten. Daher erfordern die Ziele der Richtlinien zur Produzentenverantwortung, dass die Entsorgungspflichten zurückwirken.

(2)   Zeitliche Begrenzung der Entsorgungspflichten ?

Möglich wäre es, dass die Ziele der Richtlinien genauso wirksam mit einer milderen Rückwirkung verfolgt werden können. Ein milderes Mittel könnte darin liegen, die Entsorgungspflichten zwar rückwirken zu lassen, aber nicht unbeschränkt. Die Zulässigkeit von Rückwirkungen ist durch die Erforderlichkeit nämlich nicht nur in sachlicher Hinsicht, sondern auch in zeitlicher Hinsicht beschränkt. So darf der von einer Rückwirkung erfasste Zeitraum nicht über das Erforderliche hinausgehen.[544] Selbst wenn eine Rückwirkung sachlich gerechtfertigt ist, muss sie auf das erforderliche zeitliche Ausmaß beschränkt werden.[545] Es wäre möglich, die Rückwirkung nicht auf alle „historischen" Altprodukte zu erstrecken, sondern nur Produkte eines gewissen Zeitraums zu erfassen. Ein Beispiel für eine solche Regelung liegt in der deutschen Entsorgungspolitik vor. So hatte sich die deutsche Autoindustrie 1998 dazu verpflichtet, Altautos ohne gesetzliche Regelung zurückzunehmen. Dabei wurden auch Altautos erfasst, die vor 1998 hergestellt wurden. Die Selbstverpflichtung erstreckte sich aber nur auf Autos, die nicht älter als 12 Jahre waren.[546] Die Richtlinien zur Produzentenverantwortung könnten analog dazu die Entsorgungspflichten auf solche „historischen" Altprodukte begrenzen, die in den letzten Jahren vor Inkrafttreten der Regelung hergestellt wurden. Dadurch würde die Rückwirkung milder.

Bei einer Begrenzung der Rückwirkung der Entsorgungspflichten auf eine gewisse Zeitspanne vor Inkrafttreten der Richtlinien wären aber die Ziele, die Umweltbelastung nach Ablauf der Benutzungszeit zu reduzieren und das Verursacherprinzip einzuführen, weniger wirksam verfolgt. Dieselben Argumente, die

---

544 Heukels, Rückwirkung, S. 26.
545 GA Darmon (Schlussantr. v. 18.11.1987), Rs. 338/85 (Fratelli Pardini SpA/Ministero del commercio con l'estero und Banca toscana), Slg. 1988, S. 2041, Rn. 31.
546 Falke, ZUR 2001, S. 29.

gegen einen vollständigen Verzicht der Rückwirkung angeführt wurden, können auch gegen eine eingeschränkte Rückwirkung vorgebracht werden. So wäre hinsichtlich derjenigen „historischen" Altprodukte, die vor dem von den Entsorgungspflichten erfassten Zeitraum lägen, die Entsorgungsfrage ungeklärt. Dadurch wären die Ziele der Richtlinien zur Produzentenverantwortung gefährdet. Folglich stellt auch die zeitliche Begrenzung der Rückwirkung kein gleich wirksames Mittel dar.

(3)   Entsorgung durch die Mitgliedstaaten?

Ein milderes Mittel zur Zielerreichung könnte darin liegen, die Pflicht zur Entsorgung „historischer" Altprodukte nicht den Wirtschaftsbeteiligten aufzuerlegen, sondern diesen Bereich der Entsorgung bei den Mitgliedstaaten zu belassen. Die Wirtschaftsbeteiligten wären dann hinsichtlich der „historischen" Altprodukte von den Entsorgungspflichten befreit. Somit würden die Entsorgungspflichten ihnen gegenüber nicht zurückwirken. Gleichzeitig wäre aber die Entsorgung von „historischen" Altprodukten sichergestellt.

Die Richtlinien zur Produzentenverantwortung sehen für die Zukunft vor, dass die Entsorgungspflichten vor allem von den Wirtschaftsbeteiligten durchgeführt werden sollen. Damit soll bezweckt werden, dass einerseits die Kosten der Müllvermeidung in die Produktionskosten der Hersteller integriert werden, ihnen andererseits aber die Möglichkeit bleibt, diese Kosten durch eigene Bemühungen zu reduzieren. Wenn dieser Kerngedanke der Produzentenverantwortung in der Zukunft eingeführt werden soll, macht es keinen Sinn, gleichzeitig ein Sonderregime für „historische" Altprodukte aufzubauen. Ansonsten stünden zwei Rücknahmesysteme nebeneinander- eines für „historische" Altprodukte durch die Mitgliedstaaten, ein anderes für „neue" Altprodukte durch die Wirtschaftsbeteiligten. Dadurch würden die Kosten insgesamt steigen. Die Letztnutzer müssten befürchten, dass ein von ihnen zu einer Rücknahmestelle gebrachtes Altprodukt wegen Unzuständigkeit zurückgewiesen wird. Die „historischen" Altprodukte von den Mitgliedstaaten selbst zurücknehmen und finanzieren zu lassen, während die Wirtschaftsbeteiligten für die „neuen" Altprodukte verpflichtet bleiben, wäre daher weniger wirksam und stellt keine Alternative dar.

(4)   Zwischenergebnis

Mangels gleich wirksamer, weniger belastender Regelungen ist die Rückwirkung der Entsorgungspflichten erforderlich, um die Ziele zu verfolgen, die Umweltbelastungen nach Ablauf der Benutzungszeit zu reduzieren und dabei das Verursacherprinzip einzuführen.

c.   Angemessenheit

Schließlich ist im Rahmen der Rechtmäßigkeit der Rückwirkung eines Gemeinschaftsrechtsakts zu prüfen, ob die Rückwirkung in einem angemessenen Verhältnis zu dem verfolgten Zweck steht.[547] Aus der Rechtsprechung des Gerichtshofs im Bereich der Grundrechte ergibt sich, dass dem Gesetzgeber bei der Wahl angemessener Maßnahmen ein weites Ermessen zusteht. Wenn der Gesetzgeber einen komplexen Sachverhalt zu beurteilen habe, so könnten Art und Tragweite der von ihm getroffenen Entscheidungen nur daraufhin überprüft werden, ob er die Grenzen dieses Ermessens überschritten habe.[548] Der Gerichtshof könne nicht die Beurteilung des Gemeinschaftsgesetzgebers darüber, ob die von ihm gewählten Maßnahmen mehr oder weniger angemessen seien, durch seine eigene Beurteilung ersetzen. Vielmehr müsse sich die Kontrolle darauf beschränken, ob die Maßnahmen offensichtlich unangemessen waren.[549] Diese Argumentation lässt sich vom Bereich der Grundrechte auf die Kontrolle der Rechtmäßigkeit von rückwirkenden Normativakten übertragen. So wird in der Literatur eine beschränkte Überprüfung im Rahmen der Rechtmäßigkeitskontrolle von Rückwirkungen anerkannt. Es sei notwendig, die Kontrolle der Angemessenheit dort einzuschränken, wo dem Gemeinschaftsgesetzgeber ein weiter Ermessensspielraum zukomme.[550] Die Rückwirkung dürfe lediglich daraufhin überprüft werden, dass dem Gesetzgeber kein tatsächlicher Irrtum unterlaufen sei oder er sein Ermessen missbraucht habe.[551] Damit erweise sich die Prüfung der Angemessenheit als eine Untergrenze, die es dem Gerichtshof nur in Extremfällen ermögliche, die Rückwirkung eines Rechtsaktes zu missbilligen.[552]

Es erscheint sinnvoll, die Prüfung, ob die Rückwirkung eines Rechtsaktes in einem angemessenen Verhältnis zum verfolgten Zweck steht, darauf zu beschränken, offensichtlich unangemessene Fälle auszuschließen. Dafür spricht, dass es Aufgabe des Gesetzgebers bleiben muss, die gegensätzlichen Interessen bei der Regulierung wirtschaftlicher Sachverhalte zu gewichten und zum Ausgleich zu bringen. Indem der Gerichtshof die Rechtmäßigkeit einer Rückwirkung von der zusätzlichen Voraussetzung abhängig macht, dass das Vertrauen der Betroffenen gebührend beachtet wurde, stellt er gleichzeitig sicher, dass die Einschränkung der Angemessenheitsprüfung nicht zu Lasten der Rechtsunterworfenen geht.

Die Rückwirkung der Entsorgungspflichten darf also nicht offensichtlich außer Verhältnis stehen zu den Zielen, die Umweltbelastung nach Ablauf der Benutzungszeit von Altprodukten zu reduzieren und dabei das Verursacherprinzip

---

547 Günther, EuZW 2000, S. 329, 331.
548 EuGH (Urteil v. 17.5.1988), Rs. 84/87 (Erpelding/Secrétaire d'Ètat à l'agriculture et à la viticulture), Slg. 1988, S. 2665, Rn. 27.
549 EuGH (Urteil v. 5.10.1994), Rs. C-280/93 (Deutschland/Rat), Slg. 1994, I-4973, Rn. 94.
550 Berger, S. 189.
551 Heukels, Rückwirkung, S. 28f.
552 Heukels, Rückwirkung, S. 29; Berger, S. 189f.

einzuführen. Für den hohen Rang der verfolgten Ziele spricht, dass in Art. 174 Abs. 1 EG das Ziel der rationellen Verwendung natürlicher Ressourcen und in Art. 174 Abs. 2 EG das Verursacherprinzip als Grundsätze der Umweltpolitik der Gemeinschaft festgelegt sind.[553] Die Tatsache, dass Umweltschutzbemühungen für die Gemeinschaft grundlegend sind, kommt darin zum Ausdruck, dass der Umweltschutz in Art. 6 EG als „Grundsatz" der EG aufgestellt wird. Der hohen Bedeutung dieser Ziele steht die Rückwirkung der Entsorgungspflichten gegenüber. Die Rückwirkung lässt Kosten entstehen, die sich auf den Produktpreis umwälzen lassen. Ansonsten werden keine nennenswerten Vorschriften über die Gestaltung der Produkte gemacht. Folglich kann nicht festgestellt werden, dass die Rückwirkung außer Verhältnis steht zur Bedeutung der Ziele des Umweltschutzes und des Verursacherprinzips. Somit ist die Rückwirkung auch angemessen.

d.   Zwischenergebnis

Die Zielsetzung der Richtlinien zur Produzentenverantwortung verlangt, dass die Entsorgungspflichten rückwirkend auf „historische" Altprodukte erstreckt werden. Damit ist die erste Voraussetzung für die Zulässigkeit der Rückwirkung der Entsorgungspflichten erfüllt.

3.   Gebührende Beachtung des Vertrauens der Betroffenen ?

Die zweite Voraussetzung für die Zulässigkeit einer Rückwirkung ist, dass das Vertrauen der Betroffenen gebührend beachtet wurde. Zu prüfen ist, ob die Hersteller der Produkte, die von den Richtlinien zur Produzentenverantwortung erfasst werden, auf die Geltung der vorher bestehenden Rechtslage vertrauen konnten. Wenn das der Fall ist, so muss dieses Vertrauen beim Erlass der Richtlinien gebührend beachtet worden sein.

a.   Vorliegen von Vertrauen

Zunächst ist zu klären, ob die Hersteller überhaupt Vertrauen in die Rechtslage haben konnten, die bis zur Einführung der Produzentenverantwortung in Bezug auf ihre Produkte bestand. Im Schrifttum besteht die Auffassung, dass die Existenz einer Regelung zwar kein Vertrauen auf ihr Fortbestehen in der Zukunft begründen könne. Der europäische Gesetzgeber sei nämlich befugt, Rechtsbeziehungen für die Zukunft neu zu regeln. Gegen eine Sofortwirkung könne daher nur bei Darlegung eines besonderen Vertrauenstatbestandes eingeschritten werden.[554] Vom Vertrauen auf das Fortbestehen einer Regelung in der Zukunft sei aber das Vertrauen auf die gegenwärtige Gültigkeit zu unterscheiden. Daher könne zugunsten der Betroffenen einer rückwirkenden Regelung angenommen werden, dass sie grundsätzlich auf die Gültigkeit der bisherigen Regelung ver-

---

553 Ähnlich Günther, EuZW 2000, S. 329, 331.
554 Heukels, Gemeinschaftsrecht, S. 169.

trauen durften.[555] Die Berufung auf Vertrauensschutz sei zwar üblicherweise an Voraussetzungen gebunden. So müsse nicht nur ein vertrauensbegründendes Verhalten der Gemeinschaft vorliegen, sondern auch eine durch das berechtigte Vertrauen auf Rechtskontinuität bedingte, konkrete Vertrauensbetätigung der Betroffenen.[556] Bei der Rückwirkung einer Rechtsnorm lägen beide Merkmale aber unproblematisch vor. Ein vertrauensbegründendes Verhalten der Gemeinschaft läge schon in der Existenz des gegenwärtigen Rechts in Verbindung mit dem Rückwirkungsverbot[557] bzw. dem Grundsatz der Rechtssicherheit[558]. Eine Betätigung des Vertrauens der Betroffenen könne in jeder Disposition erblickt werden, die unter der bisherigen Rechtslage erfolgt sei. Somit könnten sich die Betroffenen einer rückwirkenden Regelung ohne weitere Prüfung von Voraussetzungen regelmäßig auf Vertrauensschutz berufen.[559]

Diese Ansicht wird durch die Rechtsprechung des Gerichtshofs bestätigt. Bei einer Sofortwirkung von Normen wird danach gefragt, ob die Gemeinschaftsorgane zuvor einen Vertrauenstatbestand gesetzt haben.[560] Im Gegensatz dazu wird bei rückwirkenden Normen überhaupt nicht geprüft, ob ein Vertrauen auf die Rechtslage vorliegt. Vielmehr stellt der Gerichtshof darauf ab, ob das Vertrauen der Betroffenen schon wieder erloschen ist.[561] Wenn er kein Anzeichen dafür findet, dass das Vertrauen in dem Zeitraum, auf den sich die Rückwirkung erstreckt, erloschen war, kann der Vertrauensschutz verletzt sein.[562] Der Gerichtshof fragt bei einer Rückwirkung also nicht, ob überhaupt einmal ein Vertrauen auf die Geltung des herkömmlichen Rechts vorlag, sondern vielmehr, wann dieses Vertrauen erloschen ist. Die Betroffenen einer Regelung, die rückwirkend geändert wird, können also solange auf die Altregelung vertrauen, bis das Gegenteil festgestellt wird.

---

555 Günther, EuZW 2000, S. 329, 331, Fn. 26.
556 Heukels, Rückwirkung, S. 29.
557 Heukels, Rückwirkung, S. 30.
558 Günther, EuZW 2000, S. 329, 331, Fn. 26.
559 Heukels, Rückwirkung, S. 30, Günther, EuZW 2000, S. 329, 331, Fn. 26.
560 EuGH (Urteil v. 15.2.1996), Rs. C-63/93 (Duff u.a./Minister for Agriculture and Food und Attorney General), Slg. 1996, I-569, Rn. 20; (Urteil v. 6.3.2003), Rs. C-14/01 (Molkerei Wagenfeld Karl Niemann GmbH Co. KG/ Bezirksregierung Hannover), Slg. 2003, I-2279, Rn. 56.
561 EuGH (Urteil v. 25.1.1979) Rs. 98/78 (Racke/Hauptzollamt Mainz), Slg. 1979, S. 69, Rn. 20; (Urteil v. 16.2.1982), Rs. 258/80 (SpA Metallurgica Rumi/Kommission), Slg. 1982, S. 487, Rn. 12; (Urteil v. 21.2.1991), Verb. Rs. C-143/88 und C-92/89 (Zuckerfabrik Süderdithmarschen und Zuckerfabrik Soest/Hauptzollamt Itzehoe und Hauptzollamt Paderborn), Slg. 1991, I-415, Rn. 55-60.
562 EuGH (Urteil v. 14.7.1983), Rs. 224/82 (Meiko-Konservenfabrik/ Deutschland), Slg. 1983, S. 2539, Rn. 13, 14.

Schrifttum und Rechtsprechung gehen grundsätzlich davon aus, dass ein Vertrauen besteht, bis sein Erlöschen festgestellt werden kann. Bei der Rückwirkung von Rechtsakten muss dieser Ansicht zufolge nicht positiv festgestellt werden, dass die Betroffenen auf die Altregelung vertrauen durften. Dieser Einschätzung ist zuzustimmen. Wer einer Regelung unterliegt, muss grundsätzlich darauf vertrauen können, dass diese Regel auch gilt. Das gebietet der Grundsatz der Rechtssicherheit. Erst wenn besondere Umstände auftreten, die das Vertrauen erschüttern, kann der Vertrauensschutz erlöschen. Somit ist das Vertrauen auf die Gültigkeit einer Vorschrift der Regelfall. Fehlendes Vertrauen stellt die Ausnahme dar, die belegt werden muss. Die Hersteller von Produkten, die in den Anwendungsbereich der Richtlinien zur Produzentenverantwortung fallen, durften also solange Vertrauen auf die Geltung der bisherigen Rechtslage haben, bis das Erlöschen ihres Vertrauens nachgewiesen werden kann.

b. Zeitpunkt, an dem Vertrauen erloschen ist

Fraglich ist, zu welchem Zeitpunkt das Vertrauen der Hersteller auf die Gültigkeit der bisherigen Rechtslage erloschen ist. Für den Gerichtshof ist das Vertrauen der Betroffenen in dem Augenblick erloschen, in dem sie vernünftigerweise mit einer Änderung der Rechtslage rechnen mussten.[563] Diese Ansicht wird im Schrifttum unterstützt.[564] Also muss bestimmt werden, wann die Betroffenen der Richtlinien zur Produzentenverantwortung damit rechnen mussten, dass sich die Rechtslage ändern würde.

(1)   Seit dem Erlass einschlägiger Vorläuferregelungen?

Der Gerichtshof hat entschieden, dass eine rückwirkende Regelung vorhersehbar sein kann, wenn sich die baldige Einführung einer Neuregelung aufgrund vorangegangener Vorschriften auf demselben Gebiet abzeichnet.[565] Im Sinne dieser Rechsprechung könnte die Einführung von Entsorgungspflichten der Wirtschaftsbeteiligten in der Verpack-RL dazu geführt haben, dass mit der Ausdehnung der Produzentenverantwortung auf weitere Produkte gerechnet werden musste. Der Erlass der Altfahrzeug-RL und der damit verbundenen Entsorgungspflichten könnte diese Tendenz bestätigt haben. Im Anwendungsbereich der Altfahrzeug-RL und erst recht der Elektroschrott-RL könnte dadurch das Vertrauen auf die Gültigkeit der zuvor bestehenden Rechtslage erschüttert worden sein. Dann hätte im Anwendungsbereich der beiden späteren Richtlinien zur

---

563 EuGH (Urteil v. 14.7.1983), Rs. 224/82 (Meiko-Konservenfabrik/ Deutschland), Slg. 1983, S. 2539, Rn. 13, 14; (Urteil v. 21.8.1988) Rs. 388/85 (Fratelli Pardini SpA/ Ministero del commercio con l'estero und Banca toscana), Slg. 1988, S. 2041, Rn. 26.
564 Berger, S. 191; Heukels, Rückwirkung, S. 30.
565 EuGH (Urteil v. 20.11.1997), Rs. C-244/95 (P.Moskof AE/Ethnikos Organismos Kapnou), Slg. 1997, I-6441, Rn. 79-82; (Urteil v. 26.3.1998), Rs. C-324/96 (Odette Nikou Petridi Anonymos Kapnemporiki/Athanasia Simou u.a.), Slg. 1998, I-1333, Rn. 49-50.

Produzentenverantwortung seit dem Erlass der Verpack-RL 1994 kein berechtigtes Vertrauen mehr bestanden.

Der Gerichtshof hat den vertrauenszerstörenden Effekt vorangegangener Regelungen in zwei Rechtssachen angenommen. In der Rechtssache *Moskof*[566] musste der Gerichtshof die Rechtmäßigkeit einer Verordnung prüfen, die die landwirtschaftlichen Umrechnungskurse für Tabakprodukte neu regelte. Die Neuberechnung der Umrechnungskurse bewirkte, dass griechische Tabakbauern weniger Gemeinschaftsprämien erhielten.[567] Obwohl die Verordnung erst im Dezember 1993 eingeführt worden war, galt sie rückwirkend zum 1. Juli 1993.[568] Der Kläger, ein Tabakverarbeiter, vertrat die Ansicht, dass die Rückwirkung wegen der Verletzung seines berechtigten Vertrauens auf die Altregelung unzulässig sei.[569] Der Gerichtshof stellte fest, dass der 1. Juli 1993 ein entscheidendes Datum in der neuen Marktorganisation und der neuen agromonetären Regelung gewesen sei.[570] Die Tabakbauern hätten die Bedeutung dieses Datums gekannt, weil in einer zuvor veröffentlichten Verordnung festgelegt worden sei, dass am 1. Juli 1993 eine neue Marktorganisation in Kraft treten sollte.[571] Die streitige Verordnung habe daher nicht gegen das Rückwirkungsverbot verstoßen.[572]

In der Rechtssache *Odette*[573] nahm der Gerichtshof ein weiteres Mal an, dass das Vertrauen auf die bestehende Rechtslage durch vorangegangene Rechtsakte aufgehoben war. Auch in diesem Fall ging es um Einkommenseinbußen in der Marktorganisation für Tabak. 1988 war festgelegt worden, dass die Anbauprämien der Gemeinschaft bei Überschreitung der Höchstgarantiemengen gekürzt werden würden.[574] Am 11. Mai 1989 war eine Verordnung in Kraft getreten, die die Höchstgarantiemengen für bestimmte Tabaksorten im Jahr 1989 gegenüber dem Vorjahr um 3000 Tonnen reduzierte.[575] Da diese Menge im Jahre 1989 überschritten wurde, senkte die Kommission die diesbezüglichen Prämien.[576] Das vorlegende Gericht bat um die Prüfung, ob durch die rückwirkende Reduktion

---

566 EuGH (Urteil v. 20.11.1997), Rs. C-244/95 (P.Moskof AE/Ethnikos Organismos Kapnou), Slg. 1997, I-6441.
567 a.a.O., Rn. 24.
568 a.a.O., Rn. 74.
569 a.a.O., Rn. 75.
570 a.a.O., Rn. 79.
571 a.a.O., Rn. 80.
572 a.a.O., Rn. 82.
573 EuGH (Urteil v. 26.3.1998), Rs. C-324/96 (Odette Nikou Petridi Anonymos Kapnemporiki/Athanasia Simou u.a.), Slg. 1998, I-1333.
574 a.a.O., Rn. 5.
575 a.a.O., Rn. 11.
576 a.a.O., Rn. 13, 18.

der Höchstgarantiemengen im Jahre 1989 gegen das berechtigte Vertrauen der Tabakbauern verstoßen worden sei.[577] Der Gerichtshof sah zwar Parallelen zur oben bereits erwähnten Rechtssache *Crispoltoni*[578], beurteilte die Rechtmäßigkeit der Rückwirkung wegen der Umstände des Einzelfalls aber anders.[579] Er verwies darauf, dass die Höchstgarantiemengen schon im Jahr 1988 gekürzt worden waren. Daher sei den Tabakbauern die Politik der Gemeinschaft, den Anbau von Tabakerzeugnisse schrittweise zu verringern, schon vor dem Erlass der Verordnung am 11. Mai 1989 bekannt gewesen.[580] Die Tabakbauern hätten auch 1989 mit einer Reduktion rechnen müssen. Folglich habe die Reduktion der Höchstgarantiemengen nicht gegen ein berechtigtes Vertrauen verstoßen.[581] Außerdem habe das in mehreren Verordnungen seit 1988 verfolgte Ziel der Gemeinschaft, die Tabakmengen über mehrere Jahre hin zu kürzen, es erfordert, die Höchstgarantiemengen für 1989 zu reduzieren.[582] Daher sei die rückwirkende Reduktion der Höchstgarantiemengen im Jahre 1989 rechtmäßig.[583]

Die beiden Urteile haben gemeinsam, dass die Betroffenen einer Neuregelung nicht auf die alte Rechtslage vertrauen durften, weil sich eine rückwirkende Neuregelung abzeichnete. Dabei war nicht vorhersehbar, welchen genauen Inhalt die Neuregelung haben würde. In *Moskof* war bekannt, dass es zum 1. Juli 1993 eine Neuregelung geben würde. Da die erforderlichen Vorschriften bis zu diesem Datum noch nicht erlassen worden waren, mussten die Betroffenen damit rechnen, dass die Neuregelungen auf dieses Datum zurückwirken würden. In *Odette* stand zwar kein genauer Zeitpunkt für die Änderung der Rechtslage fest. Die generelle Tendenz der Gemeinschaftspolitik bestand aber darin, die Höchstgarantiemengen für Tabak Schritt für Schritt zu senken. Die Betroffenen mussten damit rechnen, dass die Höchstgarantiemenge jedes Jahr geringer ausfallen würde als im Jahr zuvor. Im Falle einer rückwirkenden Senkung konnten sie sich nicht darauf berufen, auf die Höchstgarantiemenge des Vorjahres vertraut zu haben.

Es ist zweifelhaft, ob der Vertrauensschutz gegenüber den rückwirkenden Entsorgungspflichten in den Richtlinien zur Produzentenverantwortung im Sinne der Urteile *Moskof* und *Odette* aufgehoben werden kann. *Günther* zieht dies

577 a.a.O., Rn. 25.
578 EuGH (Urteil v. 11.7.1991) Rs. C-368/89 (Antonio Crispoltoni/Fattoria autonoma tabacchi de Città di Castello), Slg. 1991, I-3695.
579 EuGH (Urteil v. 26.3.1998), Rs. C-324/96 (Odette Nikou Petridi Anonymos Kapnemporiki/Athanasia Simou u.a.), Slg. 1998, I-1333, Rn. 46.
580 a.a.O., Rn. 49.
581 a.a.O., Rn. 50.
582 a.a.O., Rn. 53.
583 a.a.O., Rn. 61.

zwar in Betracht.[584] Bei den beiden Urteilen habe aufgrund der vorangegange-nen Rechtsvorschriften festgestanden, dass eine Änderung erfolgen würde. Da-her fragt er, ob auch die Einführung von Entsorgungspflichten in der Verpack-RL dazu geführt habe, dass die Wirtschaftsbeteiligten mit der Ausdehnung sol-cher Pflichten auf andere Produktgruppen rechen müssen. Er stellt jedoch fest, dass durch die Verpack-RL nicht verbindlich festgelegt wurde, Entsorgungs-pflichten in Zukunft auch auf andere Bereiche zu erstrecken. Auch könne kein gemeinschaftsrechtliches Prinzip benannt werden, wonach Entsorgungspflichten eingeführt werden müssten. Folglich könne die Verpack-RL nicht bewirken, dass der Vertrauensschutz der Betroffenen der Altfahrzeug-RL ausgeschlossen sei.[585]

Dieser Ansicht ist zuzustimmen. Die Situation bei der Ausweitung der Produ-zentenverantwortung unterscheidet sich von der Lage bei der Änderung der Marktorganisation von Tabak. In *Moskof* war klar, dass sich die Rechtslage auf einem bestimmten Gebiet zu einem festgelegten Datum ändern würde. In *Odette* stand fest, dass die Regeln auf einem bestimmten Gebiet jedes Jahr in einer be-stimmten Tendenz angepasst würden. In beiden Fällen war also zu erkennen, dass zu einem bestimmten Zeitpunkt ein bestimmtes Gebiet neu geregelt werden würde. Das ist bei der Ausweitung der Produzentenverantwortung bisher nicht der Fall gewesen. Keine der Richtlinien zur Produzentenverantwortung be-stimmt, ob nach ihrem jeweiligen Inkrafttreten noch weitere Bereiche von Ent-sorgungspflichten erfasst werden. Es stand nach dem Erlass der Verpack-RL nicht fest, wann Entsorgungspflichten für Altfahrzeuge und Elektroschrott ein-geführt werden würden. Zwar wird im Grünbuch zur IPP und im sechsten Um-weltaktionsprogramm gefordert, die Produzentenverantwortung auszuweiten.[586] Aber selbst diese rechtlich unverbindlichen Dokumente sehen keine Termine für die Ausweitung der Entsorgungspflichten auf weitere Gebiete vor. Die Verpack-RL und die Altfahrzeug-RL lassen darüber hinaus nicht zu, das nächste Gebiet zu bestimmen, für das die Produzentenverantwortung eingeführt wird. Bei *Moskof* und *Odette* hatten Vorschriften im Gebiet der Marktorganisation von Tabak weitere Regelungen erwarten lassen, die dasselbe Gebiet betrafen. Die Richtlinien zur Produzentenverantwortung betreffen aber ganz unterschiedliche Produkte. Die Gemeinsamkeiten der Regelungsgebiete sind gering, wenn man bedenkt, dass sich ein Elektrogerätehersteller nicht notwendigerweise mit der Einführung von Entsorgungspflichten für Verpackungen befassen muss. Die Voraussetzungen, unter denen der Gerichtshof in den Urteilen *Moskof* und *Odet-te* ein mangelndes Vertrauen der Betroffenen auf die bisherige Rechtslage an-nahm, liegen bei den Richtlinien zur Produzentenverantwortung nicht vor. Das

---

584 Günther, EuZW 2000, S. 329, 331.
585 Günther, EuZW 2000, S. 329, 332.
586 siehe oben A. Einleitung.

Vertrauen der Hersteller von Altfahrzeugen und Elektroschrott auf die herkömmliche Rechtslage wurde also nicht dadurch erschüttert, dass zuvor die Verpack-RL erlassen worden war.

(2) Seit der Veröffentlichung eines Kommissionsentwurfs?

Das berechtigte Vertrauen auf die Gültigkeit der alten Rechtslage könnte in dem Zeitpunkt erloschen sein, in dem die Kommission den Vorschlag zum Erlass der jeweiligen Richtlinie veröffentlichte. So schließt der Gerichtshof den Vertrauensschutz der Betroffenen regelmäßig ab dem Zeitpunkt aus, in dem der Kommissionsvorschlag zum Erlass eines Rechtsaktes im Amtsblatt veröffentlicht worden ist.[587] Danach wäre das Vertrauen derjenigen, die von den Richtlinien zur Produzentenverantwortung betroffen sind, ab dem Tag der Veröffentlichung der Kommissionsvorschläge[588] erloschen. Das wäre bei der Verpack-RL ab dem 12.10.1992, bei der Altfahrzeug-RL ab dem 7.11.1997 und bei der Elektroschrott-RL ab dem 19.12.2000 der Fall. Dieser Ansicht nach hätten die Betroffenen der Verpack-RL bis 1992, bei der Altfahrzeug-RL bis 1997 und bei der Elektroschrott-RL bis 2000 ein berechtigtes Vertrauen auf die Geltung des damals anwendbaren Rechts haben dürfen. Für alle Produkte, deren Herstellung vor diesen Daten begann, wäre die Herstellung im berechtigten Vertrauen auf die Gültigkeit der damaligen Rechtslage erfolgt.

Für diese Auffassung wird vorgebracht, dass ein Wirtschaftsbeteiligter es nicht wirtschaftlich verantworten könne, die durch einen Kommissionsvorschlag erkennbare baldige Änderung der Rechtslage außer Acht zu lassen.[589] Vertrauensschutz könne es bei dieser Sachlage nicht mehr geben, weil es nichts gebe, worauf vertraut werden könne.[590] Daher brächten die im Amtsblatt veröffentlichten Vorschläge der Kommission das Vertrauen der Betroffenen zum Erlöschen.[591] Gegen die Annahme, dass Gesetzesvorschläge der Kommission das Vertrauen der Betroffenen auf die bisherige Rechtslage zerstören, werden aber auch Einwände erhoben. So ist *Fuß* der Auffassung, diese Rechtsprechung dehne die Obliegenheiten des Bürgers zur ständigen und intensiven Beobachtung der Regelungen und Vorankündigungen der gesetzgeberischen Organe übertrie-

---

587 EuGH (Urteil v. 16.2.1982), Rs. 258/80 (SpA Metallurgica Rumi/Kommission), Slg. 1982, S. 487, Rn. 12; (Urteil v. 30.9.1982), Rs. 114/81 (Tunnel Refineries/Rat), Slg. 1982, S. 3189, Rn. 15; (Urteil v. 21.2.1991), Verb. Rs. C-143/88 und C-92/89 (Zuckerfabrik Süderdithmarschen und Zuckerfabrik Soest/Hauptzollamt Itzehoe und Hauptzollamt Paderborn), Slg. 1991, I-415, Rn. 59.

588 Kommissionsvorschlag für die Verpack-RL: ABl. Nr. C 263/1 v. 12.10.1992, für die Altfahrzeug-RL: ABl. Nr. C 337/3 v. 7.11.1997, für die Elektroschrott-RL: ABl. Nr. C 365 E/184 v. 19.12.2000.

589 Schmitz, S. 153.

590 Schmitz, S. 153; Heukels, Rückwirkung, S. 30.

591 Berger, S. 192; ENDS vom 12.1.2000 („Legal doubts raised over EU scrap plan").

ben aus. Die abverlangten juristischen Sachkenntnisse und Beurteilungsfähigkeiten entsprächen nicht der Realität. Ausnahmen vom Vertrauensschutz dürften nicht an das Verhalten des europäischen Gesetzgebers geknüpft werden.[592] Letztlich werde durch solch hohe Anforderungen an den Kenntnisstand der Betroffenen das Vertrauensschutzprinzip umgedreht und die Schutzlosigkeit zur Regel gemacht.[593]

(3)   Bis zur Verabschiedung der Neuregelung ?

Stattdessen wird vorgeschlagen, das Vertrauen der Betroffenen auf die Gültigkeit der bisherigen Rechtslage so lange zu schützen, bis die Neuregelung verabschiedet worden ist.[594] Die Richtlinien zur Produzentenverantwortung sind im Verfahren der Mitentscheidung gemäß Art. 251 EG[595] erlassen worden. Demzufolge ist ein Rechtsakt erlassen, wenn er vom Europäischen Parlament und vom Rat angenommen worden ist. Kurz nach dieser Einigung werden die Rechtsakte von den Präsidenten des Europäischen Parlaments und des Rates unterzeichnet.[596] Die Unterzeichnung erfolgte bei der Verpack-RL am 20.12.1994, bei der Altfahrzeug-RL am 18.9.2000 und bei der Elektroschrott-RL am 27.1.2003. Das Vertrauen wäre danach bei der Verpack-RL erst 1994, bei der Altfahrzeug-RL im Jahre 2000 und bei der Elektroschrott-RL im Jahre 2003 erloschen. Alle Produkte, die vor dem Tag der Unterzeichnung in die Herstellung gingen, wären im Vertrauen auf die Gültigkeit der herkömmlichen Rechtslage hergestellt worden.

Die Befürworter dieser Ansicht berufen sich auf den unvorhersehbaren Verlauf eines Kommissionsvorschlages.[597] Nach seiner Veröffentlichung könne er durch Parlament und Rat abgeändert werden. Auch bei den Richtlinien zur Produzentenverantwortung sei dies im Laufe des Mitentscheidungsverfahrens vielfach geschehen.[598] Schließlich könne das Mitentscheidungsverfahren ergebnislos enden. Daher könne ein Kommissionsvorschlag noch keine ausreichende Warnung vor einer rückwirkenden Regelung sein. Selbst ein umsichtiger Wirtschaftsbeteiligter könne die konkrete Rechtslage zu diesem Zeitpunkt noch nicht vorhersehen. Erst wenn die Neuregelung unabänderlich feststehe, könnten sich die Betroffenen auf eine Rückwirkung einstellen.[599] Das gelte umso mehr, als es

592 Fuß, S. 205f.
593 Fuß, S. 206.
594 Berg/Nachtsheim, DVBl. 2001, S. 1103, 1105; Günther, EuZW 2000, S. 329, 332.
595 Auch die Verpack-RL wurde nach dem Mitentscheidungsverfahren verabschiedet, das damals allerdings noch in Art. 189b EGV geregelt war.
596 Art. 254 EG, Art. 84 Geschäftsordnung des Europäischen Parlaments, Art. 14 Geschäftsordnung des Rates.
597 Berg/Nachtsheim, DVBl. 2001, S. 1103, 1105; Günther, EuZW 2000, S. 329, 332.
598 Berg/Nachtsheim, DVBl. 2001, S. 1103, 1105.
599 Berg/Nachtsheim, DVBl. 2001, S. 1103, 1105; Günther, EuZW 2000, S. 329, 332.

sich bei der Produzentenverantwortung um ein neues Prinzip handele, das einen Systemwechsel herbeiführe.[600]

Auch *Heukels* weist darauf hin, dass ein Kommissionsvorschlag nicht unbedingt der Rechtssicherheit dient. Der Betroffene könne zu diesem Zeitpunkt nicht vorhersehen, ob und in welcher Form die avisierte Regelung tatsächlich in Kraft treten werde. Daher stehe er vor einem Dilemma. Er dürfe zwar nach der Rechtsprechung des Gerichtshofs nicht mehr auf die Gültigkeit der gegenwärtigen Rechtslage vertrauen, gleichzeitig könne er sich aber auch nicht darauf verlassen, dass die von der Kommission vorgeschlagene Rechtsänderung tatsächlich erlassen werde.[601] Diese Feststellung könnte herangezogen werden, um die Kritik an der vertrauenszerstörenden Wirkung von Kommissionsvorschlägen zu begründen. Vertrauensschutz und Rückwirkungsverbot sind Teile des Grundsatzes der Rechtssicherheit. Wenn nun der Vertrauensschutz so ausgeübt wird, dass dadurch gerade Rechtsunsicherheit entsteht, deutet das auf eine unzureichende Anwendung des Grundsatzes hin. Daher könnte man aus *Heukels* Ausführungen den Schluss ziehen, dass die Rechtssicherheit nur gewahrt bleibt, wenn die Betroffenen bis zum endgültigen Erlass einer Neuregelung auf die Gültigkeit der alten Rechtslage vertrauen dürfen.

(4)   Würdigung

Unabhängig davon, ob das Vertrauen auf die bisherige Rechtslage schon mit der Veröffentlichung der Kommissionsvorschläge oder erst mit dem Erlass der Richtlinien zur Produzentenverantwortung erloschen ist, steht fest, dass die Betroffenen jahrzehntelang über ein berechtigtes Vertrauen verfügten. Bei der Verpack-RL endete dies je nach Ansicht 1992 oder 1994, bei der Altfahrzeug-RL 1997 oder 2000, bei der Altfahrzeug-RL 2000 oder 2003. Die verschiedenen Standpunkte unterscheiden sich nur darin, wann das Vertrauen erlosch. Sie sind sich aber darin einig, dass überhaupt einmal Vertrauen auf die frühere Rechtslage bestanden hat. Dennoch ist der genaue Zeitpunkt des Erlöschens zu klären, da die zwei bis drei Jahre Unterschied zwischen den beiden Ansichten sich darauf auswirken können, in welchem Maß das Vertrauen der Betroffenen gebührend beachtet werden muss.

Der Ansicht, das Vertrauen auf die Geltung des bisherigen Rechtszustands ende mit der Veröffentlichung eines Kommissionsvorschlages, ist insofern zuzustimmen, dass ein Wirtschaftsbeteiligter ab der Veröffentlichung eines Kommissionsvorschlages mit einer Änderung der Rechtslage rechnen muss. Er kann nicht einfach die Anzeichen für eine baldige Rechtsänderung ignorieren und den Ausgang des Rechtssetzungsverfahrens abwarten. Da die Kommission grundsätzlich

---

600 Berg/Nachtsheim, DVBl. 2001, S. 1103, 1105.
601 Heukels, Rückwirkung, S. 34.

über das alleinige Initiativrecht verfügt, haben ihre Rechtssetzungsvorschläge ein besonderes Gewicht. Ein Wirtschaftsbeteiligter muss sich darauf gefasst machen, dass ein entsprechender Rechtsakt mit hoher Wahrscheinlichkeit erlassen wird.

Der Gegenansicht ist darin zuzustimmen, dass mit der Veröffentlichung des Kommissionsvorschlages zwar das Vertrauen auf die bestehende Rechtslage schwindet, aber noch lange nicht klar ist, in welcher Form die Rechtslage geändert wird. Tatsächlich entsteht ein Zustand der Rechtsunsicherheit, wenn ein Kommissionsvorschlag das Vertrauen auf die gegenwärtige Rechtslage erschüttert, ohne dass sich die Betroffenen auf die neue Rechtslage einstellen können. Das Rückwirkungsverbot und der Vertrauensschutz sollen aber doch gerade der Rechtssicherheit dienen. Durch die Ausdehnung des Vertrauensschutzes bis zum Erlass der Neuregelung würde dieser Zustand vermieden.

Dem Zustand der Rechtsunsicherheit bei Erlass eines Kommissionsvorschlages kann aber auch auf anderem Wege abgeholfen werden. So hat der Gerichtshof für diese Situation Vorgaben an den Gemeinschaftsgesetzgeber gemacht, um den Zustand der Rechtsunsicherheit abzumildern. Er folgerte aus dem Gebot der Rechtssicherheit, dass die Anwendung von Rechtsakten der Gemeinschaft für die Betroffenen vorhersehbar sein muss. [602] In der Rechtssache *Crispoltoni* ging er sogar soweit, dass er eine rückwirkende Regelung als eine Verletzung des Vertrauensschutzes ansah, weil die Neuregelung den Betroffenen nicht rechtzeitig mitgeteilt wurde. Das Vertrauen der Wirtschaftsbeteiligten auf die bestehende Rechtslage war zwar erschüttert, weil Neuregelungen angekündigt worden waren. Darüber hinaus durften die Wirtschaftsbeteiligten nach Ansicht des Gerichtshofs aber zusätzlich erwarten, dass ihnen etwaige Maßnahmen, die sich auf ihre Investitionen auswirken würden, rechtzeitig mitgeteilt würden. [603]

Der Gerichtshof stellt also ein zweites Element des Vertrauensschutzes auf. Die Rechtsunterworfenen dürfen nicht nur grundsätzlich auf die Gültigkeit des aktuellen Rechtszustandes vertrauen. Vielmehr dürfen sie auch erwarten, dass ihnen die Neuregelung so rechtzeitig bekannt gemacht wird, dass sie ihre wirtschaftlichen Dispositionen darauf einstellen können. Dieser Aspekt des Vertrauensschutzes ist subsidiär zu dem auf die Gültigkeit der alten Rechtslage. Steht schon fest, dass die Betroffenen berechtigt auf die alte Rechtslage vertrauen durften, so muss schon deshalb das Vertrauen gebührend beachtet werden. Die Prüfung, ob das Vertrauen auch aus einem anderen Grund beachtet werden

---

602 EuGH (Urteil v. 15.12.1987), Rs. 239/86 (Irland/Kommission), Slg. 1987, S. 5291, Rn. 17.

603 EuGH (Urteil v. 11.7.1991) Rs. C-368/89 (Antonio Crispoltoni/Fattoria autonoma tabacchi de Città di Castello), Slg. 1991, I-3695, Rn. 21.

176

muss, erübrigt sich. Durften die Betroffenen aber wie bei *Crispoltoni* nicht mehr auf die alte Rechtslage vertrauen, weil sie mit einer Neuregelung rechnen mussten, so haben sie immer noch das Recht, frühzeitig über die Neuregelung in Kenntnis gesetzt zu werden.

Durch diese Ergänzung des Rückwirkungsverbotes mithilfe einer subsidiären Vertrauens auf rechtzeitige Bekanntmachung der Neuregelung wird das von *Heukels* beschriebene Dilemma abgemildert. Wenn in dem von der Rückwirkung erfassten Bereich kein Vertrauen auf den bisherigen Rechtszustand mehr bestand, können sich die Betroffenen darauf berufen, rechtzeitig die neue Regelung zu erfahren. Dadurch wird die Rechtssicherheit bei rückwirkenden Neuregelungen von zwei Seiten gewährleistet. Das Hauptargument derjenigen, die das Vertrauen auf die Gültigkeit der alten Rechtslage bis zum Erlass der Neuregelung geschützt sehen wollen, wird entkräftet. Auch wird so die Auffassung von *Fuß* widerlegt, wonach die Rechtsprechung des Gerichtshofs dazu führe, dass die Schutzlosigkeit der Betroffenen zur Regel werde. Folglich ist der Ansicht des Gerichtshofs zuzustimmen, wonach das Vertrauen auf die bestehende Rechtslage schon endet, wenn ein Kommissionsvorschlag zur Neuregelung des betreffenden Gebietes veröffentlicht wird. Die Betroffenen der Richtlinien zur Produzentenverantwortung durften also bis zu dem Moment auf die alte Rechtslage vertrauen, in dem die Kommissionsvorschläge für die Richtlinien veröffentlicht wurden.

c.   Gebührende Beachtung

(1)   Form der gebührenden Beachtung

(a)   Übergangsmaßnahmen

Das Vertrauen der Betroffenen auf die Rechtslage vor Umsetzung der Richtlinien zur Produzentenverantwortung muss gebührend beachtet werden. Fraglich ist, welche Maßnahmen dazu nötig sind. Im Schrifttum besteht Einigkeit darüber, dass ein berechtigtes Vertrauen der Betroffenen nicht dazu zwingt, ganz auf die Rückwirkung einer Neuregelung zu verzichten.[604] Die Richtlinien zur Produzentenverantwortung würden zwar in jedem Fall den Vertrauensschutz beachten, wenn sie die Entsorgungspflichten nur auf "neue" Altprodukte erstreckten.[605] Aber auch dann, wenn eine rückwirkende Regelung so gefasst sei, dass sie die widerstreitenden Interessen der Betroffenen und der Allgemeinheit gegeneinander abwäge, sei das Vertrauen gebührend beachtet.[606] Das Vertrauen der Betroffenen könne vor allem durch die Anordnung von Übergangsmaßnah-

---

604 Schwarze, Verwaltungsrecht, S. 1093; Heukels, Gemeinschaftsrecht, S. 284; Fischer,
    Strategien, S. 450f.
605 Fischer, Strategien, S. 451.
606 Schwarze, Verwaltungsrecht, S. 1093.

men ab dem Inkrafttreten der neuen Regelung gebührend beachtet werden.[607] Daneben könne das Inkrafttreten bereits verkündeter Rechtsakte hinausgeschoben werden, um eine schonende Überleitung zum neuen Rechtszustand zu erreichen.[608]

Auch in der Rechtsprechung des Gerichtshofs werden Übergangsmaßnahmen für geeignet gehalten, das berechtigte Vertrauen der Betroffenen zu schützen. So kann die Gemeinschaft aufgrund des Vertrauensschutzes schon bei Sofortwirkung von Rechtsvorschriften verpflichtet sein, Übergangsmaßnahmen zu treffen, die gestatten, sich der veränderten Situation anzupassen.[609] Erst recht werden bei der Rückwirkung von Rechtsakten Übergangsmaßnahmen als Mittel angesehen, das Vertrauen der Betroffenen auf die Gültigkeit der bisherigen Rechtslage gebührend zu beachten.[610]

Das gemeinschaftsrechtliche Rückwirkungsverbot lässt rückwirkende Rechtsnormen ausnahmsweise zu, wenn sie unter anderem das Vertrauen der Betroffenen gebührend beachten. Aus dieser Formulierung folgt, dass ein Ausgleich zwischen dem Vertrauen der Betroffenen und dem Interesse der Allgemeinheit an der rückwirkenden Einführung einer Regelung gefunden werden muss. Bei den Richtlinien zur Produzentenverantwortung kann die Lösung nicht darin bestehen, auf Entsorgungspflichten für „historische" Altprodukte zu verzichten, da die von ihnen ausgehenden Gefahren für Umwelt und Gesundheit erheblich sind. Den betroffenen Wirtschaftsbeteiligten muss aber Zeit gegeben werden, die Erfüllung ihrer Pflichten vorzubereiten und ausreichend Geldmittel zur Finanzierung bereitzustellen. Daher erscheinen Übergangslösungen oder die zeitverzögerte Einführung der Entsorgungspflichten als ein geeignetes Mittel, um die Interessen der Wirtschaftsbeteiligten zu berücksichtigen.

(b)   Dauer der Übergangsmaßnahmen

Fraglich ist weiterhin, wie lange die Übergangsmaßnahmen oder das verzögerte Inkrafttreten bemessen sein müssen. Diesbezüglich ist *Günther* der Auffassung, dass das Vertrauen selbst bei langen Übergangszeiten nicht gebührend beachtet ist. Die Entsorgungspflichten müssten nämlich so rechtzeitig angekündigt werden, dass die Wirtschaftsbeteiligten die Finanzierung ihrer Pflichten sicherstellen können. Dies könne nur über die Bildung von Rückstellungen erfolgen, so dass die Verkaufspreise der Produkte entsprechend erhöht werden müssten. Es

---

607 Fischer, Strategien, S. 451.
608 Fuß, S. 209.
609 EuGH (Urteil v. 14.5.1975), Rs. 74/74 (CNTA/Kommission), Slg. 1975, S. 533, Rn. 41-43; (Urteil v. 16.5.1979), Rs. (Angelo Tomadini/Amministrazione delle Finanze dello Stato), Slg. 1979, S. 1801, Rn. 21.
610 GA Mischo (Schlussantr. v. 19.3.1991), Rs. C-368/89 (Antonio Crispoltoni/Fattoria autonoma tabacchi di Città di Castello), Slg. 1991, I- 3695, Rn. 38-40.

widerspräche aber einer ordentlichen kaufmännischen Kalkulation, beim heutigen Verkauf von Produkten Rückstellungen zu bilden für die Entsorgung von Produkten, die schon früher hergestellt worden seien. Daher ermögliche es auch eine beliebig lange Übergangszeit den Herstellern nicht, ihre Finanzierungspflichten sicherzustellen.[611]

Dieser Ansicht ist entgegenzuhalten, dass ein Unternehmer selbst darüber bestimmen kann, wie er die Einnahmen aus der gegenwärtigen Herstellung von Produkten verwendet. Es erscheint nicht ausgeschlossen, dass die aktuellen Verkaufspreise erhöht werden, um die Entsorgungskosten von „historischen" Altprodukten zu finanzieren. Andernfalls würde dem europäischen Gesetzgeber jegliche Möglichkeit genommen, rückwirkende Pflichten vorzusehen. Es wäre nämlich keine Übergangsfrist denkbar, die ausreichend Zeit böte, die erforderlichen Geldreserven aufzubauen. Der Gerichtshof hat aber entschieden, dass rückwirkende Rechtsvorschriften ausnahmsweise zulässig sein können. Rückwirkende Pflichten sind prinzipiell zulässig, wenn sie gerechtfertigt sind. Also muss es eine Übergangsfrist geben, bei der das Vertrauen der Betroffenen gebührend beachtet wird.

Offen bleibt, welche Dauer diese Übergangsfrist haben muss. Es existieren keine nachprüfbaren Bewertungskriterien, wann dies der Fall ist. So hatte der Kommissionsvorschlag für die Elektroschrott-RL noch einen Übergangszeitraum von fünf Jahren vorgesehen[612], letztlich wurde nur ein Jahr beschlossen. Allerdings muss dem Gesetzgeber meines Erachtens ein Gestaltungsspielraum eingeräumt werden. Schon bei der Angemessenheit eines Grundrechtseingriffs[613] oder einer Rückwirkung[614] verfügt der Gesetzgeber über einen solchen Spielraum, weil er regelmäßig komplexe Sachverhalte würdigen muss. Ähnlich komplex verhält es sich bei der gebührenden Beachtung des Vertrauens anlässlich der rückwirkenden Einführung von Entsorgungspflichten in den Richtlinien zur Produzentenverantwortung. Besteht für ein Produkt schon eine funktionierende Entsorgungswirtschaft auf freiwilliger Basis, können die Übergangsmaßnahmen verkürzt werden. Werden besonders hohe Zielvorgaben angestrebt, müssen die Fristen länger sein. Wenn alle Pflichten mit zeitlicher Verzögerung gelten, dürfte diese kürzer ausfallen, als wenn nur eine Pflicht aufgeschoben wird. Daher lässt sich nicht allgemeingültig sagen, welche Maßnahme erlassen werden muss, um das Vertrauen „gebührend" zu beachten. Vielmehr ist meiner Meinung nach

611 Günther, EuZW 2000, S. 329, 332.
612 KOM(2000) 347 endg., S. 12, 69 (entspricht Art. 7 Nr. 2 des Kommissionsvorschlages).
613 EuGH (Urteil v. 17.5.1988), Rs. 84/87 (Erpelding/Secrétaire d'État à l'agriculture et à la viticulture), Slg. 1988, S. 2665, Rn. 27; (Urteil v. 5.10.1994), Rs. C-280/93 (Deutschland/Rat), Slg. 1994, I-4973, Rn. 94.
614 Heukels, Rückwirkung, S. 29; Berger, S. 189 f.

sicherzustellen, dass der Gemeinschaftsgesetzgeber das Vertrauen nicht offensichtlich „ungebührend" beachtet hat.

(2)   Umsetzung in den Richtlinien zur Produzentenverantwortung

(a)   Verpack-RL

Die Verpack-RL selbst enthält keine Vorschriften, die explizit Übergangsmaßnahmen vorschreiben. Fraglich ist, wie sich dies auf die Rechtmäßigkeit der Verpack-RL auswirkt. Die mangelnde Erwähnung des Vertrauens der Betroffenen im Text der Richtlinie könnte dazu führen, dass die Verpack-RL wegen eines Verstoßes gegen das Rückwirkungsverbot nichtig ist. In Betracht kommt aber auch, dass die Beachtung des Vertrauens statt im Richtlinientext bei der Umsetzung durch die Mitgliedstaaten erfolgt. So hat der Gerichtshof in seiner Rechtsprechung ausgeführt, dass der Grundsatz des Vertrauensschutzes auch von den Mitgliedstaaten bei der Durchführung der Gemeinschaftsregelungen zu beachten ist.[615] Daraus wird in der Literatur der Schluss gezogen, dass die vom Gerichtshof aufgestellten Anforderungen an die Rückwirkung von sekundärem Gemeinschaftsrecht auch für Mitgliedstaaten gilt, wenn sie Gemeinschaftsrecht umsetzen.[616]

Für die Geltung des Rückwirkungsverbotes auch für die umsetzenden Mitgliedstaaten spricht, dass die Beachtung dann nicht mehr ausschließlich vom Gemeinschaftsgesetzgeber abhängt. Dadurch wird die Möglichkeit eröffnet, dem Rückwirkungsverbot auch dann Geltung zu verschaffen, wenn sich im sekundären Gemeinschaftsrecht keine ausdrückliche Regelung zur Beachtung des Vertrauensschutzes findet. Es wird vermieden, dass eine Gemeinschaftsmaßnahme wegen Verstoßes gegen das Rückwirkungsverbot für nichtig erklärt werden muss, wenn die gebührende Beachtung des Vertrauens auch noch bei der Umsetzung in nationales Recht erfolgen kann.

Folglich war es mangels genauerer Vorschriften im Richtlinientext Aufgabe der Mitgliedstaaten, bei der Umsetzung der Verpack-RL das Vertrauen der Betroffenen gebührend zu beachten. Falls die Mitgliedstaaten vorsahen, dass die Entsorgung im Rahmen der Verpack-RL durch Wirtschaftsbeteiligte erfolgen soll, mussten sie Übergangsmaßnahmen erlassen. Diese konnten darin bestehen, dass die Wirtschaftsbeteiligten nach der Umsetzung der Richtlinie zunächst zu geringen Rücknahme- und Verwertungsquoten verpflichtet werden. Denn obwohl die Richtlinie nach Art. 22 Abs. 1 Verpack-RL bis zum 30.6.1996 umgesetzt werden musste, mussten die Quoten gemäß Art. 6 Abs. 1 lit. a Verpack-RL erst fünf

---

615 EuGH (Urteil v. 8.6.2000), Rs. C-396/98 (Schlossstrasse/Finanzamt Paderborn), Slg.
    2000, I-4279, Rn. 44; (Urteil v. 11.7.2002), Rs. C-62/00 (Marks&Spencer
    plc/Commissioners of Customs & Exercise), Slg. 2002, I-6325, Rn. 44.
616 Kadelbach/Sobotta, EWS 1996, S. 11, 13.

180

Jahre nach diesem Termin erreicht werden. Die Entsorgungspflichten konnten also auf niedrigem Niveau einsetzen, um dann im Laufe von fünf Jahren auf die Zielvorgabe anzuwachsen. Damit ermöglicht es die Verpack-RL den Mitgliedstaaten, bei der Umsetzung ins nationale Recht das Vertrauen der Betroffenen gebührend zu berücksichtigen.

(b)   Altfahrzeug-RL

Die Altfahrzeug-RL sieht in ihrem Art. 10 Abs. 1 UAbs. 1 eine allgemeingültige Umsetzungsfrist vor. In Art. 12 Abs. 2 macht sie davon aber eine Ausnahme. Die Vorschriften, die festlegen, dass die Rücknahme im Wesentlichen von den Herstellern finanziert werden und für die Letzthalter kostenfrei sein muss, gelten für „historische" Altprodukte erst viereinhalb Jahre später. Die Hersteller erhalten damit einen teilweisen „Aufschub" von den Entsorgungspflichten. Während Rücknahme und Verwertung ausnahmslos ab der Umsetzung der Altfahrzeug-RL erfolgen müssen, erhalten die Hersteller viereinhalb Jahre Zeit, die Finanzierung von „historischen" Altprodukten sicherzustellen.

Außerdem müssen die Zielvorgaben, die die Altfahrzeug-RL für die Verwertung vorsieht[617], erst über dreieinhalb Jahre nach der Umsetzung erreicht werden. Das ermöglicht es den Mitgliedstaaten, wie schon bei der Verpack-RL, die Verwertungsquoten auf einem niedrigen Niveau einzuführen, und über diesen Zeitraum auf die zu erreichende Quote anzuheben. Damit wird das Vertrauen der Betroffenen an zwei Stellen der Altfahrzeug-RL berücksichtigt. Erstens ist ausdrücklich ein Aufschub hinsichtlich der Finanzierungspflicht von „historischen" Altprodukten vorgesehen. Zweitens kann der Einstieg in die Neuregelung dadurch erleichtert werden, dass die Verwertungsziele erst nach einer Übergangszeit erreicht werden müssen.

(c)   Elektroschrott-RL

Die Rücknahme-[618], Verwertungs-[619] und Finanzierungspflichten[620] sowie die Kennzeichnungspflichten[621] der Elektroschrott-RL gelten innerstaatlich erst ein Jahr nach der sonstigen Umsetzung in nationales Recht. Die Zielvorgaben für Rücknahme[622] und Verwertung[623] müssen erst knapp zweieinhalb Jahre nach Ablaufen der Umsetzungsfrist erreicht werden. Die Elektroschrott-RL sieht damit zwei Übergangsmaßnahmen vor: die zeitliche Verzögerung der Hauptpflichten der Produzentenverantwortung um ein Jahr ab der Umsetzung sowie die

617 Art. 7 Abs. 2 lit. a Altfahrzeug-RL.
618 Art. 5 Abs. 2 Elektroschrott-RL.
619 Art. 7 Abs. 1 Elektroschrott-RL.
620 Art. 8 Abs. 1, Art. 9 Abs. 1 Elektroschrott-RL.
621 Art. 10 Abs. 3, Art. 11 Abs. 2 Elektroschrott-RL.
622 Art. 5 Abs. 5 Elektroschrott-RL.
623 Art. 7 Abs. 2 Elektroschrott-RL.

Möglichkeit geringerer Zielvorgaben während der ersten zweieinhalb Jahre ab Umsetzung.

(d) Vergleich der Richtlinien

Die Richtlinien zur Produzentenverantwortung berücksichtigen bei der Rückwirkung der Entsorgungspflichten das Vertrauen der Betroffenen auf die bisherige Rechtslage. Die Verpack-RL sieht zwar keine allgemeingültige Übergangsregelung vor. Dies wäre auch inkonsequent, da es im Ermessen der Mitgliedstaaten steht, inwiefern die Entsorgungspflichten im Rahmen der Verpack-RL die Wirtschaftsbeteiligten treffen. Wenn sich die Mitgliedstaaten aber zur Verpflichtung der Wirtschaftsbeteiligten entscheiden, lässt die Verpack-RL den Mitgliedstaaten Spielraum, um das gemeinschaftsrechtliche Rückwirkungsverbot bei der Umsetzung zu beachten. Dazu muss die Zielvorgabe für Rücknahme und Verwertung erst nach einigen Jahren erreicht werden. Bei Altfahrzeug-RL und Elektroschrott-RL ist dagegen weitgehend festgelegt, dass die Wirtschaftsbeteiligten die Entsorgung übernehmen müssen. Daher gestatten diese Richtlinien es den Mitgliedstaaten nicht nur, die Zielvorgaben wie bei der Verpack-RL von niedrigem Niveau aus zu erhöhen. Vielmehr treffen sie schon selbst Übergangsmaßnahmen. In der Altfahrzeug-RL wird die Finanzierungspflicht ab Umsetzung um viereinhalb Jahre verzögert, bei der Elektroschrott-RL gelten fast alle Pflichten der Produzentenverantwortung erst ein Jahr nach Ablaufen der Umsetzungsfrist. Da alle drei Richtlinien zur Produzentenverantwortung Übergangsmaßnahmen enthalten, die einen schonenden Einstieg in die Entsorgungspflichten vorsehen, lässt sich eine „ungebührende" Beachtung des Vertrauens nicht feststellen. Am einfachsten und zweckmäßigsten erscheint die bei der Elektroschrott-RL gewählte Lösung, alle Entsorgungspflichten erst nach einem einheitlichen zeitlichen Aufschub vom Zeitpunkt der Umsetzung an gelten zu lassen.

4.   Zwischenergebnis

Die Entsorgungspflichten der Richtlinien zur Produzentenverantwortung wirken für „historische" Altprodukte zurück. Dies ist erforderlich, um das Verursacherprinzip einzuführen und durch die Erhöhung der Verwertungsquoten Umweltschäden zu verringern. Die Wirtschaftsbeteiligten haben bis zu dem Zeitpunkt, zu dem der Kommissionsvorschlag für den Erlass der entsprechenden Richtlinie veröffentlicht wurde, berechtigterweise auf die Gültigkeit der bisherigen Rechtslage vertraut. Das Vertrauen wird gebührend beachtet, indem die Richtlinien Übergangsmaßnahmen der Mitgliedstaaten zulassen oder selbst ein verzögertes Inkrafttreten bestimmter Vorschriften vorsehen. Damit liegen die Voraussetzungen für eine ausnahmsweise rechtmäßige Rückwirkung vor. Die Einbeziehung der „historischen" Altprodukte in den Anwendungsbereich der Richtlinien zur Produzentenverantwortung ist mit dem gemeinschaftsrechtlichen Rückwirkungsverbot vereinbar.

VI. Vereinbarkeit der Pflichten mit Grundrechten

Die Beachtung der Grundrechte gehört zu den allgemeinen Rechtsgrundsätzen, deren Wahrung der Gerichtshof zu sichern hat.[624] Die von ihm entwickelten Grundrechte haben durch die am 7. Dezember 2000 proklamierte Grundrechts-Charta[625] (nachfolgend: „GRCh") eine ausdrückliche Bekräftigung erfahren.[626] Die unionsrechtlichen Grundrechte beschränken auch die Tätigkeit der EG im Umweltrecht.[627] Sie müssen bei der Einführung der Produzentenverantwortung beachtet werden.[628] Der Gerichtshof hat in seiner Rechtsprechung klargestellt, dass auch Richtlinien die unionsrechtlichen Grundrechte beachten müssen.[629] Daher ist zu untersuchen, ob die Richtlinien zur Produzentenverantwortung die Grundrechte beachten, wenn sie vorsehen, dass die Mitgliedstaaten die Wirtschaftsbeteiligten verpflichten müssen.

1. Produktkennzeichnung

a. Schutzbereich der Berufsfreiheit

Die Richtlinien zur Produzentenverantwortung sehen vor, dass die Hersteller von den Mitgliedstaaten zur Kennzeichnung ihrer Produkte verpflichtet werden. Die Kennzeichnung umfasst je nach Richtlinie Angaben über die Bauteile und Werkstoffe,[630] die Aufforderung, das Produkt nicht im Hausmüll zu entsorgen[631] sowie Angaben über die Identität des Herstellers.[632] Die Kennzeichnungspflichten könnten das Grundrecht auf Berufsfreiheit berühren. Der Gerichtshof erkennt das Grundrecht der Berufsfreiheit in ständiger Rechtsprechung als allgemeinen Rechtsgrundsatz an.[633] Die Berufsfreiheit und die unternehmerische Freiheit sind in Art. 15 Abs. 1 respektive Art. 16 GRCh erwähnt. Dabei wird die unternehmerische Freiheit in Art. 16 GRCh als besondere Ausformung der Be-

624 EuGH (Urteil v. 12.11.1969), Rs. 29/69 (Stauder/Ulm), Slg. 1969, S. 419, Rn. 7; (Urteil v. 17.12.1970), Rs. 11/70 (Internationale Handelsgesellschaft/Einfuhr- und Vorratsstelle für Getreide und Futtermittel), Slg. 1970, S. 1125, Rn. 4.

625 ABl. Nr. C 364/1 v. 18.12.2000.

626 Penski/Elsner, DöV 2001, S. 265, 266; Schwarze, Grundrechtsschutz, EuZW 2001, S. 517, 517f.

627 Frenz, S. 256.

628 Bauernfeind, S. 306; Frenz, EWS 2003, S. 67, 71.

629 EuGH (Urteil v. 28.4.1998), Rs. C-200/96 (Metronome Musik GmbH/Music Point Hokamp GmbH), Slg. 1998, I-1953, Rn. 21-23; (Urteil v. 10.7.2003), Verb. Rs. C-20/00 u. C-64/00 (Booker Aquaculture Ltd., Hydro Seafood GSP Ltd./The Scottish Ministers), Slg. 2003, I-7411, Rn. 64.

630 Art. 8 Abs. 2 Verpack-RL, Art. 8 Abs. 1 Altfahrzeug-RL.

631 Art. 10 Abs. 3 Elektroschrott-RL.

632 Art. 11 Abs. 2 Elektroschrott-RL.

633 EuGH (Urteil v. 14.5.1974), Rs. 4/73 (Nold/Kommission), Slg. 1974, S. 491, Rn. 12-14; (Urteil v. 13.12. 1979), Rs. 44/79 (Hauer/Land Rheinland Pfalz), Slg. 1979, S. 3727, Rn. 32; (Urteil v. 5.10.1994), Rs. C-280/93 (Deutschland/Rat), Slg. 1994, I-4973, Rn. 78.

rufsfreiheit nach Art. 15 Abs. 1 GRCh verstanden.[634] Folglich ist die Berufsfreiheit in Art. 15 und 16 GRCh anerkannt.[635] Demnach hat jede Person das Recht, einen Beruf auszuüben. Dabei handelt es sich um eine umfassende wirtschaftliche Betätigungsfreiheit.[636] Die Herstellung von Waren gehört zur Berufsausübung. Folglich fällt sie in den Schutzbereich der Berufsfreiheit.

b. Eingriff

Ein Eingriff in ein Grundrecht liegt vor, wenn der Schutzbereich verkürzt wird.[637] Art. 52 Abs. 1 GRCh formuliert einen Eingriff so, dass dadurch die Ausübung eines garantierten Grundrechts eingeschränkt wird.[638] Die Hersteller von Produkten, die vom Anwendungsbereich der Richtlinien zur Produzentenverantwortung erfasst sind, dürfen diese nur herstellen, wenn sie dabei die vorgesehenen Kennzeichnungen anbringen. Es ist ihnen verwehrt, die entsprechenden Produkte ohne Kennzeichnungen anzufertigen. Dadurch wird die Ausübung ihres Berufes eingeschränkt. Folglich stellen die Kennzeichnungspflichten einen Eingriff in das Gemeinschaftsgrundrecht der freien Berufsausübung dar.

c. Rechtfertigung

Nach ständiger Rechtsprechung des Gerichtshof kann das Grundrecht der freien Berufsausübung Beschränkungen unterworfen werden, sofern diese Beschränkungen tatsächlich dem Gemeinwohl dienenden Zielen der Gemeinschaft entsprechen und nicht einen im Hinblick auf den verfolgten Zweck unverhältnismäßigen, nicht tragbaren Eingriff darstellen, der die so gewährleisteten Rechte in ihrem Wesensgehalt antastet.[639] Diese Anforderungen an die Rechtfertigung eines Grundrechtseingriffes sind nunmehr auch in Art. 52 Abs. 1 GRCh normiert. Die in den Richtlinien zur Produzentenverantwortung vorgesehenen Kennzeichnungspflichten sind demnach gerechtfertigt, wenn sie einem legitimen Zweck dienen und bei ihrem Eingriff in die Berufsausübungsfreiheit verhältnismäßig vorgehen.

---

634 Bernsdorff, in: Meyer, Art. 15 Rn. 12 und Art. 16 Rn. 10; Pernice/Mayer, in: Grabitz/Hilf, nach Art. 6 EU, Rn. 139; Schwarze, Grundrechtecharta, EuZW 2001, S. 517, 521.
635 Ruffert, in: Ehlers, S. 368, Rn. 6, 10; Kingreen, in: Calliess/Ruffert, Art. 6 EU Rn. 130.
636 Schwarze, Grundrechtecharta, EuZW 2001, S. 517, 519.
637 Kingreen, in: Calliess/Ruffert, Art. 6 EU Rn. 67.
638 Borowsky, in: Meyer, Art. 52 Rn 19.
639 EuGH (Urteil v. 11.7.1989), Rs. 265/87 (Schräder/Hauptzollamt Gronau), Slg. 1989, S. 2237, Rn. 15; (Urteil v. 5.10.1994), Rs. C-280/93 (Deutschland/Rat), Slg. 1994, I-4973, Rn. 78; (Urteil v. 28.4.1998), Rs. C-200/96 (Metronome Musik GmbH/Music Point Hokamp GmbH), Slg. 1998, I-1953, Rn. 21.

(1)   Legitimer Zweck des Eingriffs

Die Kennzeichnungspflichten müssen einen zulässigen Zweck verfolgen. Legitimer Zweck eines Grundrechtseingriffs ist die Verwirklichung eines dem Gemeinwohl dienenden Zieles der Gemeinschaft.[640] Die Formulierung des Art. 52 Abs. 1 GRCh, wonach die Zielsetzungen von der Union anerkannt sein müssen, deutet zudem darauf hin, dass sie explizit im EG-Vertrag verankert sein müssen.[641]

Die Richtlinien zur Produzentenverantwortung dienen dem Zweck, Abfälle zu vermeiden und zu verwerten.[642] Außerdem zielen sie darauf ab, zur Finanzierung der Abfallentsorgung das Verursacherprinzip anzuwenden.[643] Dadurch soll ein hohes Umweltschutzniveau sichergestellt werden.[644] Die angestrebte Abfallvermeidung verwirklicht die Grundsätze der Vorsorge und der Vorbeugung, auf denen die Umweltpolitik gemäß Art. 174 Abs. 2 UAbs. 1 Satz 2 EG beruht. Dort ist auch das von den Richtlinien angewandte Verursacherprinzip als ein Grundsatz der Umweltpolitik erwähnt. Die Verwertung von Abfällen trägt dazu bei, die natürlichen Ressourcen rationell zu verwenden und entspricht damit gemäß Art. 174 Abs. 1, 3. Spiegelstrich EG einem weiteren Ziel der Umweltpolitik. Die Sicherstellung eines hohen Umweltschutzniveaus ist schon allgemein in Art. 2 EG als Aufgabe und in Art. 174 Abs. 1, 1. Spiegelstrich EG als Ziel der Gemeinschaft festgelegt.

Die Richtlinien zur Produzentenverantwortung verfolgen somit einen Zweck, der den Zielen der Gemeinschaft entspricht. Das Ziel des Umweltschutzes wird dabei durch drei verschiedene Methoden angepeilt. Erstens ist vorgesehen, einen Anreiz zur Produktion von Waren zu setzen, die von vornherein so konstruiert sind, dass möglichst wenig Müll entsteht.[645] Zweitens soll der Abfall, der trotzdem nach Ablauf der Benutzungszeit entsteht, soweit wie möglich verwertet werden.[646] Drittens soll im Rahmen der Abfallentsorgung das Verursacherprinzip eingeführt werden.[647] Die Kennzeichnungspflichten sind nur dann gerechtfertigt, wenn jede dieser drei Methoden verhältnismäßig angewandt wird.

---

640 EuGH (Urteil v. 5.10.1994), Rs. C-280/93 (Deutschland/Rat), Slg. 1994, I-4973, Rn. 78; Beutler, in: Groeben/Schwarze, Art. 6 EU Rn. 73.
641 Borowsky, in: Meyer, Art. 52 Rn. 21.
642 Art. 1 Abs. 1 Verpack-RL, Art. 1 Altfahrzeug-RL, Art. 1 Elektroschrott-RL.
643 Erwägungsgrund 29 Verpack-RL, 2 Altfahrzeug-RL, 1 Elektroschrott-RL.
644 Art. 1 Abs. 1 Verpack-RL, Art. 1 Altfahrzeug-RL, Art. 1 Elektroschrott-RL.
645 Erwägungsgrund 2, 7 Verpack-RL; 4, 11 Altfahrzeug-RL; 12, 14 Elektroschrott-RL.
646 Erwägungsgrund 7 Verpack-RL, 5 Altfahrzeug-RL, 7 Elektroschrott-RL.
647 Erwägungsgrund 29 Verpack-RL, 2 Altfahrzeug-RL, 1 Elektroschrott-RL.

(2)   Verhältnismäßigkeit

(a)   Anreiz zu müllvermeidender Konstruktion

Die Kennzeichnungspflichten sind nicht geeignet, die Hersteller zur Produktion von müllvermeidenden Gütern anzureizen. Durch die Kennzeichnungen wird die Konstruktion der Güter nicht beeinflusst. So kann die bisher übliche Konstruktion weiter verwendet werden, solange nur die Kennzeichnungen an den Gütern angebracht werden. Folglich kann das Ziel, Anreize zu einer müllvermeidenden Produktion zu setzen, nicht durch Kennzeichnungspflichten erreicht werden. Dieses Ziel der Richtlinien zur Produzentenverantwortung kann den Eingriff in die Berufsausübung nicht rechtfertigen.

(b)   Erhöhung der Verwertungsquoten

Die Kennzeichnungspflichten können aber ein verhältnismäßiges Mittel sein, um die Verwertungsquoten zu erhöhen. Die Kennzeichnungen müssen zunächst geeignet sein, die Verwertungsquoten zu erhöhen. Dabei ist danach zu unterscheiden, um welche Art von Kennzeichnungen es sich handelt. Kennzeichen, die die Identität des Herstellers angeben, beeinflussen die Verwertungsquote nicht. Sie bewirken weder, dass mehr Altprodukte zurückgegeben werden, noch dass die zurückgenommenen Altprodukte in einem höheren Ausmaß verwertet werden. Folglich ist die Pflicht zur Kennzeichnung des Herstellers nicht geeignet, eine Erhöhung der Verwertungsquoten zu bewirken. Sie kann nicht im Hinblick auf die angestrebte Erhöhung der Verwertungsquoten gerechtfertigt werden. Im Gegensatz dazu bewirken die Kennzeichnungen mit der Aufforderung, Altprodukte nicht im Hausmüll zu entsorgen, dass mehr Altprodukte getrennt zurückgenommen werden können. Kennzeichnungen, die Angaben über Bauteile und Werkstoffe erteilen, erleichtern die Verwertung der zurückgenommenen Altprodukte. Also sind diese beiden Kennzeichnungen zur Zielerreichung geeignet.

Sie müssten auch erforderlich sein. Ein Grundrechtseingriff ist erforderlich, wenn unter mehreren geeigneten Maßnahmen die am wenigsten belastende gewählt wird.[648] Fraglich ist die Erforderlichkeit der Kennzeichnung, die zur getrennten Entsorgung auffordert. Wenn ein Altprodukt getrennt gesammelt werden soll und keine Rückgabepflicht besteht wie aufgrund der Altfahrzeug-RL, so ist dazu die freiwillige Mitwirkung der Letztnutzer nötig. Eine Kennzeichnung, die zur getrennten Entsorgung auffordert, unterstützt diese Mitwirkung. Bei einem Verzicht auf eine solche Kennzeichnung wird das Ziel gefährdet, einen möglichst hohen Anteil der Altprodukte zu verwerten. Zwar

---

648 EuGH (Urteil v. 11.7.1989), Rs. 265/87 (Schräder/Hauptzollamt Gronau), Slg. 1989, S. 2237, Rn. 21; (Urteil v. 13.11.1990), Rs. 331/88 (The Queen/Ministry of Agriculture, Fisheries and Food und Secretary of State for Health, ex parte Fedesa u.a.), Slg. 1990, I-4023, Rn. 13; Kingreen, in: Calliess/Ruffert, Art. 6 EU Rn. 73.

können andere Mittel eingesetzt werden, die Letztnutzer zur Rückgabe zu motivieren. So sehen die Richtlinien zur Produzentenverantwortung auch Verbraucherinformationen über die Bedeutung der Entsorgung vor. Da diese Informationen den Letztnutzer auf anderem Wege erreichen als die Produktkennzeichnungen, können sie aber nur eine Ergänzung darstellen. Sie können die Produktkennzeichnungen nicht ersetzen. Die Aufforderung zur getrennten Entsorgung auf bestimmten Produkten ist somit erforderlich. Weiter müssen auch die Kennzeichnungen der Bauteile und Werkstoffe erforderlich sein. Auch bei einem Verzicht auf diese Kennzeichnungen wären die Wirtschaftsbeteiligten aufgrund der Richtlinien zur Produzentenverantwortung zur Erreichung bestimmter Verwertungsquoten verpflichtet. Solange sie diese Quoten einhielten, könnte es ihnen daher überlassen bleiben, wie sie sich dazu intern organisieren. Nur wenn Bauteile und Werkstoffe einheitlich gekennzeichnet sind, ist aber sichergestellt, dass die Verwertung auch beim Ausfall des zuständigen Wirtschaftsbeteiligten erfolgen kann. Folglich sind auch diese Kennzeichnungen erforderlich, um das Ziel der Erhöhung der Verwertungsquoten zu verfolgen.

Die Kennzeichnungspflichten müssten schließlich angemessen sein. Ein Grundrechtseingriff ist angemessen, wenn die durch ihn verursachten Nachteile in einem ausgewogenen Verhältnis zu den angestrebten Zielen stehen. Dabei kommt es entscheidend auf die Bedeutung der angestrebten Ziele an.[649] Wenn der Gemeinschaftsgesetzgeber einen komplexen wirtschaftlichen Sachverhalt zu beurteilen hat, verfügt er in diesem Rahmen über ein weites Ermessen in Bezug auf Art und Tragweite der zu treffenden Maßnahmen.[650] Nur wenn die Maßnahmen des Gemeinschaftsgesetzgebers offensichtlich unangemessen sind, kann seine Abwägung in Frage gestellt werden.[651] Die Kennzeichnungspflichten schränken die Berufsfreiheit der Hersteller nur geringfügig ein. Sie unterstützen die Erhöhung der Verwertungsquoten. Dies dient dem in Art. 174 Abs. 1, 3. Spiegelstrich EG festgelegten Ziel, die natürlichen Ressourcen rationell zu verwenden. Folglich sind die Kennzeichnungspflichten nicht offensichtlich unangemessen. Somit sind die Pflichten, Produkte mit Aufforderungen zur getrennten Entsorgung und mit Angaben über Bauteile und Werkstoffe zu kennzeichnen, rechtmäßig.

---

649 EuGH (Urteil v. 13.11.1990), Rs. 331/88 (The Queen/Ministry of Agriculture, Fisheries and Food und Secretary of State for Health, ex parte Fedesa u.a.), Slg. 1990, I-4023, Rn. 13, 17.

650 EuGH (Urteil v. 17.5.1988), Rs. 84/87 (Erpelding/Secrétaire d'Ètat à l'agriculture et à la viticulture), Slg. 1988, S. 2665, Rn. 27.

651 EuGH (Urteil v. 5.10.1994), Rs. C-280/93 (Deutschland/Rat), Slg. 1994, I-4973, Rn. 94; (Urteil v. 13.12.1994), Rs. C-306/93 (SMW Winzersekt GmbH/Land Rheinland-Pfalz), Slg. 1994, I-5555, Rn. 21; (Urteil v. 10.12.2002), Rs. C-491/01(The Queen/Secretary of State for Health, ex parte British American Tobacco und Imperial Tobacco), Slg. 2002, I-11453, Rn. 149.

(c) Verwirklichung des Verursacherprinzips

Die Kennzeichnungen, die Angaben über die Identität des Herstellers machen, könnten dem Verursacherprinzip dienen. Wie oben ausgeführt,[652] ist das Verursacherprinzip unstreitig zumindest als Kostenzurechnungsprinzip zu verstehen. Es bedeutet jedenfalls, dass der Verursacher einer Umweltbelastung für die Kosten ihrer Beseitigung bezahlen soll. Die Kennzeichnung der Hersteller auf den Produkten ist geeignet, zur Kostentragung durch die Hersteller als Mitverursacher beizutragen. Die Kostentragung setzt nämlich voraus, dass der Zahlungspflichtige zu bestimmen ist. Die Kennzeichnung des Herstellers eines Produktes ermöglicht die Identifizierung des Zahlungspflichtigen. Es sind auch keine milderen Mittel denkbar, um die Identität des jeweiligen Herstellers zu ermitteln. Die Kennzeichnung der Hersteller ist also erforderlich. Sie ist auch nicht offensichtlich unangemessen. Folglich dient die Kennzeichnung der Identität des Herstellers auf einem Produkt in verhältnismäßiger Art und Weise dem Ziel, das Verursacherprinzip anzuwenden. Der diesbezügliche Eingriff in die Berufsfreiheit ist gerechtfertigt und rechtmäßig.

d. Zwischenergebnis

Die Kennzeichnungspflichten, die aufgrund der Richtlinien zur Produzentenverantwortung von den Mitgliedstaaten erlassen werden müssen, sind mit dem Grundrecht auf Berufsfreiheit vereinbar.

2. Veröffentlichung von Entsorgungsmöglichkeiten

a. Eingriff in die Berufsfreiheit

Die Richtlinien zur Produzentenverantwortung sehen weiter vor, dass die Nutzer von Produkten Informationen darüber erhalten, welche Bedeutung eine ordnungsgemäße Entsorgung der Altprodukte hat und wie die Nutzer dazu beitragen können. Je nach Richtlinie können[653] oder müssen[654] diese Informationen von den betreffenden Wirtschaftsbeteiligten veröffentlicht werden. Werden Wirtschaftsbeteiligte zu Veröffentlichung von Entsorgungsmöglichkeiten verpflichtet, so wird in ihre Freiheit eingegriffen, ihren Beruf ohne Einschränkung auszuüben.

b. Rechtfertigung

Dieser Eingriff kann nicht durch das Ziel gerechtfertigt werden, dass die Richtlinien zur Produzentenverantwortung einen Anreiz zur müllvermeidenden Konstruktion von Produkten setzen sollen. Die Veröffentlichung von Informationen zur richtigen Entsorgung von Altprodukten hat keinen Einfluss darauf, wie ein Produkt konstruiert wird. Sie könnte aber durch das weitere Ziel der Richtlinien gerechtfertigt sein, den Anteil der Verwertung von Altprodukten zu erhöhen.

---

652 Siehe oben Abschnitt B.III.1.a.(1).
653 Art. 13 Verpack-RL, Art. 10 Abs. 1 Elektroschrott-RL.
654 Art. 9 Abs. 2 Altfahrzeug-RL.

Die Veröffentlichung von Entsorgungspflichten ist dazu geeignet, die Motivation der Letztnutzer zur freiwilligen Rückgabe von Altprodukten zu erhöhen, die unerlässlich ist, um hohe Verwertungsquoten zu erreichen. Auf Entsorgungsinformationen kann auch nicht verzichtet werden. Zwar kann parallel zu den Entsorgungsinformationen auch durch entsprechende Kennzeichnungen auf den Altprodukten selbst zur getrennten Entsorgung aufgerufen werden. Solche Kennzeichnungen können aber nicht mehr an „historische" Altprodukte angebracht werden. Außerdem erfährt der Letztnutzer nur dann von den Kennzeichnungen, wenn er das Altprodukt selbst begutachtet. Daher können die Entsorgungsinformationen durch Kennzeichnungen nicht vollständig ersetzt werden und sind zur Zielerreichung erforderlich. Der zur Veröffentlichung von Entsorgungsinformationen erforderliche Aufwand steht auch nicht außer Verhältnis zu dem angestrebten Ziel, den Anteil der verwerteten Altprodukte am Gesamtaufkommen zu erhöhen. Folglich ist es mit den Grundrechten vereinbar, wenn die Richtlinien zur Produzentenverantwortung die Veröffentlichung von Entsorgungsinformationen durch Wirtschaftsbeteiligte vorsehen.

3.   Veröffentlichung von Demontageinformationen

In den beiden späteren Richtlinien ist vorgesehen, dass die Hersteller zu jedem Produkt Demontageinformationen zur Verfügung stellen. Darin wird angegeben, welche verschiedenen Bauteile und Werkstoffe die Produkte enthalten und an welchen Stellen sich gefährliche Stoffe befinden, soweit dies für die Verwertungsanlagen zur Einhaltung der Richtlinien erforderlich ist.[655] In der Altfahrzeug-RL ist zudem vorgesehen, dass die Hersteller von Fahrzeugbauteilen die erforderlichen Informationen zu Demontage, Lagerung und zur Prüfung von wiederverwendbaren Teilen zur Verfügung stellen.[656]

a.   Negative Informationsfreiheit

Die Pflicht zur Veröffentlichung von Demontageinformationen könnte ein Grundrecht auf negative Informationsfreiheit der Hersteller berühren. Fraglich ist, wie die Nichtveröffentlichung von Informationen über ein Produkt grundrechtlich geschützt ist. Der Gerichtshof erkennt das Recht auf freie Meinungsäußerung an.[657] In Anlehnung an die Europäische Menschenrechtskonvention schließt er dabei auch die Informationsfreiheit ein.[658] Für die Einbeziehung von Informationen in den Schutzbereich des Grundrechts auf Meinungsfreiheit

---

655 Art. 8 Abs. 3 Altfahrzeug-RL, Art. 11 Abs. 1 Elektroschrott-RL.
656 Art. 8 Abs. 4 Altfahrzeug-RL.
657 EuGH (Urteil v. 17.1.1984), Verb. Rs. 43/82 und 63/82 (VBVB und VBBB/Kommission), Slg. 1984, S. 19, Rn. 33.
658 EuGH (Urteil v. 4.10.1991), Rs. C-159/90 (The Society for the protection of unborn children Ireland Ltd./Stephan Grogan u.a.), Slg. 1991, I-4685, Rn. 26, 30; (Urteil v. 6.3.2001), Rs. C-274/99 P (Bernard Conolly/Kommission), Slg. 2001, I-1611, Rn. 37-39; Kingreen, in: Calliess/Ruffert, Art. 6 EU Rn. 116.

spricht die gewachsene Relevanz von Informationen in der Informationsgesell-schaft.[659] Die Existenz des Grundrechts wird durch Art. 11 Abs. 1 GRCh bestätigt, der den Titel „Freiheit der Meinungsäußerung und Informationsfreiheit" trägt. Danach beinhaltet die freie Meinungsäußerung das Recht, Informationen ohne behördliche Eingriffe zu empfangen und weiterzugeben. Folglich ist die Informationsfreiheit ein Gemeinschaftsgrundrecht.

Es ist aber zweifelhaft, ob dieses Grundrecht auch davor schützt, im Rahmen einer wirtschaftlichen Betätigung zur Weitergabe bestimmter Informationen verpflichtet zu werden. In der Literatur wird diese Frage vor allem im Zusammenhang mit Etikettierungspflichten auf Zigarettenpackungen erörtert, die in der sogenannten Tabakprodukt-RL[660] enthalten sind. Nach Art. 5 Tabakprodukt-RL müssen die Hersteller den Schadstoffgehalt der Zigaretten und Warnhinweise gegen das Rauchen auf die Packung aufdrucken. Im Schrifttum wird in diesem Kontext gefordert, die negative Informationsfreiheit der Hersteller anzuerkennen und auf die Hinweise zu verzichten.[661] Die Urteile des Europäischen Gerichtshofes für Menschenrechte deuteten darauf hin, dass die Informationsfreiheit auch das Recht enthalte, sich gegen eine gezwungene Informationsweitergabe zu wehren. Auch sei diese Komponente der Meinungsfreiheit in einem Großteil der Verfassungen der Mitgliedstaaten der EU enthalten. Schließlich sei derjenige, der zur Preisgabe einer bestimmten Information gezwungen werde, genauso schutzwürdig wie derjenige, dem die Informationsweitergabe versagt werde. Die Pflicht, eine Information zu veröffentlichen, könne sogar einen tieferen Einschnitt bedeuten als eine Beeinträchtigung der freiwilligen Äußerung.[662] Die negative Informationsfreiheit schütze Hersteller also davor, ungewollt Informationen über ihr Produkt weiterzugeben. Daher stelle auch die Pflicht, Zigarettenpackungen mit Schadstoffinformationen und Warnhinweisen zu bedrucken, einen Eingriff in die negative Informationsfreiheit dar.[663]

Der Gerichtshof hat die Rechtmäßigkeit der in der Tabakprodukt-RL vorgesehenen Etikettierungspflichten in der Rechtssache *British American Tobacco*[664] ge-

---

659 Kühling, S. 383f.

660 Richtlinie 2001/37/EG des Europäischen Parlaments und des Rates vom 5. Juni 2001 zur Angleichung der Rechts- und Verwaltungsvorschriften der Mitgliedstaaten über die Herstellung, die Aufmachung und den Verkauf von Tabakerzeugnissen; ABl. Nr. L 194/26 v. 18.7.2001.

661 Koenig/Kühling, EWS 2002, S. 12, 14; Kühling, S. 390; Schroeder, EuZW 2001, S. 489, 494.

662 Kühling, S. 390.

663 Koenig/Kühling, EWS 2002, S. 12, 14; Kühling, S. 507f. ; Schroeder, EuZW 2001, S. 489, 494.

664 EuGH (Urteil v. 10.12.2002), Rs. C-491/01(The Queen/Secretary of State for Health, ex parte British American Tobacco und Imperial Tobacco), Slg. 2002, I-11453.

prüft. Er stellte keinen Verstoß gegen den Grundsatz der Verhältnismäßigkeit[665] und das Eigentumsrecht[666] fest. Dabei ging er nicht auf die Frage ein, ob durch die Etikettierungspflichten in die Informationsfreiheit eingegriffen sein könnte. Das zeigt, dass der Gerichtshof Produktinformationspflichten nicht an der Informationsfreiheit misst. Bei der Prüfung des Grundsatzes der Verhältnismäßigkeit und des Eigentumsrechts ist er zwar in grundrechtsrelevante Bereiche vorgedrungen. Er hat es aber nicht für nötig erachtet, einen Verstoß gegen die Informationsfreiheit zu prüfen. Wäre ein solcher Verstoß in Betracht gekommen, hätte sich seine Prüfung nach der Erörterung des Grundsatzes der Verhältnismäßigkeit und des Eigentumsrechtes aufgedrängt.

Diese Auffassung wird durch das Urteil in der Rechtssache *Keller*[667] gestützt. Der Gerichtshof hatte über die Rechtmäßigkeit einer Verordnung zu entscheiden, wonach bei der Bezeichnung von Weinen nur bestimmte Angaben zulässig sind. Ein Weinerzeuger hatte andere Bezeichnungen verwendet als die, die in der Verordnung vorgesehen waren. Der Vorlagebeschluss rügte die Grundrechtswidrigkeit der Verordnung. Der Gerichtshof prüfte daraufhin, ob die Verordnung gegen die Berufsfreiheit verstoße. Er nahm zwar einen Eingriff in das Grundrecht an; dieser war aber gerechtfertigt.[668]

In der Rechtssache *Keller* wurden gewisse Produktbezeichnungen verboten. Diese Einschränkung wurde nicht am Grundrecht der Informationsfreiheit, sondern der Berufsfreiheit gemessen. Damit weist es Übereinstimmungen mit der Rechtssache *British American Tobacco* auf. In beiden Fällen werden Wirtschaftsbeteiligte in ihrer Freiheit eingeschränkt, inwieweit sie Produktinformationen weitergeben. Während in der Rechtssache *Keller* die vom Beklagten gewünschten Informationen nicht weitergegeben werden durften, mussten in *British American Tobacco* Informationen weitergegeben werden, die die Beschwerdeführerin gar nicht veröffentlichen wollte. In keinem der beiden Fälle ging der Gerichtshof auf die Informationsfreiheit ein. Vielmehr prüfte er, ob die Berufsfreiheit und das Eigentumsrecht verletzt waren. Das deutet darauf hin, dass Produktinformationen nach Ansicht des Gerichtshofs nicht in den Schutzbereich der Informationsfreiheit fallen, sondern von den wirtschaftsbezogenen Grundrechten erfasst werden.

Für den Schutz von Produktinformationen durch die Wirtschaftsgrundrechte spricht, dass die Meinungs- und Informationsfreiheit traditionell die Aufgabe hat, den Meinungsaustausch als Grundlage der demokratischen Gesellschaft zu

---

665 a.a.O., Rn. 131f., 141.
666 a.a.O., Rn. 150, 157.
667 EuGH (Urt. v. 8.10.1986), Rs. 234/85 (Franz Keller), Slg. 1986, S. 2897.
668 a.a.O., Rn. 18.

schützen. Die Frage, ob die Hersteller von Produkten zur Veröffentlichung von Demontageinformationen verpflichtet werden dürfen, berührt aber nicht die gesellschaftliche Meinungsbildung. Die Hersteller brauchen stattdessen Schutz, um am Erwerbsleben teilzunehmen und den Bestand ihres Unternehmens zu schützen. Daher liegt es näher, diese Pflichten im Sinne des Gerichtshofs nicht in den Schutzbereich der Informationsfreiheit aufzunehmen, sondern den wirtschaftsbezogenen Grundrechten zuzuordnen. Folglich berühren die in den Richtlinien zur Produzentenverantwortung vorgesehenen Demontageinformationen nicht den Schutzbereich der negativen Informationsfreiheit.

b.   Berufsfreiheit

(1)   Eingriff in den Schutzbereich

Die Veröffentlichung der Demontageinformationen könnte stattdessen gegen das Grundrecht der Berufsfreiheit verstoßen. Den Herstellern werden Vorschriften gemacht, wie sie sich nach dem Inverkehrbringen eines Produktes zu verhalten haben. Folglich stellt die Pflicht zur Veröffentlichung von Demontageinformationen eine Beschränkung der freien Berufsausübung dar, die in das Grundrecht eingreift.

(2)   Rechtfertigung

(a)   Legitimer Zweck und Geeignetheit

Diese Pflichten dienen dem Zweck, die Verwertungsquoten von Altprodukten zu erhöhen. Wenn ein Verwertungsbetrieb die Konstruktion eines Altproduktes kennt, kann er es einfacher zerlegen. Wenn bekannt ist, wie man einzelne Bauteile demontieren, lagern und auf ihre Wiederverwendbarkeit prüfen kann, können diese Bauteile in einem höheren Maß noch einmal eingesetzt werden. Die Demontageinformationen sind also dazu geeignet, die Verwertungsquoten zu erhöhen.

(b)   Erforderlichkeit

(i)   Pflicht der Hersteller des Gesamtprodukts

Fraglich ist, ob die Veröffentlichung durch die Hersteller auch erforderlich ist. Diesbezüglich ist zwischen den beiden Pflichten zu unterscheiden. Die erste Pflicht, vorgesehen in Art. 8 Abs. 3 Altfahrzeug-RL und Art. 11 Abs. 1 Elektroschrott-RL, trifft die Hersteller des Gesamtproduktes. Sie müssen die einzelnen Bauteile und die Lage der gefährlichen Stoffe im Produkt veröffentlichen. Denkbar wäre es, als milderes Mittel auf die Veröffentlichung dieser Informationen durch die Hersteller zu verzichten. Dann bliebe es den Verwertern überlassen, sich die zur Demontage erforderlichen Informationen selbst zu beschaffen. Insbesondere könnte es ihnen gestattet werden, bei den zuständigen Stellen Einsicht in die Patente und urheberrechtlich geschützten Werke zu nehmen, um die Konstruktionspläne zu erhalten. Dadurch wäre aber noch nicht zwangsläufig die fachgerechte Demontage sichergestellt. So wäre möglich, dass die Verwerter nicht alle Stellen erkennen, an denen sich gefährliche Stoffe befinden. Die Verwertung der Altprodukte würde dadurch erschwert, und die Erhöhung der Verwertungsquoten wäre weniger wirksam verfolgt. Auf die Angabe durch die Hersteller, an welcher Stelle sich im Produkt gefährliche Stellen befinden, kann also nicht verzichtet werden. Selbst wenn die Verwerter über die Konstruktionsunterlagen der Altprodukte verfügten, müssten sie erst an einigen Altprodukten experimentieren, auf welche Weise die Demontage am sinnvollsten erfolgen kann. Die dadurch entstehenden Mehrkosten wären Teil des Entsorgungsaufwandes, der in den beiden Richtlinien großteils von den Herstellern finanziert werden muss. Insofern wird durch die Verpflichtung der Hersteller zur Veröffentlichung von Demontageinformationen sogar ihre Kostenbelastung durch die Produzentenverantwortung gesenkt. Folglich sind die Pflichten zur Veröffentlichung von Demontageinformationen durch die Hersteller des Gesamtproduktes erforderlich.

(ii)   Pflicht der Hersteller von Bauteilen

Die zweite Pflicht ist in Art. 8 Abs. 4 Altfahrzeug-RL vorgesehen. Demzufolge müssen die Hersteller von Fahrzeugbauteilen Informationen zur Demontage, Lagerung und Prüfung von wiederverwendbaren Teilen zur Verfügung stellen. Dabei ist festgelegt, dass die Veröffentlichung „unbeschadet der Geschäfts- und Betriebsgeheimnisse" der Hersteller von Bauteilen erfolgen muss. Geschäftsgeheimnisse sind geschäftsbezogene Informationen, die einen konkreten oder potenziellen wirtschaftlichen Wert haben und aus deren Preisgabe oder Verwendung anderer Unternehmen wirtschaftliche Vorteile erlangen können.[669] Öffentlich zugängliche Informationen, einschließlich solchen, die nur gegen Entgelt von speziellen Informationsdiensten erhältlich sind, sowie Informationen, die in Fachkreisen allgemein bekannt sind, gelten dagegen nicht als Geschäftsgeheimnis.[670] Bei den Informationen, die aufgrund der Altfahrzeug-RL von den Bauteile-Herstellern veröffentlicht werden müssen, kann es sich also nur um solche handeln, die öffentlich zugänglich sind. Daraus folgt, dass die Verwerter sich diese Informationen auch anderweitig besorgen können. Daher kommt als milderes Mittel in Betracht, die Bauteile-Hersteller nicht zur Weitergabe der Informationen zu verpflichten.

Im Gegensatz zur zuvor erwähnten Pflicht der Hersteller des Gesamtproduktes kann gegen einen Verzicht auf die Informationspflicht auch nicht eingewendet werden, dass den Verwertern dadurch droht, gefährliche Stoffe in den Produkten zu übersehen. Erstens besteht bei einem Bauteil ein geringeres Risiko, einen gefährlichen Stoff zu übersehen als beim Gesamtprodukt. Zweitens sind eventuell

---

669 Mitteilung der Kommission C(2003) 4582 vom 1. Dezember 2003 zum Berufsgeheimnis in Beihilfeentscheidungen, Rn. 10.
670 a.a.O., Rn. 14.

gefährliche Stoffe in den Bauteilen schon durch die entsprechende Hinweis-
pflicht der Hersteller des Gesamtproduktes bekannt. Es ist nicht erforderlich,
doppelt auf die Gefahr durch bestimmte Stoffe hinzuweisen. Außerdem senken
die Hersteller von Bauteilen- im Gegensatz zu den Gesamtherstellern- durch die
Weitergabe der Informationen nicht ihre eigenen Kosten. Art. 5 Abs. 4 UAbs. 2
Altfahrzeug-RL sieht nämlich nur eine Verpflichtung der Hersteller des Gesamtprodukts zur Entsorgungsfinanzierung vor. Die Hersteller von Bauteilen
sind davon nicht erfasst. So ist nicht ersichtlich, warum die Hersteller von Bauteilen generell zur Weitergabe von Kenntnissen an die Verwertungsbetriebe verpflichtet werden sollten, wenn diese öffentlich zugänglich sind.

Allerdings muss die Weitergabe gemäß Art. 8 Abs. 4 Altfahrzeug-RL nur auf
Anforderung der Verwertungsbetriebe erfolgen. Sie erfolgt also nicht automatisch, sondern nur, wenn die Verwertungsbetriebe ein Interesse daran haben. Die
Richtlinie geht nicht ausdrücklich darauf ein, aus welchem Grund die Verwertungsbetriebe um die Weitergabe der Informationen bitten. Wenn die Verwertungsbetriebe um die Informationen bitten, weil sie sich den Aufwand sparen
möchten, die Kenntnisse über Demontage, Lagerung und Prüfung selbst zu beschaffen, so würden die Bauteile-Hersteller stärker belastet als nötig. Statt die
Hersteller zur Weitergabe der Informationen zu verpflichten, könnten die Verwertungsbetriebe die Informationen selbst besorgen. Dem stehen auch nicht die
Grundrechte der Verwertungsbetriebe entgegen, denn es stellt keinen Eingriff in
die Berufsfreiheit dar, sich selbst die Kenntnisse für die Ausführung seines Be-
rufs aneignen zu müssen.

Die Anfrage kann ihren Grund aber auch darin haben, dass die Verwertungsbetriebe diese Informationen trotz ihrer Öffentlichkeit nicht erhalten konnten, etwa, weil nicht herauszufinden war, wer verlässliche Demontageinformationen
bereitstellen kann. In einem solchen Fall ist eine Auskunft der Hersteller erforderlich, um das Richtlinienziel zu erreichen. Daher muss die in Art. 8 Abs. 4
Altfahrzeug-RL vorgesehene Pflicht der Bauteile-Hersteller grundrechtskonform
ausgelegt werden. Danach sind die Bauteile-Hersteller nur dann verpflichtet, der
Anfrage eines Verwertungsbetriebes nachzukommen, wenn er sich die Kenntnisse nicht anderweitig aneignen kann. Dies kann in der Praxis dadurch sichergestellt werden, dass die Auskünfte der Bauteile-Hersteller nur gegen
angemessene Gebühr erfolgen. Dadurch wird erreicht, dass Verwertungsbetriebe
die Hersteller nicht um Auskunft bitten, um Geld zu sparen, sondern weil sie
sonst dem Ziel höherer Verwertungsquoten nicht nachkommen können.

(c) Angemessenheit

Die Demontageinformationen der Hersteller und Bauteile-Hersteller müssten
schließlich auch verhältnismäßig im engeren Sinne sein. Die Verpflichtung der
Hersteller, Auskünfte über die Konstruktion des Gesamtproduktes zu erteilen,

steht nicht offensichtlich außer Verhältnis zu dem Zweck, die Verwertungsquoten zu erhöhen. Von den Herstellern von Bauteilen könnten dagegen unangemessene Informationen verlangt werden. Solche Informationen könnten vorliegen, wenn Bauteile-Hersteller ein Prüfverfahren kennen, dass es zulässt, weitaus mehr Bauteile wiederzuverwenden als bisher. Die Weitergabe solcher Kenntnisse würde den Umsatz mit Ersatzteilen schrumpfen lassen. Die Hersteller von Bauteilen wären dann zur Erteilung von Auskünften verpflichtet, ihre eigene Nachfrage verringern. Ein solcher Fall wird aber dadurch ausgeschlossen, dass die Bauteile-Hersteller nach dem Wortlaut der Richtlinie nur „angemessene" Informationen an die Verwertungsbetriebe erteilen müssen. Folglich beachten beide Pflichten beim Eingriff in die Berufsfreiheit den Grundsatz der Verhältnismäßigkeit.

c. Eigentumsfreiheit

(1) *Patentrecht*

Die in den Richtlinien angelegte Pflicht der Hersteller, Demontageinformationen zu veröffentlichen, könnte schließlich gegen das Eigentumsrecht der Hersteller verstoßen. In Betracht kommt, dass sie dadurch die Konstruktion ihrer Produkte preisgeben müssen und so ihr geistiges Eigentum an der Konstruktion verletzt ist. Das geistige Eigentum wird in der Rechtssprechung des Gerichtshofs als Teil des Eigentumsrechts anerkannt.[671] Diese Anerkennung hat auch in Art. 17 Abs. 2 GRCh Niederschlag gefunden. Das geistige Eigentum umfasst das Patent-, Marken- und Urheberrecht sowie die verwandten Schutzrechte.[672] Im Bereich des Patentrechts lässt sich der spezifische Gegenstand des geistigen Eigentums dadurch kennzeichnen, dass der Inhaber zum Ausgleich für seine schöpferische Erfindertätigkeit das ausschließliche Recht erlangt, gewerbliche Erzeugnisse herzustellen und in Verkehr zu bringen. Er kann die Erfindung entweder selbst oder im Wege der Lizenzvergabe an Dritte verwerten und erlangt das Recht, sich gegen jegliche Zuwiderhandlung zur Wehr zu setzen.[673] Zentrales Element des Patentrechts ist es also, über das erstmalige Inverkehrbringen der geschützten Erzeugnisse zu entscheiden.[674] Da der Schutz des geistigen Eigentums mit der Eintragung und Veröffentlichung des betreffenden Rechts verbunden ist, ist

---

671 EuGH (Urteil v. 28.4.1998), Rs. C-200/96 (Metronome Musik GmbH/Music Point Hokamp GmbH), Slg. 1998, I-1953, Rn. 26; (Urteil v. 10.12.2002), Rs. C-491/01(The Queen/Secretary of State for Health, ex parte British American Tobacco und Imperial Tobacco), Slg. 2002, I-11453, Rn. 150.

672 Streinz, Art. 17 GRCh Rn. 4.

673 EuGH (Urteil v. 31.10.1974), Rs. 15/74 (Centrafarm B.V./Sterling Drug Inc.), Slg. 1974, S. 1147, Rn. 9; (Urteil v. 30.6.1988), Rs. 35/87 (Thetford/Fiamma), Slg. 1988, S. 3601, Rn. 24.

674 Streinz, Art. 17 GRCh, Rn. 27.

es nicht mehr erforderlich, die Einzelheiten über den Inhalt des geistigen Eigentums geheimzuhalten.[675]

Die Hersteller müssen die einzelnen Fahrzeugbauteile und –werkstoffe sowie die Stellen veröffentlichen, an denen sich gefährliche Stoffe in einem Produkt befinden. Damit müssen sie Angaben machen, die Rückschlüsse auf die Konstruktion ihres Produktes zulassen. Die vorgesehenen Veröffentlichungspflichten berühren also das Eigentumsrecht an der Konstruktion der Produkte. Dieses kann durch Patente geschützt sein. Durch die Veröffentlichung von Angaben über die Konstruktion wird aber nicht das Recht der Hersteller geschmälert, einen Nachbau ihrer Konstruktion durch ihre Schutzrechte zu verhindern. Sie müssen lediglich Informationen an die Verwertungsanlagen weitergeben, die ohnehin schon öffentlich gemacht werden mussten, um überhaupt ihr geistiges Eigentum an der Konstruktion anerkennen zu lassen. Folglich wird durch die Pflicht zur Veröffentlichung von Demontageinformationen nicht ins Patentrecht eingegriffen.

(2)   Urheberrecht

Durch die Pflicht zur Veröffentlichung von Demontageinformationen könnte aber das Urheberrecht der Hersteller an den Konstruktionsplänen der von ihnen produzierten Güter verletzt sein. Das Urheberrecht schützt das Eigentum an Werken, bei denen es sich um eine persönlich-geistige Schöpfung handelt. Es schließt das Recht des Inhabers ein, sich die ausschließliche Befugnis zur Verbreitung und Verwertung des Werkes vorzubehalten.[676] Wenn die Urheber der Konstruktionspläne zur Veröffentlichung von Demontageinformationen verpflichtet werden, wird in ihr Recht eingegriffen, frei über die Weitergabe ihrer Konstruktionspläne zu entscheiden. Dieser Eingriff kann aber gerechtfertigt werden. Wie der Gerichtshof in ständiger Rechtssprechung ausführt, sind die Schranken der unionsrechtlichen Berufs- und Eigentumsfreiheit parallel konstruiert.[677] Oft werden diese beiden Grundrechte einer einheitlichen Rechtfertigungsprüfung unterzogen.[678] Die Verbreitung von Konstruktionsplänen dient dem Zweck, die Verwertungsquoten zu erhöhen. Dabei wird verhältnismäßig vorgegangen. Folglich verstoßen die in den Richtlinien zur Produzentenverantwortung vorgesehenen Pflichten zur Veröffentlichung von Demontageinformationen auch nicht gegen die Eigentumsfreiheit.

---

675 Schendel, Umweltinformationen, Rn. 63.
676 EuGH (Urteil v. 24.1.1989), Rs. 341/87 (EMI Electrola/Patricia Im- und Export), Slg. 1989, S. 79, Rn. 9.
677 EuGH (Urteil v. 11.7.1989), Rs. 265/87 (Schräder/Hauptzollamt Gronau), Slg. 1989, S. 2237, Rn. 15; (Urteil v. 21.2.1991), Verb. Rs. C-143/88 und C-92/89 (Zuckerfabrik Süderdithmarschen und Zuckerfabrik Soest/Hauptzollamt Itzehoe und Hauptzollamt Paderborn), Slg. 1991, I-415, Rn. 73; Stumpf, in: Schwarze, Art. 6 EU Rn. 29.
678 Kingreen, in: Calliess/Ruffert, Art. 6 EU Rn. 137.

d. Zwischenergebnis

Soweit die Richtlinien vorsehen, dass die Hersteller Demontageinformationen zur Verfügung stellen müssen, greifen sie nicht in das Grundrecht der Informationsfreiheit ein. Der Eingriff in die Berufsfreiheit und die Eigentumsfreiheit kann durch den Zweck gerechtfertigt werden, die Verwertungsquoten zu erhöhen. Dabei muss Art. 8 Abs. 4 Altfahrzeug-RL grundrechtskonform ausgelegt werden, so dass die Verwertungsbetriebe nur dann Informationen anfordern dürfen, soweit sie nicht anderweitig zu erlangen sind.

4. Produktrücknahme und –verwertung

a. Eingriff in die Berufsfreiheit

Die Richtlinien zur Produzentenverantwortung sehen die Rücknahme und Verwertung von Altprodukten durch Wirtschaftsbeteiligte vor. Entweder, die Richtlinien legen schon selbst fest, dass die Mitgliedstaaten die Wirtschaftsbeteiligten verpflichten müssen,[679] oder sie gestatten den Mitgliedstaaten, Wirtschaftsbeteiligte dazu zu verpflichten.[680] Müssen Wirtschaftsbeteiligte Altprodukte zurücknehmen und verwerten, so ist ihnen verwehrt, ihren Beruf ohne Beschränkungen auszuüben. Folglich greifen die Rücknahme- und Verwertungspflichten in die Berufsfreiheit der betroffenen Wirtschaftsbeteiligten ein.

b. Rechtfertigung

(1) Legitimer Zweck

Die Richtlinien zur Produzentenverantwortung verfolgen unter anderem den Zweck, einen Anreiz zur Konstruktion von müllvermeidenden Produkten zu setzen und die Verwertungsquoten der Altprodukte zu erhöhen. Die Rücknahme- und Verwertungspflichten reihen sich in diese Ziele ein. Sie dienen einem legitimen Zweck.

(2) Verhältnismäßigkeit

(a) Geeignetheit

Kuck/Riehl sind der Auffassung, die Pflichten zu Rücknahme und Entsorgung seien geeignet, einen Anreiz zu müllvermeidender Konstruktion zu geben. Eine entsprechende Neukonstruktion sei nämlich der einzige Weg für die Hersteller, ihre Pflichten soweit wie möglich zu minimieren.[681] Aber auch die Verpflichtung von anderen Wirtschaftsbeteiligten als den Herstellern trage zum Ziel der abfallärmeren Konstruktion bei. Würden Vertreiber zu Rücknahme und Verwertung

---

679 Art. 5 Abs. 1 und Art. 7 Abs. 2 Altfahrzeug-RL, Art. 5 Abs. 2 lit. b, Art. 5 Abs. 3, Art. 7 Abs. 1 Elektroschrott-RL.
680 Art. 7 Abs. 1 Verpack-RL; Art. 5 Abs. 2 lit. a Elektroschrott-RL.
681 Kuck/Riehl, S. 350.

verpflichtet, so würden sie ihren Einfluss auf die Hersteller geltend machen, damit sie neue Produkte abfallärmer konstruierten.[682]

Werden Wirtschaftsbeteiligte verpflichtet, Altprodukte zurückzunehmen und zu verwerten, so werden sie bestrebt sein, den diesbezüglichen Aufwand zu minimieren. Dies geschieht am besten, indem die Produkte so konstruiert werden, dass sie möglichst wenig Entsorgungsaufwand erzeugen. Zwar können nur die Hersteller über die Konstruktion entscheiden. Andere Wirtschaftsbeteiligte können also nicht selbst die Konstruktion ändern. Sie können aber ihren Einfluss bei den Herstellern geltend machen, damit die Produkte weniger Abfall erzeugen. Folglich ist der Ansicht von *Kuck/Riehl* zuzustimmen. Rücknahme- und Verwertungspflichten von Wirtschaftsbeteiligten sind dazu geeignet, die Hersteller zu einer müllvermeidenden Konstruktion zu motivieren. Rücknahme- und Verwertungspflichten sind außerdem Voraussetzung dafür, dass der Anteil der verwerteten Altprodukte steigt. Folglich sind die Pflichten geeignet, beide Ziele anzustreben.

(b)   Erforderlichkeit

(i)   Grundsätzliche Verpflichtung der Wirtschaftsbeteiligten

Die Rücknahme- und Verwertungspflichten müssen auch erforderlich sein, um die Ziele der Richtlinien zu erreichen. Dann darf kein ebenso wirksames, milderes Mittel zur Verfügung stehen. Ein solches Mittel könnte darin liegen, die Entsorgung statt von den Wirtschaftsbeteiligten durch die Mitgliedstaaten erledigen zu lassen. So weist *Lee* darauf hin, dass die Produzentenverantwortung auch ohne Rücknahme- und Verwertungspflichten ausgestaltet werden könne. Die Wirtschaftsbeteiligten wären dann nur zur Finanzierung der Entsorgung verpflichtet. Die Durchführung der Entsorgung könne dagegen von anderer Stelle übernommen werden.[683] Ähnlich argumentiert *Bergkamp*. Ihm zufolge könnte die Entsorgung weiterhin im Aufgabenbereich der Mitgliedstaaten verbleiben. Die Wirtschaftsbeteiligten sollten lediglich die Entsorgungskosten in Form von Gebühren tragen. Dieses Mittel sei ebenso geeignet, zur abfallarmen Konstruktion anzureizen und die Verwertungsquoten zu erhöhen, wie die Rücknahme und Verwertung durch Wirtschaftsbeteiligte. Dabei sei es aber für die Wirtschaftsbeteiligte milder und daher vorzuziehen.[684]

Die Kommission widerspricht diesem Standpunkt. Ihr zufolge sind Rücknahme- und Verwertungspflichten der Wirtschaftsbeteiligten grundsätzlich erforderlich, um die umweltpolitischen Ziele der Richtlinien zu erreichen. Eine mildere Belastung der Wirtschaftsbeteiligten käme nur dort in Betracht, wo Altprodukte bei

682 Kuck/Riehl, S. 351f.
683 Lee, EELR 2002, S. 114, 116, FN 24.
684 Bergkamp, EELR 2001, S. 322, 330.

198

kommunalen Lagerstellen zurückgegeben werden könnten. In diesem Fall sei es möglich, die Wirtschaftsbeteiligten nur zur Rücknahme von diesen Lagerstellen statt direkt vom Endnutzer zu verpflichten. Ansonsten habe sich die Übertragung der Entsorgungsverantwortung auf die Wirtschaftsbeteiligten als wichtiger Anreiz für eine Verbesserung der Konstruktion von Neuprodukten erwiesen. Nur so könne bereits im Entwicklungsstadium den Aspekten der Abfallentsorgung Rechnung getragen werden.[685]

Die beiden Ansichten in der Literatur weisen zu Recht darauf hin, dass die Hersteller vor allem durch die Kostenbelastung dazu motiviert werden, ihre Produkte so zu gestalten, dass sie als Altprodukte weniger Entsorgungsaufwand erzeugen. Ein solcher Anreiz besteht auch dann, wenn die Rücknahme und Verwertung nicht von Wirtschaftsbeteiligten, sondern von den Mitgliedstaaten erledigt wird, solange die Kosten von Wirtschaftsbeteiligten getragen werden. Daher steht die Erforderlichkeit der Rücknahme- und Verwertungspflichten von Wirtschaftsbeteiligten in Frage. Zunächst ist dazu festzustellen, dass ein Verzicht auf die Verpflichtung der Wirtschaftsbeteiligten nur dort in Frage kommt, wo schon eine funktionierende staatliche Rücknahme- und Verwertungsinfrastruktur besteht. Dort, wo keine staatliche Infrastruktur besteht oder wo neue Rücknahmekanäle eröffnet werden sollen (etwa die Rücknahme des Altprodukts beim Händler anlässlich eines Neukaufes), kann von vornherein nicht auf die Verpflichtung der Wirtschaftsbeteiligten verzichtet werden. Das ist auch dann der Fall, wenn die bisherige Entsorgungsstruktur den neuen Anforderungen an die Entsorgung (wie etwa der getrennten Rücknahme bestimmter Produkte) nicht genügt.

Aber auch dort, wo für Altprodukte schon eine staatliche Entsorgungsstruktur besteht, ist die Rücknahme und Verwertung durch Wirtschaftsbeteiligte wirksamer, um einen Anreiz zu abfallärmerer Konstruktion zu setzen. Wenn Wirtschaftsbeteiligte nämlich nicht mit Altprodukten in Berührung kommen und ihrer Produzentenverantwortung lediglich durch eine Gebührenzahlung an mitgliedstaatliche Behörden nachkommen, ist der Anreiz zur müllvermeidenden Gestaltung der Produkte geringer. Erstens ist den Wirtschaftsbeteiligten dann nicht so offensichtlich, wofür sie die Kosten tragen. Es wird ihnen nicht so deutlich vor Augen geführt, dass sie durch eine Verringerung des Entsorgungsaufwandes Kosten sparen können. Zweitens fällt es den Wirtschaftsbeteiligten auch schwerer, mittels einer veränderten Konstruktion die Entsorgungskosten zu senken. Denn wenn sich ein Hersteller dazu entschließt, den Kostenfaktor Entsorgung durch eine Neukonstruktion zu senken, muss er wissen, welchen Entsorgungsaufwand jedes Teil eines Produkts hervorruft. Außerdem muss er wissen, welche Spezifikationen ein verändertes Produkt haben muss, um Kosten

685 KOM (2000)347 endg., S. 21.

zu senken. Der Hersteller benötigt zur Neukonstruktion also das Wissen aus Rücknahme und Verwertung. Diese Informationen kann er leichter erlangen, wenn er oder ein von ihm beauftragtes Unternehmen die Entsorgung durchführt, als bei der Entsorgung durch mitgliedstaatliche Behörden. Folglich ist der Anreiz zur Neukonstruktion der Produkte größer, wenn die Wirtschaftsbeteiligten die Entsorgung nicht nur finanzieren, sondern auch durchführen. Die Entsorgung durch mitgliedstaatliche Behörden ist nicht so wirksam, und scheidet daher als Alternative zur Verpflichtung der Wirtschaftsbeteiligten aus.

(ii)   Verpflichtung der Importeure und Exporteure

(a)   Höhere Belastung durch weitere Entfernung ?

Verpflichten die Mitgliedstaaten die Wirtschaftsbeteiligten zur Entsorgung, so können[686] oder müssen[687] sie auch die Importeure und Exporteure mitverpflichten. Zu prüfen ist, ob diese Ausweitung erforderlich ist. Der Grund für diese Gleichstellung könnte darin liegen, dass die ausländischen Hersteller besonders weit vom Rücknahmeort der Altprodukte entfernt sein können. Diese Distanz ist verringert, wenn ein Importeur mit Sitz im Zielland die Rücknahme durchführen muss. Wie oben festgestellt, ist aber nicht vorgeschrieben, dass die Altprodukte dorthin zurücktransportiert werden, wo sie produziert wurden. Vielmehr können die Altprodukte nach der Rücknahme im Zielland verbleiben. Folglich hat derjenige, der seiner Rücknahmeverpflichtung in einem weit entfernten Zielland nachkommen muss, keinen Nachteil gegenüber demjenigen, der seinen Sitz im Zielland hat. Insbesondere kann der weit entfernte Hersteller Dritte mit der Rücknahme beauftragen.[688] Die Regelung kann also nicht dem Zweck dienen, weit entfernte Hersteller zu entlasten.

(b)   Keine Kompetenz, Personen außerhalb der EU zu verpflichten ?

Die Gleichstellung wäre dann zu erklären, wenn die EU keine Kompetenz hätte, Personen außerhalb des Gebiets der EU zu verpflichten. Ihr wäre dann nicht nur verwehrt, solche Personen unmittelbar in Primärrecht oder in einer Verordnung zu verpflichten, sondern dürfte auch keine Richtlinien erlassen, in denen die Mitgliedstaaten angehalten werden, Personen außerhalb ihres Staatsgebiets zu verpflichten. In diesem Fall könnte die Mitverpflichtung der Importeure dazu dienen, dass auch die Altprodukte zurückgenommen werden, die außerhalb der EU hergestellt wurden.

Die staatliche Rechtsordnung ist auf die Regelung von Sachverhalten beschränkt, die an ihr Staatsgebiet anknüpfen. Dieser Gedanke wird als Territorialitätsprinzip bezeichnet.[689] Ausländer sind der Rechtsordnung eines Staates

---

686 Art. 3 Nr. 11 Verpack-RL.
687 Art. 2 Nr. 3 Altfahrzeug-RL, Art. 3 lit. i)iii) Elektroschrott-RL.
688 Bauernfeind, S. 258.
689 Meng, S. 34f.

jedenfalls dann unterworfen, wenn sie sich auf dem entsprechenden Staatsgebiet befinden.[690] Die staatliche Ordnung hat aber auch Auswirkungen über ihr Territorium hinaus.[691] Ein Ausländer kann an der Rechtsordnung eines Staates teilnehmen, ohne das Staatsgebiet zu betreten.[692] Dann kann ein Ausländer durch einen Staat zu einem Verhalten verpflichtet werden, in dessen Hoheitsbereich er sich nicht aufgehalten hat. Eine Geltung von Gemeinschaftsrecht auf Personen, die sich außerhalb der EU aufhalten, ist im europäischen Wettbewerbsrecht anerkannt. In der Rechtssache *Ahlström*[693] entschied der Gerichtshof, dass die Kläger, die ihren Sitz außerhalb des Geltungsbereiches des EG-Vertrages hatten, dennoch dem europäischen Wettbewerbsrecht unterlagen. Die Tatsache, dass die Kläger ein Kartell außerhalb des Geltungsbereiches des EG-Vertrages gegründet hatten, ändere daran nichts. Denn die Auswirkungen des Kartells seien innerhalb der EG erfolgt.[694] Eine Zuständigkeit der Gemeinschaft für die Anwendung ihres Wettbewerbsrechts sei durch das völkerrechtlich allgemein anerkannte Territorialitätsprinzip gedeckt.[695] In der Literatur wird diese Art der Anwendung des europäischen Wettbewerbsrechts auf Unternehmen ohne Sitz in der EU als „Auswirkungsprinzip" bezeichnet.[696] Das europäische Wettbewerbsrecht beanspruche Geltung für alle Handlungen, die sich innerhalb der EU auswirkten.[697] Der EU sei es in Zeiten grenzüberschreitender Verkehrs- und moderner Telekommunikationsverbindungen gestattet, zum Wettbewerbsschutz die Teilnahme auch von Drittstaatsunternehmen an ihrer Wirtschaftsordnung anzuordnen.[698] Es gäbe keine zwingenden Gründe des Völkerrechts gegen das Auswirkungsprinzip.[699]

Rechtsprechung und Literatur sind sich einig, dass das europäische Wettbewerbsrecht auch für Unternehmen ohne Sitz in der EU gilt, sofern sich die Handlungen der Unternehmen innerhalb des Gebiets der EU wettbewerbsrechtlich auswirken. Es ist kein Grund ersichtlich, wieso die Möglichkeit zur Verpflichtung von Wirtschaftsbeteiligten außerhalb der EU nur auf dem Gebiet des Wettbewerbsrechts bestehen sollte. Auch hinsichtlich der Rücknahmeverpflichtungen in den Richtlinien zur Produzentenverantwortung kann eine Geltung für alle Handlungen beansprucht werden, die Auswirkungen auf das Gebiet der EU

---

690 Meng, S. 43.
691 Meng, S. 47.
692 Meng, S. 48.
693 EuGH (Urteil v. 27.9.1988), Verb. Rs. 89, 104, 114, 116, 117 und 125 bis 129/85 (Ahlström u.a./Kommission), Slg. 1988, 5233.
694 a.a.O., Rn. 17.
695 a.a.O., Rn. 18.
696 Brinker, in: Schwarze, Art. 81 EG Rn. 21; Weiß, in: Calliess/Ruffert, Art. 81 EG Rn. 10.
697 Brinker, in: Schwarze, Art. 81 EG Rn. 21.
698 Weiß, in: Calliess/Ruffert, Art. 81 EG Rn. 10.
699 Weiß, in: Calliess/Ruffert, Art. 81 EG Rn. 11.

haben. Da die Rücknahmepflichten nicht dem Wettbewerbsrecht dienen, kommt es aber nicht auf die Auswirkungen auf den Wettbewerb an. Die Richtlinien zur Produzentenverantwortung dienen der Reduktion von Umweltbelastungen aus Altprodukten. Folglich sind die Hersteller mit Sitz außerhalb der EU den Umsetzungsmaßnahmen unterworfen, wenn ihre Handlungen Auswirkungen auf den Anfall von Altprodukten haben. Gelangen Produkte eines Herstellers in die EU, so fallen Altprodukte an. Die Produktion des ausländischen Herstellers hat dann Auswirkungen auf das Gebiet der EU. Somit unterliegen Hersteller mit Sitz außerhalb der EU den vorgesehenen Rücknahmepflichten, wenn ihre Produkte in der EU zu Abfall werden. Die Mitverpflichtung der Importeure ist also nicht erforderlich, damit die Rücknahmepflichten überhaupt für Altprodukte gelten, die außerhalb der EU gefertigt wurden.

(c)   Erleichterte Durchsetzung der Pflichten ?

Die Gleichstellung von Importeuren mit den Herstellern könnte schließlich der erleichterten Rechtsdurchsetzung dienen. Bei der Richtlinie über Produkthaftung[700] (nachfolgend: „ProdHaft-RL") wurde eine ähnliche Vorschrift damit begründet, dass eine Rechtsverfolgung innerhalb der EG ermöglicht werden sollte. Die ProdHaft-RL sieht vor, dass die Hersteller für die Fehlerhaftigkeit ihrer Produkte haften. Art. 3 Abs. 2 ProdHaft-RL legt fest, dass jeder gewerbliche Importeur in den Europäischen Wirtschaftsraum (nachfolgend: „EWR") als Hersteller eines Produktes gilt und wie ein Hersteller haftet. Erwägungsgrund 4 ProdHaft-RL betont, dass die Haftung des Importeurs dem Verbraucherschutz dient. In den Erläuterungen zum Entwurf der ProdHaft-RL wird der Gedanke des Verbraucherschutzes ausgeführt. Der Verbraucher werde vor unüberwindbare Probleme gestellt, wenn er seine Rechte aus der ProdHaft-RL in Ländern außerhalb des EWR geltend machen müsse. Daher sei es angebracht, durch die Mitverpflichtung des Importeurs einen Haftungsadressaten mit Sitz innerhalb des EWR zu benennen.[701] Zwischen den Staaten des EWR sei eine Importeurshaftung dagegen nicht nötig. Das Übereinkommen über die gerichtliche Zuständigkeit und die Vollstreckung gerichtlicher Entscheidungen in Zivil- und Handelssachen vom 27. September 1968[702] (nachfolgend: „EuGVÜ") ermögliche vom Heimatort des Verbrauchers aus eine ausreichende Verfolgung derjenigen Hersteller, die sich innerhalb seines Geltungsbereiches befänden. Daher erstrecke sich die Mitverpflichtung nur auf die Importeure, die in den EWR einführten. Importeure zwischen den Staaten des EWR seien dagegen nicht mitver-

---

700 Richtlinie 85/374/EWG des Rates zur Angleichung der Rechts- und Verwaltungsvorschriften der Mitgliedstaaten über die Haftung für fehlerhafte Produkte vom 25.Juli 1985, ABl. Nr. L 210/29 v. 7.8.1985.
701 Erläuterungen zum ersten Entwurf der ProdHaft-RL von 1976, zitiert nach: Schmidt-Salzer, Art. 3 Rn. 173.
702 ABl. Nr. L 299/32 v. 31.12.1972.

pflichtet.[703] Das Gebiet des EWR könne aufgrund des EuGVÜ als zivilprozessuale und vollstreckungsrechtliche Einheit betrachtet werden.[704]

Die Gleichstellung des Importeurs in den EWR mit dem Hersteller in der Prod-Haft-RL dient also dazu, die Rechtsdurchsetzung zu erleichtern, wenn sich der Hersteller außerhalb des EWR befindet.[705] Nachdem das EuGVÜ weitgehend durch eine Verordnung[706] ersetzt wurde, kann nichts anders gelten. Auch die Einbeziehung der Importeure in die Rücknahmepflichten der Richtlinien zur Produzentenverantwortung erleichtert die Rechtsdurchsetzung. Im Wege der Verwaltungsvollstreckung kann der Mitgliedstaat den Importeur zur Erfüllung seiner Rücknahmepflicht anhalten. Das kann bedeuten, dass eine individuelle Rücknahmepflicht des Importeurs im Wege der Ersatzvornahme durchgeführt wird. Im Falle einer kollektiven Rücknahmepflicht kann der Importeur durch Zwangsgelder zur Teilnahme an einem Rücknahmesystem angehalten werden. Die Durchsetzung dieser Pflichten bereitet den Mitgliedstaaten keine Probleme, weil sie nicht gegenüber einem Hersteller im Ausland vollstreckt werden müssen, sondern sich mit dem Importeur ein Adressat auf dem eigenen Hoheitsgebiet befindet.

Während bei der ProdHaft-RL nur die Importeure mitverpflichtet werden, die in den EWR einführen, sehen die Richtlinien zur Produzentenverantwortung eine Mitverpflichtung aller Importeure vor. Erfasst werden sowohl die Importeure, die von außerhalb des EWR einführen, als auch diejenigen, die ein Produkt aus einem anderen Mitgliedstaat importieren. Dies wäre nicht erforderlich, wenn das Gebiet der EU analog der Begründung bei der ProdHaft-RL als eine verwaltungsvollstreckungsrechtliche Einheit anzusehen wäre. Dann wäre ausreichend, nur die Importeure in die EU mitzuverpflichten, und die anderen Importeure aus der Mitverpflichtung herauszunehmen. Damit stellt sich die Frage, ob verwaltungsrechtliche Anordnungen der Mitgliedstaaten auf dem Gebiet eines anderen Mitgliedstaats vollstreckt werden können. Anerkannt ist, dass sich aus der Gemeinschaftstreue gemäß Art. 10 EG eine Pflicht zur Zusammenarbeit der Mitgliedstaaten untereinander bei der Ausführung des Gemeinschaftsrechts ableitet.[707] So hielt der Gerichtshof einen Mitgliedstaat dazu verpflichtet, die von ihm ergriffenen Maßnahmen zur Durchführung einer Verordnung zu veröf-

---

703 Erläuterungen zum ersten Entwurf der ProdHaft-RL von 1976, zitiert nach: Schmidt-Salzer, Art. 3 Rn. 173.

704 Schmidt-Salzer, Art. 3 Rn. 202.

705 so auch Junke, S. 104, Bolliger, S. 288.

706 Verordnung 44/2001/EG des Rates über die gerichtliche Zuständigkeit und die Anerkennung und Vollstreckung von Entscheidungen in Zivil- und Handelssachen v. 22.12.2000, ABl. Nr. L 12/1 v. 16.1.2001, ber. ABl. Nr. L 307/28 v. 24.11.2001.

707 Zuleeg, in: Groeben/Schwarze, Art. 10 EGV Rn. 12; Hatje, in: Schwarze, Art. 10 EG Rn. 54; Kahl, in: Calliess/Ruffert, Art. 10 EG Rn. 53.

fentlichen, um so den anderen Mitgliedstaaten Rechtsklarheit zu verschaffen.[708] In einem anderen Fall wurde aus Art. 10 EG ein Erkundigungsrecht der Behörden eines Mitgliedstaats bei den Behörden eines anderen Mitgliedstaats zur Durchführung von Gemeinschaftsrecht abgeleitet.[709] Darüber hinaus ist umstritten, wieweit die mitgliedstaatlichen Verwaltungen aufgrund von Art. 10 EG zur Zusammenarbeit bei der Durchsetzung des Gemeinschaftsrechts verpflichtet sind.

Es wird vertreten, dass die Mitgliedstaaten grundsätzlich alle Verwaltungsakte und Gerichtsentscheidungen, die ein anderer Mitgliedstaat in Durchführung des Gemeinschaftsrechts erlassen hat, anerkennen müssen. Sie müssten als inländische Akte begriffen werden. Soweit als möglich müssten sie auch vollstreckt werden. Dies folge aus dem Grundsatz der Gemeinschaftstreue.[710] Für diese Ansicht wird die Rechtsprechung des Gerichtshofs geltend gemacht. In der sogenannten Rechtssache *Simmenthal II* entschied der Gerichtshof, dass gesundheitspolizeiliche Untersuchungen, die aufgrund von harmonisiertem Richtlinienrecht erfolgen, von den anderen Mitgliedstaaten anerkannt werden müssen. Zusätzliche Kontrollen anlässlich der Einfuhr seien dann grundsätzlich verboten.[711] In der sogenannten Rechtssache *Denkavit II* wurde die Pflicht zur Anerkennung ausländischer Kontrollen auf den Fall übertragen, dass die mitgliedstaatlichen Vorschriften nicht harmonisiert waren.[712] Die Fortführung dieser Rechtssprechung könne zur gegenseitigen Anerkennung aller Staatsakte der Mitgliedstaaten führen.[713] Für die Vollstreckung der Verwaltungsakte anderer Mitgliedstaaten wird auch vorgebracht, Art 10 EG löse eine allgemeine Pflicht zur horizontalen Amtshilfe zwischen den Behörden der Mitgliedstaaten aus, soweit dies für die Effektivität des Gemeinschaftsrechts erforderlich sei.[714] Eine weitere Stütze findet diese Ansicht in der Behauptung, es existierten innerhalb der EU transnationale Verwaltungsakte.[715] Ein transnationaler Verwaltungsakt sei der Verwaltungsakt einer Behörde, der innerhalb der gesamten EU wirke und

---

708 EuGH (Urteil v. 10.6.1980), Rs. 32/79 (Kommission/Vereinigtes Königreich), Slg. 1980, S. 2403, Rn. 46f.
709 EuGH (Urteil v. 11.6.1991), Rs. C-251/89 (Athanasopoulos u.a./Bundesanstalt für Arbeit), Slg. 1991, I-2797, Rn. 57.
710 Bleckmann, Europarecht, Rn. 707.
711 EuGH (Urteil v. 15.12.1976), Rs. 35/76 (Simmenthal/Italienisches Finanzministerium), Slg. 1976, S. 1871 Rn. 34/36.
712 EuGH (Urteil v. 8.11.1979), Rs. 251/78 (Denkavit/Minister für Ernährung, Landwirtschaft und Forsten des Landes Nordrhein-Westfalen), Slg. 1979, S. 3369, Rn. 23.
713 Bleckmann, JZ 1985, S. 1072, 1077.
714 Kahl, in: Calliess/Ruffert, Art. 10 EG Rn. 54.
715 Kahl, in: Calliess/Ruffert, Art. 10 EG Rn. 55.

dem über nationale Grenzen hinaus Wirkungen zukämen.[716] Es sei denkbar, dass ein solcher Verwaltungsakt als Vollstreckungstitel verwendet werde.[717]

Eine andere Auffassung hält die Vollstreckung von Verwaltungsakten in einem anderen Mitgliedstaat der EU nur dann für möglich, wenn sie von den Mitgliedstaaten vorher ausdrücklich für dieses Gebiet angeordnet wurde.[718] Zwar sei die Rechtsfigur eines transnationalen Verwaltungsaktes denkbar. Die Rechtswirkungen eines transnationalen Verwaltungsaktes in einem anderen Mitgliedstaat folgten aber nicht aus dem Verwaltungsakt selbst, sondern aus der Tatsache, dass im Zielland die Rechtsordnung vorschreibe, auch die Verwaltungsakte anderer Mitgliedstaaten anzuerkennen.[719] Eine grenzüberschreitende Wirkung könne nur durch die Regelungen der einzelnen Mitgliedstaaten hervorgerufen werden.[720] Solche Regelungen seien aber bisher gemeinschaftsweit nur in fachspezifischen Richtlinien angeordnet worden.[721] Als Beispiel für die punktuelle Möglichkeit, Verwaltungsakte aus anderen Mitgliedstaaten zu vollstrecken, könne das Beitreibungsrecht angeführt werden.[722] Die RL 76/308[723] lege fest, welche Rechtsregeln die Mitgliedstaaten vorhalten müssen, um die Beitreibung von gemeinschaftsrechtlichen Forderungen des Europäischen Ausrichtungs- und Garantiefonds zu ermöglichen. Die dort vorgesehene Möglichkeit, Vollstreckungstitel anderer Mitgliedstaaten unter Voraussetzungen anerkennen zu lassen, mache deutlich, dass ein neuer Typ gemeinsamer europäischer Verwaltung heranwachse. Entscheidungen der Verwaltungsstelle eines Mitgliedstaats würden in einem anderen Mitgliedstaat vollzogen. Die im Beitreibungsrecht vorgesehene Kooperation könne aber erst nach Erlass weiterer Regeln auf andere Gebiete des Verwaltungsrechts übertragen werden.[724] Schließlich lasse sich die generelle Vollstreckung von Verwaltungsakten anderer Mitgliedstaaten auch nicht aus der Gemeinschaftstreue nach Art. 10 EG ableiten. Aus Art. 10 EG folge unmittelbar keine allgemeine Pflicht zur Amtshilfe. Vielmehr müsse der Gemeinschaftsgesetzgeber zu diesem Zweck spezielle Regelungen treffen.[725]

---

716 Becker, DVBl. 2001, S. 855, 856.
717 Ruffert, Die Verwaltung Bd. 34 (2001), S. 453, 472.
718 In diesem Sinne Schmidt-Aßmann, EuR 1996, S. 270 (289 ff.); Hatje, in: Schwarze, Art. 10 EG Rn. 55; Becker, DVBl. 2001, S. 855, 861.
719 Becker, DVBl. 2001, S. 855, 860.
720 Becker, DVBl. 2001, S. 855, 861.
721 Becker, DVBl. 2001, S. 855, 863.
722 Schmidt-Aßmann, EuR 1996, S. 270, 278.
723 Richtlinie 76/308/EWG des Rates vom 15. März 1976 über die gegenseitige Unterstützung bei der Beitreibung von Forderungen im Zusammenhang mit Maßnahmen, die Bestandteil des Finanzierungssystems des Europäischen Ausrichtungs- und Garantiefonds für die Landwirtschaft sind, sowie von Abschöpfungen und Zöllen, ABl. Nr. L 73/18 v. 19.03.1976.
724 Schmidt-Aßmann, EuR 1996, S. 270, 278.
725 Hatje, in: Schwarze, Art. 10 EG Rn. 55.

Aus der RL 76/308 ergibt sich, dass eine Vollstreckung von Verwaltungsakten aus anderen Mitgliedstaaten eine spezialgesetzliche Regelung voraussetzt. Der Gemeinschaftsgesetzgeber hat die RL 76/308 erlassen, weil er Art. 10 EG nicht für ausreichend hielt, um diese Pflicht unmittelbar zu begründen. Im Umkehrschluss folgt, dass eine Verwaltungsvollstreckung auf den Gebieten, auf denen keine entsprechende Regelung erfolgt ist, grundsätzlich nicht erfolgt. Das Gebiet der EU stellt hinsichtlich der Durchsetzung verwaltungsrechtlicher Pflichten keine vollstreckungsrechtliche Einheit dar. Jeder Mitgliedstaat kann die von ihm angeordneten Pflichten grundsätzlich nur auf seinem Hoheitsgebiet selbst vollstrecken. Daher reicht es für die effektive Durchsetzung der Richtlinien zur Produzentenverantwortung nicht aus, wie bei der ProdHaft-RL nur die Importeure in den EWR mitzuverpflichten. Die Durchsetzung der Rücknahmepflichten gebietet es, dass jeder Mitgliedstaat auf seinem Hoheitsgebiet selbst einen Verpflichteten zur Erfüllung anhalten kann. Die Einbeziehung von Importeuren und Exporteuren in den Adressatenkreis der Entsorgungspflichten ist daher erforderlich, um die Rücknahmepflichten für Altfahrzeuge im Inland durchsetzen zu können.

(c)   Angemessenheit

Die Rücknahme- und Verwertungspflichten müssen schließlich angemessen sein. Altprodukte zurückzunehmen und zu verwerten, erfordert einen hohen organisatorischen Aufwand der Wirtschaftsbeteiligten. Diesem steht der hohe Stellenwert des Umweltschutzes als Grundsatz der Gemeinschaftspolitik in Art. 6 EG und das in Art. 174 Abs. 2 UAbs. 2 EG angestrebte hohe Schutzniveau gegenüber. Somit sind die Rücknahme- und Verwertungsquoten nicht offensichtlich unangemessen.

c.   Zwischenergebnis

Die in den Richtlinien zur Produzentenverantwortung angelegten Pflichten der Wirtschaftsbeteiligten zur Rücknahme und Verwertung sind mit den Grundrechten vereinbar. Insbesondere werden die Mitgliedstaaten dort, wo ihnen die Verpflichtung der Wirtschaftsbeteiligten nicht vorgeschrieben, sondern gestattet wird, in ihrer Wahl nicht durch die Gemeinschaftsgrundrechte eingeschränkt. Die Gemeinschaftsgrundrechte erlauben es, auch dort Wirtschaftsbeteiligte zu verpflichten.

5.   Entsorgungsfinanzierung

a.   Eigentumsfreiheit

Die Richtlinien zur Produzentenverantwortung sehen vor, dass die Mitgliedstaaten Wirtschaftsbeteiligte zur Finanzierung der Entsorgungspflichten heranziehen können[726] oder müssen[727]. Hierin könnte ein Verstoß gegen das Eigentumsrecht der Wirtschaftsbeteiligten liegen. Fraglich ist, ob das Eigentumsrecht auch gegen finanzielle Pflichten schützt. Zur Vereinbarkeit von Geldzahlungspflichten mit dem Eigentumsrecht nahm der Gerichtshof in zwei Rechtssachen Stellung. In der Rechtssache *Schräder*[728] musste er die Rechtmäßigkeit einer Verordnung beurteilen, die eine Mitverantwortungsabgabe im Getreidesektor vorsah. Diese Abgabe sollte das Wachstum auf diesem Markt begrenzen und dadurch zur Stabilisierung des Marktes beitragen.[729] Der Kläger, ein Getreideverarbeiter, focht seine Abgabenschuld mit der Begründung an, die als Rechtsgrundlage dienende Verordnung sei ungültig.[730] Er trug vor, die Abgabe verletze sein Eigentumsrecht, soweit nicht die für die Überschüsse verantwortlichen Getreideerzeuger, sondern die Verarbeiter in Anspruch genommen würden.[731] Der Gerichtshof stellte fest, dass die Verordnung eine Abwälzung der Abgabenschuld von den Verarbeitern auf die Erzeuger vorsieht. Somit liege der finanzielle Aufwand allein bei den Getreideerzeugern.[732] Daher sei das Eigentumsrecht der Verarbeiter in keiner Weise beeinträchtigt.[733]

Auch in der Rechtssache *Zuckerfabrik Süderdithmarschen*[734] musste der Gerichtshof über die Gültigkeit einer Verordnung zur Einführung einer besonderen Tilgungsabgabe entscheiden. Die klagenden Zuckerhersteller, die zu Tilgungsabgaben verpflichtet worden waren, brachten vor, die Verordnung, auf die die Bescheide gestützt waren, sei ungültig.[735] Das vorlegende Gericht war insbesondere der Auffassung, das Eigentumsrecht sei verletzt, wenn einem Unternehmen Abgaben auferlegt würden, die es nur noch aus seinen Rücklagen und damit aus seiner Substanz decken könne.[736] Dem widersprach der Gerichtshof. Er stellte fest, dass eine Abgabenverpflichtung nicht gegen das Eigentumsrecht verstoßen könne.[737] Somit verletze die besondere Tilgungsabgabe nicht das Eigentumsrecht der Zuckerhersteller.[738]

---

726 Erwägungsgrund 29 Verpack-RL.
727 Art. 5 Abs. 4 UAbs. 2 Altfahrzeug-RL, Art. 8 und Art. 9 Abs. 1 Elektroschrott-RL.
728 EuGH (Urteil v. 11.7.1989), Rs. 265/87 (Schräder/Hauptzollamt Gronau), Slg. 1989, S. 2237.
729 a.a.O., Rn. 9.
730 a.a.O., Rn. 3.
731 a.a.O., Rn. 13.
732 a.a.O., Rn. 16.
733 a.a.O., Rn. 17.
734 EuGH (Urteil v. 21.2.1991), Verb. Rs. C-143/88 und C-92/89 (Zuckerfabrik Süderdithmarschen und Zuckerfabrik Soest/Hauptzollamt Itzehoe und Hauptzollamt Paderborn), Slg. 1991, I-415.
735 a.a.O., Rn. 4, 9.
736 a.a.O., Rn. 72.
737 a.a.O., Rn. 74.
738 a.a.O., Rn. 75.

In der Rechtsache *Schräder* genügte es dem Gerichtshof festzustellen, dass die klagenden Getreideverarbeiter gar nicht die finanziellen Belastungen der von ihnen zu entrichtenden Abgabe tragen mussten. Daher schied eine Verletzung des Eigentumsrechts der Verarbeiter von vornherein aus. In der Rechtssache *Zuckerfabrik Süderdithmarschen* dagegen trugen die Kläger selbst die Last der von ihnen zu entrichtenden Abgabe. In diesem Kontext stellte der Gerichtshof klar, dass Abgaben nicht gegen das Eigentumsrecht verstoßen können. In beiden Fällen prüfte und verneinte der Gerichtshof aber einen Verstoß gegen die Berufsfreiheit.[739] Folglich sind Abgaben nach Ansicht des Gerichtshofs nicht am Eigentumsrecht, sondern an der Berufsfreiheit zu messen.

Ähnlich ist das Verständnis in der Literatur. So wird angenommen, dass sich der grundrechtliche Eigentumsschutz im Gemeinschaftsrecht immer nur auf konkrete Vermögensgegenstände beziehe, nicht dagegen auf das Vermögen als solches.[740] Abgabenpflichten[741] und generell hoheitlich auferlegte Geldleistungspflichten[742] fielen daher nicht unter den Eigentumsschutz. Sie stellten vielmehr ein vorhersehbares kaufmännisches Risiko dar.[743] Abgaben seien daher grundsätzlich am Grundrecht der Berufsfreiheit zu messen, ansonsten am Gleichheitssatz und am Grundsatz der Verhältnismäßigkeit.[744] Die Finanzierungspflichten der Produzentenverantwortung seien daher nicht am Grundrecht auf Eigentum, sondern der Berufsfreiheit zu messen.[745]

Rechtsprechung und Literatur gehen übereinstimmend davon aus, dass Abgabenpflichten nicht am Eigentumsrecht, sondern an der Berufsfreiheit zu messen sind. Als Grund dafür wird vorgebracht, dass Eigentum immer nur an einem konkreten Gegenstand bestehen könne, nicht aber am Vermögen als solchem. Die Finanzierungspflichten der Richtlinien zur Produzentenverantwortung sehen zwar nicht vor, dass die Wirtschaftsbeteiligten an die Mitgliedstaaten Geld zahlen müssen. Vielmehr sollen sie Geld an denjenigen zahlen, der nach der jeweiligen Regelung die Entsorgung der Altprodukte übernimmt. Wie bei den Abgaben wird ihnen aber hoheitlich auferlegt, einen Teil ihres Vermögens für

739 EuGH (Urteil v. 11.7.1989), Rs. 265/87 (Schräder/Hauptzollamt Gronau), Slg. 1989, S. 2237, Rn. 18f.; (Urteil v. 21.2.1991), Verb. Rs. C-143/88 und C-92/89 (Zuckerfabrik Süderdithmarschen und Zuckerfabrik Soest/Hauptzollamt Itzehoe und Hauptzollamt Paderborn), Slg. 1991, I-415, Rn. 76f.
740 Calliess, in: Ehlers, § 16 Rn. 12; Zimmerling, in: Lenz/Borchardt, Art. 6 EU Rn. 60f.; Stumpf, in: Schwarze, Art. 6 EU Rn. 28.
741 Pernice/Mayer, in: Grabitz/Hilf, nach Art. 6 EU, Rn. 148.
742 Kingreen, in: Calliess/Ruffert, Art. 6 EU Rn. 146.
743 Pernice/Mayer, in: Grabitz/Hilf, nach Art. 6 EU, Rn. 148.
744 Milczewski, S. 259.
745 Frenz, EWS 2003, S. 67, 71.

208

einen bestimmten Zweck zu verwenden. Daher ist bei den Finanzierungspflichten der Produzentenverantwortung, analog zur Rechtslage bei Abgaben, ein Eingriff des Eigentumsrechts abzulehnen.

b. Berufsfreiheit

(1)   Eingriff in den Schutzbereich

Finanzierungspflichten von Wirtschaftsbeteiligten könnten aber gegen das Grundrecht der Berufsfreiheit verstoßen. Werden Wirtschaftsbeteiligte von den Mitgliedstaaten aufgrund der Richtlinien zur Produzentenverantwortung dazu verpflichtet, die Entsorgung von Altprodukten zu finanzieren, so können sie ihren Beruf nicht mehr ohne Beschränkungen ausüben. Folglich wird in ihre Berufsfreiheit eingegriffen.

(2)   Rechtfertigung

(a)   „Neue" Altprodukte

(i)   Legitimes Ziel

Die Frage, ob die Finanzierungspflichten von Wirtschaftsbeteiligten gerechtfertigt werden können, richtet sich danach, ob damit „neue" oder „historische" Altprodukte finanziert werden. Die Entsorgungsfinanzierung von „neuen" Altprodukten dient allen drei Zielen der Richtlinien zur Produzentenverantwortung. Sie soll einen Anreiz zur müllvermeidenden Produktion geben, das Verursacherprinzip umsetzen und die Verwertungsquoten erhöhen. Folglich verfolgt die Entsorgungsfinanzierung für „neue" Altprodukte legitime Ziele.

(ii)   Verhältnismäßigkeit

(a)   Geeignetheit

Die Finanzierungspflicht muss weiter verhältnismäßig sein. Zunächst muss sie geeignet sein, die Ziele zu erreichen. Müssen Hersteller und andere Wirtschaftsbeteiligte die Entsorgungskosten für ein Produkt tragen, so werden sie nach Wegen suchen, diesen Kostenfaktor zu minimieren. Bei „neuen" Altprodukten entsteht die größtmögliche Kostenreduktion, indem die Produkte schon so konstruiert werden, dass ihre ordnungsgemäße Entsorgung so billig wie möglich ist. Die Finanzierungspflichten sind demnach geeignet, einen Anreiz zur müllvermeidenden Konstruktion zu setzen.

Die Finanzierungspflichten der Wirtschaftsbeteiligten müssten auch geeignet sein, das Verursacherprinzip umzusetzen. Das ist der Fall, wenn die Wirtschaftsbeteiligten als „Verursacher" der Altprodukte angesehen werden können. Wie schon dargestellt,[746] bestimmt der EG-Vertrag den Inhalt des Verursacherprinzips nicht genau. Während sich einige Sprachversionen des EG-Vertrages

---

746 siehe oben B.III.1.a.(1).

bei der Formulierung des Prinzips auf denjenigen zu konzentrieren scheinen, der unmittelbar die Umweltbelastung auslöst (frz.: pollueur, engl.: polluter), lässt die deutsche Sprachversion „Verursacher" einen weiteren Adressatenkreis zu.[747] Auch die für die Begriffsbestimmung bedeutsame Kostenzurechnungsempfehlung definiert die Person des Verursachers weit. Verursacher ist demzufolge, wer die Umwelt direkt oder indirekt belastet oder eine Bedingung für die Umweltbelastung setzt.[748] Hersteller können als Verursacher angesehen werden, weil sie das Produkt hergestellt haben, das als Abfall zur Beseitigung die Umwelt belastet.[749] Andere Wirtschaftsbeteiligte haben ebenso eine Bedingung für die Umweltbelastung gesetzt, wenn sie als Zulieferer oder Vertreiber daran beteiligt waren, dass das Altprodukt in den Verkehr gekommen ist. Damit kommen auch sie als Verursacher in Betracht.[750] Folglich können Finanzierungspflichten der Wirtschaftsbeteiligten das Verursacherprinzip umsetzen.

Schließlich müssen die Finanzierungspflichten auch die Verwertungsquote erhöhen. Indem Wirtschaftsbeteiligte für die Entsorgung der Altprodukte zahlen, wird eine Kostenpflicht der Endnutzer anlässlich der Rückgabe vermieden. Dadurch die Gefahr ausgeräumt, dass sich die Endnutzer durch Kosten von der Rückgabe abhalten lassen. Das erhöht die Rücknahme- und Verwertungsquote.

(b)   Erforderlichkeit und Angemessenheit
Die Finanzierungspflichten müssen auch erforderlich sein, um die Ziele der Richtlinien zu verfolgen. Wird auf eine Kostenbelastung der Wirtschaftsbeteiligten verzichtet, besteht kein Anreiz, neue Produkte besser zu gestalten. Werden die Kosten stattdessen von den Mitgliedstaaten getragen, bleibt das Gemeinlastprinzip statt des Verursacherprinzips bestehen. Müssen Endnutzer bei der Rückgabe zahlen, wird die Erhöhung der Verwertungsquoten gefährdet. Also sind die Finanzierungspflichten der Wirtschaftsbeteiligten für „neue" Altprodukte auch erforderlich. Sie stehen auch nicht außer Verhältnis zu den angestrebten Zielen.

(iii)   Zwischenergebnis
Die in den Richtlinien zur Produzentenverantwortung vorgesehenen Finanzierungspflichten der Wirtschaftsbeteiligten für die Entsorgung „neuer" Altprodukte sind gerechtfertigt. Der Eingriff in die Berufsfreiheit der Wirtschaftsbeteiligten dient legitimen Zwecken, die er auch verhältnismäßig verfolgt.

---

747 Humphreys, E.L. Rev. 2001, S. 451, 454.
748 Kostenzurechnungsempfehlung, Anhang, Abs. 3 UAbs. 1.
749 Fischer, Strategien, S. 50f.
750 so für die Verpack-RL: Velte, S. 340.

(b)   „Historische" Altprodukte:

Die Rechtfertigung der Finanzierungspflichten, die der Entsorgung der „historischen" Altprodukte dienen, muss anders erfolgen. „Historische" Altprodukte wurden schon vor der Geltung der Produzentenverantwortung hergestellt. Im Gegensatz zur Entsorgungsfinanzierung „neuer" Altprodukte kann durch die Kostenbelastung der Wirtschaftsbeteiligten also nicht mehr bezweckt werden, auf die Neugestaltung Einfluss zu nehmen. Die Entsorgungsfinanzierung „historischer" Altprodukte kann also nicht dadurch gerechtfertigt werden, dass die Richtlinien zur Produzentenverantwortung das Ziel verfolgen, zur müllvermeidenden Konstruktion anzureizen. Inwieweit die Pflichten durch die anderen beiden Ziele der Richtlinien gerechtfertigt werden können, richtet sich danach, ob die Verpflichteten schon zum Zeitpunkt der Produktion auf dem Markt waren oder nicht.

(i)   Pflicht alter Marktteilnehmer

Die Finanzierungspflichten für „historische" Altprodukte können solche Marktteilnehmer erfassen, die bereits zur Herstellungszeit der „historischen" Altprodukte tätig waren (im Folgenden: „alte Marktteilnehmer"). Werden alte Marktteilnehmer verpflichtet, so wird damit das Verursacherprinzip umgesetzt. Sie haben eine Bedingung für den Anfall der „historischen" Altprodukte gesetzt, indem sie an der Herstellung oder dem Vertrieb dieser Produkte beteiligt waren. Auch dient ihre Verpflichtung der Erhöhung der Verwertungsquoten, da die Entsorgung durch ihren Finanzierungsbeitrag sichergestellt ist. Mangels milderer Mittel ist ihre Verpflichtung auch erforderlich. Schließlich sind die Finanzierungspflichten   auch   angemessen,   indem   die   Richtlinien   zur Produzentenverantwortung Übergangsfristen für ihre Einführung vorsehen. Soweit alte Marktteilnehmer zur Entsorgungsfinanzierung von „historischen" Altprodukten herangezogen werden, ist dies also gerechtfertigt.

(ii)   Pflicht neuer Marktteilnehmer, insbesondere in der Elektroschrott-RL

Die Richtlinien zur Produzentenverantwortung sehen Finanzierungspflichten für „historische" Altprodukte auch für solche Marktteilnehmer vor, die noch nicht tätig waren, als diese in den Verkehr kamen (im Folgenden: „neue Marktteilnehmer"). So sieht Art. 8 Abs. 3 UAbs. 1 Elektroschrott-RL vor, dass alle Hersteller, die zum Zeitpunkt des Anfalls der Entsorgungskosten von „historischen" Altprodukten auf dem Markt sind, anteilsmäßig zu den Kosten für historische Altprodukte beitragen müssen. Zur Bestimmung des Adressatenkreises stellt die Vorschrift nicht darauf ab, wer bei der Produktion der „historischen" Altgeräte Hersteller war. Vielmehr sollen alle diejenigen erfasst werden, die zum Zeitpunkt der Entsorgung Hersteller sind. Kostenträger sind also nicht nur die Hersteller, die im Zeitpunkt der Herstellung eines Altproduktes auf dem Markt waren, sondern auch diejenigen, die erst nach der Produktion auf den Markt gekommen sind. Auch der neugefasste Art. 9 Abs. 1 UAbs. 3 Elektroschrott-RL kann so verstanden werden, dass Neuhersteller für die Entsorgung der „historischen" Altprodukte zahlen. Das folgt aus seinem Wortlaut, wonach bei „historischen" Altprodukten, die durch neue Produkte ersetzt werden, die Kosten von den Herstellern dieser Produkte ersetzt werden, wenn sie diese liefern. Fraglich ist, ob eine Finanzierungspflicht der Neuhersteller gerechtfertigt werden kann.

(a)   Verursacherprinzip
Die Finanzierungspflicht der Neuhersteller könnte ebenso wie bei den Altherstellern dazu dienen, das Verursacherprinzip zu verwirklichen. Zweifelhaft ist aber, ob durch eine Zahlungspflicht der Neuhersteller überhaupt das Verursacherprinzip umgesetzt werden kann. Die Frage, ob die Inanspruchnahme der Neuhersteller vom Verursacherprinzip gedeckt ist, hängt davon ab, ob es sich bei den Neuherstellern im Sinne des Prinzips um „Verursacher" handelt.

(i)   Grundsatz
In der bereits dargestellten Rechtssache *Standley*[751] machte der Gerichtshof Aussagen darüber, wer nicht als Verursacher einer Umweltbelastung gelten kann. Die klagenden Landwirte trugen vor, die ihnen auferlegte Pflicht, die Kosten einer Umweltbelastung zu tragen, verstoße gegen das Verursacherprinzip.[752] Der Gerichtshof prüfte daraufhin die Vereinbarkeit der einschlägigen gemeinschaftsrechtlichen Vorschriften mit dem Primärrecht. Er führte aus, dass die Landwirte keine Belastungen tragen müssten, die aufgrund einer Umweltverschmutzung erfolgt seien, zu der sie nichts beigetragen haben.[753] Daher seien die Belastungen der Landwirte mit dem Verursacherprinzip vereinbar.[754]

Sagia interpretiert das Urteil in der Rechtssache *Standley* so, dass jeder Verursacher nur zur Deckung der Kosten herangezogen werden dürfe, die seinem eigenen Anteil an der Inanspruchnahme der Umwelt entsprechen. Nur wer an einer Umweltbelastung beteiligt gewesen sei, könne überhaupt aufgrund des Verursacherprinzips zur Zahlung verpflichtet werden. Das Prinzip rechtfertige dagegen nicht die Zahlungsverpflichtung derjenigen, die keinen Anteil an der Verursachung einer Umweltbelastung gehabt haben.[755]

In seinem Urteil in der Rechtsache *Standley* prüft der Gerichtshof, ob Sekundärrecht gegen das Verursacherprinzip verstößt. Er sieht deshalb keinen Verstoß, weil die betroffenen Kläger nur für Umweltbelastungen aufkommen mussten, zu

---

751 EuGH (Urteil v. 29.4.1999), Rs. C-293/97 (The Queen/Secretary of State for the Environment, Minister of Agriculture, Fisheries and Food, ex parte: Standley u.a.), Slg. 1999, I-2626.
752 a.a.O., Rn. 43.
753 a.a.O. Rn. 51.
754 a.a.O, Rn. 58.
755 Sagia, S. 149.

212

denen sie beigetragen hatten. Die Beurteilung wäre also anders ausgefallen, wenn die Kläger an der Umweltbelastung nicht beteiligt gewesen wären. Daher ist *Sagia* beizustimmen, dass eine Zahlungspflicht derer, die an einer bestimmten Umweltbelastung nicht beteiligt waren, gegen das Verursacherprinzip verstößt. Dies folgt auch aus Abs. 3 UAbs. 1 Kostenzurechnungsempfehlung, wonach jeder, der eine Bedingung für eine Umweltbelastung setze, als Verursacher anzusehen ist. Daraus muss nämlich im Umkehrschluss gefolgert werden, dass derjenige, der keine entsprechende Bedingung gesetzt hat, auch kein Verursacher sein kann. Folglich ist das Verursacherprinzip grundsätzlich nur dann geeignet, einen Grundrechtseingriff zu rechtfertigen, wenn der Betroffene an der zugrunde liegenden Umweltbelastung teilgenommen hat.

In diesem Sinne ist Art. 9 Abs. 1 UAbs. 3 Elektroschrott-RL auszulegen. Wie oben dargestellt,[756] lässt die Vorschrift zwei Auslegungen zu. Sie kann so verstanden werden, dass alle Hersteller neuer Austauschprodukte für die Entsorgung der „historischen" Altgeräte zahlen müssen. Mit dem Wortlaut ist es aber auch vereinbar, nur diejenigen Hersteller zur Finanzierung zu verpflichten, die schon die auszutauschenden „historischen" Altprodukte produziert haben. Während in der ersten Auslegung auch Neuhersteller erfasst werden, die vor Inkrafttreten der Elektroschrott-RL noch gar nicht auf dem Markt waren, beschränkt sich die zweite Auslegung darauf, die Althersteller zu verpflichten. Nur in dieser Auslegung kann die Entsorgungsfinanzierung vom Verursacherprinzip gedeckt sein.

(ii)   Anwendung auf die Entsorgung von Fremdgeräten

Fraglich ist, ob in Art. 8 Abs. 3 UAbs. 1 Elektroschrott-RL die Beteiligung von Neuherstellern an der Entsorgungsfinanzierung von Produkten, die nicht von ihnen stammen, mit diesem Grundsatz vereinbar ist. Zu der Frage, ob die Entsorgung von Fremdgeräten vom Verursacherprinzip gedeckt ist, bestehen widersprüchliche Auffassungen. *Ossenbühl* ist der Meinung, dass Verursacherprinzip könne in keinem Fall dazu dienen, Herstellern auch die Entsorgung von Fremdgeräten aufzuerlegen. Nur die Entsorgungspflicht für Geräte, die ein Hersteller selbst produziert habe, sei vom Verursacherprinzip gedeckt. Die Verpflichtung zur Entsorgung von Geräten, die von anderen Herstellern stammten, sei dagegen unzulässig. Insoweit fehle es an einem Kausalbeitrag, an den für eine Verantwortlichkeit angeknüpft werden könne.[757]

Im Gegensatz dazu hält *Kloepfer* eine Entsorgungspflicht für Fremdprodukte unter bestimmten Umständen für eine Verwirklichung des Verursacherprinzips. Zwar liege kein Verursachungsbeitrag eines Herstellers für die Altprodukte

---

756 siehe oben Abschnitt B.III.3.b.(2)(c).
757 Ossenbühl, S. 39.

fremder Hersteller vor, wenn man den Tatbestand isoliert betrachte. Jeder Erzeuger trage aber zum Entsorgungsproblem bei, indem er potentiellen Abfall produziere. Durch eine Zuordnung der Entsorgungskosten zum jeweiligen Hersteller solle eine vollständige Kosteninternalisierung erreicht werden.[758] Diese stoße aber an ihre Grenzen. Bei manchen Altprodukten lasse sich nicht bestimmen, von welchem Hersteller sie stammten. Dann sei ungeklärt, wer die Entsorgungskosten tragen solle. Andere Altprodukte würden trotz Rücknahme- und Verwertungspflichten nicht sachgemäß entsorgt, sondern „wild" entsorgt, ausgeschlachtet oder zerstört. Das führe dazu, dass nicht sämtliche Altprodukte in die dafür vorgesehenen Rücknahmekanäle gelangten.[759] Trotz dieser Probleme bei der Durchführung von Entsorgungspflichten stehe aber fest, dass jeder Hersteller einen Verursachungsbeitrag zum Gesamtabfallproblem gegeben habe. Dieser liege in Höhe seiner eigenen Produktionsmenge. Eine vollständige Umsetzung des Verursacherprinzips gebiete es, für die Altprodukte, die keinem Hersteller zuzuordnen seien oder die nicht in die Verwertungssysteme gelangten, eine Kompensation der Hersteller vorzusehen. Diese könne darin liegen, dass auch fremde Geräte mitentsorgt würden. Die Menge der zu entsorgenden Fremdgeräte sei dann Surrogat für die bei der Rücknahme der eigenen Altprodukte nicht vollständig erfüllte Produzentenverantwortung.[760]

Muss ein Hersteller für die Entsorgung eines Produktes sorgen, an dessen Herstellung er nicht beteiligt war, so hat er deren Entstehung nicht verursacht. Insofern ist *Ossenbühl* Recht zu geben, dass kein Kausalbeitrag zum Abfall eines Fremdproduktes vorliegt. Dennoch zeigt *Kloepfer*, dass die Entsorgung von Fremdprodukten das Verursacherprinzip verwirklichen kann. Auch er räumt ein, dass ein Hersteller den Abfall fremder Produkte nicht erzeugt hat. Er weist aber darauf hin, dass der Hersteller wegen praktischer Probleme nicht alle Altprodukte entsorgen kann, die von ihm stammen. Daher ist die Entsorgung von Fremdprodukten eine Möglichkeit, die mangelnde Wiedergutmachung der selbst verursachten Umweltbelastungen zu kompensieren. So verstanden kann auch die Entsorgung von Fremdprodukten vom Verursacherprinzip gedeckt sein.

Die Entsorgung von Fremdprodukten ist aber nur als Kompensation für eigene Verursachungsbeiträge mit dem Verursacherprinzip vereinbar. Wie *Kloepfer* ausführt, steht der Verursachungsbeitrag jedes Herstellers in der Höhe seiner eigenen Produktionsmenge fest. Voraussetzung für eine Entsorgungspflicht für Fremdprodukte ist also, dass der verpflichtete Hersteller überhaupt durch eigene Produktion zum Abfallproblem beigetragen hat. Ansonsten kann es keinen eigenen Verursachungsbeitrag geben, der wegen mangelnder Wiedergutmachung

---

758 Kloepfer, S. 54.
759 Kloepfer, S. 55.
760 Kloepfer, S. 56.

kompensiert werden müsste. Eine Fremdgeräte-Entsorgungspflicht eines Herstellers ist daher nur zulässig, wenn er ein entsprechendes Produkt zu dieser Zeit überhaupt hergestellt hat. Das ist bei den Finanzierungspflichten der Neuhersteller aufgrund von Artikel 8 Abs. 3 UAbs. 1 Elektroschrott-RL nicht der Fall. Sie sind erst in den Markt eingetreten, als die Geräte, die heute als Altprodukte entsorgt werden müssen, schon produziert waren. Sie haben nicht durch die Produktion eigener Geräte zum Abfallproblem der „historischen" Altgeräte beigetragen. Sie haben keine eigene Umweltbelastung verursacht, die sie im Sinne des Verursacherprinzips wiedergutmachen müssten. Folglich besteht keine Verpflichtung, die wegen mangelnder Erfüllung durch die Entsorgung von Fremdprodukten kompensiert werden müsste. Daher sind die Finanzierungspflichten der Neuhersteller aufgrund von Art. 8 Abs. 3 UAbs. 1 Elektroschrott-RL auch dann nicht durch das Verursacherprinzip gerechtfertigt, wenn man die Entsorgung von Fremdgeräten als Kompensation für mangelnde eigene Wiedergutmachung vorsieht.

(iii)   Möglichkeit der Gruppenverantwortlichkeit

Die Neuhersteller könnten aber trotzdem als Verursacher der „historischen" Altgeräte im Sinne des Art. 8 Abs. 3 UAbs. 1 Elektroschrott-RL anzusehen sein, wenn nicht auf den einzelnen Hersteller, sondern die Branche der Elektrogerätehersteller abgestellt wird. Im Schrifttum wird die Auffassung vertreten, das gemeinschaftsrechtliche Verursacherprinzip lasse auch die Verpflichtung ganzer Gruppen zu. Je nach Umweltbeeinträchtigung dürften auch homogene Verursachergruppen ausfindig gemacht und zur Wiedergutmachung herangezogen werden.[761]

Unbestreitbar haben nur die Elektrogerätehersteller an der Produktion der betreffenden Altprodukte mitgewirkt. Andere Wirtschaftsbeteiligte waren nicht involviert. Daher könnten die Elektrogerätehersteller als eine homogene Verursachergruppe angesehen werden. Bei einer Gruppenverantwortlichkeit könnte statt vieler einzelner Hersteller die Gesamtheit der Elektrogerätehersteller verpflichtet werden. Bei dieser Sichtweise wären alle aktuellen Angehörigen der Branche als Verursacher des Abfallproblems anzusehen, unabhängig von ihrem individuellen Beitrag. Auch Neuhersteller würden dann als Verursacher gelten.

Gegen eine Gruppenverantwortung der Mitglieder einer Branche werden Einwände erhoben. Einzelne Hersteller könnten aufgrund ihrer Zugehörigkeit zur Gruppe der Elektrogerätehersteller nicht zur Entsorgung fremder Produkte verpflichtet werden. Es sei nicht ersichtlich, warum eine solche Gruppenverantwor-

---

761 Schröder, Umweltschutz, Rn. 44; Kahl, S. 24; Calliess, in: Calliess/Ruffert, Art. 174 EG Rn. 35.

tung existieren sollte. Die Hersteller einer Branche bildeten keine Solidargemeinschaft. Dazu mangele es der Gruppe der Hersteller eines Produkts an der
nötigen Homogenität. Vielmehr stünden die einzelnen Wettbewerber miteinander in Konkurrenz. Daher gebe es keine vernünftige Rechtfertigung dafür, Hersteller zur Entsorgung der Produkte ihrer Konkurrenten zu verpflichten.[762]

Die Befürworter dagegen halten das Instrument der Gruppenverantwortlichkeit
für erforderlich, um die Beseitigung von Umweltbelastungen auch dann zu finanzieren, wenn der konkrete Verursacher nicht ermittelt werden kann. Wenn
nämlich eine Vielzahl von Verursachern zu einer Umweltbelastung beigetragen
habe, sei eine exakte Berechnung der jeweiligen Kosten nicht mehr möglich. In
diesem Fall seien Fonds und Gruppenlösungen geeignet, dass Verursacherprinzip anzuwenden.[763] Wenn eine Zurechnung der Umweltbelastung nicht mehr
möglich sei, sei es gerechter, statt der Allgemeinheit eine Gruppe der potentiellen Verursacher zahlen zu lassen. Das Verursacherprinzip, ursprünglich Gegen-
modell zum Gemeinlastprinzip, wandele sich dann zum Gruppenlastprinzip.
Voraussetzung sei, dass der tatsächliche Verursacher nicht ermittelbar oder seine
Inanspruchnahme aus tatsächlichen oder rechtlichen Gründen ausgeschlossen
sei.[764]

Dem Einwand, dass eine Gruppenverantwortlichkeit nicht aufgrund einer Solidargemeinschaft zwischen den Herstellern einer Branche entstehen kann, ist zuzustimmen. Ein Hersteller hat kein Interesse daran, die Verpflichtungen seiner
Konkurrenten mitzuerfüllen. Dennoch ist eine Gruppenverantwortlichkeit möglich. Ihr Grund liegt nicht in einer Solidargemeinschaft, sondern darin, dass in
manchen Fällen der konkrete Verursacher nicht ermittelt werden kann. Um zu
verhindern, dass wegen des fehlenden Nachweises die Allgemeinheit für die
Kosten aufkommen muss, wird die Gesamtheit derer in Anspruch genommen,
die als Verursacher überhaupt in Frage kommen. Die Gruppenverantwortlichkeit
ist daher mit der Situation eines Haftungsfalls vergleichbar, in dem nicht nachgewiesen werden kann, wer den Schaden konkret verursacht hat. Um dem Ge-
schädigten dennoch einen Anspruch auf Schadenersatz zu geben, gibt es daher
im Bereich der europarechtlichen Umwelthaftung Bestrebungen, dass in einem
solchen Fall diejenigen, die als Schädiger in Betracht kommen, kollektiv für den
Schaden aufkommen. Ein Marktteilnehmer muss danach aber nur dann zahlen,
wenn er mit hinreichender Wahrscheinlichkeit den Schaden mitverursacht hat.[765]
Ebenso erstreckt sich die Gruppenverantwortlichkeit keinesfalls auf denjenigen,
der gar nicht zur Umweltbelastung beigetragen haben kann. Nur wenn der Ad-

762 Ossenbühl, S. 39f.
763 Calliess, in: Calliess/Ruffert, Art. 174 EG Rn. 35.
764 Kahl, S. 24.
765 Meyer-Koenecke, elni 2003, S. 4, 8; Pallaruello/Tran, R.M.C.U.E 2001, S. 203, 204.

ressatenkreis auf die potentiellen Verursacher beschränkt bleibt, ist nämlich sichergestellt, dass die Kosten von einer bestimmten Gruppe und nicht von der Allgemeinheit getragen werden. Die Neuhersteller traten erst in den Markt ein, als die „historischen" Altprodukte bereits hergestellt waren. Es ist ausgeschlossen, dass sie die Abfallbelastung dieser Produkte mitverursacht haben. Sie sind keine potentiellen Verursacher. Folglich sind Neuhersteller auch dann nicht als Verursacher der „historischen" Altprodukte aufzufassen, wenn man eine Gruppenverantwortlichkeit zulässt. Kann nicht zugeordnet werden, welcher Hersteller ein „historisches" Altprodukt fabriziert hat, kommt eine Gruppenverantwortlichkeit nur für die Althersteller in Betracht.

(iv)   Zwischenergebnis

Die Verpflichtung neuer Marktteilnehmer zur Entsorgungsfinanzierung „historischer" Altprodukte kann keinesfalls mit dem Verursacherprinzip gerechtfertigt werden. Auch wenn die Rücknahme von Fremdgeräten als Kompensation mangelnder eigener Wiedergutmachung angesehen wird oder wegen fehlendem Verursachungsnachweis eine Gruppenverantwortlichkeit angeordnet wird, sind Neuhersteller keine Verursacher „historischer" Altprodukte.

(b)   Erhöhung der Verwertungsquote

(i)   Geeignetheit

Die Finanzierungspflichten der Neuhersteller könnten schließlich dem Zweck dienen, die Verwertungsquote der „historischen" Altprodukte zu erhöhen. *Thomsen* ist der Ansicht, dass die Entsorgung von Fremdprodukten die Verwertungsquote erhöhen kann, wenn der tatsächliche Hersteller nicht mehr zu ermitteln ist.[766] Dem ist zuzustimmen. Selbst wenn feststeht, wer ein Produkt hergestellt hat, kann eine Zahlungspflicht der Neuhersteller die Verwertungsquote sichern helfen. Für die Durchführung der Entsorgung ist nämlich nicht erheblich, woher das dazu nötige Geld stammt, sondern dass es überhaupt bereitsteht. Insofern ist auch eine Zahlungspflicht der Neuhersteller dem Zweck dienlich, hohe Verwertungsquoten anzustreben.

(ii)   Erforderlichkeit

Zweifelhaft ist aber, ob die Verpflichtung der Neuhersteller auch erforderlich ist. Als milderes Mittel bietet sich an, nur die Althersteller für die Entsorgung der „historischen" Altprodukte zahlen zu lassen. Wie oben dargestellt, ist die Zahlungspflicht der Althersteller rechtmäßig.[767] Dieses Vorgehen wäre auch genauso wirksam, weil die Höhe der Verwertungsquote nicht zurückgeht, wenn die Neuhersteller nicht zu den Entsorgungskosten beitragen. Die einzige Folge läge darin, dass jeder Althersteller dann einen größeren Anteil der Entsorgungskosten tragen müsste. Die Kommission wendet sich aber in ihrem Vorschlag für die

---

766 Thomsen, S. 70.
767 siehe oben Abschnitt B.VI.5.b.(2)(i).

Elektroschrott-RL dagegen, nur die Althersteller mit den Entsorgungskosten der „historischen" Altprodukte zu belasten. Sie begründet dies damit, dass die Neuhersteller dann nur die Entsorgung ihrer aktuellen Produkte garantieren müssten, während die Althersteller zusätzlich für die Entsorgungsfinanzierung der „historischen" Altprodukte verpflichtet würden. Solange diese einen beträchtlichen Anteil der Abfälle ausmachten, drohe eine Diskriminierung der Althersteller gegenüber den Neuherstellern.[768]

Würden die Entsorgungskosten der „historischen" Altprodukte nur von den Altherstellern getragen, so hätten sie höhere Kosten als die Neuhersteller, die dann aufgrund von Art. 8 Abs. 2 UAbs. 1 Elektroschrott-RL nur für die Entsorgung ihrer eigenen, „neuen" Altprodukte zahlen müssten. Fraglich ist aber, ob eine größere Kostenlast der Althersteller wirklich gegen den Gleichheitssatz verstoßen würde. Der allgemeine Gleichheitssatz ist als Rechtsgrundsatz des Unionsrechts anerkannt.[769] Als allgemeiner Rechtsgrundsatz steht er auf gleicher Stufe mit den Gründungsverträgen.[770] Der Gerichtshof hat ihn aus den besonderen Gleichheitsätzen im EG-Vertrag und den Verfassungsüberlieferungen der Mitgliedstaaten hergeleitet.[771] Seine Geltung wird in Art. 20 der Grundrechtecharta bestätigt. Er bindet die Gemeinschaft[772] in Form der Verwaltungsbehörden und des Gesetzgebers.[773] Der Gleichheitsgrundsatz verbietet, vergleichbare Sachverhalte unterschiedlich zu behandeln, ohne dass hierfür objektive Rechtfertigungsgründe vorliegen.[774] Dazu muss zunächst eine Ungleichbehandlung festgestellt werden. Diese liegt vor, wenn zwei vergleichbare Sachverhalte ungleich behandelt werden. Zwei Sachverhalte sind vergleichbar, wenn sie in einem maßgeblichen Merkmal übereinstimmen.[775] Es muss also eine Vergleichsgruppe gebildet werden.[776] Der Gerichtshof hat Sachverhalte insbesondere dann für vergleichbar gehalten, wenn Produkte austauschbar sind oder im Wettbewerb miteinander stehen.[777] In diesem Sinne müssen auch Unternehmen, die gleichartige Produkte herstellen, für vergleichbar gehalten werden. Althersteller wie Neuhersteller ge-

---

768 KOM (2000)347 endg., S. 33.

769 Stumpf, in: Schwarze, Art. 6 EU Rn. 35; Kingreen, in: Calliess/Ruffert, Art. 6 EU Rn. 170.

770 Zuleeg, Gleichheitssatz, S. 475.

771 EuGH (Urteil v. 19.10.1977), verb.Rs. 117/76 und 16/77 (Ruckdeschel/Hauptzollamt Itzehoe), Slg. 1977, S. 1753 Rn. 7; (Urteil v. 16.10.1980), Rs. 147/79 (Hochstrass/Gerichtshof), Slg. 1980, S. 3005, Rn. 7; (Urteil v. 25.11.1986), verb. Rs. 201 und 202/85 (Klensch u.a./Staatssekretär für Landwirtschaft und Weinanbau), Slg. 1986, S. 3477, Rn. 9.

772 Kischel, EuGRZ 1997, S. 1, 6.

773 Zuleeg, Gleichheitssatz, S. 477.

774 Stumpf, in: Schwarze, Art. 6 EU Rn. 35.

775 Zuleeg, Gleichheitssatz, S. 478.

776 Kingreen, in: Calliess/Ruffert, Art. 6 EU Rn. 176.

777 Kingreen, in: Calliess/Ruffert, Art. 6 EU Rn. 177.

218

hören zur Gruppe der Unternehmen, die Elektrogeräte herstellen. Sie sind also vergleichbar. Fraglich ist aber, ob die Althersteller im Vergleich zu den Neuherstellern benachteiligt werden. Werden Neuhersteller aus dem Kreis der Zahlungspflichtigen für „historische" Altprodukte ausgeschlossen, so werden sie zwar anders behandelt als die Althersteller. Der Grund dafür liegt aber darin, dass die Neuhersteller gar nicht zur Entstehung der „historischen" Altprodukte beigetragen haben. Im Gegensatz zu den Altherstellern haben sie mit der Produktion der „historischen" Altprodukte keinen Gewinn gemacht. Daher ist es gerechtfertigt, nur die Althersteller für die Entsorgung der „historischen" Altprodukte zahlen zu lassen. Da sie in der Vergangenheit die Vorteile der Produktion genossen haben, sollen sie nun auch die daraus folgenden Lasten tragen. Entgegen der Ansicht der Kommission verstößt eine Finanzierungspflicht, die sich auf die Althersteller beschränkt, nicht gegen den Gleichheitssatz. Somit ist es nicht erforderlich, die Neuhersteller zur Finanzierung der „historischen" Altprodukte heranzuziehen.

(c)   Zwischenergebnis

Soweit die Richtlinien zur Produzentenverantwortung vorsehen, dass sich neue Marktteilnehmer an der Entsorgungsfinanzierung von „historischen" Altprodukten beteiligen müssen, kann dies durch keines der drei Ziele der Richtlinien gerechtfertigt werden. Daher muss Art. 9 Abs. 1 UAbs. 3 Elektroschrott-RL grundrechtskonform dahingehend ausgelegt werden, dass nur diejenigen Hersteller für die Finanzierung aufkommen müssen, die sowohl Alt- als auch Neugerät geliefert haben. Des Weiteren verletzt Art. 8 Abs. 3 UAbs. 1 Elektroschrott-RL die Berufsfreiheit der Neuhersteller. Wird die Vorschrift in mitgliedstaatliches Recht umgesetzt und werden Neuhersteller daraufhin zur Entsorgungsfinanzierung verpflichtet, so können diese zunächst ein nationales Gerichtsverfahren gegen die an sie gerichtete Zahlungsaufforderung einleiten. Da ein nationales Gericht eine Vorschrift des Gemeinschaftsrechts im Sinne der Foto-Frost-Rechtsprechung[778] nur dann außer Anwendung lassen darf, wenn der Gerichtshof zuvor die Rechtswidrigkeit festgestellt hat, ist es verpflichtet, Art. 8 Abs. 3 UAbs. 1 Elektroschrott-RL gem. Art. 234 EG vorzulegen. Der Gerichtshof kann die Vorschrift dann für ungültig erklären.

---

778 EuGH (Urteil v. 22.10.1987), Rs. 314/85 (Foto-Frost/Hauptzollamt Lübeck-Ost), Slg. 1987, S. 4199, Rn. 15-20.

C. Ergebnis

Produzentenverantwortung bedeutet im Europäischen Umweltrecht, dass Wirtschaftsbeteiligte die Rücknahme und Verwertung der von ihnen in den Verkehr gebrachten Altprodukte organisieren und finanzieren müssen. Außerdem müssen sie vorgelagerte „Hilfspflichten" erfüllen, die die spätere Entsorgung erleichtern.

Gegenstand der Rücknahmepflichten der Produzentenverantwortung sind Produkte, die zu Abfall im Sinne der AbfallR-RL geworden sind. Dabei ist die seit 1997 eindeutige Auslegung des Gerichtshofs zugrundezulegen. Es handelt sich also um die Produkte, derer sich ihr Besitzer entledigt. Auch wiederverwendbare Produkte sind davon erfasst. Muss ein Produkt zur bestimmungsgemäßen Benutzung in einzelne Teile zerlegt werden, erstreckt sich die Rücknahmepflicht auch auf die Einzelteile. Bleiben hingegen die Einzelteile des Produkts beim Gebrauch verbunden, erstreckt sich die Rücknahmepflicht nur auf das komplette Altprodukt. Damit wird die Rücknahme für die Verpflichteten besser planbar. Die Einzelteile können dann aber von Rücknahmepflichten anderer Vorschriften zur Produzentenverantwortung erfasst sein, wenn sie für sich genommen eigene Produkte darstellen. Die Rücknahmepflichten gelten auch für Importprodukte. Bei einer Meldepflicht der Produkte oder ihrer Nutzer könnten die Mitgliedstaaten versucht sein, die Rücknahme auf die Altprodukte zu beschränken, die im Inland oder von Inländern genutzt werden. Dies verbietet aber Art. 12 EG. Die Rücknahmepflichten erstrecken sich somit auf alle Altprodukte, die im Hoheitsgebiet des betreffenden Mitgliedstaates anfallen. Die Rücknahmepflichten erfassen auch die Produkte, die in den Verwaltungen der Mitgliedstaaten anfallen. Militärische Produkte können vom Anwendungsgebiet der Produzentenverantwortung ausgenommen werden.

Wo schon mitgliedstaatliche Rücknahmesysteme bestehen, wird bei der Umsetzung freigestellt, ob zusätzlich dazu Wirtschaftsbeteiligte zur Rücknahme verpflichtet werden. Wo neue Systeme aufgebaut werden müssen, werden auf jeden Fall Wirtschaftsbeteiligte zur Rücknahme verpflichtet. Dabei können die Wirtschaftsbeteiligten individuell oder kollektiv zur Rücknahme verpflichtet werden. Da es für den Anreizeffekt der Produzentenverantwortung auf die Gestaltung neuer Produkte keinen Unterschied macht, welcher Wirtschaftsbeteiligte zur Rücknahme verpflichtet wird, ist empfehlenswert, diejenigen Wirtschaftsbeteiligten auszuwählen, die für die Letztnutzer am leichtesten zu erreichen sind. Um die Rücknahmepflichten auch vollstrecken zu können, wenn sich ein Rücknahmepflichtiger im Ausland befindet, werden die Importeure und Exporteure eines Produktes wie Hersteller verpflichtet. Die Vollstreckbarkeit weist aber auch dann noch Lücken auf, da ein Exporteur eventuell nur kurz im Hoheitsgebiet eines Landes verweilt oder das Produkt privat eingeführt ist. Diese Lücke könnte im Territorium der EU geschlossen werden, wenn die Vorschriften zur Produzentenverantwortung eine Vollstreckung von diesbezüglichen Verwaltungsakten auch in den anderen Mitgliedstaaten der EU anordneten. Die Rücknahme erfolgt getrennt von anderem Abfall, um eine hohe Verwertbarkeit zu ermöglichen. Zielvorgaben für die Rücknahme und die Verwertung erlauben es den Beteiligten, ihre Anstrengungen auf das Erreichen einer bestimmten Quote zu planen. Die Rücknahmequoten berücksichtigen die produktspezifischen Rücklaufausfälle. Die Quoten werden nach einer vorgegebenen Zeitdauer erhöht, um dem technischen Fortschritt Rechnung zu tragen. Die Rücknahme durch Wirtschaftsbeteiligte stößt an Grenzen. Wenn zur individuellen Rücknahme verpflichtete Wirtschaftsbeteiligte aus dem Wirtschaftsleben ausscheiden und keine kollektiven Rücknahmesysteme einspringen können, sind die Mitgliedstaaten zur Rücknahme verpflichtet, um die Umweltziele der Produzentenverantwortung zu gewährleisten. Aus demselben Grund müssen die Mitgliedstaaten als ultima ratio auch dann Altprodukte selbst zurücknehmen, wenn die Zielvorgaben von den Wirtschaftsbeteiligten verfehlt werden.

Die Verwertung der Altprodukte obliegt Systemen, die von den Mitgliedstaaten oder von Wirtschaftsbeteiligten getragenen werden. Es empfiehlt sich, die Hersteller zur Verwertung zu verpflichten. Wenn sie selbst oder in ihrem Auftrag tätige Dritte die Verwertung durchführen, verfügen sie nämlich am ehesten über die nötigen Kenntnisse, um den Entsorgungsaufwand durch Neukonstruktion ihrer Produkte zu senken. Es werden verbindliche Verfahrensanforderungen an die Verwertungsbetriebe festgelegt. Eine Hierarchie der Verwertungsmethoden gibt an, welche Verwertungsmethoden vorrangig zum Einsatz kommen. Dabei sollte die umweltschonendste Verwertungsmethode bevorzugt werden. Die Entscheidung, welche Verwertungsmethode als umweltschonendste anzusehen ist, wird unter einen doppelten Vorbehalt gestellt. Erstens muss bei neuen wissenschaftlichen Erkenntnissen eine neue Beurteilung möglich sein. Zweitens müssen im Einzelfall Ausnahmen von der Verwertungshierarchie möglich sein, wenn die Vorteile nachgewiesen werden können.

Die Finanzierung von Rücknahme und Verwertung erfolgt durch die Nutzer oder die Wirtschaftsbeteiligten. Es besteht ein Trend dahingehend, die Hersteller zahlen zu lassen. Dabei kommt entweder eine Zahlung nur für die selbst hergestellten Produkte oder eine Beteiligung in Anlehnung an den Marktanteil in Frage. Es empfiehlt sich, nur die Hersteller zahlen zu lassen, weil dann der Anreiz zur müllvermeidenden Konstruktion am größten ist. Daher sollte auch jeder Hersteller für seine eigenen Produkte individuell zahlen. Die Nutzer werden zunehmend von Kosten anlässlich der Rückgabe freigestellt. Es empfiehlt sich, diesem Trend zu folgen, da Letztnutzer durch Kosten von der Rückgabe abgeschreckt werden können. Ausnahmen gelten bei „historischen" Altprodukten und bei ausgeschlachteten oder verschmutzten Produkten. Der Zahlungsunfähigkeit finanzierungspflichtiger Wirtschaftsbeteiligter wird unterschiedlich begegnet. Empfehlenswert scheint es, die Hersteller beim Inverkehrbringen ihrer neuen Produkte zur Stellung einer Finanzierungsgarantie zu verpflichten.

Den Entsorgungspflichten sind „Hilfspflichten" vorgelagert. Bei der Produktion müssen die Hersteller die Zusammensetzung der Produkte kennzeichnen. Dadurch wird die Verwertung erleichtert. Empfehlenswert ist es, dass sie dabei auch die Identität des Herstellers auf dem Produkt kennzeichnen müssen, um so eine spätere individuelle Finanzierungsverantwortung sicherzustellen. Nach der Produktion sorgen Verbraucherinformationen durch die Wirtschaftsbeteiligten oder die Mitgliedstaaten für hohe Rückgabequoten. Zu diesem Zeitpunkt müssen die Hersteller auch Demontageinformationen veröffentlichen, die den Verwertungsbetrieben die Demontage erleichtern. Der Produzentenverantwortung kann die Pflicht zur Einhaltung bestimmter Schadstoffkonzentrationen beigestellt werden.

Bezüglich der Entsorgung „historischer" Altprodukte, die vor der Umsetzung der Richtlinien produziert wurden, entfaltet die Produzentenverantwortung Rückwirkung. Sie ist rechtmäßig, da Übergangsfristen vorgesehen werden, die das Vertrauen der Betroffenen gebührend beachten. Die Entsorgungsfinanzierung dieser „historischen" Altprodukte stößt auf Schwierigkeiten. Einerseits ist es geboten, Hersteller, die besonders viele „historische" Altprodukte produziert haben, vor einer erdrückenden Kostenlast zu bewahren. Andererseits verbieten es die Grundrechte, Neuhersteller zur Finanzierung heranzuziehen, die vor den Rücknahmepflichten noch gar nicht auf dem Markt waren. Im Sinne des Verursacherprinzips scheint es daher empfehlenswert, grundsätzlich die Althersteller für die Entsorgung ihrer „historischen" Altprodukte zahlen zu lassen. Drohen den Altherstellern finanzielle Schwierigkeiten, sollte die Übergangszeit für ihre Finanzierungspflicht verlängert werden. Falls das nicht ausreicht, sollten die Entsorgungskosten, die einen gewissen Maximalbetrag überschreiten, von den Mitgliedstaaten getragen werden.

Aufgrund der Verpack-RL, der Altfahrzeug-RL und der Elektroschrott-RL sind Erfahrungen darüber gewonnen worden, welche Regelungen zur Umsetzung der Produzentenverantwortung nötig sind. Damit ist die Voraussetzung dafür geschaffen, die Produzentenverantwortung auch auf andere Abfallströme auszuweiten.[779] In Betracht kommt prinzipiell jedes Produkt, von dem eine erhebliche Abfallbelastung ausgeht, die durch eine bessere Gestaltung reduziert werden kann. Auch der Vorschlag für eine Novelle der Altbatterie-Richtlinie[780] lehnt sich an die hier untersuchten Richtlinien an und basiert auf dem Konzept der

---

779 Hedemann-Robinson, EELR 2003, S. 52, 60.
780 KOM (2003) 723 endg., ABl. Nr. C 96/29 v. 21.4.2004.

Produzentenverantwortung.[781] Daher könnten die hier vorgestellten allgemeinen Regelungen der Produzentenverantwortung in eine Rahmenrichtlinie zur Produzentenverantwortung einfließen.[782] Vorschriften zu bestimmten Altprodukten könnten auf diese Rahmenrichtlinie Bezug nehmen und bräuchten lediglich die produktspezifischen Parameter wie Verwertungsquote und Übergangszeit festzulegen. Damit würde die Ausdehnung der Produzentenverantwortung auf andere Produkte erleichtert. Außerdem würde damit ein Beitrag zur Vereinheitlichung des immer umfassender und komplexer werdenden europäischen Umweltrechts[783] erbracht.

---

781 a.a.O., Erwägungsgrund 13, 22; zum Vorschlag: Falke, ZUR 2004, S. 114.
782 Falke, ZUR 2001, S. 314, 318.
783 Alber, in: Mangold, ZUR 2002, S. 306, 307; Scheuing, NVwZ 1999, S. 475; Kasper, S. 1; Europäischer Wirtschafts- und Sozialausschuss, Stellungnahme vom 28.4.2004 zu KOM (2003) 723 endg.

D. Literaturverzeichnis

Bauernfeind, Stefan, Rücknahme- und Rückgabepflichten im Umweltrecht, Berlin 1999.

Becker, Joachim, Der transnationale Verwaltungsakt- Übergreifendes europäisches Rechtsinstitut oder Anstoß zur Entwicklung mitgliedstaatlicher Verwaltungskooperationsgesetze?, DVBl. 2001, S. 855-866.

Berg, Werner/Nachtsheim, Sabine, Die Altfahrzeug-Richtlinie und das Rückwirkungsverbot- Perspektiven und Probleme der Umsetzung ins deutsche Recht, DVBl. 2001, S. 1103-1109.

Berger, Thomas, Zulässigkeitsgrenzen der Rückwirkung von Gesetzen: eine kritische Analyse der Rechtsprechung des Bundesverfassungsgerichtes und des Gerichtshofes der Europäischen Gemeinschaften, Frankfurt 2002.

Bergkamp, Lucas, Managing Electronic Waste in the European Community's Member States: the proposed EC Directive and National take back schemes, European Environmental Law Review 2001, S. 322-331.

Bleckmann, Albert, Das Recht der Europäischen Union und der Europäischen Gemeinschaften, 6. Auflage, München 1997, (zit. als: „Bleckmann, Europarecht").

Bleckmann, Albert, Zu den Auslegungsmethoden des Europäischen Gerichtshofs, NJW 1982, S. 1177-1182.

Bleckmann, Albert, Zur Anerkennung ausländischer Verwaltungsakte im Europäischen Gemeinschaftsrecht, JZ 1985, S. 1072-1077.

Bolliger, Thomas, Die Haftung des Importeurs für fehlerhafte Produkte in rechtsvergleichender Sicht, Zürich 1995.

Bothe, Michael/Spengler, Peter, Rechtliche Steuerung von Abfallströmen, Baden-Baden 2001.

Calliess, Christian/Ruffert, Matthias, (Hrsg.), Kommentar des Vertrages über die Europäische Union und des Vertrages zur Gründung der Europäischen Gemeinschaft, 2. Auflage, Neuwied 2002 (zit. als: „Bearbeiter, in: Calliess/Ruffert").

Clausen, Helmut, Rücknahmeverpflichtungen als Instrument von Abfallwirtschaftspolitik, Münster 2000.

Dauses, Manfred/Roth, Tilman, Neuere Entwicklungen in der Rechtsprechung des EuGH zur Warenverkehrsfreiheit in der EU, ZLR 1996, S. 507-524.

Deimann, Sven, Die Finanzierung der kostenlosen Ablieferung von Altautos aus juristischer Perspektive, in : Brockmann, Karl Ludwig/Deimann, Sven/Wallau, Frank/Dette, Birgit, Evaluierung von Finanzierungsmodellen zur Durchführung der kostenlosen Rückgabe von Altautos, Berlin 2000, S. 128 – 195.

Diekmann, Martin, Das Abfallrecht der Europäischen Gemeinschaft: Systematische Darstellung der gemeinschaftsrechtlichen Vorgaben für die nationale Rechtssetzung und Rechtspraxis, Baden-Baden 1994.

Dreher, Jörg, Recht der Altautoverwertung, Baden-Baden 2002.

Ehlers, Dirk (Hrsg.), Europäische Grundrechte und Grundfreiheiten, Berlin 2003 (zit. als: „Bearbeiter, in: Ehlers").

Enders, Rainald, Vorschlag zur Änderung des Abfallbegriffs der EG-Abfallrahmenrichtlinie, DVBl. 2002, S. 1021-1029.

ENDS (Environmental Data Services, abrufbar unter http://www.ends.co.uk), Environmental Daily vom 9.12.1998, Integrated Product Policy- a primer

ENDS, Environmental Daily vom 12.1.2000, Legal doubts raised over EU scrap plan

ENDS, Environmental Daily vom 30.10.2001, Commission calls off Dutch scrap car probe

ENDS, Environmental Daily vom 8.5.2002, EU member states gear up for ELV directive

Falke, Josef, Das Grünbuch zur integrierten Produktpolitik- erste Etappe auf dem Weg zu einer Richtlinie über ökologische Produktverantwortung?, ZUR 2001, S. 314-321.

Falke, Josef, Europäisches Umweltrecht: Deutschland im Bremserhäuschen, ZUR 1999, S. 315-317.

Falke, Josef, Neueste Entwicklungen im Europäischen Umweltrecht, ZUR 2001, S. 29-30.

Falke, Josef, Neueste Entwicklungen im Europäischen Umweltrecht, ZUR 2002, S. 429-431.

Falke, Josef, Neueste Entwicklungen im Europäischen Umweltrecht, ZUR 2004, S. 114-117.

Fischer, Kristian, Strategien im Kreislaufwirtschafts- und Abfallrecht: Produktverantwortung der Wirtschaft. Dargestellt an den Rechtsordnungen der Bundesrepublik Deutschland, der Europäischen Gemeinschaft und des Auslandes, Heidelberg 2001.

Fischer, Kristian, Verstößt die deutsche Altfahrzeug-Verordnung gegen Europäisches Gemeinschaftsrecht? Ein Lehrstück zur Bindungswirkung von EG-Umweltschutzrichtlinien, NVwZ 2003, S. 321-323.

Frenz, Walter, Europäisches Umweltrecht, München 1997.

Frenz, Walter, Produktverantwortung und Warenverkehrsfreiheit, EWS 2003, S. 67-71.

Fuchsbrunner, Alexandra, Die Altfahrzeugentsorgung in Deutschland: Folgen der Umsetzung der Europäischen Richtlinie über die Entsorgung von Altfahrzeugen, Berlin 2002.

Fuß, Ernst-Werner, Der Schutz des Vertrauens auf Rechtskontinuität im deutschen Verfassungsrecht und europäischen Gemeinschaftsrecht, in: Grewe, Wilhelm/Rupp, Hans/ Schneider, Hans (Hrsg.), Europäische Gerichtsbarkeit und nationale Verfassungsgerichtsbarkeit, Festschrift zum 70. Geburtstag von Hans Kutscher, Baden-Baden 1981, S. 201-214.

Führ, Martin, Stoffbezogenes Umweltrecht: Vom Gefahrstoffrecht zum produktorientierten Stroffstrommanagement, in: Dolde, Klaus-Peter (Hrsg.), Umweltrecht im Wandel: Bilanz und Perspektiven aus Anlass des 25-jährigen Bestehens der Gesellschaft für Umweltrecht, Berlin 2001, S. 685-699.

GD Binnenmarkt, Agnete Philipson, Leitfaden zum Konzept und zur praktischen Anwendung der Art. 28-30 EG-Vertrag, Brüssel 2000.

Giesberts, Ludger/Hilf, Juliane, Elektronikschrott- quo vadis? Der Entwurf der Elektroaltgeräte-Verordnung und die Richtlinienvorschläge der EG-Kommission, CR 2000, S. 624-631.

Giesberts, Ludger/Posser, Herbert, Grundfragen des Abfallrechts, München 2001.

Grabitz, Eberhard/Hilf, Meinhard (Hrsg.), Das Recht der Europäischen Union, München 2001, 20. Ergänzungslieferung, Stand August 2002 (zitiert als: „Bearbeiter, in: Grabitz/Hilf").

Groeben, Hans von der/Schwarze, Jürgen (Hrsg.), Kommentar zum Vertrag über die Europäische Union und zur Gründung der Europäischen Gemeinschaft, Baden-Baden, 6. Auflage 2003, (zit. als: „Bearbeiter, in: Groeben/Schwarze").

Groeben, Hans von der/Thiesing, Jochen/Ehlermann, Claus-Dieter (Hrsg.), Kommentar zum EU-/EG-Vertrag, 5. Auflage 1997-1999, (zit. als: „Bearbeiter, in: GTE".)

Groß, Thomas, Ökologische Auslegung des europäischen Abfallrechts? – Kritische Anmerkungen zum ASA-Urteil des EuGH, EuR 2003, S. 146-152.

Günther, Carsten A., Das gemeinschaftsrechtliche Rückwirkungsverbot vor dem Hintergrund der Entsorgung von Altautos, EuZW 2000, S. 329-332.

Hadamitzky, Emil, Die Verwertung von Altautos und Elektronikschrott, in: Joachim Kormann (Hrsg.), Abfallrecht und Abfallwirtschaft, München 1993, S. 65-84.

Hädrich, Ronny, Die Produktverantwortung nach dem Kreislaufwirtschafts- und Abfallgesetz und die Freiheit des Warenverkehrs, Hamburg 2000.

Hailbronner, Kay/Klein, Eckart/Magiera, Siegfried/ Müller-Graff, Peter-Christian (Hrsg.), Handkommentar zum Vertrag über die Europäische Union (EUV/EGV), Köln 1995, Stand: 7. Lieferung 1998, (zit. als: „Bearbeiter, in: Handkom.EUV/EGV").

Hammer, Kristina, Handbuch zum freien Warenverkehr- eine Analyse der Rechtsprechung zu Art. 30 EGV vor und nach dem Urteil „Keck und Mithouard", Neuwied 1998.

Hedemann-Robinson, Martin, The EU Directives on Waste Electrical an Electronic Equipment and on the Restriction of Use of Certain Hazardous Substances in Electrical and Electronic Equipment: adoption achieved, European Environmental Law Review 2003, S. 52-60.

Heermann, Peter, Das deutsche Wettbewerbsrecht und die „Keck"-Rechtsprechung des EuGH- Missverständnisse und Argumentationsdefizite rund um den Begriff der Verkaufsmodalitäten, WRP 1999, S. 381-389.

Heukels, Ton, Die Rückwirkungsjudikatur des EuGH: Grundlagen und Tendenzen, Saarbrücken 1992 (zit. als: „Heukels, Rückwirkung").

Heukels, Ton, Intertemporales Gemeinschaftsrecht: Rückwirkung, Sofortwirkung und Rechtsschutz in der Rechtsprechung des Gerichtshofes der Europäischen Gemeinschaften, Baden-Baden 1990 (zit. als: „Heukels, Gemeinschaftsrecht").

Hilf, Juliane, Neue Regeln für Entsorgung von Elektroschrott, F.A.Z. vom 26. März 2003, S. 25.

Humphreys, Matthew, The polluter pays principle in transport policy, European Law Review 2001, S. 451-467.

Inf HStT, EU-Richtlinie zur Behandlung von Elektro- und Elektronik-Altgeräten, Inf HStT 2002, S.41.

Jarass, Hans D., Elemente einer Dogmatik der Grundfreiheiten, EuR 1995, S. 202-226.

Jarass, Hans D., Elemente einer Dogmatik der Grundfreiheiten II, EuR 2000, S. 705-723.

Junke, Arno, Internationale Aspekte des Produkthaftungsgesetzes, Karlsruhe 1991.

Kadelbach, Stefan/Sobotta, Christoph, Umsetzung von EG-Richtlinien durch rückwirkendes Gesetz?- Zum neuen § 137 e UrhG, EWS 1996, S. 11-14.

Kahl, Wolfgang, Umweltprinzip und Gemeinschaftsrecht- Eine Untersuchung zur Rechtsidee des „bestmöglichen Umweltschutzes" im EWG-Vertrag, Heidelberg 1993.

Karenfort, Jörg/Schneider, Hartmut, Das Dosenpfand- Verstoß gegen die Warenverkehrsfreiheit durch Unterlassen?, EuZW 2003, S. 587- 591.

Kasper, Marita, Deregulierung durch Umweltvereinbarungen in der Europäischen Gemeinschaft, Frankfurt 2001.

Kischel, Uwe, Zur Dogmatik des Gleichheitssatzes in der Europäischen Union, EuGRZ 1997, S. 1- 11.

Kloepfer, Michael, Produktverantwortung für Elektroaltgeräte: Rechtsprobleme der Entsorgung von Altprodukten unter besonderer Berücksichtigung des Entwurfs einer Elektroaltgeräte-Verordnung, Berlin 2001.

Koenig, Christian/Kühling, Jürgen, Der Streit um die neue Tabakprodukttrichtlinie, EWS 2002, S. 12-20.

Kotthoff, Jost, Der Schutz des Euromarketing über Art. 30 EGV, WRP 1996, S. 79-85.

Krämer, Ludwig, Das Verursacherprinzip im Gemeinschaftsrecht-zur Auslegung von Art. 130 r EWG Vertrag, EuGRZ 1989, S. 353-361.

Kuck, Michael/Riehl, Markus, Umweltschutz durch staatliche Einflussnahme auf die stoffliche Beschaffenheit von Konsumentenprodukten, Baden-Baden 2000.

Kühling, Jürgen, Die Kommunikationsfreiheit als europäisches Gemeinschafts-grundrecht, Berlin 1999.

Lee, Maria, New generation regulation? The case of end-of-life vehicles, European Environmental Law Review 2002, S. 112-118.

Lenz, Carl Otto, Ein undeutlicher Ton, NJW 1994, S. 1633-1634.

Lenz, Carl Otto/Borchardt, Klaus-Dieter (Hrsg.), EU- und EG-Vertrag: Kommentar, 3. Aufl., Köln 2003 (zit. als: „Bearbeiter, in: Lenz/Borchardt").

Manegold, Thorsten, Produktverantwortung Chancen-Verwirklichungsformen-Fehlentwicklungen: Bericht über die abfallrechtliche Fachtagung des Instituts für Umwelt- und Technikrecht der Universität Trier in Zusammenarbeit mit dem Ministerium für Umwelt und Forsten des Landes Rheinland-Pfalz sowie der Industrie- und Handelskammer Trier, ZUR 2002, 306-308.

Meier, Christian X., Der Anwendungsbereich der neuen Verpackungsverordnung unter besonderer Berücksichtigung der Unterscheidung von „Verpackung" und „Ware", NUR 2000, S. 617-623.

Meng, Werner, Exterritoriale Jurisdiktion im öffentlichen Wirtschaftsrecht, Berlin 1994.

Meyer, Jürgen (Hrsg.), Kommentar zur Charta der Grundrechte der Europäischen Union, Baden-Baden 2003 (zit. als: „Bearbeiter, in: Meyer").

Meyer-Koenecke, The proposal for a directive on environmental liability, elni 2003, S. 4-12.

Milczewski, Christine von, Der grundrechtliche Schutz des Eigentums im Europäischen Gemeinschaftsrecht, Frankfurt 1991.

Möschel, Wernhard, Kehrtwende in der Rechtsprechung des EuGH zur Warenverkehrsfreiheit, NJW 1994, S. 429-431.

Mülbert, Peter O., Privatrecht, die EG-Grundfreiheiten und der Binnenmarkt-Zwingendes Privatrecht als Grundfreiheitenbeschränkung im EG-Binnenmarkt, ZHR 159 (1995), S. 2-33.

Ossenbühl, Fritz, Verfassungsrechtliche Zulässigkeit von Rücknahmepflichten, Köln 2000.

Pallaruello, Guy/Tran, Anne-Marie, La responsabilité civile environnementale des entreprises: le point de vue du chef d'entreprise, Revue du Marché commun et de l'Union européenne 2001, S. 203- 207.

Penski, Ulrich/Elsner, Bernd Roland, Eigentumsgewährleistung und Berufsfreiheit als Gemeinschaftsgrundrechte in der Rechtsprechung des Europäischen Gerichtshofs, DöV 2001, S. 265-275.

Prieur, Michel, Droit de l'Environnement, 4. Auflage, Paris 2001.

Purps, Thorsten, Umweltpolitik und Verursacherprinzip im Europäischen Gemeinschaftsrecht, Köln 1991.

Rehbinder, Eckard, Festlegung von Umweltzielen, NuR 1997, S. 313-328.

Rehbinder, Eckard, Nachhaltigkeit als Prinzip des Umweltrechts: konzeptionelle Fragen, in: Dolde, Klaus-Peter (Hrsg.), Umweltrecht im Wandel: Bilanz und Perspektiven aus Anlass des 25-jährigen Bestehens der Gesellschaft für Umweltrecht, Berlin 2001, S. 721-743 (zit. als: „Rehbinder, Nachhaltigkeit").

Rehbinder, Eckard, Politische und rechtliche Probleme des Verursacherprinzips, Berlin 1973 (zit. als: „Rehbinder, Verursacherprinzip").

Rolshoven, Michael, Beschränkungen des freien Dienstleistungsverkehrs, Berlin 2002.

Rose, Ian/ Knighton, George, Integrated product policy- the new approach to environmental regulation, European Environmental Law Review 1999, S. 266- 270.

Ruffert, Matthias, Der transnationale Verwaltungsakt, Die Verwaltung Bd. 34 (2001), S. 453-485.

Sadeleer, Nicolas de, Le statut juridique du principe de précaution en droit communitaire : du slogan à la règle, Cahiers de droit européen Bruxelles, No. 1-2/2001, S. 91-132.

Schendel, Frank Andreas, Umweltschutzinformationsrichtlinie und Umweltinformationsgesetz sowie allgemeine Umweltinformation, in: Rengeling, Hans-Werner (Hrsg.), Handbuch zum europäischen und deutschen Umweltrecht, Band II Besonderes Umweltrecht, 1. Teilband, 2. Auflage, Köln 2003, S. 1391- 1435 (zit. als: „Schendel, Umweltinformation").

Scheuing, Dieter H., Das Europäische Umweltverfassungsrecht als Maßstab gerichtlicher Kontrolle- Eine Analyse der Rechtsprechung des EuGH, EuR 2002, S. 619-659.

Scheuing, Dieter H., Instrumente zur Durchführung des Europäischen Umweltrechts, NVwZ 1999, S. 475-485.

Schink, Alexander, Auswirkungen der Entscheidungen des EuGH vom 13. Februar 2003 auf das deutsche Abfallrecht, UPR 2003, S. 121- 126.

Schink, Alexander, Auswirkungen der europäischen Abfallpolitik auf die Kommunen: Zum Entwurf der Deponie- und Verpackungsrichtlinie der EG, Stadt und Gemeinde 1995, S. 103- 107.

Schliesky, Utz, Die Vorwirkung von gemeinschaftsrechtlichen Richtlinien- ein Beitrag zu Geltung und Vorrang des sekundären Gemeinschaftsrechts am Beispiel des Wirtschafts- und Umweltrechts, DVBl. 2003, S. 631-641.

Schliessner, Ursula, Entwurf einer EG-Richtlinie über Verpackungen und Verpackungsabfall und mögliche Auswirkungen auf die deutsche Verpackungsverordnung, EuZW 1993, S. 52-58.

Schmidt-Aßmann, Eberhard, Verwaltungskooperation und Verwaltungskooperationsrecht in der Europäischen Gemeinschaft, EuR 1996, S. 270-301.

Schmidt-Salzer, Joachim, in: Schmidt-Salzer, Joachim/Hollmann, Hermann (Hrsg.), Kommentar EG-Richtlinie Produkthaftung, Band 1: Deutschland, Heidelberg 1986.

Schmittmann, Michael/Sack, Peter, Recycling von ehemals Hochwertigem- Der Entwurf der Elektro- und Elektronikrichtlinie, AfP 2000, S. 431-432.

Schmitz, Bernhard, Die Haftung der Europäischen Wirtschaftsgemeinschaft für Verordnungsunrecht im Abgaben- und Beihilfenrecht, Frankfurt 1987.

Schreyer-Leydecker, Christian, Europäisches Abfallrecht: seine Umsetzung und Anwendung in Deutschland, NVwZ 1999, S. 590-600.

Schröder, Meinhardt, Umweltschutz als Gemeinschaftsziel und Grundsätze des Umweltschutzes, in: Rengeling, Hans-Werner (Hrsg.), Handbuch zum europäischen und deutschen Umweltrecht, Band I Allgemeines Umweltrecht, 2. Auflage, Köln 2003, S. 199-238, (zit. als: „Schröder, Umweltschutz").

Schroeder, Werner, Vom, Brüsseler Kampf gegen den Tabakrauch- 2. Teil, EuZW 2001, S. 489-495.

Schütte, Peter/Siebel-Huffmann, Heiko, Die Elektroschrottrichtlinie, ZUR 2003, S. 211- 216.

Schwarze, Jürgen (Hrsg.), EU-Kommentar, Baden-Baden 2000, (zit. als: „Bearbeiter, in: Schwarze").

Schwarze, Jürgen, Der Grundrechtsschutz für Unternehmen in der Europäischen Grundrechtecharta, EuZW 2001, S. 517-524 (zit. als: „Schwarze, Grundrechtscharta").

Schwarze, Jürgen, Europäisches Verwaltungsrecht: Entstehung und Entwicklung im Rahmen der Europäischen Gemeinschaft, Bd. 2, Baden-Baden 1988 (zit. als: „Schwarze, Verwaltungsrecht").

Steindorff, Ernst, Unvollkommener Binnenmarkt, ZHR 158 (1994), S. 149-169.

Streck, Thilo, Abfallrechtliche Produktverantwortung: ein Beitrag zum dritten Teil des Kreislaufwirtschafts- und Abfallgesetzes, Frankfurt 1998.

Streinz, Rudolf, Das Verbot des Apothekenversandhandels mit Arzneimitteln- eine Verkaufsmodalität im Sinne der Keck-Rechtsprechung?, EuZW 2003, S. 37-44.

Streinz, Rudolf, Vertrag über die Europäischen Union und Vertrag zur Gründung der Europäischen Gemeinschaft-Kommentar, München 2003 (zit. als: „Bearbeiter, in: Streinz").

Thomsen, Silke, Produktverantwortung: Rechtliche Möglichkeiten und Grenzen einer Kreislaufwirtschaft, Baden-Baden 1998.

Versteyl, Ludger-Anselm, Der Abfallbegriff im Europäischen Recht- Eine unendliche Geschichte?, EuZW 2000, S. 585-592.

Weidemann, Clemens, Abfallrecht, in: Rengeling, Hans-Werner (Hrsg.), Handbuch zum europäischen und deutschen Umweltrecht, Band II Besonderes Umweltrecht, 1. Teilband, 2. Auflage, Köln 2003, S. 961- 1012 (zit. als: „Weidemann, Abfallrecht").

Zacker, Christian, Abfall im gemeinschaftlichen Umweltrecht: eine dogmatische Untersuchung ausgewählter Rechtsprobleme, Berlin 1997.

Zuleeg, Manfred, Betrachtungen zum Gleichheitssatz im Europäischen Gemeinschaftsrecht, in: Baur, Jürgen/Müller-Graff, Peter Christian/Zuleeg, Manfred (Hrsg.), Europarecht-Energierecht-Wirtschaftsrecht: Festschrift für Bodo Börner zum 70. Geburtstag, Köln 1992, S. 473- 483, (zit. als: „Zuleeg, Gleichheitssatz").

Zuleeg, Manfred, Die Grundfreiheiten des Gemeinsamen Markts im Wandel, in: Due, Ole/Lutter, Marcus/Schwarze, Jürgen (Hrsg.), Festschrift für Ulrich Everling, Band II, Baden-Baden 1995, S. 1717- 1727, (zit. als: „Zuleeg, Grundfreiheiten").

Schriften zum Europa- und Völkerrecht und zur Rechtsvergleichung

Herausgegeben von Prof. Dr. Manfred Zuleeg

Band 1 Mathias Mühlhans: Internationales Wassernutzungsrecht und Spieltheorie. Die Bedeutung der neueren völkerrechtlichen Vertragspraxis und der wirtschaftswissenschaftlichen Spieltheorie für das Prinzip der angemessenen Nutzung internationaler Binnengewässer. 1998.

Band 2 Michael Grüb: Europäische Niederlassungs- und Dienstleistungsfreiheit für Private mit hoheitlichen Befugnissen. 1999.

Band 3 Kathrin Bremer: Nationale Strafverfolgung internationaler Verbrechen gegen das humanitäre Völkerrecht. Am Beispiel einer Rechtsvergleichung Deutschlands, der Schweiz, Belgiens und Großbritanniens. 1999.

Band 4 Jon Marcus Meese: Das Petitionsrecht beim Europäischen Parlament und das Beschwerderecht beim Bürgerbeauftragten der Europäischen Union. 2000.

Band 5 Christoph Schalast: Umweltschutz und Wettbewerb als Wertwiderspruch im deregulierten deutschen und europäischen Elektrizitätsmarkt. 2001.

Band 6 Ralf Bauer: Das Recht auf eine gute Verwaltung im Europäischen Gemeinschaftsrecht. Inhalt, Anwendungsbereich und Einschränkungsvoraussetzungen des Grundrechts auf eine gute Verwaltung in Artikel 41 der Charta der Grundrechte der Europäischen Union. 2002.

Band 7 Kerstin Estler: Zur Effektivität des einstweiligen Rechtsschutzes im Gemeinschaftsrecht. 2003.

Band 8 Ali Hahin: Der Vertrag von Amsterdam: Vergemeinschaftetes Asylrecht. 2003.

Band 9 Amina Dammann: Die Beschwerdekammern der europäischen Agenturen. 2004.

Band 10 Nina Nolte: Deregulierung von Monopolen und Dienstleistungen von allgemeinem wirtschaftlichen Interesse. Zur Bedeutung des Art. 86. Abs. 2 EGV. Insbesondere in den Bereichen der Elektrizitätswirtschaft, der Bodendienstleistungen auf Flughäfen und der Abfallwirtschaft. 2004.

Band 11 Izumi Kazuhara: Einfluss der Marktintegration auf die Auslegung und Anwendung des europäischen Wettbewerbsrechts. 2004.

Band 12 Olesia Engelbutzeder: EU Anti-Dumping Measures Against Russian Exporters. In View of Russian Accession to the WTO and the EU Enlargement 2004. 2004.

Band 13 Magnus Noll-Ehlers: Produzentenverantwortung im Europäischen Umweltrecht. 2004.

www.peterlang.de

Christina Sagia

Entsorgungsautarkie und Verursacherprinzip

Eine Untersuchung umweltrechtlicher und -ökonomischer Aspekte des Abfall- und Kreislaufwirtschaftsrechts nach Art. 2 EG am Beispiel der Verpackungsrichtlinie 94/62/EG

Frankfurt am Main, Berlin, Bern, Bruxelles, New York, Oxford, Wien, 2003. 236 S.
Europäische Hochschulschriften: Reihe 2, Rechtswissenschaft. Bd. 3566
ISBN 3-631-50494-2 · br. € 42.50*

Die systematische Erläuterung des Spannungsverhältnisses zwischen Autarkie- und Verursacherprinzip erfordert zunächst eine Definition des Autarkieprinzips als abfallwirtschaftsrechtliches Zielsystem. In diesem Zusammenhang lässt sich feststellen, dass das Verursacher- und nicht das Ursprungsprinzip die umweltrechtliche Rechtfertigungsgrundlage des abfallrechtlichen Autarkieprinzips ist. Ziel einer mit Art. 2 EG konformen Verursacherpolitik ist, Verantwortung und Effizienz als Bestimmungsparameter des nachhaltigen Wirtschaftens mit Hilfe von ordnungsrechtlichen und marktwirtschaftlichen Instrumenten durchzusetzen. Die nähere Erläuterung von rechtlichen, ökonomischen bzw. rechtsphilosophischen Aspekten zeigt, dass die Entsorgungsautarkie dieser Zielvorgabe entspricht.

Aus dem Inhalt: Verpackungsrichtlinie 94/62 · Autarkieprinzip und Kreislaufwirtschaft · Entsorgungsautarkie und Umweltprinzipien · Die Entsorgungsautarkie als abfallwirtschaftsrechtliches Zielsystem und das Verursacherprinzip · Autarkieprinzip und Verursacherprinzip: das Spannungsverhältnis nach Art. 2 EG · Das Autarkieprinzip in der Kreislaufwirtschaft

Frankfurt am Main · Berlin · Bern · Bruxelles · New York · Oxford · Wien
Auslieferung: Verlag Peter Lang AG
Moosstr. 1, CH-2542 Pieterlen
Telefax 00 41 (0) 32 / 376 17 27

*inklusive der in Deutschland gültigen Mehrwertsteuer
Preisänderungen vorbehalten

Homepage http://www.peterlang.de